CONSEILS DE GUERRE DE VERSAILLES

PROCÈS

DES

CHEFS DE LA COMMUNE

ET DU

COMITÉ CENTRAL

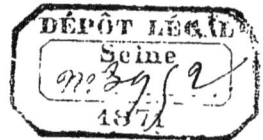

PARIS

AUX BUREAUX DE L'ADMINISTRATION DU *FIGARO*

3, RUE ROSSINI, 3

1871

PROCÈS DES CHEFS DE LA COMMUNE

ET DU COMITÉ CENTRAL

3ᵉ CONSEIL DE GUERRE

Présidence de M. MERLIN

Colonel du Génie.

Audience du 7 août 1871.

LES CHEFS DE LA COMMUNE ET DU COMITÉ CENTRAL

L'heure de rendre compte à la justice de leurs attentats et de leurs crimes a sonné enfin pour ces hommes qui, pendant deux mois, ont tenu Paris courbé sous un joug de fer et de sang.

Le 3ᵉ conseil de guerre de Versailles, après une instruction minutieuse, fait aujourd'hui comparaître devant lui ceux des chefs de la Commune et du comité central qui, après s'être cachés au moment de la lutte, n'ont pu fuir à l'étranger comme les Pyat, les Bergeret, les Cluseret et d'autres encore non moins coupables et non moins odieux.

Les accusés que le conseil de guerre va juger dans cette première série sont au nombre de 18. Je les ai nommés dans un précédent article; j'y reviendrai plus loin, et comme je l'avais annoncé, le colonel Lisbonne, retenu à l'hôpital par ses blessures, ne peut être conduit à l'audience.

Au moment où le *Figaro* paraît, une foule immense assiége depuis déjà plusieurs heures la grille de la cour des Grandes-Écuries, au fond de laquelle a été installée, dans le manége, la salle des audiences, et la garde de trois cents hommes commandée à cet effet, ne contient qu'avec peine les curieux impatients qui n'ont pu pénétrer plus loin.

Demain je donnerai la physionomie générale de cette salle du 3ᵉ conseil de guerre, où messieurs les députés ont su obtenir 300 places pour eux et leurs familles, je reviendrai sur les préliminaires des débats et sur l'attitude des accusés ; aujourd'hui, je pense ne pouvoir mieux commencer le compte rendu de cette affaire destinée à prendre sa grande place dans les causes célèbres, qu'en en publiant la véritable préface, c'est-à-dire l'historique des faits à la charge de la Commune et du comité central, dont M. le commandant, Gaveau, commissaire du Gouvernement, donne lecture au tribunal, après l'appel des accusés.

Ce rapport, acte d'accusation général, page d'histoire éloquente et terrible de vérité, s'exprime ainsi :

Monsieur le Président,

Messieurs les juges,

Les accusés appelés à comparaître aujourd'hui devant vous ont pris une part prépondérante au mouvement insurrectionnel qui éclata dans Paris le 18 mars dernier et qui, se prolongeant jusqu'au 28 mai, menaça de livrer la France entière aux horreurs de la guerre civile. Avant de déterminer la responsabilité qui incombe à chacun d'eux dans le crime dont la capitale a été le théâtre pendant ces jours néfastes, il importe de remonter à l'origine du mouvement, d'en rechercher la cause et d'en étudier les transformations successives.

Lorsqu'au mois de septembre 1870, l'armée prussienne investit Paris, elle y enferma, avec une population dévouée à la défense de l'ordre et du pays, des forces disciplinées de longue main pour le désordre.

Ces forces se recrutaient à la fois dans les rangs du parti révolutionnaire et parmi les membres de l'association internationale des travailleurs.

Obéissant surtout à des préoccupations politiques, résolus à usurper les pouvoirs par tous les moyens et à les conserver à l'aide de toutes les violences, le parti révolutionnaire affichait hautement, depuis assez longtemps déjà, ses aspirations démagogiques. Son origine, de même que son but, le rattachait aux plus mauvais souvenirs de notre histoire. Il s'en glorifiait ouvertement. On l'avait vu d'abord, dans une série de publications qui affectaient à dessein une forme scientifique, réhabiliter les hommes de 1793, exalter leurs actes les plus odieux, et se proposer à lui-même leurs procédés de gouvernement comme le programme politique de l'avenir.

Plus tard, dans la presse, dans les réunions publiques, dans les assemblées électorales, dans les agitations de la rue, partout enfin, on l'avait retrouvé, fidèle à son œuvre, excitant au sein des masses populaires les plus détestables passions, prêchant les doctrines les plus subversives, attaquant audacieusement les bases de l'ordre moral aussi bien que les fondements éternels de l'ordre social. Les événements du 4 septembre n'avaient pu donner satisfaction à ce parti. Écarté du pouvoir, il demeurait, le lendemain comme la veille, l'ennemi déclaré du gouvernement.

L'Association internationale des travailleurs, constituée à Londres vers la fin de 1864, avait eu à Paris, dès le commencement de 1865, un centre des plus actifs. Pour qui voulait s'en tenir aux apparences, elle n'avait d'autre but que l'amélioration du sort des classes ouvrières, et le résultat économique qu'elle poursuivait était digne de toutes les sympathies.

Elle constituait, en réalité, par son organisation puissante et par ses aspirations mal déguisées, un danger des plus graves pour l'ordre social tout entier. Très rapidement répandue en Europe, ayant particulièrement en France des centres d'action chaque jour plus nombreux, elle eut bientôt ses organes de publicité, ses congrès, ses manifestes.

Elle se rallia en même temps, par voie d'affiliation, les associations ouvrières de secours ou de prévoyance, intervint activement dans les grèves, les provoquant le plus souvent. En dernier lieu, elle mit ouvertement le pied sur le domaine politique, et des poursuites judiciaires, dirigées en 1868 et en 1870 contre les principaux meneurs de Paris,

ne laissèrent plus de doutes possibles sur ses véritables tendances.

« Nous voulons, disait l'un de ses journaux les plus accrédités, la liberté de tous et l'égalité de tous, c'est à dire la révolution sociale. Et, par révolution sociale, nous n'entendons pas une misérable surprise tentée à la faveur des ténèbres ; la révolution signifie la destruction complète des institutions bourgeoises, et leur remplacement par d'autres.

» C'est une nuit du 4 août 1789 que nous voulons.

» Les radicaux, les partis politiques même les plus avancés, veulent simplement replâtrer l'édifice social, en lui conservant ses bases actuelles. Nous voulons, nous, à l'exemple de la Constituante de 1789 abolissant le régime féodal, faire table rase et tout reconstruire à neuf. Voilà dans quel sens nous sommes révolutionnaires »

(*Progrès du Locle*, 29 janvier 1870.)

Faire table rase et tout reconstruire à neuf, c'est, pour les adeptes de l'association internationale, constituer un état social qui ne reconnaisse ni gouvernement, ni armée, ni religion ; qui décrète la législation du peuple par le peuple, l'entrée du sol à la propriété collective, l'abolition du droit d'hérédité individuelle pour les capitaux et les instruments de travail, l'abolition du mariage en tant qu'institution politique, religieuse, juridique et civile ; qui supprime enfin les armées permanentes, et abaissant toutes les frontières, effaçant jusqu'à l'idée de patrie, renoue les travailleurs du monde entier dans les liens d'une étroite solidarité.

« Pour à présent, disait le 27 mars l'*International*, organe officiel des sections belges, le rôle de l'Association consiste seulement à organiser les ouvriers par corporations, par localités, puis à les fédérer de région à région, de nation à nation, et à réunir en un seul faisceau tous ces groupes corporatifs et locaux.

» Au point de vue le plus restreint et le plus immédiat, elle arrive ainsi à les soutenir les uns par les autres en cas de grève ; sociétés de résistance anglaises, en France, sociétés de prévoyance, chambres syndicales, sociétés de crédit mutuel.

» Au point de vue général, ses moyens d'action sont les mêmes. Elle a déjà rassemblé sous son égide en Europe et en Amérique plusieurs millions d'ouvriers, et il est facile de comprendre que quand nous serons tous organisés, quand nous nous tendrons tous la main d'un bout du monde à l'autre, nous n'aurons qu'à nous lever pour conquérir nos droits, et l'édifice bariolé de la tyrannie s'écroulera.

» ... Nous ne sommes pas des socialistes à système ; nous sommes purement et simplement des révolutionnaires... Les droits du travailleur, voilà notre principe ; l'organisation du travailleur, voilà notre moyen d'action ; la révolution sociale, voilà notre but. »

Malgré leur dissidence radicale, le parti

révolutionnaire et l'association internationale firent promptement alliance. On les trouve déjà réunis au premier congrès de l'association qui se tint à Genève, en septembre 1866.

Dès la première époque, et dans les années suivantes, le *Courrier Français*, le *Réveil*, la *Marseillaise* ouvrent leurs colonnes aux publications de la société qui n'a pas d'organe officiel à Paris. On les rencontre plus tard semant de concert l'agitation dans les réunions publiques, et fomentant d'un commun accord les troubles de la rue.

Ce n'est pas tout. Le 26 octobre 1868, dans un meeting organisé à Londres par ses soins, la branche française de l'*Internationale* déclare hautement « qu'elle est une société ré-
» publicaine, démocratique, sociale et uni-
» verselle, partageant les principes, le but et
» les moyens proclamés par la commune ré-
» volutionnaire de Paris dans ses mani-
» festes. »

(*La Voix de l'Avenir*, 8 novembre 1868.)

Les événements du 4 septembre ne donnè-
rent pas plus satisfaction aux aspirations de la société qu'à celles du parti révolution-
naire. Les deux alliés demeurèrent unis dans l'attente d'une occasion propice, poursuivant leurs menées au grand jour, et concertant ouvertement leurs actions.

La présence de l'ennemi sous les murs de Paris, loin de décourager leurs efforts, devint un nouvel aliment à leurs tentatives anarchiques. Non contents de demander chaque jour dans les journaux et dans les clubs la Commune et la sortie en masse; non con-
tents de crier à la trahison au moindre échec de nos troupes, deux fois, le 31 octobre et le 22 janvier, ils ne craignaient pas de lancer sur l'Hôtel de Ville leurs masses armées.

Par bonheur la concentration d'une force militaire considérable, l'attitude de la garde nationale, la réprobation générale contre des actes qui compromettaient si gravement la défense empêchèrent qu'ils n'obtinssent le succès.

Ils n'en profitèrent pas moins des circons-
tances pour compléter leur organisation. L'armement général de la garde nationale, sa distribution par quartiers, ses réunions pour les différents services, les liens naturels qu'é-
tablissaient entre les citoyens d'un même ba-
taillon des souffrances communes, le mécon-
tentement que suscitaient à certains moments les lenteurs nécessaires à la défense, les ca-
lomnies mêmes que ces lenteurs faisaient éclore, tout leur fut bon pour étendre leur action et s'assurer des tolérances et des complices.

On put bientôt désigner à l'avance, sans crainte d'erreurs, les bataillons qui, le jour venu, marcheraient avec eux. On les reconnaissait à leurs chefs révolutionnaires, ar-
dents ou internationaux dévoués. On les reconnaissait par leurs soldats qui tous mar-
chaient pour l'association internationale au lieu de marcher pour la patrie. Dans certains autres bataillons, l'influence anarchiste se faisait encore sentir par des idées de fédération aussi injustes qu'illusoires. Le peuple, disait-on, devait veiller lui-même à ses inté-

rêts. Dépositaire de ses droits, il devait les défendre à tout prix; nul n'en pouvait disposer contre son gré.

Telle était la situation profondément troublée des esprits, quand le 28 janvier la nou-
velle de l'armistice se répandit dans Paris. Elle y répandit une profonde stupeur. A la déception des uns se joignent les irritations des autres, la défiance d'un grand nombre et surtout pour les masses ouvrières la crainte de voir cesser prochainement une exis-
tence oisive avec la subvention qui l'alimen-
tait.

En même temps, les obstacles que la fac-
tion anarchique avait trouvés sur ses pas pendant la durée du siége, tombaient un à un. La stipulation de l'armistice avait paralysé presque complétement les forces régu-
lières qui restaient dans la ville, tandis que la garde nationale n'avait subi aucun désarmement.

L'autorité militaire n'avait à ses ordres que des troupes insuffisantes; l'autorité civile n'existait plus que de nom. Un grand nombre de citoyens s'étaient empressés de quitter Paris, moins soucieux de leurs devoirs publics que de leurs convenances personnelles.

Un gouvernement sorti des entrailles du pays, le plus légitime qu'on pût souhaiter, s'établissait à Bordeaux et ouvrait les négociations qui devaient aboutir aux prélimi-
naires de paix. C'était la première fois de-
puis des siècles que la capitale voyait le pouvoir se constituer en dehors de ses murs. Enfin la question d'intérêts commerciaux, toujours si grave à Paris, se dressait grosse d'o-
rages sous la menace des échéances et se compliquait pour le petit commerce surtout de la question des loyers.

Nul doute que dès la première heure la faction anarchiste ne se soit emparée de cette situation pour l'exploiter à son profit. Le 15 février, après plusieurs réunions préliminaires, une assemblée de délégués de la garde nationale s'ouvre au Tivoli Waux-Hall et nomme une commission chargée d'élabo-
rer les statuts provisoires d'un comité cen-
tral. La commission remplit son mandat. Un seul paragraphe du projet qu'elle arrête suffit à dénoncer la main qui la conduit.

« Les droits de tout citoyen, dit ce para-
» graphe, sont d'être électeurs et d'avoir
» l'arme nécessaire à l'accomplissement de
» ses devoirs. La garde nationale doit désor-
» mais remplacer les armées permanentes,
» qui ne furent jamais que les instruments
» de despotisme, et qui amènent fatalement
» avec elles la ruine du pays. »

Les statuts sont votés, le 24 février, dans une nouvelle assemblée des délégués, et le Comité central est constitué.

Avant de se séparer, l'assemblée adopte les résolutions suivantes, qui n'ont pas besoin de commentaires.

« 1° La garde nationale proteste par l'or-
» gane de son comité central contre toute
» tentative de désarmement, et déclare qu'elle
» y résistera au besoin par les armes.

» 2° Les délégués soumettront à leurs cer-

» cles respectifs de compagnie la résolution
» suivante : Au premier signal de l'entrée
» des Prussiens à Paris, tous les gardes na-
» tionaux s'engagent à se rendre immédiate-
» ment en armes à leur lieu ordinaire de
» réunion, pour se porter ensuite contre l'en-
» nemi envahisseur.
» 3° Dans la situation actuelle, la garde na-
» tionale ne reconnaît pas d'autres chefs que
» ceux qu'elle se donne. »

Ces décisions ne trouvaient dans les événements qui venaient de se produire aucune
raison plausible.

Leur but caché ne tarda pas à apparaître
dans sa redoutable réalité. Le 27 février, sous
prétexte d'enlever aux Prussiens un nombre
considérable de canons laissés dans la zone
que l'ennemi devait occuper pendant son
séjour à Paris, les meneurs s'en emparent et
les conduisent sur les hauteurs de Montmartre, où ils les établissent en batterie. Puis, le
28, le comité central invite la garde nationale
à ne pas s'opposer à l'entrée des Prussiens.
A la même époque, il se tient en permanence,
pendant les deux nuits qui précèdent l'entrée
des soldats étrangers.

Enfin le 4 mars, dans une proclamation répandue à profusion, il annonce qu'il a « pour
» mission de constituer la fédération républi-
» caine de la garde nationale. »

Trois jours plus tard, on pouvait lire dans
le *Cri du Peuple:*

« Nous apprenons avec une véritable joie
patriotique que tous les comités de la garde
nationale républicaine fusionnent ensemble
et doivent associer leurs efforts à ceux de la
fédération socialiste qui siège rue de la Corderie. »

La Fédération socialiste qui siégeait rue
de la Corderie n'était autre que l'association
internationale. Le faisceau est désormais
formé ; l'émeute a de l'artillerie et des armes ; elle se retranche sur les hauteurs de
Montmartre et, de là, menace la ville. Elle
garde ses canons, protestant qu'ils sont sa
propriété et que l'état n'en saurait disposer.

Le 8 mars, le Comité central se réunit au
Vauxhall, et adopte d'une manière définitive
les statuts qui n'étaient encore que provisoires.

Le 11, une assemblée de chefs de bataillon,
tenue à la salle de la Redoute, vote la résolution suivante :

« Le principe républicain étant au-dessus
» de toute discussion, le gouvernement ré-
» publicain étant le gouvernement du peuple
» ple par le peuple, chaque citoyen a non-
» seulement le droit, mais le devoir de dé-
» fendre les institutions républicaines.
» En conséquence, les chefs de bataillon
» soussignés déclarent qu'ils sont fermement
» décidés à défendre la République par tous
» les moyens possibles, envers et contre tous
» ceux qui oseraient l'attaquer, et qu'ils
» protestent et s'opposeront par les mêmes
» moyens à toute tentative de désarmement
» total ou partiel de la garde nationale. »

A mesure que le temps marche et que le

but se rapproche, les menées insurrectionnelles deviennent plus audacieuses et les
idées qui leur servent de prétexte s'accusent
plus ouvertement.

Le 15 mars la fédération républicaine de la
garde nationale tient sa quatrième assemblée
générale. Le comité central y rend compte de
ses actes, et les accusés Jourde, Férat, Ar-
nold, Lisbonne, Assi et Billioray sont amenés
dans son sein par des illusions qu'ils prétendent sincères. Il concentre tous les pouvoirs
entre ses mains. Son autorité va jusqu'à ba-
lancer les ordres donnés par l'état-major de
la place. C'est à lui, et à lui seul, qu'obéit en
réalité la majeure partie de la garde nationale.

Une crise est imminente. Tout le fait présa-
ger. On voit accourir des aventuriers de toutes
les nationalités, aux costumes bizarres, aux
allures suspectes, recrues stipendiées de
toutes les révolutions, messagers sinistres de
tous les bouleversements. Des émissaires
sont envoyés aux principales villes de la province, pour y fomenter des troubles au moment même où Paris engagera la lutte.

On arrive ainsi au 18 mars. Cependant le
gouvernement légal du pays n'est pas resté
inactif devant les dangers dont l'ordre social
est menacé. L'Assemblée nationale après
avoir ratifié les préliminaires de paix a transféré son siège à Versailles. Le pouvoir exécutif l'y a suivie ; il est chaque jour à Paris,
luttant énergiquement contre les difficultés
de la situation, s'efforçant de déjouer toutes
les manœuvres, de dissiper tous les malen-
tendus, et de relever tous les courages. Vainement fait-il appel aux idées de conciliation et d'apaisement en face du malheur de
la patrie ; le 17 mars, il doit, à peine d'abdi-
quer, se résoudre à des mesures décisives.

Le 18, dès le matin, toutes les positions où
la faction anarchiste avait retranché ses
canons, étaient enlevées par les troupes avec
une vigueur et un entrain remarquables.

Mais, ce premier succès remporté, il fallait traverser Paris avec 250 attelages conduisant chacun une pièce d'artillerie. De là
un encombrement et des lenteurs qui donnaient aux bataillons de Montmartre et de
Belleville le temps d'accourir en armes.

Une foule énorme, où les femmes et les
enfants se mêlaient en grand nombre, en-
tourait les soldats, jetait la confusion dans
leurs rang, désarmait les uns, entraînait les
autres à une honteuse défection, et rentrait
en possession des canons, qu'elle replaçait sous
la surveillance de la garde nationale.

Néanmoins la majeure partie des troupes
se repliait en bon ordre sur la rive gauche
de la Seine, où le gouvernement siégeait encore au ministère des affaires étrangères.

A travers cette mêlée, le général Lecomte,
séparé de ses hommes, était fait prisonnier.
Un peu après, le général Clément Thomas
venu, en habits civils, à la recherche de l'un
de ses aides de camp, était saisi. Tous deux
étaient conduits dans une maison de la rue
des Rosiers, où le comité central avait son
siège, et fusillés dans un jardin attenant à
cette maison. Six heures s'écoulèrent entre
le moment de leur arrestation et celui de
leur exécution. Quel est le rôle du comité

central dans cet épouvantable forfait? Il a essayé de se disculper dans une note insérée au *Journal officiel* de la Commune du 20 mars. Le texte seul de cette note l'accuse aussi hautement que le ferait un aveu.

« Tous les journaux réactionnaires ont publié un récit plus ou moins dramatique sur ce qu'on appelle l'assassinat des généraux Lecomte et Clément Thomas. Sans doute ces faits sont regrettables. Mais il importe pour être impartial de constater deux faits :

« 1° Que le général Lecomte avait com» mandé à quatre reprises sur la place Pi» galle de charger une foule inoffensive de » femmes et d'enfants.

» 2° Que le général Thomas a été arrêté au » moment où il levait, en habits civils, un » plan des barricades de Montmartre.

» Ces deux hommes ont donc subi la loi » de la guerre qui n'admet ni l'assassinat » des femmes ni l'espionnage.

» On nous raconte que l'exécution du gé» néral Lecomte a été opérée par des soldats » de la ligne et celle de Thomas par des gar» des nationaux.

» Il est faux que ces exécutions aient eu » lieu sous les yeux et par les ordres du co» mité central. Le comité central siégeait » avant-hier rue Onfroy, près de la Bastille, » et il a appris en même temps l'arrestation » et la mort des deux victimes de la justice » populaire. Ajoutons qu'il a ordonné une en» quête immédiate. »

Un pareil crime, suivi d'une pareille apologie, n'inaugurait-il pas bien dignement le règne de cette puissance qui devait finir dans le sang des otages, et au milieu des flammes de Paris incendié? Dès le 18 au soir et dans la nuit, l'émeute occupait la place Vendôme, le Château-d'Eau, les ministères et l'hôtel de Ville.

Soucieux, avant tout, d'éviter un désastre sans retour, le gouvernement se repliait sur Versailles, protégé par les troupes et appelant à lui les fonctionnaires de tous ordres. Pendant six heures il avait attendu que la garde nationale, répondant à son appel, vînt se grouper autour de lui. Les citoyens demeurèrent pour la plupart spectateurs stupéfaits et inactifs des événements qui menaçaient pourtant d'une manière si grave leurs intérêts les plus chers. Soit aveuglement, soit insouciance, soit chez certains un sentiment moins avouable encore, ils devaient bientôt se repentir, trop tard, hélas! de leur regrettable abstention.

Dès le 20 mars en effet et sur les premiers actes du comité central, qui déjà ouvrait les prisons et prenait des otages, un centre de résistance s'organisa. La presse lui donna courageusement son appui. Les maires et les délégués s'entretinrent dans des vœux de conciliation. Un nouveau crime rompit, le 22, toutes les négociations. Une manifestation sans armes qui se présentait à la place Vendôme, à l'état-major de la garde nationale pour revendiquer les droits de l'Assemblée élue par le pays, fut accueillie par une décharge meurtrière. Nombre de victimes tombèrent sous les balles de l'émeute, et le comité central, pour expliquer ce nouveau forfait comme il avait expliqué le premier, ne craignit pas de l'attribuer à une provocation partie des rangs de la manifestation.

Devant de tels actes, toute résistance parut inutile. L'amiral Saisset, placé par le gouvernement à la tête de la garde nationale dans le but de donner aux hommes d'ordre un point de ralliement et un chef éprouvé résigna son commandement et les événements suivirent leur cours.

Le comité central, suivant sa pompeuse déclaration, n'était que le dépositaire des droits du peuple, il ne s'en était saisi que pour les sauvegarder. Le peuple fut appelé à nommer directement ses mandataires. Les élections du conseil communal eurent lieu le 26 mars, et le 28 la Commune révolutionnaire de Paris était installée solennellement à l'Hôtel-de-Ville. En apparence, le comité central composé de membres de l'association internationale, abdiqua devant l'élection. En réalité, il demeura le véritable directeur du mouvement.

Il serait oiseux de reprendre en détail les actes du pouvoir insurrectionnel qui, pendant deux mois, pesa sur Paris par la terreur. A qui veut les embrasser dans une vue générale ils n'offrent qu'incohérence et contradiction. Aucun système ne préside à leur conception. L'intérêt ou la passion du moment semble seul les déterminer. Un caractère commun les domine cependant, le mépris audacieux de tous les droits que la Commune s'était donné la mission de protéger et en même temps l'imitation servile des procédés gouvernementaux de 1793.

Le plagiat du comité de salut public après le plagiat de la Commune; la loi des suspects, la constitution d'un tribunal révolutionnaire, la mise en accusation des chefs militaires que la fortune a trahis, tout en un mot, en attendant les massacres de septembre dans l'assassinat des otages.

Cependant, le gouvernement légal de la France s'était constitué à Versailles, et il concentrait, au prix de mille efforts, les forces nécessaires au rétablissement de l'ordre dans Paris.

Sur divers points du territoire, des mouvements insurrectionnels s'étaient produits à Lyon, à Marseille, à Limoges, à Saint-Etienne, ailleurs encore, et furent énergiquement comprimés. Paris était désormais isolé dans sa rébellion.

Le 2 avril, les opérations militaires s'engageaient; elles se continuaient sans interruption jusqu'au 28 mai. Elles ne furent pour la Commune qu'une suite de revers et qu'un prétexte à de nouveaux crimes. Dès le premier jour, au moment où la lutte allait s'engager, le médecin en chef de l'armée, revêtu de ses insignes, s'avança entre les combattants pour faire un appel suprême à une conciliation, il est lâchement assassiné par les troupes de l'insurrection. Puis, comme si elle voulait se venger de ses défaites sur les membres du gouvernement, la Commune les met en accusation, et séquestre leurs biens; elle ordonne que la maison de M. Thiers sera démolie; enfin, envieuse de toutes les gloires, sans respect pour les grands souvenirs du pays, sous les yeux mêmes de l'étranger vainqueur, elle décrète que la colonne Vendôme sera détruite!

Ce n'est pas assez. Elle a recours au système impie des ôtages; elle prend ses victimes dans les rangs les plus élevés de la magistrature et du clergé. L'archevêque de Paris, le curé de la Madeleine, d'autres ecclésiastiques, encore des religieux vont rejoindre à la Conciergerie le président Bonjean, arrêté vers les derniers jours de mars.

Faut-il mentionner à côté de ces faits qui dominent tous les autres, la violation journalière du domicile privé, les vols de toute sorte qui s'abritent sous le voile de perquisitions arbitraires, les arrestations illégales, le pillage organisé, la poursuite barbare des réfractaires.

Dès le commencement d'avril, les biens du clergé avaient été frappés de confiscation. Ce fut dès lors, à travers les couvents et les églises de la capitale, une suite non interrompue d'inquisitions odieuses et de spoliations sacrilèges.

On envahit, le 4 avril, l'établissement scolaire des Jésuites de la rue Lhomond, la maison des missionnaires du Saint-Esprit, celle des Pères dominicains de la rue Jean-de-Beauvais. Les religieux sont violentés, les meubles brisés et les caves entièrement dépouillées.

Deux jours après, l'église Saint-Sulpice est occupée militairement; le séminaire est envahi et le supérieur arrêté.

On visite successivement l'établissement des capucins et celui des petites sœurs des pauvres.

Le 10 avril, le clergé de Montmartre est arrêté, les portes de l'église sont fermées et l'on appose l'affiche suivante :

« Attendu   e les prêtres sont des bandits; et que les églises sont des repaires où ils ont assassiné moralement les masses en courbant la France sous la griffe des infâmes Bonaparte, Favre et Trochu, le délégué civil des Carrières près l'ex-préfecture de police ordonne que l'église de Saint-Pierre-Montmartre soit fermée et décrète l'arrestation des prêtres et ignorantins. »

« LE MOUSSU. »

Le 16 avril, l'église Saint-Jacques-du-Haut-Pas, le couvent des Oiseaux, l'église Saint-Vincent-de-Paul sont saccagés, et bientôt les clubs s'installent dans le lieu saint. On découvre au couvent de Picpus des instruments d'orthopédie qu'une feuille mal famée ne craint pas de présenter comme engins de torture. On y trouve aussi des ossements qui passent aux yeux d'une foule égarée pour appartenir aux victimes d'un fanatisme aveugle. On exploite de même, avec une mauvaise foi aussi redoutable que grossière la découverte de squelettes déjà anciens dans l'église Saint-Laurent.

L'église Notre-Dame-des-Victoires est profanée à son tour, et l'on fait grand scandale d'une tête de jeune fille en état de parfaite conservation, connue de tous les fidèles pour une tête en cire représentant sainte Valérie.

Nous arrivons au mois de mai, l'armée de Versailles resserre chaque jour son cercle d'investissement, et chaque jour aussi marque une nouvelle défaite pour les insurgés. Les instants de la Commune sont désormais comptés. On le présagerait à voir seulement les orages qui s'élèvent dans son sein et les mesures suprêmes qu'elle se hâte de prendre.

L'hôtel de M. Thiers est entièrement démoli, le 15 mai, après avoir été depuis longtemps dépouillé. La colonne Vendôme tombe le 16. Le 17 une explosion formidable se produit à la cartoucherie de l'avenue Rapp. Il faut allumer la haine violente de l'ennemi au cœur des fédérés que leurs revers journaliers découragent visiblement. La Commune ne craint pas d'imputer au gouvernement de Versailles un crime qui, tout porte à le croire, a été l'œuvre de ses agents; elle arrête de prétendus coupables qui ne devront, quelques jours après, leur salut et leur liberté, qu'à l'entrée des troupes régulières.

Le 21 mai, grâce aux coups d'une formidable artillerie, la porte de Saint-Cloud est forcée, et l'armée arrive comme d'un bond sur les hauteurs du Trocadéro.

Son attaque inattendue est le signal des dernières horreurs qui devaient couronner le règne honteux de la Commune.

Le 23, à dix heures du soir, Rigault se rend à Sainte-Pélagie, où plusieurs otages sont détenus, entre autres M. Chaudey, avocat à la cour d'appel de Paris. Deux individus l'accompagnent, armés, comme lui, jusqu'aux dents.

Il mande Chaudey au greffe et lui notifie brutalement son arrêt de mort, qui va être exécuté sur l'heure.

Le prisonnier récrimine faiblement. Rigault lui reproche avec violence, d'avoir fait tirer sur le peuple dans la journée du 22 janvier. Des gardes nationaux arrivent d'un poste voisin pour former le peloton d'exécution, tandis que Rigault, en présence de sa victime, dicte à son secrétaire un procès-verbal qu'un témoin oculaire a pu relater presque mot pour mot. « Savez-vous bien ce que vous allez faire, dit alors Chaudey? et comme il ne reçoit pour réponse que des railleries il sort en ajoutant :

« Eh bien. Raoul Rigault :
» Vous allez voir comment meurt un républicain! »

Arrivé dans le chemin de ronde, le procureur de la Commune tire son épée et commande le feu. Chaudey n'est atteint qu'au bras. Il tombe en criant :

Vive la République!

Deux hommes s'approchent et l'achèvent. On fusille ensuite trois gardes républicains, toujours sur l'ordre de Rigault, qui se retire en disant :

« Il y a longtemps qu'on aurait dû faire cela! »

La nuit suivante, le couvent des dominicains d'Arcueil est envahi par des fédérés ivres de fureur, et les religieux, poussés au dehors, sont assassinés sur la voie publique. Enfin, la prison de la Roquette est le théâtre, dans les journées du 24 et du 25, d'un massacre où tombent à la fois des victimes illustres, et d'humbles soldats du devoir, confondus dans un martyre à jamais déplorable.

Il faut laisser parler ici un témoin oculaire de ces scènes sanglantes:

L'abbé de Marsy, vicaire de la paroisse de Saint-Vincent-de-Paul, avait été incarcéré à Mazas, et de là conduit à la Roquette où Mgr Darboy, M. Bonjean, l'abbé Deguerry, d'autres encore l'avaient précédé. Placé dans une cellule voisine de celle qu'occupait M. Bonjean, il s'entretenait avec lui, lorsqu'une voix brutale et impérieuse se fit entendre:

« M. Bonjean, sortez, descendez comme » vous êtes. » Il comprit, continue le témoin, » et son regard, sans pour cela perdre sa cal- » me sérénité, me fit comprendre le sens si- » nistre de cet appel. J'entendis aussi le nom » des autres victimes, et je remarquai même » que monseigneur fut appelé « M. Darboy. » » La main de M. Bonjean s'étendit vers moi, » et pendant que nous échangions la longue » étreinte du suprême adieu, il me donna » d'une voix ferme ses dernières recommanda- » dations à transmettre à sa famille, puis il » rejoignit les bourreaux impatients, et je » l'entendis s'éloigner avec les autres.

» Je restai debout près de la fenêtre, et au » bout de quelque temps j'aperçus le groupe » des martyrs, descendant le chemin de ronde » intérieur et marchant vers moi. Ils sui- » vaient le milieu du chemin, et les satelli- » tes étaient répandus sans ordre des deux » côtés, monseigneur marchait le premier.... » La grille qui ferme le bout du chemin de » ronde et qui se trouve presque sous la fe- » nêtre où j'étais, avait été ouverte, monsei- » gneur, appuyant la main sur cette grille, » s'arrêta pour parler et prononça quelques » mots, que, malgré tous mes efforts, le tu- » multe m'empêcha de saisir; une voix fa- » rouche couvrait la sienne.

» Allons, allons, s'écria le misérable, ce » n'est plus le moment des discours, les ty- » rans n'y mettent pas tant de ménagements. » Monseigneur franchit la grille le premier, » les autres suivirent, fermes, calmes et doux » envers la mort comme envers les meurtriers. » Le Père Ducoudray ouvrit le devant de » sa soutane, et me désigna sa poitrine et la » place du cœur. Je les vis tous détourner » vers le chemin de ronde extérieur, et je » demeurai abîmé dans les sentiments d'un » prêtre qui vient de voir, pour la dernière » fois, son évêque, et son évêque marchant » au martyre. Une ou deux minutes après, » un feu de peloton à volonté retentit. »

Ces faits se passaient le 24 mai dans la soirée. Le lendemain, quinze nouvelles victimes sont sacrifiées. Parmi elles se trouve le père de Bengy, de la Compagnie de Jésus.

Un gardien qui fait l'appel des condamnés ne peut lire son nom. Le religieux s'approche, jette un coup d'œil sur la liste et dit simplement: C'est moi! Et il suit les bourreaux au lieu du supplice.

« Point de plaintes, ajoute le témoin, point » de réclamation, point de pleurs, point de » recommandation, d'embrassement ni de bé- » nédiction, mais la simplicité, le calme, le » silence qui imprimait à cette scène le » caractère le plus auguste et le plus so- » lennel »

Ce n'était point assez de tels massacres. Contraints d'abandonner Paris à l'armée, dont la marche sûre et rapide l'atteindrait bientôt dans ses derniers refuges, la Commune avait résolu de ne laisser à ses vainqueurs que les ruines.

Inspiration d'une haine infernale et en même temps moyen de résistance puissant, l'incendie devait éclater sur tous les points à mesure que l'insurrection serait réduite à reculer.

Nul doute qu'un plan d'ensemble n'ait été conçu dans ce sens. Les dispositions avaient été prises pour son exécution. L'arrivée empressée des troupes a sauvé Paris d'un embrasement général. Les trois pièces suivantes apportent sur ce point des témoignages irrécusables.

La première est signée de Ferré:

« Citoyen Luçay,
» Faites de suite flamber Finances, et venez » nous retrouver.
» TH. FERRÉ. »

4 prairial, an 79.

Le lieutenant-colonel Parent, commandant de l'Hôtel de ville, donne un ordre analogue:

« Incendiez le quartier de la Bourse; ne » craignez pas.
» Le lieutenant-colonel,
» PARENT. »

Une autre pièce, saisie au cours de l'information, est ainsi conçue:

« Citoyens, établissez votre ligne de démar- » cation entre vous et les Versaillais. Brûlez, » incendiez tout ce qui est contre vous. Pas » de trève, ni de découragement Le onzième » arrondissement se lancera à votre secours » sitôt que vous serez menacés. Courage, et » si vous agissez, la République est sauvée » avant quarante-huit heures.

» Pour le comité de la 11e légion,
» DAVID. »

Un dernier document écrit au crayon, et trouvé dans les papiers d'un nommé François, porte textuellement:

« Parti de la préfecture avec Ferré, membre de la Commune, après y avoir mis le feu, nous nous repliions à la mairie du onzième arrondissement. »

S'il était nécessaire d'insister encore sur le plan préconçu qui a dirigé la main des incendiaires, qui ne se souviendrait des réquisitions de pétrole faites par la Commune chez tous les négociants et des menaces que les journaux ne craignaient pas de formuler à cette occasion? Qui ne souviendrait aussi des incendiaires embrigadés promenant le pétrole et les torches enflammées des monuments publics aux habitations privées?

Deux cent trente-huit édifices ou maisons particulières ont été atteints par le feu. Les ruines sont là plus éloquentes que toutes les paroles, et en les contemplant on ne peut que frémir à la pensée de l'immense désastre dont Paris tout entier a été préservé.

Tel est, messieurs, dans un exposé rapide, la succession des faits dont l'examen est aujourd'hui soumis à votre justice. Combien d'enseignements s'en dégagent! Avec quelle douloureuse puissance ne rappellent-ils pas à chacun des devoirs trop facilement oubliés ou trop légèrement accomplis!

Le péril qu'ils ont révélé, loin de disparaître à mesure que leur souvenir s'affaiblira, ne peut que grandir avec le temps.

Comment conjurer de nouvelles catastrophes?

Que chaque citoyen s'interroge, et, de toute son énergie fasse tête lui-même au danger.

Les pouvoirs publics veillent dans la sphère de leur action. La justice apportera son concours à cette œuvre de défense sociale avec la fermeté inébranlable que commandent de si graves conjonctures.

Cet émouvant récit terminé, et quelques instants laissés à l'auditoire pour calmer son émotion, M. le greffier Bracq se lève à son tour et donne lecture des rapports ou actes d'accusation de chacun des accusés, en commençant par Assi, le trop célèbre agitateur du Creusot.

Assi

Le nommé Assi, Adolphe-Alphonse, exerçait la profession de mécanicien et était employé en cette qualité dans les usines du Creusot. L'exploitation de ces mines exige un concours d'ouvriers très considérable ; de là, la nécessité de créer et d'établir des ateliers spéciaux, à la tête desquels se trouvent des ouvriers intelligents et capables, ayant le titre de délégués.

Le nommé Assi était un de ces délégués. Les mines du Creusot ont été l'objet de deux grèves sérieuses. Assi avoue s'être trouvé dans la première, qui, dit-il, « n'avait aucun » but politique, et n'était simplement qu'une » affaire de finances, en ce sens qu'il ne s'a- » gissait que d'un règlement de compte en- » tre la caisse de secours des ouvriers de » l'usine et l'administration générale du Creu- » sot qui avait la direction de cette caisse. »

A la suite de cette grève, les délégués furent congédiés.

Le 19 janvier 1870, Assi quitta l'usine et s'établit au Creusot même pour son propre compte.

Au mois de juillet de la même année éclata une seconde grève d'ouvriers. Assi, quoique ne faisant pas partie des ateliers, fut arrêté et conduit à Paris, pour y subir un jugement. Il dit avoir été acquitté.

Obligé de chercher des moyens d'existence et ne pouvant trouver d'emploi dans les principaux ateliers de Paris, à cause de sa réputation de désorganisateur du travail, il se mit à confectionner à Paris des objets d'équipement militaire.

Arriva le siége de Paris.

Assi se fait nommer officier dans un corps franc, *la guérilla de l'Ile-de-France*. Il passe ensuite dans le 192e bataillon de la garde nationale, fait partie d'une compagnie de marche comme lieutenant. Bientôt, l'ambition le gagne ; il rêve une position ; il emploie tous les moyens pour arriver à une célébrité quelconque.

Le comité central était en train de se former. Assi, membre de l'*Internationale*, francmaçon, profite de ses relations dans les sociétés, et comme lieutenant délégué du 192e bataillon, il arrive à se faire nommer du comité central.

C'est à partir du 18 mars qu'il prend surtout une part active aux malheureux événements qui viennent de se produire. En effet, nommé le 17 mars commandant du 67e bataillon, nous le retrouvons le lendemain, 18, gouverneur de l'Hôtel de Ville et colonel de la garde nationale, organisant avec les membres du comité les moyens d'une résistance sérieuse, donnant des ordres pour que les barricades s'établissent dans toutes les rues qu'il a soin d'indiquer avec méthode, empêchant la sortie de Paris des vivres et des munitions de toute espèce et organisant des services à cette intention.

Devenu membre de la Commune, il prend une part active et suivie aux décrets et aux votes qui en émanent, entre autres à ceux relatifs à la démolition de la colonne, de l'hôtel de M. Thiers à ceux qui ont amené l'incendie et le pillage et à celui des otages.

Assi prétend ne pas se rappeler s'il les a tous votés et signés, mais il avoue, dans tous les cas, qu'il a voté la démolition de la colonne Vendôme.

Il reconnaît la solidarité qui le lie aux membres de la Commune, ses collègues, et la responsabilité écrasante qui incombe à tous.

Il nie le vote du décret relatif aux otages, mais son nom figure parmi les membres présents à la séance du 17 mai, qui est précisément celle où fut voté le décret pour l'exécution des malheureux otages destinés à être massacrés. Il ne peut en conséquence nier le fait.

Le voilà donc usurpant, sans droit aucun, tous les pouvoirs civils et militaires, faisant acte de gouvernement, ordonnant et faisant mettre à exécution ces décrets.

Les circonstances, dit-il, *m'ont forcé, ainsi que mes collègues, à prendre en mains l'administration de l'État.*

Cependant, une certaine méfiance commençait à se répandre dans la Commune à l'égard de certains membres. Il paraîtrait que, redoutant l'ambition d'Assi, dont le zèle et l'activité étaient remarqués, les membres décidèrent qu'il devait être arrêté.

Il fut arrêté, en effet, dans les premiers jours d'avril, et remplacé comme gouverneur de l'Hôtel de ville par un certain Pindy, qui conserva ces fonctions jusqu'à la prise de Paris par l'armée.

Quelques jours après son arrestation, Assi fut retiré de la prison où il avait été conduit, rentra à l'Hôtel de ville où il fut retenu prisonnier sur parole, et enfin le 15 avril il fut rendu à la liberté.

A partir de cette époque, Assi est rentré dans de nouvelles fonctions qui consistaient à surveiller d'une manière spéciale la fabrication des munitions de guerre. Il se charge, dès lors, de produire un approvisionnement suffisant de munitions pour les besoins journaliers, et au moyen d'une situation d'entrée et de sortie, il est toujours à même de fournir à toutes les demandes qui peuvent lui être adressées. En un mot, il a des approvisionnements formidables qu'il entretient constamment par une fabrication active et soutenue.

C'est un service parfaitement établi, dont lui seul a la direction et la surveillance de la fabrication, au point de vue de la qualité surtout. Bientôt il comprend que ses occupations sont trop multipliées et il s'adjoint un aide sur le compte duquel il peut compter.

Cet homme est le nommé Fossé sur lequel nous aurons à revenir et dans lequel, il le dit lui-même, il avait une confiance illimitée.

Assi a donc trouvé un second lui-même, il est tranquille.

Dans l'approvisionnement des munitions de guerre devaient se trouver évidemment les bombes incendiaires chargées de pétrole, qui ont été lancées de Paris pendant l'insurrection.

Il est donc certain que ces engins ne pouvaient sortir que des ateliers de fabrication dont Assi avait la direction et le contrôle.

Tel est le rôle infâme et criminel qu'a rempli Assi jusqu'au moment où il fut arrêté, le dimanche 21 mai, par des militaires du 37e de ligne, en se rendant à la poudrière de la rue Beethoven.

Assi a donc été un des principaux meneurs de l'insurrection; il a été, par sa propre volonté, un des instruments les plus actifs du mouvement, sachant d'avance quelles pourraient être les conséquences de ses actes et de ceux de la Commune, dont il était membre.

Son but était d'arriver par tous les moyens en son pouvoir à changer un gouvernement que la France avait reconnu et s'était choisi.

Il a excité à la guerre civile, embauché et provoqué des militaires à passer dans les rangs de l'insurrection, usurpé des pouvoirs civils et militaires; il a fait acte de gouvernement, ordonné sans aucun droit. Il a voté et fait exécuter des décrets dans les conséquences terribles et meurtrières n'ont amené que la dévastation, le massacre, le pillage, l'incendie et l'assassinat de personnes inoffensives et tout à fait étrangères à la politique. Crimes prévus par les articles 59, 60, 61, 87, 88, 91, 92, 93, 96, 257, 258, 259, 295, 296, 297, 302, 341, 342, 344, 434, 437, 439 et 440. — art. 208, code militaire.

Rapport complémentaire.

Le complément d'information auquel donna lieu, pour Assi, l'arrestation successive d'autres membres de la Commune, nécessita un second rapport dont voici les extraits principaux.

Il est question dans ce rapport des lettres chiffrées, où l'on retrouve souvent le nom de Félix Pyat, de la correspondance secrète de l'Internationale, et des ordres donnés à Fossé pour le dépôt des poudres et matières inflammables dans certains monuments, et de la proposition qu'Assi a faite à M. Girard de fabriquer pour l'insurrection du sulfure de carbone, la matière la plus explosible que l'on connaisse.

Ce second rapport cite encore un décret de la Commune, renfermant deux articles dont le premier est relatif aux ôtages retenus par elle, dont trois doivent être passés par les armes. Parmi ces ôtages, on doit faire un choix : clergé ou magistrature, armée et bourgeoisie.

Assi renie sa signature apposée sur ce décret; mais l'expert Delarue affirme et prouve qu'elle est de lui.

Il nie également avoir signé la pièce concernant l'enrôlement forcé des militaires dans la garde nationale.

Au moment de son arrestation, on a trouvé sur Assi un couteau poignard aiguisé, s'ouvrant au moyen d'un ressort, et un revolver à six coups, dont deux seulement étaient chargés; les quatre autres avaient été tirés, Assi ne sait quand; il dit ne s'être jamais servi de son arme.

Courbet

Le peintre Courbet, nommé directeur des beaux-arts le 4 septembre, fut maintenu à ce poste par le gouvernement de l'insurrection. Élu à la Commune comme délégué à la mairie du sixième arrondissement, il y entra vers le 26 avril.

Le 1er mai, il vota contre la dénomination de comité public donnée au nouveau comité formé dans la Commune, préférant le nom de comité exécutif. A la fin de la discussion engagée à ce sujet, il protesta « contre les titres » empruntés à la première révolution, qui ne » convenaient plus au mouvement social ré» publicain. »

Le 12 mai, il demanda ce qu'il fallait faire des objets d'art pris dans la maison de M. Thiers; s'il devait les envoyer au Louvre ou les faire vendre publiquement. Il fut alors élu membre de la commission nommée à cet effet.

Le 30 avril, il avait signé la déclaration de la minorité, protestant contre l'enlèvement de la responsabilité aux membres de la Commune en faveur du comité de salut public. On y trouve la phrase suivante : « La Commune doit au mouvement révolutionnaire » et social d'accepter toute la responsabilité » et de n'en décliner aucune, quelque dignes » que soient les mains à qui on voudrait les » abandonner. »

Et plus loin : « La question de la guerre

» prime en ce moment toutes les autres ; nous
» irons prendre dans nos mairies notre part
» de la lutte décisive, soutenue au nom du
» droit du peuple ».

Ces paroles, l'acceptation par le sieur Courbet de son mandat de membre de la Commune et de ses fonctions à la mairie du VIᵉ arrondissement pendant l'insurrection, prouvent suffisamment la part active prise par lui dans la révolte du socialisme contre la société établie.

Quoique la signature du sieur Courbet ne se trouve pas au bas des décrets de la Commune, et qu'après la déclaration de la minorité il se soit occupé particulièrement de sa mairie et de ses fonctions de directeur des Béaux-Arts, il n'en a pas moins, dans certaines limites, sa part de responsabilité, n'étant pas démissionnaire.

Le 13 avril avait été décidé le renversement de la colonne Vendôme. Dans une séance de la Commune, le 27 du même mois, le moniteur officiel de l'insurrection rapporte une discussion dans laquelle le sieur Courbet prit la parole pour demander l'exécution du décret. Il nie énergiquement cette accusation, s'appuyant d'abord sur ce que ce décret avait été voté avant son admission dans la Commune, et sur les démarches qu'il avait faites sous le gouvernement du 4 septembre, « non pas, » dit-il, « pour demander le renversement de la colonne, mais son transfèrement sur l'esplanade des Invalides, l'emplacement actuel ne lui étant pas favorable. » Il avait du reste, dans cette circonstance, employé l'expression de déboutonner et non démolir. »

Il affirme ainsi que l'Officiel a dénaturé ses paroles à la Commune. Enfin, il dit avoir proposé au gouvernement de rétablir la colonne à ses frais, si on peut établir qu'il a été cause de sa démolition.

L'accusé explique sa conduite à l'époque de la démolition de la maison de M. Thiers de la façon suivante :

« Je suis arrivé trop tard à la maison de » M. Thiers pour que mon intervention fût » utile ; les objets étaient déjà emballés par » les hommes du garde-meuble et les délé-» gués à cet effet. Je reprochai à ces mes-» sieurs de n'avoir pas fait d'inventaire. En » parcourant les appartements vides, j'aper-» çus dans les plâtres en démolition deux pe-» tites figurines en terre cuite d'origine an-» tique. Supposant que ces objets pouvaient » être un souvenir pour leurs propriétaires, » je m'en emparai en les enveloppant dans » du papier afin de les sauver de la destruc-» tion, me réservant de les rendre à qui de » droit, lorsque cela me serait possible ; les » autres objets étant déjà à destination. »

Un rapport du chef de poste de gardes nationaux placés à la porte du musée de Cluny signala la sortie de ce musée. à la date du 2 mai, de six colis contenant statues, tableaux et objets d'art.

Le sieur Courbet s'opposa au départ de ces colis avant vérification faite par des gens compétents.

L'accusé répond à notre demande d'expli-cations que M. du Sommerard, le directeur du musée, étant à Londres et voulant faire une exposition d'œuvres d'artistes modernes, avait eu la malheureuse idée de faire emballer ces œuvres dans la cour du musée de Cluny ; que lui, étant responsable du musée, n'avait pas voulu laisser partir ces colis sans avoir dûment constaté leur provenance.

Au moment où les troupes régulières entraient à Paris, le sieur Courbet se retira chez un ancien ami où il demeura trois semaines.

En conséquence, le sieur Courbet est accusé :

1º D'avoir participé à un attentat ayant pour but de changer la forme du gouvernement, et d'exciter les citoyens à s'armer les uns contre les autres;

2º D'avoir usurpé des fonctions publiques ;

3º De s'être rendu complice de la destruction d'un monument, la colonne Vendôme, élevé par l'autorité publique, en aidant ou assistant les auteurs de ce délit. Crimes prévus par les articles 87, 88, 91, 96, 257, 258; C. Pén. et la loi du 7 février 1858.

Lullier

M. Lullier (Charles), ancien officier de marine, mis en réforme le 6 juin 1868 au moment où il était nommé lieutenant de vaisseau, fit pressentir dès sa sortie de l'école navale, par son esprit indiscipliné et son caractère irascible, combien lui serait difficile à supporter toute autorité supérieure à la sienne. Aspirant de 2ᵉ classe sur le vaisseau l'Austerlitz, il se signala par son humeur querelleuse et ses violences à l'égard de ses chefs et de ses égaux qui causèrent son débarquement et sa détention d'un mois à l'amiral de Brest.

Pendant les années qui suivirent, ses dispositions à la révolte se développèrent rapidement ; deux fois dans l'espace de cinq ans cet officier a encouru la peine grave du retrait d'emploi. Rappelé à l'activité, le 6 juillet 1867, il se fit remarquer de nouveaux actes d'indiscipline pour lesquels il fut traduit devant un conseil d'enquête qui décida sa mise en réforme le 10 avril 1868.

Égaré par un jugement faux et une véritable monomanie d'orgueil, M. Lullier se révoltait à cette époque contre la société qu'il accusait d'injustice, parce que ses fautes étaient punies par elle, et est ainsi arrivé rapidement à professer les doctrines républicaines les plus exagérées. Il désirait déjà ardemment en 1862 jouer un rôle politique, et s'était porté dans ce but pour la députation candidat du Finistère.

Délivré du joug imposé par la discipline militaire et rendu à l'indépendance de la vie civile par son expulsion du corps de la marine, M. Lullier a prouvé, par plusieurs de ses actes antérieurs au 18 mars 1871, qu'il n'acceptait pas plus facilement les lois de la société que les lois de l'armée. En effet, nous le voyons quatre fois frappé par ces lois qui le gênaient et qu'il voulait bouleverser. Il était condamné

1º Le 30 septembre 1868 à six mois de prison et à 200 francs d'amende pour coups et port illégal d'uniforme ;

2º Le 20 novembre de la même année à deux mois de prison, pour coups et blessures avec préméditation ;

3º Le 26 avril 1869 à un mois de prison pour outrage, pour rebellion et outrages envers l'autorité ;

4º Le 22 septembre de la même année à six mois pour outrage envers un magistrat de l'ordre administratif.

Ces idées subversives l'ont promptement mis en relations avec Gustave Flourens et Rochefort, qui fut un de ses amis dévoués. Une lettre du premier, datée du 16 novembre 1869, prouve qu'il « appréciait particulièrement les dispositions politiques de M. Lullier et admirait en lui l'homme d'action auquel il prédisait un grand avenir dans le mouvement révolutionnaire. »

Rochefort lui témoigne dans ses lettres une grande affection, et « compte sur lui pour le jour où il faudra marcher ».

Le 9 septembre 1870, nommé délégué au comité de défense de Paris, pendant le premier siége, par l'Internationale, il fut le lendemain envoyé en mission à Copenhague, mission nommée par lui une insigne fourberie, dans sa protestation écrite le 28 mars, à la Conciergerie.

A son retour, il fut chargé par le gouvernement provisoire d'aller aux Etats-Unis, d'où il revint à Paris le 12 mars.

Les événements du 18 mars se préparaient, M. Lullier, homme d'action, comme le qualifie Flourens, allait trouver l'occasion de justifier l'espérance de ses amis politiques qui ne l'oubliaient pas et l'avaient choisi pour chef militaire de l'insurrection. M. Lullier, général de la garde nationale rebelle, a exposé devant nous l'historique de ses actes pendant les journées des 18, 19, 20, 21 et 22 mars, il a fait complaisamment ressortir l'énergie avec laquelle il a exercé son commandement ; il explique les moyens employés, énumère les points occupés successivement par les insurgés, et sa narration suit pas à pas les phases diverses de l'occupation des forts de Paris par la garde nationale.

Nous allons essayer de résumer en quelques mots ce compte rendu assez exact des progrès de l'insurrection dans la capitale, progrès dont le général en chef des insurgés n'hésite pas à s'attribuer tout le mérite.

Ce récit constitue à lui seul l'acte d'accusation.

Le 15 mars, M. Lullier, par ses relations avec les hommes qui complétaient l'établissement de la Commune, reçoit dans une réunion composée de 2,500 délégués, et tenue au Vauxhall, la proposition de commander l'artillerie et les 6e, 11e et 20e légions, proposition acceptée par lui à la condition qu'elle lui serait faite par les officiers de la garde nationale.

Dès ce moment, il entre de fait dans les rangs des insurgés.

Le 18 mars, dans l'après-midi, le rôle de M. Lullier se dessine complétement. Appelé par le comité central, il en reçoit le commandement en chef de la garde nationale, fonctions

qu'il n'aurait, prétend-il, acceptées, que sur l'exposition du programme suivant :

1º Levée de l'état de siége ;

2º Election par la garde nationale de tous ses chefs, y compris le général ;

3º Pour la ville de Paris, les franchises municipales, c'est-à-dire le droit pour les citoyens de nommer eux-mêmes leurs magistrats municipaux et de se taxer eux-mêmes par cet intermédiaire.

En recevant sa nomination il posa pour condition qu'on lui laisserait toute l'initiative ; nous le voyons alors à l'œuvre avec un zèle qui ne s'est jamais ralenti jusqu'à son arrestation du 22 mars. Entraînant les bataillons qu'il rencontre dans le quartier du Temple, il arrive sur la place de l'Hôtel-de-Ville déjà cernée par de nombreux gardes nationaux. Par ses ordres, des barricades s'élèvent dans la rue de Rivoli où il masse les insurgés laissant, suivant lui, la ligne des quais libre pour faciliter le départ du régiment logé à la caserne Napoléon. Ce régiment partait pour Versailles à 10 heures du soir.

A fait à 11 heures occuper l'*Hôtel-de-Ville* et la caserne Napoléon par Brunel, commandant insurgé.

A minuit, il s'empare de la Préfecture de police.

A une heure, des Tuileries.

A deux heures, de la place de Paris.

A quatre heures et demie, il est prévenu par Duval que les ministres sont rassemblés au ministère des affaires étrangères. J'aurais pu les cerner, dit-il, la présence de M. Jules Favre excita un scrupule ; je me contentai de faire occuper fortement la place Vendôme et la place de l'Hôtel de ville, en la couvrant de barricades et en y conduisant de l'artillerie.

Le 19 et le 20, il fit occuper successivement les ministères, les sept points stratégiques de la rive droite et les quatre de la rive gauche. En même temps, le 20 à minuit, il envoie 22 bataillons occuper les forts abandonnés moins le Mont-Valérien.

Il allait s'occuper activement de neutraliser l'action de ce dernier fort, lorsqu'il fut arrêté par les ordres du comité mécontenté de ses idées dictatoriales.

Dans sa relation historique des journées de mars, M. Lullier ne fait aucune mention de la tentative d'embauchage essayée par lui sur les officiers et soldats du 43e dans le jardin du Luxembourg, le 21 du mois. Nous allons réparer cet oubli en nous aidant du témoignage d'un officier, le capitaine Jallu, qui a assisté à l'entrevue du général improvisé de la garde nationale et du commandant Périer.

M. Lullier arrive au Luxembourg à la tète de plusieurs bataillons et s'adresse aux sous-officiers et soldats rassemblés autour du command Périer et des autres officiers présents et leur dit :

« Je suis le général commandant en chef toutes les gardes nationales de Paris ; or, Paris est la force de la France ; je suis donc le seul dispensateur des grades et récompenses ; il y a déjà trop longtemps que vous êtes ici, vous êtes une menace pour l'ordre, je viens vous sommer de rendre vos armes. »

M. Lullier termina son discours en faisant des promesses de grades et de solde. Le com-

mandant Périer refusa de rendre ses armes.
— L'arme, dit-il, est l'honneur du soldat et nous la conserverons, dussions-nous nous battre.

M. Lullier répondit qu'il comprenait cette raison et laissa le choix aux soldats entre le commandant et lui. M. le commandant Périer l'avertissant qu'il emmenait aussi une demi-batterie confiée à sa garde, Lullier s'emporta, menaçant de livrer bataille (cette bataille dût-elle coûter 100,000 hommes). Enfin il donna jusqu'au lendemain à midi pour réfléchir. Le régiment partit à cette heure sans être inquiétée.

Cette tentative, dans laquelle Lullier montre une grande exaltation et parle sur un ton menaçant, constitue le fait d'embauchage.

Nous ne saurions trop louer l'attitude énergique de M. Périer et la discipline du 43ᵉ fidèle à la cause de l'ordre.

La vie officielle de Lullier pendant la Commune se termine à peu près le jour de son incarcération à la Conciergerie, cependant son nom reparaît encore le 14 avril comme celui de chef de la flottille des canonnières.

Dans une lettre très mordante écrite en réponse à une note anonyme, il se plaint qu'on n'ait pas suivi ses conseils au sujet de l'emploi de la flottille et décline la responsabilité de sa direction.

Furieux contre le comité central et la Commune d'avoir été prévenu par ceux qu'il voulait envoyer à Mazas, il leur fait une opposition continuelle par ses écrits et ses discours dans les réunions publiques, et se fait arrêter par eux au club Saint-Eustache. Il est enfermé à Mazas, d'où il s'évade quelques jours après.

Dès ce moment l'ancien général de la garde nationale rebelle se mit en rapport avec Versailles par l'entremise de M. Camus, ingénieur des ponts et chaussées, et de M. le baron Duthel de la Tuque qui conviennent d'organiser avec lui une contre-révolution. Pendant cette autre période de son existence à Paris, Lullier s'occupe activement de son projet, espérant faire ainsi oublier sa part dans l'insurrection du 18 mars, et mettant pour condition qu'on le laisserait partir lui et ses complices, Ganier d'Abin et de Bisson sans les inquiéter. Deux mille francs ont été donné par M. Camus pour solder les frais de la conspiration, et Lullier, chef du mouvement, devait présenter après l'exécution un compte approximativement évalué par M. Camus à 30,000 francs. Le chef du complot devait faire arrêter les membres de la Commune et du Comité central, les envoyer à Mazas et renvoyer les otages à Versailles.

Le plan a échoué, d'après M. Lullier, parce que le prétexte attendu pour agir ne s'est pas présenté; d'après M. Camus, parce que ce dernier a été arrêté par les insurgés. Il s'en suit que les conventions n'ont plus de raison d'être.

A cette relation des actes de M. Lullier, sous le Comité central et la Commune, nous n'ajouterons que peu de commentaires.

L'accusé fait partie de cette catégorie d'hommes politiques qui se sont fait une religion du principe révolutionnaire. Ses relations intimes avec Flourens et Rochefort le prouvent par les doctrines exaltées qu'elles prennent pour base. C'est un homme violent dans son parti, et quoiqu'il prétende avoir évité l'effusion du sang, son caractère bien connu par ses emportements ainsi que les dispositions menaçantes prises par ses ordres les 18, 19, 20 et 21 mars, prouvent qu'il n'aurait pas hésité à combattre, comme il l'a dit lui-même, dans le jardin du Luxembourg.

Si, vers la fin de la Commune il a essayé de servir l'autorité légitime, sa rancune contre les hommes qui n'avaient pas voulu de sa dictature et des motifs de sûreté personnelle, l'ont seuls aimée. Enfin, son exaltation révolutionnaire, son intelligence des moyens à employer dans une insurrection, et l'importante position qu'il a occupée dans celle du 18 mars, le rangent parmi les grands coupables qui ont préparé et conduit l'exécrable attentat qui vient d'ensanglanter la France.

En présence de ces faits, notre avis est que M. Lullier doit être traduit devant le conseil de guerre pour avoir :

1º Participé à un attentat ayant pour but de changer la forme du gouvernement, et d'exciter les citoyens à s'armer contre l'autorité de la République.

2º Participé à un attentat ayant pour but de porter la dévastation, le massacre et le pillage dans la ville de Paris.

3º Levé ou fait lever des troupes, et leur avoir fourni des armes et des munitions.

4º Pris le commandement de troupes insurrectionnelles.

5º Avoir envahi et fait envahir des propriétés, villes, forteresses appartenant à l'Etat, pris le commandement de bandes armées.

6º Provoqué des militaires à passer aux rebelles et leur en avoir facilité les moyens.

Crimes prévus par les articles 87, 91, 92, 93, 96 du Code pénal, et 208 du Code de justice militaire.

Paschal Grousset

Le nommé Paschal Grousset, homme de lettres et journaliste, a collaboré à la rédaction de plusieurs journaux révolutionnaires, entre autres la *Marseillaise* dont il a pris la direction le 4 septembre, et au journal le *Peuple* dont il est le fondateur. Pendant le siège, Grousset fréquentait les réunions publiques, et il attaquait constamment le gouvernement.

Comme rédacteur en chef du journal l'*Affranchi*, pendant la Commune, il a fait paraître dans cette feuille des articles d'une violence extrême, entre lesquels nous rappelons celui-ci.

« Les papalins et autres nourrissons des prêtres ont été les premiers à l'attaque de Paris. Paris leur répond en reprenant les biens immobilisés par les prêtres et en supprimant le budget des cultes.

» Guerre à mort, constatons-le, c'est la monarchie qui a tiré la première.

» Mais, le sabre tiré, que Paris ne s'arrête

plus, qu'il accepte jusqu'au bout la mission qui est son honneur et sa raison d'être et devant laquelle un instant il a songé à se dérober.

» Qu'il en finisse d'un coup avec ce passé impitoyable qui se dresse à chaque pas, menaçant et railleur, en face de l'avenir; qu'il écrase à jamais cette réaction avide, à laquelle il abandonnait lâchement une proie et ne s'en contente jamais.

» Qu'il ne recule devant rien pour assurer sa victoire. »

Paschal Grousset a été élu membre de la Commune dès le début, et lors de la formation des commissions, il fut désigné pour celle des relations extérieures, et choisi par ses collègues de cette commission comme délégué principal.

Il fut également membre de la commission exécutive qui, on le sait, était composée des principaux délégués des diverses commissions.

Grousset s'est toujours fait remarquer par ses idées anti-conciliatrices, et l'on peut dire qu'il a été un des membres les moins tolérants de la Commune. Il a voté pour la formation du comité de salut public.

Dans un premier interrogatoire, Grousset a répondu à quelques questions qui lui ont été posées; nous nous étions réservé de l'interroger longuement sur le rôle qu'il a joué pendant la Commune; appelé par nous le 18 juin à cet effet, il a refusé de répondre à toute question, et nous a avoué qu'il avait adopté cette règle *dont il ne se départirait pas.*

La lecture des pièces de son dossier nous a amené à faire un recueil de notes et d'observations qui devaient entraîner les questions à poser à l'inculpé; nous croyons utile de les transcrire dans notre rapport pour faciliter les recherches et l'interrogatoire de Grousset à l'audience.

Membre de la Commune;

Délégué principal aux relations extérieures.

Membre de la commission exécutive;

Son entrée dans la commission des relations extérieures;

Organisation de son service et de son personnel;

Quel traitement touchait-il personnellement;

Qui réglait la solde des divers employés et comment se payait-elle. A ce propos, parler des feuilles d'émargement qui ne sont approuvées par personne et sans signatures de contrôle.

Sa comptabilité au ministère.

Au dossier se trouvent des reçus d'un nommé Kunemann pour une somme de 29,657 fr. 50 cent.

— Quel est ce Kunemann?

Soustraction de dossiers appartenant au ministère des affaires étrangères, ainsi que d'un portefeuille portant un titre: *Ministère des affaires étrangères.* La patte qui se relie avec la serrure a été coupée pour pouvoir soustraire les pièces que renfermait ce portefeuille. Il appartenait à M. de Moustier.

Circulaire de Paschal Grousset adressée aux représentants des diverses nations à Paris, pour faire reconnaître la Commune.

Correspondance avec le général prussien Fabrice. Pourquoi et dans quelles circonstances.

Demander l'explication d'une lettre signée Eugène K..., par laquelle on l'informe de la présence d'un officier prussien à la barrière de Charenton, et réclamant la présence d'un membre de la Commune.

Demander l'explication d'une lettre adressée au commandant de Vincennes.

Pourquoi trouva-t-on dans ses papiers un grand nombre de documents provenant du ministère de la guerre de la Commune, ce qui indiquerait sa coopération dans les affaires de la guerre. Voici à ce sujet la lettre de Pinparé qui demande un rendez-vous, des munitions et de l'argent pour l'accomplissement d'un certain projet.

Explication sur un inventaire en sa possession de l'argenterie de la couronne. Que sont devenues ces pièces d'argenterie?

Explication sur la perquisition faite le 8 mai 1871 chez M. Feuillet de Conches. Qui l'a ordonnée? Que sont devenus les objets trouvés dans un bureau, glands, torsades d'or, sachets, etc.

Pourquoi a-t-il eu en sa possession des dossiers provenant du ministère de l'intérieur et des affaires étrangères et de la préfecture de police concernant les familles Grousset, Rochefort et Pierre Bonaparte?

N'a-t-il pas été délégué aux finances?

Il a attaché à son service des personnes qui ne peuvent lui prouver leur dévouement au parti qu'il défend et qu'il sert si énergiquement, entre autres son frère Louis Grousset, Lacoste, son tailleur, la fille Acard, sa maîtresse, et Alard, ami de Lacoste.

Explications sur les passeports étrangers, la démolition de la colonne, séance du 17 mai. Grousset affirme dans un discours que tous les membres de la Commune doivent être responsables de leurs actes et qu'il le sont de fait. A cette date se rapporte la proclamation de Grousset aux grandes villes, qui est un appel général aux armes dans toute la France.

Perquisition chez MM. Gratien, rue Hautefeuille. — Sur 3250 qui leur étaient dûs, ces messieurs n'en ont reçu que 1500.

Quoique le nommé Grousset se soit refusé à répondre, et que par suite il en résulte des difficultés pour établir notre rapport, le résultat de l'étude des pièces du dossier nous a permis d'en déduire que Paschal Grousset a été un des membres les plus actifs et les plus convaincus du gouvernement issu de l'insurrection.

Il est donc inculpé de:

Participation active à l'insurrection.

Excitation à la guerre civile.

Provocation publique à la désobéissance aux lois.

Excitation publique à la haine et au mépris du Gouvernement, offenses à l'Assemblée nationale.

Excitation publique à la haine et au mépris des citoyens dans le but de troubler la paix.

Complot pour changer la forme du Gouvernement. Excitation à la guerre civile en portant les citoyens à s'armer les uns contre les autres, ce qui eut pour résultat la dévas-

tation, le massacre, le pillage et l'incendie.
Art. 59, 60, 87-88, 89, 91-96, 255-258, 259,
260, 295-296, 297 302, 341, 342, 344, 381, 393,
396, 434, 437, 439, 440.

Les art. 1-2, 4, 7, loi du 11 août 1848.

Verdure

Verdure s'occupe depuis longtemps de la
question ouvrière. C'est un philanthrope utopiste, épris de théories entrevues; pas assez
intelligent pour voir au delà d'un cercle très
borné, et qui, inconsciemment, a contribué
au désordre social actuel; il s'affilié, depuis
le mois de septembre 1870, à l'Internationale,
à cette odieuse société secrète, l'ennemie
jurée de toute civilisation.

Verdure, ancien caissier de la *Marseillaise*,
est très connu dans le parti démocratique
exagéré; ses antécédents le firent nommer à
la Commune.

Comme membre de la Commune, Verdure
vota et fut toujours avec la majorité. Il suit
les séances assidûment jusqu'au 20 avril.

Après cette date, il s'occupe surtout des
services administratifs du onzième arrondissement, où il est délégué. Il ne vient plus aux
séances que lorsque sa présence y est récla-
mée.

Mais Verdure est là pour voter avec la majorité toutes les propositions et décrets qui
forment le bilan criminel de la Commune.

Il est donc établi que Verdure a volontaire-
ment coopéré aux travaux de la Commune et
qu'il a engagé volontairemens sa responsabilité pour tous les actes et décrets de cette
assemblée; contre les otages, pour la destruction de la maison de M. Thiers, de la
colonne Vendôme, le pillage des églises et
enfin les massacres et les incendies des derniers jours.

En conséquence, nous sommes d'avis qu'il
y a lieu d'ordonner la mise en jugement du
sieur Verdure, caissier comptable, pour :

1º Usurpation des fonctions administratives,
judiciaires et militaires.

2º Séquestrations arbitraires.

3º Avoir participé à un attentat ayant pour
but de changer le gouvernement et d'exciter
à la guerre civile en armant ou en portant
les citoyens ou habitants à s'armer les uns
contre les autres et de porter la dévastation,
le massacre et le pillage dans la ville de Paris.

4º Destruction volontaire de maisons particulières et de monuments appartenant à la
nation.

5º Pillage des églises en bande et à force
ouverte.

6º Assassinat, ayant voté l'exécution de la
loi sur les otages, crimes prévus et punis par
les articles 87, 91, 93, 302, 341 et suivants,
437 et 440 du code pénal ordinaire.

Billioray

Billioray, artiste peintre, était complètement inconnu du parti démocratique. Il paraît pour la première fois dans un club, au
mois de janvier 1871, le fréquente assidûment; y prend plusieurs fois la parole, et se

révèle. Le conseil d'arrondissement de la
garde nationale le nomme membre du Comité
central.

Billioray accourt à son poste le 18 mars, et
prend la part la plus active à l'attentat contre
le gouvernement de son pays; son nom est
sur toutes les proclamations. En ce jour il
fait ses preuves, aussi est-il nommé membre
de la Commune aux élections du 26 mars, et,
en cette qualité, attaché à la commission des
finances.

Le tempérament ardent de Billioray, autant
que sa nature artistique, ne lui permirent
guère de s'adonner complétement aux finances; il fit de la politique, et plus avant s'engagea dans l'exagération. Le 11 mai une va-
cance se produit dans le Comité du salut public, Billioray sollicite son entrée, et est
choisi par la majorité de la Commune. Il fait
donc partie de ce comité de dictateurs qui or-
ganisent, et présideront jusqu'aux derniers
moments aux moyens de défense et de destruction.

Aussi, il est établi que Billioray a été successivement membre du Comité central,
membre de la Commune et membre du Comité de salut public; il a donc engagé volon-
tairement sa responsabilité, et a coopéré à
tous les attentats, décrets et actes faits, or-
donnés ou tolérés par le Comité central, la
Commune et le Comité de salut public, sur
les otages, pour la destruction de la maison
de M. Thiers, de la colonne Vendôme, le pillage des églises, et enfin les massacres et les
incendies des derniers jours de la Commune.

En conséquence, nous sommes d'avis qu'il
y a lieu d'ordonner la mise en jugement du
sieur Billioray, artiste peintre, pour : 1º usurpation de toutes les fonctions administratives, judiciaires et militaires; 2º séquestrations arbitraires; 3º ayant participé à un attentat ayant pour but de changer le gouvernement régulier, et d'exciter à la guerre civile, en armant ou en portant les citoyens ou
habitants à s'armer les uns contre les autres,
et de porter la dévastation, le massacre et le
pillage dans la ville de Paris; 4º destruction
volontaire de maisons particulières ou monuments appartenant à l'Etat; 5º pillage des
églises en bande et à force ouverte; 6º d'assassinat, ayant voté la loi sur les otages,
crimes prévus et punis par les articles 87,
91, 93, 302, 341 et suivants, 437 et 440 du
Code pénal ordinaire.

Ferat

Ferat, homme de lettres, était inconnu dans
la politique avant le siége. Pendant cette période, il fréquente plusieurs clubs, y est
écouté et conquiert une certaine influence.
Comme garde national il est délégué de sa
légion au comité central et participe aux
actes du 16 mars. — Nous savons comment
opéra le comité central.

Après l'attentat du 18 mars, Ferat fut délégué comme maire du 6e arrondissement; il
se retira après les élections de la Commune.

Dans les premiers jours d'avril, il est élu
chef du 80e, lequel fut envoyé à Issy aussitôt
son chef arrivé.

À Issy, Ferat fut nommé chef d'état-major de la place. — Le 22 avril, il fut arrêté par les ordre du délégué à la guerre dans le local des séances du comité central au milieu de ses collègues.

Le chef du 80e bataillon obtint sa liberté, grâce à l'intervention de ses officiers, après une quinzaine de jours d'internement.

Le 6 mai, Ferat et sa troupe rentrent à Paris, presque aussitôt ils sont envoyés à la porte Maillot, puis au parc Wagram, et le 22 ils rentrent dans leur quartier, à Ménilmontant.

Ferat prétend avoir agi sur son bataillon pour le décider à cesser la lutte lorsque les troupes régulières arrivèrent dans son quartier, et il assure avoir réussi.

Ferat s'intitulait homme de lettres; nous le croyons plutôt un de ces nombreux déclassés qui n'ont point accepté la condition de leurs familles et s'en vont tout en paressant à la recherche d'une position. Il est bien certain que Ferat était pour la Commune, car pour lui, c'était arriver avec peu d'efforts au but désiré. Ferat est d'un tempérament énergique, il devait se faire obéir.

De tout ce qui précède il résulte que Ferat, comme membre du Comité central, a commis un attentat ayant pour but de détruire ou changer le gouvernement; qu'il a usurpé des fonctions, et, comme chef de bataillon, il a porté les armes contre la France.

En conséquence, nous sommes d'avis qu'il y a lieu d'ordonner sa mise en jugement.

Clément

Clément, ouvrier teinturier, a été membre de la Commune le 26 mars, et quelques jours plus tard placé à la commission des finances.

Clément, loin de s'associer aux actes de violence et d'arbitraire de la Commune, a toujours et courageusement protesté; il a rempli honnêtement les fonctions de maire dans le 15e arrondissement.

Clément désapprouvant les actes de la Commune et se refusant à les accepter, a voulu donner sa démission le 15 avril; il eût eu certainement l'énergie de poursuivre sa résolution s'il n'avait cédé aux prières de ses administrés qui se sentaient protégés par sa présence.

La justice examinera les actes de Clément, estimera sa courageuse abnégation et prononcera:

Pour nous, Clément en acceptant de faire partie d'un gouvernement ouvertement en rébellion avec celui de son pays, a participé à l'attentat ayant pour but de changer la forme du gouvernement régulier, il a commis toutes les usurpations de ce pouvoir.

En conséquence, Clément doit être traduit devant un conseil de guerre.

pour le décider à cesser la lutte lorsque les troupes régulières arrivèrent dans son quartier, et il assure avoir réussi.

Le manque d'espace ne nous permet pas de donner en ce moment d'autres rapports, mais ils trouveront leur place naturelle dans le compte-rendu détaillé de cette même audience d'aujourd'hui, sur laquelle je reviendrai demain.

Suite de l'audience du 7 août 1871.

Ainsi que je l'ai annoncé hier, je reviens aujourd'hui sur cette première audience qui a été ouverte, à midi un quart, devant un public moins pressé que ne devaient le faire supposer le grand nombre de billets donnés, à MM. les députés surtout, et la difficulté d'en obtenir un seul depuis plusieurs jours.

Dès l'ouverture de l'audience, quelques officiers généraux prennent place sur l'estrade du conseil, et les banquettes reservées sont bientôt occupées par une série de dames élégantes et jolies. Je n'ose donc blâmer le gouvernement de ne pas s'en être tenu à sa première pensée d'éloigner les femmes des conseils de guerre, bien que je sois toujours de cet avis, que les drames des cours d'assises ne devraient point être rangés dans la catégorie des premières représentations.

M. Dumas fils, lui, nous a fait l'honneur de venir s'asseoir au milieu de nous.

Quant aux tribunes de côté, elles étaient à peu près vides et cela pendant que M. Ernest Picard, qui n'avait pas songé à demander un billet et se voyait refuser l'entrée de la salle par le factionnaire. L'ancien ministre s'en est tiré en homme d'esprit; il a complimenté le soldat sur sa fidélité à la consigne, et dix minutes plus tard, il est revenu muni d'une carte.

Quelques instants avant l'entrée des membres du Conseil, la partie gauche des gradins affectés aux accusés est tout à coup envahie; ce sont les témoins détenus que des gardes municipaux accompagnent.

Il y en a une trentaine. Quelques-uns sont de pauvres diables piêtrement vêtus, à mines défaites, et n'ayant probablement joué qu'un rôle secondaire dans l'insurrection quelques autres au contraire sont pour nos lecteurs de vieilles connaissances.

Georges Cavalié, Pipe-en-Bois, plus maigre, plus long, plus ossifié que jamais, est de ces derniers. Il s'empresse d'envoyer à la gauche de la presse ses plus gracieux sourires. Mais, instabilité des choses humaines, on lui répond à peine, et plus que jamais alors, en son for intérieur, l'ancien secrétaire de Me Gambetta regrette ces temps heureux, où il recevait l'ambassadeur d'Angleterre en lui offrant un joli bock.

Parmi ces témoins se trouvent aussi Fossé, le secrétaire d'Assi, le sous-lieutenant Serres du 109e de ligne, et une assez jolie femme blonde avec de beaux yeux bleus, la veuve Leroy, cette maîtresse d'Urbain, si précieuse pour son seigneur et maître dans les perquisitions qu'ils faisaient ensemble, comme deux époux parfaitement assortis.

Enfin, à midi vingt minutes, la garde porte les armes, les membres du conseil paraissent en grand uniforme et prennent leurs places.

M. le président Merlin annonce que la séance est ouverte et ordonne que les accusés soient introduits.

Tout l'auditoire se lève; c'est à qui verra et reconnaîtra le premier ces tristes héros de la Commune et du comité central.

Ferré ouvre la marche. C'est un petit homme de vingt-cinq à trente ans, au nez busqué, un bec d'aigle, aux yeux brillants derrière le lorgnon qui les abrite sans cesse, aux dents blanches comme celles d'une bête fauve, il porte toute sa barbe d'un noir de jais et est vêtu avec une certaine élégance. C'est bien là le digne aide du bourreau Raoul Rigault.

Assi le suit, désolé sans doute d'être le second. Il est en uniforme de colonel, uniforme qu'il ne quitte jamais. C'est toujours l'Assi de l'Internationale, au sourire sot et vaniteux; celui qui, à la 6e Chambre, s'était hissé jusqu'au banc supérieur des prévenus, où il restait debout pour être mieux vu. Tout le fanfaron de la Commune est dans ce seul fait.

Urbain, trapu, commun, est le troisième; il ne jette même pas un regard vers sa maîtresse; et Billioray, un grand bellâtre blond, semblant parfaitement satisfait de sa personne, prend place auprès de lui.

C'est ensuite Trinquet, un ouvrier cordonnier; il en a toute la tournure ainsi que Champy, qui ne lui cède en rien en distinction.

Régère, qui se place auprès de Champy, est un homme d'une cinquantaine d'années, roux, un peu chauve, très coloré, qui a l'air d'un commis-voyageur en vins tout aussi bien que d'un conspirateur. Lui aussi a de nombreux amis dans la salle, surtout parmi le public féminin. Il envoie des saluts de la main, des œillades à des dames qui, probablement, se trouvent toutes fières de connaître un assassin.

Lullier vient après, boutonné militairement, la main sur sa poitrine, sombre et grave comme d'habitude, et paraissant peu disposé à échanger beaucoup de phrases avec ses voisins, pour lesquels à plusieurs reprises il a si vigoureusement manifesté son mépris.

Le docteur Rastoul, jeune, à la physionomie énergique et intelligente, mis comme s'il allait en visite chez un client, prend la place suivante.

C'est ensuite Paschal Grousset, élégant comme jadis, ganté de gris perle, mais affreusement maigri et changé. Ses yeux sont enfoncés dans l'orbite, rougis par les larmes; son teint est pâle, il semble absorbé dans ses pensées. De tous les accusés, c'est celui dont la tenue est la meilleure. Il évite de tourner les yeux vers la tribune des journalistes, parmi lesquels il avait jadis tant d'amis, alors que l'orgueil insatiable qui couvait en lui ne l'avait pas encore perdu.

Verdure est un gros garçon barbu, joufflu, orné de lunettes bleues et paraissant assez indifférent à tout ce qui se passe.

Ferat, le premier du troisième banc est, à ce qu'il dit, un confrère. Chacun de nous l'ignorait et l'aurait pris plutôt pour quelque forgeron en rupture de travail.

Descamps est aussi insignifiant, de même que Clément, peu compromis d'ailleurs; mais à la gauche de ce dernier vient Courbet, et on a peine à reconnaître dans cet accusé aux cheveux blancs, aux traits flétris, aux yeux boursoufflés, le luxuriant peintre du réalisme, ce fou vaniteux qui s'est photographié d'un seul mot lorsque, passant devant la colonne, il a dit de sa grosse voix : Ce monument m'embête.

Parent est le dernier, Parent devenu héros politique depuis le jour où il a pris part à la manifestation contre le czar, ce qui lui valut ce fameux coup de pied d'où jaillit l'interminable procès André.

Lorsque les accusés sont placés et que l'émotion causée par leur entrée est un peu calmée, le commissaire du gouvernement lit une déclaration du médecin de Versailles constatant que Lisbonne ne peut venir à l'audience, et le président du conseil rend un arrêt qui, attendu que l'absence de cet accusé ne peut préjudicier à ses complices, ordonne que sa cause sera disjointe des autres et qu'il sera passé outre aux débats.

L'appel des accusés est fait alors pour constater leur identité, et, cet appel terminé, Me Gatineau prend des conclusions tendant à ce que les accusés puissent communiquer entre eux et leurs défenseurs, vu la connexité de l'accusation.

Puis le même avocat trouve bon de se plaindre que le *Figaro* ait publié le rapport général qui, dit-il, lui a été refusé.

Puisque je passe du banc des journalistes à celui des accusés, mes lecteurs me permettront bien de prendre un instant la parole pour répondre à cette aimable dénonciation. Je n'ai d'ailleurs besoin que d'un mot pour me justifier, ou plutôt pour m'expliquer. Dimanche soir j'étais à Versailles, au bureau du 3ᵉ conseil de guerre. j'y étais avec plusieurs confrères, attendant comme eux ce rapport dont, comme moi, ils étaient fort disposés à se servir, mais le document impatiemment désiré ne venant pas, ils désespérèrent et partirent. J'eus plus de patience, je restai et je l'eus à la dernière heure. J'étais alors seul et il est assez naturel que le *Figaro*, seul, l'ait publié.

Quant aux défenseurs, je n'en vis pas l'ombre d'un, et je ne sache pas que le commissaire du gouvernement soit chargé de courir après eux pour leur faire telle ou telle communication. Demander que les alouettes tombent toutes rôties, c'est trop ; le *Figaro* ne demande que les alouettes et se charge du reste.

Je reviens maintenant aux débats.

En réponse aux conclusions de Mᵉ Gatineau, le conseil refuse de laisser communiquer les accusés entre eux ; il le refuse aussi à Mᵉ Bigot qui reprend la même thèse, et, ce premier incident vidé, M. le capitaine Gaveau, commissaire du gouvernement, se lève et prend la parole en ces termes :

Monsieur le président,

Messieurs les juges,

Avant de faire devant vous la lecture de l'exposé des causes et des faits généraux de l'insurrection, je crois devoir déclarer que cet exposé n'est pas mon œuvre.

La rédaction en a été faite sur les bases d'un travail préparé par mon prédécesseur, M. le capitaine Grimal.

Appelé le 27 juillet dernier à le remplacer dans les fonctions de commissaire du gouvernement, je n'ai eu que le temps nécessaire pour compulser les nombreux dossiers du procès et il m'eût été impossible de collaborer à la rédaction de l'exposé général.

J'en revendique cependant l'entière responsabilité, car j'y ai trouvé, sous la forme la plus élevée, ma propre inspiration, j'y ai trouvé l'horreur que m'inspirent ces parricides qui ont enfoncé le poignard dans la plaie béante de la patrie, j'y ai trouvé en plus l'appel que je dois faire à votre justice et à votre patriotisme.

Cette déclaration pleine de modestie et de fermeté prononcée, M. le commissaire du gouvernement donne le rapport que le *Figaro* a publié hier, et toute la salle est témoin, pendant cette lecture, du plus honteux spectacle.

Les trois principaux accusés, ceux que les crimes les plus odieux appellent devant la justice, Ferré, Assi et Urbain, suivent cette lecture sur le texte du *Figaro*, et ne cessent de rire aux passages les plus dramatiques de cet horrible récit. Régère, appuyé sur l'épaule d'Assi, imite ses sinistres complices, et Billioray affiche ses prétentions artistiques en esquissant les portraits des membres du conseil de guerre. Quant à la veuve Leroy, elle prend des notes en cherchant ça et là à rencontrer les regards de son amant Urbain qui a bien autre chose à faire qu'à s'occuper d'elle.

Depuis déjà plusieurs années, j'ai suivi les débats des criminels célèbres et j'ai senti parfois, quels que fussent les attentats dont ils s'étaient rendus coupables, la pitié arrêter ma plume, mais jamais, je l'avoue, je n'ai rencontré semblable cynisme. Martin Reau l'empoisonneur, Lathauvers l'assassin et Troppmann lui-même se tenaient mieux à l'audience que ces chefs de la Commune, qui semblent se faire un piédestal de leurs attentats et de leurs infamies.

Cependant, M. le commissaire du gouvernement termine et M. le greffier Bracq donne lecture des rapports particuliers qui concernent chacun des accusés.

Voici ceux de ces actes d'accusation que le défaut d'espace ne nous a pas permis de publier hier.

Ferré.

Le nommé Ferré (Théophile) a de très mauvais antécédents politiques; avant de jouer le rôle sanguinaire de délégué à la préfecture de police qu'il a reçu du gouvernement révolutionnaire du 18 mars, il s'est fait remarquer dans plusieurs circonstances par ses paroles exaltées et ses excitations à la révolte.

En 1868, à l'occasion de la manifestation Baudin, il a essayé de prononcer un discours en montant sur un monument voisin de la tombe, ses premiers mots furent : Vive la république ! la Convention aux Tuileries ! la Raison à Notre-Dame !

Dans les réunions publiques il se fit remarquer par sa violence et ses discours insensés, qui évoquaient invariablement le souvenir de 1793.

Lors du procès de Blois il fut arrêté et accusé avec Dupont; ses réponses au président furent d'une violence extrême, et ses insultes le firent évacuer de la salle. cependant les preuves manquant on l'acquitta.

Interrogé par nous sur sa participation à l'insurrection du 18 mars et sur les crimes dont il a été l'auteur ou le complice, il a refusé de répondre à nos questions et de signer quoi que ce soit.

C'est, dit-il, son système de défense, et il se réserve pour l'audience, probablement pour se livrer aux mêmes insultes qu'à Blois, il ne veut d'autre avocat que lui-même.

Nous lui avons cependant signifié les chefs d'accusation dirigés contre lui et nous avons établi notre rapport sur les pièces accusatrices, sur les éléments fournis par la notoriété publique, les actes officiels de la Commune, et la déposition des témoins déjà appelés à Paris pour l'instruction des affaires des incendies de monuments et des assassinats des otages.

Le 18 mars, Ferré se trouvant à neuf heures et demie du matin au n° 6 de la rue des Rosiers, fit opposition au départ des gardes républicains prisonniers, en obtenant du commandant Dardelle la révocation de l'ordre de leur mise en liberté qui avait été donné, il se rendit ensuite au Château-Rouge où venait d'être conduit le général Lecomte, et il se fit remarquer par sa ténacité à demander la mise à mort du général.

Le 26 mars, élu au XVIIIe arrondissement membre de la Commune, et le lendemain membre de la Commission de sûreté générale il signa avec Dereure, J.-B. Clément, Vermorel et autres une proclamation composée de calomnies contre l'autorité légitime ainsi que d'excitations à la révolte et à la guerre civile.

Le 1er mai, il fut nommé procureur de la Commune, ce qui lui permit de commencer les arrestations et condamnations arbitraires.

Le 14 du même mois, sa nomination de délégué à la Préfecture de police parut dans le *Moniteur*.

Ami de Raoul Rigault, dont il continua les crimes, il fut placé au poste de délégué à la police par ce dernier à la place de Cournet dont l'ex-délégué était moins sûr.

C'est ainsi que l'accusé signa d'un trait la suppression de presque tous les journaux, et l'arrêt de mort de nombreuses victimes, retenues ou emprisonnées par ses ordres.

Au dépôt de la préfecture, l'accusé a été vu par le témoin Desserey, surveillant au même dépôt, lorsqu'il prenait à part le nommé Veysset, et lui lisait un ordre qu'il tenait à la main. Ferré, montrant un peloton d'hommes de vengeurs de Flourens, lui aurait dit : « Voilà le peloton d'exécution qui va vous emmener. » Le brigadier Sauvage a dit au témoin qu'après avoir fusillé cet homme on l'avait jeté à l'eau.

Le témoin Vergneri a vu Ferré distribuer de l'argent aux hommes qui allaient fusiller Veysset. Il leur a donné à chacun 5 fr.

Le témoin Régeaut, voyant la Préfecture en flammes, en fit l'observation à Ferré, au moment où il faisait extraire Veysset.

« Ce n'est pas vrai, répondit ce dernier; qui
» vous a dit cela? »

« Ce sont les gardes nationaux, repartit
» Régeaut. »

« Les gardes nationaux, dit Ferré, sont des
» idiots.

» Au surplus, vous n'avez pas peur pour
» vous, puisque votre bâtiment est voûté. »

La cour de cassation était déjà en flammes.

— La nommée Marguerite Forzi et le nommé Bacon, employé à la préfecture, ont entendu dire que Veysset aurait été fusillé par l'ordre de Ferré qui aurait tiré le premier coup et l'aurait atteint à la tête. Il l'aurait ensuite fait jeter à la rivière.

Nous avons sous les yeux une pièce du directeur du dépôt de la préfecture, certifiant que Veysset, écroué dans cette prison le 21 mai, avait été mis à la disposition de Ferré qui le fit extraire le 24 mai pour être passé par les armes.

Enfin le témoin Broquard affirme que l'ordre d'écrou de Veysset était signé par Ferré et que c'était Ferré qui commandait le peloton d'exécution.

La femme Broquard, fille Tabouret, a vu le 24 mai Ferré en paletot gris à col noir. Il haranguait le peloton d'exécution en ces termes : « Tous les sergents de ville, tous les gendarmes, tous les agents bonapartistes fusillés ici immédiatement. »

Parmi les victimes assassinées au dépôt se trouve le nommé Valliat, extrait le 24 mai par ordre de Ferré. Nous avons l'extrait du registre d'écrou.

Révolutionnaire fougueux et implacable, Ferré ne recula devant aucun moyen pour se venger de la défaite de son parti.

Il partagea avec quelques autres membres de la Commune la mission d'incendier les monuments que les insurgés avaient occupés et ne voulaient pas laisser intacts à la troupe de l'ordre.

Le mercredi matin, 24 mai, le témoin Caffort demeurant rue du Harlay à la préfecture de police, vit vers dix heures du matin Ferré et cinq autres individus en civils ayant un fusil en bandoulière entrer à la préfecture, et gagner l'escalier de service ?

Ferré lui dit : Dépêchez-vous de vous en aller, nous montons mettre le feu, dans un quart d'heure ça sera en flammes.

Une demi-heure après, le témoin vit sortir des flammes des deux fenêtres du parquet du procureur général, où Raoul Rigault s'était installé pendant l'insurrection.

Le témoin remarqua que Ferré avait un collet de velours noir.

La femme Campagne vit le même jour quelques individus badigeonner les murs de la préfecture de police; elle remarqua parmi eux, au moment où ils sortaient, un homme plus petit que les autres, portant un paletot gris à collet de velours noir et un pantalon à bande noire.

Le témoin Régeaut, comme nous l'avons cité plus haut, dépose dans le même sens.

On ne doit pas s'étonner que le délégué à la préfecture de police ne voulût pas laisser intact le siège de son administration sanglante et les archives accusatrices qui contenaient les dossiers de ses compagnons de crime.

L'accusé a donné ordre fait et signé par lui d'incendier le ministère des finances en ces termes :

« Citoyen Luçay, faites flamber finances et venez nous retrouver.» L'écriture a été contrefaite à dessein, nous avons fait comparer et étudier la note en question par un expert appelé dans ce but, qui a reconnu l'écriture conforme à celle de nombreuses lettres écrites par Ferré.

Le 24 mai, jour des assassinats et incendies déjà cités, le témoin Vattier, détenu à la Roquette pour vol, dépose que Ferré, en bourgeois, avec une écharpe rouge, se présenta à la Roquette avec une centaine de gardes du 195ᵉ et du 206ᵉ.

Il dit à ces hommes :

« Citoyens, vous savez combien il en manque des nôtres; on nous en a pris six, nous en avons six à fusiller. »

Le témoin vit peu après descendre les six otages : l'archevêque de Paris, Mgr Darboy, M. le président Bonjean, l'abbé Allard, le père Ducoudray et Clerc, l'abbé Deguerry.

Le 26 mai, le nommé François, directeur de la Roquette sous la Commune, reçut un ordre signé de Raoul Rigault et de Ferré, portant de remettre le nommé Juker au juge d'instruction.

Le 27, le nommé Pinet, témoin, sous-brigadier à la préfecture de police, vit Ferré à la Roquette devant la porte du greffier qui criait en donnant des ordres parmi les gens de mauvaise mine.

A la même date, le délégué à la police fit délivrer les malfaiteurs détenus dans la prison, en leur donnant des armes; ces derniers s'associèrent alors un grand nombre de prisonniers, parmi lesquels se trouvaient soixante-six gendarmes.

Cependant les prisonniers qui vivaient encore résolurent de se défendre, les meurtriers reculèrent, mais ils tendaient un piége eu promettant la liberté et en criant « Vive la ligne », les abbés Surat, Bécan et Houillon, et le sieur Chaulieu furent victimes de cette trahison. Ferré est complice de ces assassinats, le piége fut organisé par lui, car il donna l'ordre écrit à Romain de faire sortir les otages, les conséquences de cet ordre prouvent bien l'intention qui l'a dicté. — En présence de ces faits, notre avis est que le nommé Ferré soit traduit devant le conseil de guerre.

1° Pour avoir participé à un attentat ayant pour but de changer la forme du gouvernement;

2° D'exciter la guerre civile en armant les citoyens les uns contre les autres;

3° Pour avoir détruit et ordonné de détruire par le feu les monuments appartenant à l'Etat, habités et non habités.

4° D'avoir provoqué et ordonné, comme complice, l'assassinat des otages;

5° Avoir usurpé des fonctions publiqbcs;

6° Avoir ordonné des arrestations illégales et des perquisitions.

Crimes prévus et punis par les articles 59, 60, 87, 88, 94, 91, 95, 96, 97, 257, 258, 295, 296, 297, 302, 341, 344, 434, 437 du code pénal ordinaire.

Urbain.

Urbain, ancien chef d'institution primaire, après avoir, pendant le siège de Paris, fréquenté assidûment les lieux de réunion, les clubs, et particulièrement celui du Pré-aux-Clercs, devint, antérieurement à la Commune, membre d'un comité de vigilance. Ce comité institué dans le but de veiller à la conservation de la République, après les événements du 4 septembre, eut une grande part dans les agitations qui se produisirent à l'intérieur de Paris à l'époque du siège, et Urbain fut chargé, à diverses reprises, d'être l'organe de ce comité vis-à-vis des membres du gouvernement.

Plus tard, les comités de vigilance s'étaient groupés pour former un comité central; Urbain continue à prendre part aux réunions et aux délibérations, tout en prétendant ne pas avoir pendant cette seconde période pris la parole comme au comité de vigilance.

Le comité central dont il est ici question, n'est pas encore celui qui joua un si grand rôle sous la Commune; nécessairement il dura, selon les réponses du prévenu, jusqu'à la fin de l'insurrection, et il est évident, après l'instruction, que les éléments qui composaient le premier, aidèrent à former le second.

A la fin de janvier ou au commencement de février, Urbain prétend s'être éloigné de la vie politique, il prétend aussi ne pas avoir été mêlé aux événements du 18 mars, qu'il n'aurait connus qu'après leur accomplissement. Sans attacher à cette assertion une grande importance, en ce sens qu'Urbain n'était ni d'une trempe assez vigoureuse, ni d'une intelligence assez grande pour être désigné alors à l'attention des grands instigateurs du mouvement, nous ne pouvons, cependant, accepter comme vraie cette prétention d'un désintéressement complet de la chose publique.

Le passé d'Urbain que nous venons d'indiquer, son tempérament, aussi bien que sa conduite ultérieure, nous donne la conviction que s'il a joué à ce moment un rôle effacé, il n'en a pas moins suivi avec ardeur et passion les phases de l'action.

Il était orgueilleux et ambitieux. Depuis le commencement de mars, il retournait aux réunions, et s'il est resté dans l'ombre, nous le répétons, c'est que malgré ses aspirations, il n'a pas trouvé de suite le moyen de les mettre en évidence.

Nous voyons se produire bientôt la confirmation de nos appréciations. Il n'accepte, il est vrai, la mairie du septième arrondissement qu'à la condition de ne se mêler que des élections, et en cela il a participait directement à l'attentat contre le gouvernement régulier. Il n'a refusé de fonctions administratives que parce qu'il ne connaît en rien l'administration. Du reste, il a fini cependant par accepter, sauf la signature des actes de l'état civil que M. Hortus, adjoint, continua à signer dans l'intérêt de l'arrondissement.

Les élections appellent Urbain à la Commune, et, en qualité d'ancien instituteur, il devient membre de la commission d'enseignement, mais il conserve en même temps ses fonctions de maire. Il s'installe même définitivement à la mairie vers le milieu d'avril avec son jeune fils et sa sœur, et il y donne asile à une dame Leroy, sa maîtresse, qui exerçait sur lui une grande influence, et qui, elle-même, pérorait dans les clubs et les comités.

A la mairie du septième cette femme prerait de son propre mouvement la direction en l'absence de son mari, y recevait en son nom et une foule de témoignages établissent son influence.

Dans le cours de la gestion d'Urbain, des perquisitions dans les maisons particulières, dans les maisons religieuses ont été opérées. Dans ces dernières, la femme Leroy l'accompagnait quelquefois.

Lorsque des arrestations étaient faites, des objets, des titres, des valeurs étaient saisis, portés à la mairie, et, de là, au dire d'Urbain, envoyés avec les prévenus à la préfecture de police.

Mais nous avons trouvé dans le dossier des plaintes portées contre Urbain et contre la femme Leroy, par lesquelles ils étaient accusés de s'être approprié des valeurs, des bijoux, et si l'un et l'autre s'en défendent, nous ferons remarquer, en l'absence de preuves bien palpables, que les scrupules de conscience n'étaient pas à l'ordre de la Commune, et particulièrement à la mairie du septième arrondissement, où la caisse d'enseignement, contenant 8,000 francs au début, fut réduite à 2,500 francs à la dernière heure.

Urbain avoue avoir disposé même de cette dernière somme en faveur d'individus compromis comme lui. Il est constant d'ailleurs que pendant le séjour de la femme Leroy à la mairie, les dépenses excédaient les 15 fr. par jour qui étaient alloués à Urbain.

Au dire du domestique d'Urbain, tout le monde puisait dans cette malheureuse caisse, et nous trouvons dans le dossier le testament par lequel le prévenu laisse à son fils une somme de 4,000 fr. en billets de banque et en or, déposés chez sa tante, madame Vauclair, et il est établi qu'avant la Commune il ne possédait rien.

Madame Leroy elle-même, que nos renseignements nous indiquent comme étant venue à la mairie, dénuée de ressources, nous accuse l'existence d'une somme de 1,000 fr., fruit de ses économies.

Il est constant qu'il résulte de la plainte portée par M. Landau, inspecteur de police, que la perquisition faite chez lui a amené la soustraction d'une somme de 5,000 francs, et M. Landau a parfaitement vu une bague de sa femme au doigt de la femme Leroy.

Du reste, le nommé Endrès, le grand justicier d'Urbain est retenu à Paris sous le coup d'une accusation de vol.

Nous avons dit qu'Urbain, indépendamment de ses fonctions de maire, était membre de la Commune. A ce titre, son action aussi bien que sa coopération, s'affirme par les documents que nous avons entre les mains, documents qui constituent ces ordres signés de lui et dont il a reconnu l'authenticité.

Si nous ne le voyons pas figurer dans la conduite des grandes opérations militaires, il a néanmoins joué un rôle important. Il a été chargé à plusieurs reprises de visiter les postes, il a fait réoccuper le fort d'Issy, qui avait été abandonné. Il l'avoue lui-même. Il a visité, par ordre, les casernes et les remparts. Il a dirigé la construction de barricades et, le 22 mai, lorsque l'insurrection, refoulée sur plusieurs points, le chasse de la mairie, il nous dit lui-même avoir résisté aux sollici-

tations de la femme Leroy, qui l'engageait à abandonner la lutte, et s'être rendu à l'Hôtel de ville avec l'intention de rester à son poste·

Comme homme politique, Urbain, dans les délibérations de la Commune, est toujours ardent et prend souvent la parole. Il a apporté son vote approbatif à tous les décrets et particulièrement à ceux relatifs aux mesures répressives, aux ôtages, à la démolition de la colonne, de la maison de M. Thiers, au comité de salut public, dont il fut un des plus ardents promoteurs, et enfin c'est lui qui, dans la séance du 17 mai, demanda l'application du décret sur les ôtages.

A ce sujet nous copions textuellement la proposition d'Urbain insérée au *Journal officiel* du 18 mai :

« Je demande soit à la Commune, soit au comité de Salut public de décider que dix des ôtages que nous tenons en main soient fusillés dans les vingt-quatre heures en représailles des meurtres de la cantinière assassinée et de notre parlementaire assailli par la fusillade, au mépris du droit des gens. Je demande que cinq de ces ôtages soient fusillés solennellement à l'intérieur de Paris devant une délégation de tous les bataillons et que les cinq autres soient fusillés aux avant-postes devant les gardes témoins de l'assassinat. J'espère que ma proposition sera acceptée.»

Par cette proposition Urbain a attaché son nom à l'horrible attentat commis sur les ôtages. Dans les derniers jours il a encore été membre de la commission militaire et son activité, à défaut de ses aptitudes, a servi utilement la résistance.

En un mot, il a tenu à honneur de se mettre en évidence et, sans jouer un des premiers rôles dans le mouvement insurrectionnel, il ne s'en est pas détourné avant le dernier moment, et il a sa large part de responsabilité dans les actes criminels et les attentats commis dans Paris. Il s'est rendu coupable ou complice des crimes prévus par les art. 59, 60, 87, 91, 96, 258, 302 du code pénal.

Rastoul

Le nommé Rastoul est l'ancien président du fameux club des Montagnards.

Ce club, comme on le sait, était un des plus renommés de Paris. De là sont sorties les idées les plus communeuses et les germes de ce gouvernement qui, s'intitulant la *Commune*, devait bientôt produire les actes les plus atroces et les plus barbares que l'intelligence humaine puisse avoir rêvés.

Rastoul était administrateur de la mairie du 10e arrondissement, lorsque le 26 mars le comité central exigea les élections municipales immédiates dans les divers arrondissements de Paris. Rastoul fut élu dans son arrondissement. C'est de cette époque que datent les différentes fonctions officielles qu'il a remplies durant la Commune, dont il est devenu un des membres les plus zélés.

Rastoul s'en défend avec audace; il prétend n'être resté que simple conseiller de son arrondissement, que ses actes prouvent suffisamment qu'il était constamment en lutte avec ses collègues, et qu'en conséquence il n'est responsable de rien.

Pour nous, la persistance qu'il mit à discuter dans les séances de la Commune prouve les efforts qu'il a faits pour établir et maintenir sur des bases solides le gouvernement de l'Hôtel de ville. Il ne néglige rien pour y arriver, et se croit avec raison un homme intelligent, pouvant rendre des services à ce gouvernement qui rentre tout à fait dans ses idées politiques.

En effet, le 29 mars, six jours après son élection, il s'agit de distribuer aux membres de la nouvelle Assemblée leur part de travail. Des commissions se forment. Rastoul se fait nommer membre de celle des services publics. Rastoul prétend encore n'avoir jamais été un membre actif de cette commission. Nous rappellerons à cet effet la proclamation au peuple de Paris, faite au nom des membres de la Commune, et qui a été affichée le même jour (30 mars) que la formation des commissions.

Le 2 avril paraît un ordre signé Rastoul qui enjoint aux employés de venir reprendre leurs fonctions à la commission des services publics.

Le 10 avril, Rastoul se fait nommer inspecteur général du service des ambulances et porte de son aveu un emblème militaire en rapport avec son grade.

Le 24 avril paraît un arrêté concernant les ambulances et signé Rastoul.

Le 22, il était mis à la tête d'un service spécial pour l'inhumation des cadavres.

Enfin, le 27 avril seulement il donne sa démission d'inspecteur général à la suite d'une discussion avec le général Dombrowski. Rastoul se garde bien de donner sa démission de membre de la Commune, quoiqu'il prétende cependant être toujours en opposition avec ses collègues. C'est qu'en effet le service des ambulances n'est pas l'objet essentiel de ses préoccupations. Ce qu'il y a de plus sérieux pour lui c'est de pouvoir apporter ses lumières et un concours assidu dans l'assemblée de la Commune. Aussi conserve-t-il son mandat de membre élu.

Rastoul ne prend pas seulement part aux actes qui doivent surgir de l'Assemblée ; nous le voyons aussi adresser aux journaux des lettres et des articles, entre autres au *Mot d'Ordre* et au *Vengeur*.

Nous avons sous les yeux un manuscrit adressé au rédacteur du journal *Paris libre*, avec une lettre : Prière d'insérer, et signée ? Rastoul, membre de la commission pour le 10e arrondissement.

Il se trouve encore au dossier un autre manuscrit adressé aux citoyens membres du comité de salut public et aux citoyens membres de la Commune. Evidemment, le manuscrit était destiné à être imprimé.

Rastoul, voyant la *partie perdue*, propose de faire masser les bataillons en armes à Belleville ou à Ménilmontant. Là, les membres de la Commune, revêtus de leurs insignes, iront tous se placer sous la protection des Prussiens et leur demanderont les moyens de passer en Amérique.

Rastoul ne peut donc nier la coopération active à tous les actes de la Commune par des faits ou par des écrits. Il est responsable comme membre de la Commune des divers décrets et arrêtés qui ont été produits et qui ont reçu leur exécution. Nous relevons entre autres les décrets relatifs à la démolition de la colonne ; 2o le décret pour la reprise des biens du clergé et la suppression du budget des cultes ; 3o le décret relatif à la maison de M. Thiers ; 4o le décret relatif aux otages.

Rastoul prétend qu'il n'était pas membre de la Commune, mais simple membre du conseil de la chambre communale. Il a sans doute oublié que le traitement affecté aux membres de la Commune était fixé à 15 francs par jour et qu'il touchait ces 15 francs.

Il ne peut nier les lettres qu'il a adressées au *Mot d'ordre*. Deux sont signées : Rastoul, membre de la Commune.

Rastoul prétend aussi qu'il ne suivait pas exactement les séances de l'assemblée. Il était présent à une des dernières, celle du 21 avril, où fut décidée la mise en accusation de Cluseret. Dans cette séance, il prit la défense de Cluseret avec énergie et demanda sa mise en liberté immédiate.

A propos de Cluseret, il est bon de citer ici la plainte de Verlet, chef de bataillon du 192e bataillon qui prouve que la Commune se servait de bombes à pétrole.

Un des passages de cette note est ainsi conçu :

« Pas moyen d'avoir de bombes à pétrole pour mettre le feu où c'était utile ; obligé de mettre le feu avec des allumettes. »

Rastoul a donc bien été membre de la Commune ! Comme tel il a discuté les actes de ce gouvernement. Il est en conséquence sous l'inculpation de provocation à la guerre civile, usurpation de pouvoirs, port illégal de costume militaire, excitation et coopération à la destruction des monuments publics, dissipation des deniers de l'Etat et responsable comme auteur ou comme complice de tous les actes de la Commune.

En conséquence, notre avis est que le nommé Rastoul. (Paul-Emile-Barthélemy-Philémon), doit passer devant un conseil de guerre.

Régère.

Régère, né à Bordeaux en 1826, exerçait la profession de vétérinaire. Fondateur et rédacteur de la *Tribune de la Gironde*, il vit son journal supprimé le 2 décembre, et fut proscrit après le coup d'Etat. Il résidait à Paris depuis 1855, lorsque le 31 octobre il organisa l'émeute contre le gouvernement provisoire et fut poursuivi avec Lefrançais et Millière. L'accusé faisait déjà, à cette époque, prévoir son audace à défendre les idées socialistes. Il prétend n'être entré que plus tard dans l'*Internationale*, dont il a été membre actif dans la section du Panthéon. Secrétaire du comité du 20e arrondissement, membre du conseil d'armement et du comité électoral du 5e arrondissement, il fut porté le premier sur la liste de cet arrondissement pour l'assemblée de la Commune. A cette occasion, il fit une proclamation à ses électeurs, publiée par l'*Officiel* et qui est sa profession de foi.

Quoique modérée dans la forme, elle excite au mépris du gouvernement de l'ordre, et fait l'apologie de l'insurrection.

Le 28 mars, le sieur Régère fut nommé membre de la Commune et délégué à la mairie du cinquième arrondissement qu'il a administré jusqu'à la fin de l'insurrection.

Le *Journal officiel* de la commune a publié plusieurs proclamations, décrets et avis signés de lui, entre autres un arrêté sur les octrois (2 avril), un autre arrêté sur les journaux (3 avril), un avis écrit à la mairie du cinquième arrondissement, et enfin un arrêté sur les réfractaires. Tous ces actes émanent d'un homme dévoué à l'insurrection.

Dans les séances de la commune, il s'est fait remarquer par ses interruptions et ses réclamations.

Le 28 avril, il demande l'urgence pour qu'il soit formé un Comité de salut public.

Le 1er mai, il vote pour la dénomination de salut public donnée au comité. Son vote est ainsi motivé : « Attaqués impitoyablement » et sans motif légitime, j'estime que nous » devons défendre avec énergie la république menacée. »

Le 2 mai, Régère fait l'éloge de la manière avec laquelle le conseil de légion de son arrondissement a fait les perquisitions pour trouver les réfractaires.

Le 3 mai, en entendant la proposition relative à la démolition de la colonne Vendôme, l'accusé, impatient, s'écrie : « C'est voté ! »

Au sujet de l'emploi des établissements religieux, il annonce qu'il a disposé de celui de la rue des Postes pour loger des réfugiés. Enfin, à la fin de la séance, il soutient énergiquement Félix Pyat, son ami, attaqué par la Commune.

Le 8 mai, il combat la publicité du vote du salut public et demande le vote nominatif. Il se plaint aussi de ne pas recevoir les rapports de la guerre.

Dans une séance de la Commune, il a protesté en faveur du commissaire de police de la Commune Pilotell, qui avait fait des perquisitions scandaleuses chez MM. Chaudey et Polo.

Le 19 mai, il a présidé la Commune, et n'a plus assisté à ses séances depuis ce jour. Pour pouvoir résider d'une façon permanente dans son arrondissement, il nous a dit lui-même qu'il devait coucher à la mairie « pour assister aux travaux de défense et présider à la protection d'une partie de ses administrés ».

Dans cette circonstance, l'accusé avance une chose qui demande des preuves, toutes les églises de Paris ayant été fermées par ordre de la Commune. Il prétend avoir assisté avec son fils aîné, commandant du 248e bataillon, à la première communion de son second fils Gaston, à l'église Saint-Etienne-du-Mont. En citant ce fait, l'accusé affirme qu'il a fait évader ou relâcher plusieurs prêtres et autres personnes arrêtées par des troupes étrangères à son arrondissement. Ces personnes doivent être citées par lui comme témoins à décharges.

Lorsque les troupes de Versailles approchèrent du Ve arrondissement, le délégué à la mairie s'occupa sérieusement de la défendre. Nous avons sous les yeux une note signée de lui et reconnue par lui, mettant un millier d'hommes à la disposition de la défense, annonçant qu'il fortifiait le Panthéon, demandant de l'artillerie et un représentant de la guerre. Cette note prouve sa part active à la guerre civile depuis l'entrée de l'armée régulière, et est en contradiction avec ce qu'il avance.

L'accusé avoue cependant que voyant la défense impossible il réunit un conseil de guerre composé du colonel Blin et de ses officiers, et leur proposa de renvoyer les troupes dans d'autres quartiers. Ce qui est complètement contredit par la résistance du Panthéon. Il prétend aussi avoir donné l'ordre signé par lui et par J. Vallès de ne pas faire sauter et incendier les monuments. Le colonel fédéré Lisbonne aurait reçu cet ordre. Cependant il est de notoriété publique que, si les soldats de l'ordre n'avaient pas coupé le fil conducteur destiné à communiquer l'étincelle aux poudres du Panthéon, tout le quartier aurait sauté.

Nous avons mis sous les yeux du sieur Régère un ordre qui lui est attribué par les feuilles publiques, et qu'il aurait donné à Millière d'incendier les monuments et les maisons suspectes de la rive gauche, en s'entendant avec les chefs des barricades. Il nie formellement d'avoir donné cet ordre qu'il accuse d'avoir été inventé. A l'arrivée des troupes régulières le maire du Ve arrondissement prit la fuite et se cacha pour échapper aux défenseurs de l'ordre jusqu'au moment de son arrestation.

Comme membre de la Commune, le sieur Régère a pris sa part de responsabilité dans les actes de ce gouvernement dont il a été un agent très actif.

Comme délégué au cinquième arrondissement, il nous a lui-même avoué son pouvoir presque sans contrôle ; il assume sur lui seul la responsabilité des décrets, réquisitions, proclamations, arrestations, signatures d'actes de mariage qui ont eu lieu sous son administration.

Il prétend en avoir eu le droit en s'appuyant sur son élection par le suffrage de ses administrés.

Il est aussi à remarquer, que, comme membre de la Commune, il est responsable des décrets de démolition de la colonne, de la maison de M. Thiers, des arrestations arbitraires et des exécutions sommaires dont l'histoire de l'insurrection donne de nombreux exemples.

En conséquence, le sieur Régère est accusé d'excitation à la guerre civile, — changement de gouvernement, usurpations de fonctions civiles, — réquisitions, destruction de monuments, crimes prévus par les art. 87, 88, 91, 92, 437, 95, 237, 258, et la loi du 27 avril 1858.

Jourde.

Le nommé Jourde, membre de la Commune et délégué à la commission des finances a été, pendant toute la période de l'insurrection, un des membres les plus actifs, les plus ardents et les plus assidus qui ont apporté pour le triomphe de leur cause le concours de toutes leurs lumières.

Jourde doit être classé dans la catégorie peu nombreuse des hommes intelligents qui ont dirigé le gouvernement de l'Hôtel de ville. L'adresse et l'activité avec lesquelles il a rempli les fonctions de délégué aux finances prouvent qu'il marchait d'un pas convaincu vers l'établissement de ce gouvernement qui ne pouvait entraîner que le bouleversement de la société.

Pendant le siége de Paris par les Prussiens, Jourde était sergent dans le 160e bataillon. Dès le 1er mars une commission est formée dans le 5e arrondissement.

Jourde est secrétaire de cette commission, et, le 18 mars, lorsque le comité central triomphe grâce à la défection de quelques compagnies du 88e, Jourde est nommé membre de ce comité.

Dès le 19 mars, il est adjoint à Varlin aux finances, et le lendemain il était nommé membre de la Commune. Vers le 3 avril il fut définitivement délégué aux finances jusqu'au 20 mai. C'est le rôle le plus important qu'il ait rempli, car, ainsi que les délégués des diverses commissions, il était membre de la commission exécutive.

Pendant son séjour au ministère, Jourde a rempli l'emploi le plus délicat, puisqu'il s'agissait de trouver les fonds nécessaires pour les exigences de la situation. Le ministère des finances ayant été brûlé, il n'existe aucune pièce qui puisse établir la distribution et l'emploi des fonds dont Jourde a eu le roulement.

Lors de son arrestation, qui eut lieu le 30 mai, à une heure et demie du matin en compagnie d'un nommé Dubois son ami, il fut trouvé porteur d'une somme de 8,070 fr. en billets de banque. Dubois avait sur lui 1,700 fr., et lorsqu'il parut chez le commissaire de police, on saisit encore sur ce dernier 1,400 fr.

Cette somme totale de 11,170 représente ce qui reste des millions que la Commune a absorbées.

Une partie de l'argent découvert sur Jourde était cachée dans la doublure de son gilet. Il dit : « Je n'ai pris que 7 ou 8,000 francs qui appartiennent à l'État. » C'est déjà une preuve du détournement dont Jourde s'est rendu coupable.

Arrêté à l'improviste, Jourde subit un interrogatoire sommaire devant M. Assud, capitaine d'état-major, et dans c t interrogatoire, Jourde qui a encore présenté à la mémoire les faits les plus saillants de sa gestion, donne ainsi le détail des recettes qu'il a eues en sa possession :

Recettes journalières	600.000 fr.
Emprunt à la Banque de France.	20.000.000
Pris dans les caisses scellées de l'État au ministère des finances.	4.000.000
Titres et actions de chemins	
A reporter.	24.600.000 fr.

Report.	24.600.000 fr.
de fer et bons sur le Trésor. .	14.000.000
Titres provenant du dernier emprunt.	200.000.000
Contrôle des chemins de fer	2.000.000
Ce qui forme un total de. .	240.600.000 fr.

Cet interrogatoire ayant été suspendu, les détails nécessaires pour établir la situation sont incomplets.

Jourde a été arrêté au moment où il faisait connaître son projet de départ pour l'Amérique ; il a refusé de faire connaître le nom de ses secrétaires et employés. Pour nous l'un d'eux est ce nommé Dubois arrêté avec lui. C'eût été un moyen de justification des dépenses que lui seul réglementait.

En refusant ces renseignements il cherche à mettre un obstacle à la recherche de la vérité, tandis qu'il se présente au contraire avec adresse comme le défenseur dévoué de la situation financière dont il avait la direction.

Dans l'interrogatoire que Jourde a subi devant nous, rapporteur, il établit comme suit le bilan des recettes et des dépenses générales dans le cours de ses fonctions.

Recettes :

En caisse.	4 000.000
Banque.	20 000.000
Recettes journalières diverses.	21.000.000
Chemins de fer.	2.000.000
	47 000.000

Dépenses :

En moyenne par jour, 600,000 fr., soit en tout 47,000,000 jusqu'au 27 mai inclus.

Jourde affirme que cette balance est exacte.

M. le marquis de Plœuc, le gouverneur de la Banque de France, interrogé sur les démarches et l'attitude de Jourde, accuse, pièces en main, que jamais la Banque de France n'a remis de fonds que sur les menaces incessantes de pillage, qu'il n'a cédé qu'à la force brutale, et qu'il a exigé que tous les reçus qu'il conservait, pour le mettre à couvert, portassent la mention qu'*il ne cédait qu'à la force.*

De plus, l'ensemble de diverses sommes remises entre les mains de Jourde ou de ses agents munis de son autorisation et reçus en son nom, s'élève à la somme de 16,691,000 francs. De sorte que, en laissant subsister les chiffres indiqués par Jourde au chapitre des recettes, avec cette modification au chapitre de la Banque, on trouve 43,691,000 fr.

D'autre part, les dépenses s'élevant à 47 millions, il est difficile qu'elles aient pu être couvertes avec ce chiffre de 43,691.000. Il y a donc un déficit de 3,309,000 fr. Et cependant, les dépenses ont été couvertes jusqu'au 27 mai, matin. N'est-ce pas là la preuve de la présence d'autres fonds entre les mains de Jourde, fournisseur de la Commune ?

Dans une note de Jourde, il consigne son attitude comme membre de la Commune pour tenter de démontrer qu'il n'a jamais menacé

M. de Plœuc. Les faits eux-mêmes et les reçus de la Banque démentent cette assertion.

Il manque donc 3,309,000 fr. pour solder les
47,000,000 payés.

Si, comme Jourde le prétend, il a refusé le
concours de personnes inconnues qui offraient
de lui prêter 50.000.000 garantis sur les tableaux du Louvre, on est en droit de demander à Jourde des explications sur la provenance de ces 3.309,000 fr. nécessaires au solde
de ses dépenses.

Ne pourrait-on pas y trouver la transformation en monnaie d'or et d'argent des vases
sacrés des églises de Paris et des objets précieux enlevés aux Tuileries, établissements
de l'État ou particuliers.

En résumé Jourde a été membre du Comité
central, membre de la Commune et délégué
aux finances.

Comme membre de la Commune, il est responsable de tous les actes qui ont été la con-
quence des décrets rendus par elle, et à l'é-
gard de l'incendie du ministère des finances,
que Jourde affirme avoir été occasionné par
des obus, il suffit de rappeler l'ordre de
Ferré à Lucas : « Citoyen Lucas, faites flamber de suite finances et venez nous retrouver. »

Comme délégué aux finances, Jourde doit
compte de sa gestion, qui a entraîné des bris
de scellés des caisses de l'Etat et la dissipation des deniers publics. Il s'est enfin rendu
coupable d'attentat ayant pour but de changer la forme de gouvernement et d'usurpation de fonctions publiques.

Trinquet.

Trinquet, cordonnier, habitué des réunions
publiques, où il se fit remarquer par sa violence, était, en 1869, l'un des membres du
comité électoral qui proposa et soutint la candidature de M. Rochefort. Celui-ci, pour
reconnaître ses services, l'employa dans les bureaux de la *Marseillaise*.

En 1870, le 10 février, Trinquet est arrêté
dans la rue poussant des cris séditieux ; il
est trouvé porteur d'une arme prohibée. On
fait une perquisition chez lui, il était détenteur
de munitions de guerre. La 7e chambre de
Paris le condamna pour ces faits à 6 mois de
prison et 50 fr. d'amende.

Trinquet affirme n'avoir pas fait de politique pendant et après le siége de Paris par
les Prussiens jusqu'à son élection à la Commune. Cette affirmation peut être mise en
doute, car Trinquet eut manqué à toutes ses
habitudes.

Nommé membre de la Commune le 16 avril,
il fit partie de la commission de sûreté générale, particulièrement chargée des mesures
répressives.

Dans cette commission, Trinquet fut plutôt
pour la rigueur que pour l'indulgence. Jamais il ne prit la parole pour atténuer les effets du pouvoir arbitraire.

Il est violent, il vote pour le Comité de salut public. Il assiste à la séance dans laquelle
Urbain fait sa proposition à l'égard des otages; il ne proteste pas plus que s'il ordonnait
une démolition.

Nous savons que Trinquet se plaignit qu'il

ne lui fût pas laissé une part assez belle dans
la commission policière. Il travaille en dehors
et c'est par son ordre qu'on fait une perquisition chez les abbés Petit et Tassy.

Il prétend avoir voulu donner sa démission.
Le voulait-t-il bien? Rien ne prouve qu'il ait
fait une semblable démarche.

Trinquet a été trouvé porteur d'une somme
sur laquelle il ne nous a pas dit la vérité.
Cette somme ne provient pas du petit héritage fait en 1859. Depuis douze ans, Trinquet a fait beaucoup trop de politique, et
partant moins de chaussures. Nous sommes
convaincus que de l'héritage de sa mère il ne
lui reste que le regret de l'avoir mal employé.

La somme de 1,230 fr. dont il était porteur
provient d'une largesse que se sont offerte les
membres de la Commune.

Il résulte que Trinquet a fait partie de la
Commune de Paris et de la sûreté générale.
Il a donc :

1° Usurpé tous ces pouvoirs; 2° contribué à
l'attentat qui avait pour but de changer la
forme du gouvernement; 3° excité à la guerre
civile en armant les citoyens les uns contre
les autres et en portant le massacre, l'incendie et le pillage dans la ville de Paris; 4° d'assassinat, ayant voté la loi sur les otages.

Champy.

Champy fréquentait assidûment les clubs
pendant le siége, il y prenait fréquemment la
parole. C'est ainsi qu'il parvint à se faire connaître et à se faire nommer membre de la
Commune aux élections de mars. Après la
proclamation de la Commune, il fit partie de
la commission des subsistances.

Champy est chargé le 5 avril d'aller faire
une inspection dans les bureaux de navigation
du canal Saint-Martin, ayant surtout pour objet la saisie des sommes en caisse; le 21 du
même mois, sur l'avis du commandant de la
caserne du Château-d'Eau, il autorise la
prise de possession de 3.000 tuniques provenant des magasins de régiments de ligne.

Champy qui veut jouer un rôle est avec la
majorité violente de la Commune, il vote
toujours avec elle et prend sa part de responsabilité de ses excès.

Outre les faits dont il est question plus
haut, nous devons ajouter ses hésitations et
le louche de ses déclarations quand il lui a
été demandé compte de l'emploi de son temps
pendant les derniers jours. Il est à la mairie du
11e arrondissement le 24 mai pour recevoir les
1,000 fr. distribués à chaque membre de la
Commune ; le 25, c'est au colonel Brunet, un
des agents de l'incendie qu'il s'adresse pour
ordonner des mesures tendant à combattre
l'incendie ; le 26, Champy passe sa journée à
la mairie du 11e arrondissement, devenue le
quartier général de l'insurrection.

C'est de là qu'arrivent tous les ordres, c'est
là qu'arrivent les rapports, c'est là qu'est le
gouvernement insurrectionnel. Champy prétend avoir passé les journées des 27 et 28 à visiter les hôpitaux.

De tout ce qui précède, il résulte que Champy, membre de la Commune, ayant voté tous

les décrets, accepté sans protestation tous les actes,

1° Usurpé tous les pouvoirs judiciaires, militaires, administratifs;

2° Séquestrations arbitraires;

3° Participation à l'attentat dont le but a été d'exciter à la guerre civile, soit de porter la dévastation, le massacre et le pillage dans la ville de Paris;

4° Destruction volontaire de maisons particulières ou monuments appartenant à la nation;

5° Pillage des églises en bandes armées; 6° d'assassinat, ayant voté la loi sur les ôtages.

En conséquence, nous sommes d'avis que Champy doit être traduit devant un conseil de guerre.

Descamps

Descamps, sans profession bien établie pour le présent, était autrefois mouleur en fonte.

Dès avant le siège de Paris, il était membre de la chambre fédérale des sociétés ouvrières. Qu'est cette société?

Descamps prétend n'avoir aucune attache à l'Internationale.

A-t-il pressenti un danger à avouer son affiliation, ou réellement cette chambre est-elle étrangère à la terrible association!

Nous n'avons pu le découvrir.

Descamps a été membre de la Commune dans le 14° arrondissement; il a peu suivi les séances de la Commune, n'a jamais pris la parole et il ne nous est arrivé aucune accusation d'arbitraire ou de violence à sa charge. Ce qui paraît le mieux établi dans cet homme qui semble n'avoir aucune vigueur, ni aucune des capacités nécessaires à l'action, c'est qu'il se trouvait bien de toucher le traitement de membre de la Commune et de jouir des privilèges attachés à ce titre. Il a bien été effrayé de la responsabilité et aurait, dit-il, donné deux fois sa démission, démission qu'il dut retirer au premier froncement de sourcils du plus débonnaire de ses collègues. Quant à sa dernière démission, à peine présentée, elle aurait été remise dans son pupitre.

Descamps a dû, comme ses collègues, toucher les 1.000 francs distribués par Jourde. Il le nie. Comment a-t-il su que ses collègues s'étaient alloué cette somme. Comment a-t-il su que, le 25, ils se trouvaient à la mairie du onzième arrondissement, où il est allé, lui qui prétend avoir vécu complètement en dehors de la Commune.

Descamps cèle la vérité. Bien humble aujourd'hui; cache-t-il quelque chose à la justice? Nous ne pourrions l'assurer, mais si, comme il l'assure, il n'a à se reprocher aucune des violences de ses collègues, il ne s'en est pas mis moins ouvertement en hostilité avec le gouvernement de son pays parce qu'il était avec les rebelles. Il a été maire au quatorzième arrondissement, et nous semble, avec ses faibles moyens, avoir fait pour le mieux.

De ce qui précède il résulte que Descamps s'est rendu coupable :

1° D'usurpation de toutes fonctions militaires, administratives, judiciaires et civiles;

2° qu'il a participé à un attentat dont le but était de changer la forme du gouvernement;

3° qu'il a participé à un attentat d'excitation à la guerre civile en poussant les citoyens à s'armer les uns contre les autres, soit de porter le massacre, l'incendie et le pillage dans la ville de Paris.

Parent

Parent a été nommé membre de la Commune le 26 mars; il fut attaché à la commission des relations extérieures dont Paschal Grousset était le délégué principal.

Le 5 avril il donna sa démission. L'inculpation la plus grave qui pesait sur lui était l'incendie du quartier de la Bourse. En effet, un ordre signé : Parent, se trouve au dossier de cet inculpé. Pour nous convaincre que Parent était bien l'auteur de cet ordre nous le lui avons fait transcrire en triple expédition, afin d'établir les rapports qui pourraient exister entre son écriture et l'original incriminé.

Le tout a été confié à un expert, M. Delarue, nommé par nous à cet effet.

Les conclusions du rapport de cet expert établissent qu'il n'existe aucune relation entre l'écriture de Parent, sa signature et la pièce originale incriminée.

Parent ne peut donc être considéré comme son auteur.

Néanmoins, Parent a été membre de la Commune pendant onze jours; il est responsable des actes et décrets de ce gouvernement pendant ce laps de temps; par conséquent, il est responsable des attentats dont la source émane de la Commune et dont le but était de changer la forme du gouvernement de la République, issu du suffrage universel et seul gouvernement reconnu par la nation française, crime prévu par les articles 87, 88, 89, 91, 92 du code pénal.

En conséquence, Parent doit être traduit devant un conseil de guerre.

Ces derniers mots de l'accusation prononcés, on passe à l'appel des témoins, au nombre de plus de 150, parmi lesquels on remarque surtout des prêtres, des frères des écoles chrétiennes, des gardes municipaux, des employés des prisons échappés miraculeusement au massacre, et que certains accusés ont l'impudence d'insulter au passage.

Pendant cet appel, il nous est offert un spectacle non moins pénible que celui dont j'ai parlé plus haut. Il est du devoir de tout écrivain qui se respecte de ne pas le passer sous silence, car il me semble qu'il s'agit ici de la dignité du barreau tout entier.

Comment se fait-il que publiquement certains avocats ménagent aussi peu à leurs clients leurs marques de sympathie, d'amitié même, je devrais dire!

Comment se fait-il que des hommes honorables se laissent frapper sur l'épaule, serrer les mains par ces accusés de pillage, d'incendie et d'assassinat que toute leur éloquence ne saurait sauver. C'est cependant ce que nous avons tous vu pendant cette première audience, et nous ne saurions nous étonner assez de cette promiscuité aussi blessante pour la justice que pour l'honneur de la robe, promiscuité qui de la part de défenseurs que je ne veux pas nommer, me montrant ici plus discret envers eux qu'ils ne l'ont été envers moi, va jusqu'à accepter des dragées de l'accusé Régère.

Dans le barreau de Paris, j'ai des amitiés dont je m'honore, j'ai souvent voyagé avec un maître dans l'art de bien dire, mais il l'est aussi, à ce qu'il paraît, dans l'art de bien faire, car je ne l'ai jamais vu serrer la main souillée. Il veut bien, par humanité, tenter de sauver la tête du coupable, mais il ne tient pas à ce qu'on le prenne pour son complice.

Après l'appel des témoins, Mᵉ Lachaud prend la parole pour faire connaître au conseil que son client, Courbet, a l'intention à citer M. Jules Simon comme témoin à décharge. Seulement, M. Jules Simon étant, il faut, aux termes de la loi du 8 décembre 1812, que le chef de l'Etat autorise sa citation. Or, lorsque Mᵉ Lachaud s'est présenté chez M. Thiers, le chef du pouvoir exécutif était absent, et dans le cas où la citation de M. Jules Simon serait autorisée, elle ne pourrait lui être adressée que demain.

Consulté par le président, M. le commissaire du gouvernement dit qu'en vertu de son pouvoir discrétionnaire, M. le colonel Merlin pourra entendre M. Jules Simon, et ce premier incident vidé, c'est au tour de Mᵉ Dupont de Bussac à prendre la parole pour poser des conclusions tendant à ce que le conseil de guerre se déclare incompétent.

Bien que Mᵉ Dupont de Bussac appuie ses conclusions de quatre moyens ingénieux, il trouve dans M. le commandant Gaveau un adversaire redoutable, prêt à la riposte et peut-être bien inattendu, ce qui fait que le conseil, après délibération, repousse les conclusions du défenseur, et ordonne qu'il sera passé outre aux débats.

Seulement, comme il est cinq heures et qu'on en est arrivé à l'interrogatoire de Ferré, qu'il est intéressant de ne pas scinder, l'audience est levée et renvoyée au lendemain à midi.

Audience du 8 août 1871

L'audience est ouverte à midi précis.
Les accusés sont introduits; mais, contrairement au système adopté pour la séance d'hier, pendant laquelle les gendarmes d'escorte étaient restés rangés derrière les bancs des accusés, on les a intercalés aujourd'hui entre ceux-ci. Chacun d'eux est séparé de son co-accusé par un gendarme.

On remarque que Courbet apporte à l'audience un coussin pour adoucir la dureté de la banquette en planches sur laquelle il est assis.

Il n'y a pas plus de monde qu'hier, et l'absence du public s'explique d'ailleurs par la difficulté qu'on a de se procurer des billets d'admission. Seul, l'espace réservé au public non muni de billets est à peu près rempli.

Lorsque le silence est fait dans l'auditoire, dont l'arrivée des accusés a tout naturellement éveillé la curiosité, l'honorable président du conseil commence l'interrogatoire de Ferré, qui va donner lieu aux incidents les plus pénibles, et fournir, au complice de Raoul Rigault, l'occasion de prouver plus que jamais son cynisme.

Interrogatoire de Ferré.

M. le président. — Accusé Ferré, levez-vous. Vous avez refusé de répondre aux questions qui vous ont été adressées au cours de l'instruction. Persistez-vous dans ce refus?

L'accusé. — M. le président, je demanderai la permission de lire des conclusions qui expliqueront et justifieront l'attitude que j'ai cru devoir prendre vis-à-vis de l'instruction.

« A messieurs les membres du 3ᵉ conseil de guerre.

» Considérant que j'ai eu l'honneur d'être nommé membre de la Commune de Paris par 3,700 voix, électeurs du treizième arrondissement.

» Considérant que j'ai accepté ce mandat et que mon devoir était de l'exécuter loyalement.

» Considérant que la Commune de Paris ayant succombé et ses membres ayant été tués ou faits prisonniers, leurs caractères, leurs doctrines, leurs actes, leurs intentions mêmes sont, de parti pris, dénaturés et interprétés de la manière la plus fausse et la plus odieuse,

» Considérant que les principaux chefs de la Commune de Paris, tués, emprisonnés ou obligés de se cacher, ont été l'objet des calomnies les plus indignes et n'ont pu prouver la vérité et flétrir les calomniateurs,

» Considérant... »

M. le commissaire du gouvernement. — Il n'est pas possible que le conseil entende plus longtemps l'apologie de la Commune faite par un accusé.

M. le président. — En effet, c'est un manque d'égards.

L'accusé. — C'est précisément pour ne pas manquer d'égards envers le conseil que j'ai pris le soin d'écrire mes conclusions, étant plus sûr de la modération de ma plume que de ma parole. Du reste je n'ai plus que deux mots à dire : je les ai écrites sans aigreur. Il y est question de moi et non de la Commune.

M. le commissaire du gouvernement. — Bornez-vous à présenter vos conclusions, le conseil statuera.

M. le président. — Nous n'avons pas à discuter ici la politique de la Commune, nous avons à juger ses crimes.

L'accusé. — J'avoue que dans ce que j'ai dit jusqu'à présent, j'ai voulu faire l'apologie de la Commune, mais il n'en est plus question dans la fin de mes conclusions. M. le président nous a dit hier que nous aurions toute liberté de nous défendre. J'en profite. J'ai été accusé avec une violence inouïe, jusqu'au moment où j'ai été arrêté, je lisais les journaux qui me calomniaient d'une façon odieuse. Je ne pouvais pas répondre, car si j'avais répondu alors, sans doute je ne serais pas ici en ce moment. Depuis mon arrestation je suis resté au secret... Laissez-moi continuer.

M. le président. — Parlez.

L'accusé. — « Considérant qu'en ce qui me concerne, les traitements indignes dont j'ai été l'objet, les persécutions cruelles dirigées contre ma famille, me retiraient tout moyen de défense ;

» Que tout cela trace au républicain sincère la conduite qu'il lui faut tenir ;

» Par ces motifs :

» Sauf les questions qui concernent mon état-civil, je déclare que je ne répondrai pas et que je ne prendrai aucune part active à ces débats. »

M. le commissaire du gouvernement. — Il ne manquait plus que cela, d'entendre faire ici l'apologie de la Commune par Ferré, l'incendiaire ? L'accusé se trouve dans le cas prévu par l'art. 109 du code d'instruction criminelle. Il a refusé de répondre ; il a refusé de prendre un avocat ; le conseil lui en a imposé un ; il aura le droit de présenter, s'il le veut, sa défense lui-même, mais il n'a pas de conclusions à poser. Nous n'avons eu déjà que trop d'incidents hier. On cherche à prolonger inutilement le débat. Le conseil n'a pas à statuer sur les conclusions dont il vient d'être donné lecture.

Me Dupont de Bussac. — Que signifie cette parole que nous n'avons eu que trop d'incidents hier ? Est-ce que nous n'avons pas le droit de présenter des conclusions ? Tâchez d'y répondre mieux que vous n'avez fait jusqu'ici, c'est votre unique droit à vous.

Me Marchand. — Je tiens à protester aussi contre la parole de M. le commissaire du gouvernement qui a dit que j'avais été imposé à l'accusé. Je n'ai pas été imposé ; le mot est malheureux.

L'accusé. — Je ne demande pas au conseil de tenir compte de mes conclusions. J'ai pris une attitude qui m'était commandée par la conduite de l'instruction. Je la notifie, voilà tout. Je n'ai pas été confronté avec les témoins ; il est de l'intérêt de ma défense que je refuse de répondre aussi longtemps que les témoins ne seront pas là.

M. le président. — C'est entendu. Le conseil passe outre, sans statuer sur vos conclu-

sions. Il va être donné lecture des pièces qui sont à votre charge.

Me Dupont, avocat de Verdure. — L'article 123 du Code militaire porte que toute exception d'incompétence doit être présentée avant l'audition des témoins. Me Dupont a présenté hier les conclusions d'incompétence au nom de Régère, et ces conclusions ont été repoussées ; mais comme il a été décidé que nous n'aurions pas le droit de nous concerter pour la défense, il faut que des conclusions spéciales soient faites pour chaque accusé. Cela prolongera les débats ; je le regrette, mais nous devons réserver tous nos moyens pour le cas d'un procès en révision ou en cassation.

L'avocat commence à lire ses conclusions.

M. le président. — Mais nous avons déjà entendu cela hier.

Le ministère public. — La question a été décidée pour tous les accusés.

Me Manchon. — Pour Verdure seul.

Le ministère public. — Le jugement s'applique à tous les accusés.

Me Manchon. — Si nous avions pu nous concerter, nous aurions présenté des conclusions collectives.

M. le président. — Les avocats peuvent se concerter sans pour cela avoir des conférences avec tous les accusés réunis.

Le ministère public. — Le conseil a rendu hier un jugement de compétence qui doit être respecté par tous les accusés.

Me Manchon. — Pardon. Le conseil a prononcé pour Régère et non pour Verdure. C'est un point de droit, et après le jugement d'hier, je conserve toute mon indépendance pour conclure au nom de Verdure, et je suis étonné d'entendre M. le commissaire du gouvernement parler comme il l'a fait.

Le ministère public. — Je n'ai pas de leçons à recevoir de la défense, et dorénavant, quand on m'apostrophera ainsi, je ne répondrai pas.

Me Dupont de Bussac. — Il n'est pas permis d'ignorer ce point de droit.

Le ministère public. — C'est encore une insolence.

Me Dupont de Bussac. — Vous avez votre uniforme, j'ai ma robe, et sous ma robe il y a un homme. J'espère que nous serons protégés contre les sorties du ministère public.

M. le président. — Le jugement d'hier est général. Cela tombe sous le sens.

Me Manchon. — Mais cela ne tombe pas sous la jurisprudence.

Me Laviolette (avocat de Billioray.) — J'insiste sur ces conclusions, en ce qui concerne Billioray.

M. le président (au ministère public.) — Peut-on présenter un jugement général ;

Le ministère public. — Quand un avocat aura présenté des conclusions générales ?

Me Marchand. — Je demande acte à M. le président de sa déclaration que le jugement pour Régère s'applique à tous les accusés.

Me Laviolette. — J'adhère aux conclusions au nom de Billioray et de Férat.

Ces derniers mots mettent fin à cet incident regrettable, qui ne saurait être mis à la charge seule de l'accusé, et il est heureux que les avocats qui se sont cru le droit de pousser les choses aussi loin aient eu affaire à un officier aussi calme que M. le colonel Merlin, et aussi décidé que lui à respecter les droits de la défense.

Ces faits si fâcheux ne sont pas rares d'ailleurs dans les procès politiques. Il semble qu'alors les hommes les plus modérés croient nécesssaire à leur gloire et aux intérêts de leurs clients de devenir violents : ils me permettront de leur dire que c'est là tout à la fois maladroit et peu digne de la robe qu'ils ont l'honneur de porter.

Ils ont dû voir aujourd'hui à Versailles qu'en agissant de la sorte, ils sont loin de rallier à eux l'opinion publique.

Cet incident vidé, M. le greffier Barcq donne lecture de l'interrogatoire écrit de Ferré, interrogatoire qui ne se compose d'ailleurs que des questions du magistrat instructeur, car alors déjà il a refusé de répondre.

Cependant, à un moment donné, cette lecture l'émeut plus qu'il ne voudrait le laisser voir ; c'est lorsqu'il y est question de l'ordre donné par lui à Lucas d'incendier le ministère des finances. Il y a là une pièce signée de sa main et il en rejette la responsabilité en disant :

« Ce rapport est une pièce anonyme dont on ne doit pas tenir compte. »

Le ministère public. — Dans tous les cas, l'accusé pourrait y répondre.

L'accusé. — Je m'en garderais bien.

M. le président. — C'est vous qui avez écrit cet ordre : « Au citoyen Lucas, faites flamber Finances, et venez nous rejoindre. »

L'accusé. — J'avais le ferme projet de ne pas répondre ; mais dans l'instruction j'ai fait la bêtise de répondre à propos de cette pièce. J'ai dit qu'elle n'était pas de moi. J'aurais dû me taire, cela éviterait le scandale que nous allons avoir tout à l'heure. L'expert a dit que la pièce était de moi, et que j'avais changé mon écriture. Eh bien, je vous donne ma parole que cette pièce est fausse. Cela fait partie des calomnies qu'on a dirigées contre moi et mes amis. On peut comprendre cette lettre avec les autres.

Jamais je n'ai renié ma signature, je ne le ferai jamais. D'ailleurs, si j'avais donné cet ordre, je l'aurais écrit d'une façon plus convenable, j'aurais mis : Ordre de mettre le feu au ministère des finances. Et puis, j'aurais écrit sur du papier avec en-tête, comme je le faisais toujours. Cette pièce est fausse, il est indigne que l'instruction l'ait laissée paraître dans les journaux.

Le ministère public. — L'expression « indigne » ne peut être tolérée dans la bouche d'un accusé pareil parlant d'un magistrat.

L'accusé. — Je parle du juge d'instruction.

Le ministère public. — C'est la même chose. Indigne ! Il n'y a que vous d'indigne ici.

M. le président. — Cette pièce a été trouvée sur un insurgé tué derrière une barricade.

L'accusé. — Je vais répondre, à la condition d'avoir mon libre arbitre. Quand j'ai été arrêté, j'avais vu la copie de cette lettre dans la Liberté. Je la connaissais donc quand on me l'a montrée. Je me suis cassé la tête pour comprendre, car je croyais la police républicaine incapable de faire un faux. Mais quand j'ai vu que les agents étaient d'anciens agents de l'empire, qui m'en voulaient, j'ai compris. Il y avait, outre cette pièce, une foule de dénonciations anonymes.

Je dois reconnaître qu'on n'en a pas tenu compte, mais elles existent. La Liberté ajoutait que cette pièce avait été trouvée au ministère de la guerre. En effet, le ministère de la guerre avait été abandonné trop précipitamment et on y a trouvé des papiers. On y a trouvé une lettre que j'écrivais au citoyen Lacord. Eh bien ! c'est cette lettre qui a servi de modèle au faussaire qui a fabriqué l'ordre à Lucas.

M. le président. — C'est là votre système ?

L'accusé. — Oui, comparez cette pièce avec mes lettres. L'écriture est renversée, jamais je n'ai écrit ainsi. Voilà l'explication que je donne et maintenant je ne dirai plus rien.

M. le président. — Reconnaissez-vous avoir écrit le 21 mai l'ordre de faire sortir les gendarmes et les sergents de ville de la Roquette ?

R. Oui. Cet ordre est de moi tout entier. Seulement, on l'interprète mal. Je voulais les faire mettre en liberté ; on prétend que j'ai voulu les faire fusiller.

D. Vous savez pourtant que cet ordre a été suivi de l'assassinat des gendarmes et d'autres personnes.

R. J'ai donné l'ordre de les mettre en liberté. Je ne suis pas responsable de ce qui s'est passé ensuite.

Avant de finir, laissez-moi protester encore une fois contre la façon indigne dont l'instruction a été conduite à mon égard.

On aurait agi autrement, que je n'aurais sans doute pas répondu quand même ; mais ce n'était pas une raison pour refuser de me confronter avec les témoins.

M. le président. — Vous avez été présider à l'incendie de la Préfecture de police et du Palais-de-Justice ?

R. A cet égard, je ne répondrai pas.

Et Ferré, très satisfait de lui sans doute, se rassied au milieu des murmures de mépris de l'auditoire.

Il est alors immédiatement passé à l'audition des témoins.

AUDITION DES TÉMOINS

Les dépositions des témoins commencent assez mal, car un garçon de bureau de la Préfecture de police, nommé Valentin, déclare qu'il ne sait absolument rien. Il ne se doute même pas du motif qui a poussé la Commune à l'honorer d'une arrestation.

Il est aussitôt remplacé par madame Campagne qui, elle, a de bonnes raisons pour être moins ignorante. Elle habitait la Préfecture de police. Ce témoin s'exprime en ces termes :

Le 24 mai, vers dix heures du matin, j'ai vu dans l'hôtel de la préfecture beaucoup d'allées et de venues dans les appartements. On avait l'air d'épousseter. Tout d'un coup j'ai vu des flammes. Je pensais que ces messieurs brûlaient leurs papiers avant de quitter la préfecture, comme c'est l'habitude. Mais les flammes sont bientôt sorties de partout.

J'ai couru chez la concierge, qui m'a dit : « Cherchons à déménager. » Vers 11 heures ou 11 heures 1/4, nous entendons frapper à la porte voisine du kiosque à journaux, on avait versé du pétrole sur ce kiosque et on y avait mis le feu ; puis on enfonçait la porte pour avoir un courant d'air et activer la flamme.

J'ai dit à la concierge : « Cachons-nous, car on pourrait nous fusiller, »

Nous sommes montées dans sa chambre, et, par la fenêtre, j'ai vu des hommes avec des fusils. Un d'eux avait un paletot gris à col de velours noir; il avait un fusil en bandoulière. Il a ôté son chapeau pour s'essuyer. Alors, j'ai vu qu'il avait des cheveux noirs et une barbe noire.

D. Etait ce Ferré?

R. J'ai été confrontée avec M. Ferré; mais je ne peux pas dire si c'est bien lui. L'homme que j'ai vu me tournait le dos.

D. Cet homme paraissait-il commander?

R. Oh oui! on voyait bien que c'était le chef. Il est sorti le dernier.

Le troisième témoin est M. Delarue expert en écriture, bien connu déjà des lecteurs du *Figaro*. Les rires de Ferré et ses dénégations ne l'arrêtent pas. L'honorable spécialiste lui tient parfaitement tête et démontre victorieusement que cet ordre : « Faites de suite flamber finances, » est parfaitement de la main de l'accusé, quoi qu'il en dise, et malgré *sa parole d'honneur* du contraire, qu'il a l'audace d'offrir aux membres du conseil.

C'est ensuite un nommé Caford, serrurier. Cet ouvrier se trouvait dans son atelier, à la préfecture, lorsque Ferré, après lui avoir brutalement demandé ce qu'il faisait là, ajouta :

— Eh bien, allez vous-en bien vite, car nous allons mettre tout en feu.

Caford s'empressa de chercher un abri dans la cour du dépôt. Cela se passait le mercredi dans la nuit. Il n'en sait pas davantage.

Regeau (Pierre), sous-brigadier au dépôt de la préfecture.

Je sais que le 24 mai Ferré est venu au dépôt, accompagné de Fouet, de Wurtz et de quelques autres. Il a pris le registre d'écrou, a levé les noms de tous les employés de la préfecture qui étaient détenus, puis est entré dans le cabinet du juge d'instruction où il appela ces hommes. On les interrogeait, et ils étaient ensuite renvoyés dans leurs cellules.

Le dernier qu'on a appelé était Veysset qui a été fusillé par les ordres de Ferré. On l'a conduit jusqu'à la barricade du quai, et on m'a dit qu'on avait jeté son corps à l'eau.

Après son interrogatoire, ce malheureux Veysset était rentré dans la prison et y a passé quelques nuits.

M. le président. — Vous étiez là au moment de l'incendie?

R. Oui, c'était le même jour; il a commencé à huit heures et demie à peu près, et j'ai entendu un des fédérés qui disait à son officier :

— Est-ce qu'on ne va pas mettre le feu?

Celui-ci lui répondit :

— Tais-toi donc, béta, tout est prêt et tout va sauter depuis la préfecture jusqu'à l'Hôtel de ville!

M. le commissaire du gouvernement. — Lorsque vous avez vu Ferré et ses hommes, étaient-ils armés?

Le témoin. — Quelques-uns étaient armés, mais Ferré n'avait qu'une écharpe et une petite badine avec laquelle il se frappait sur les mollets en disant :

— Dépêchons-nous, ça ne va pas!

Au moment où ce témoin termine sa déposition, Ferré se lève et dit quelques mots que celui-ci pense lui être adressés, mais, quand il veut répondre, l'accusé, avec cet aplomb qui ne l'abandonne pas un instant, lui fait signe de la main en disant :

— Non, non, vous pouvez vous en aller.

Ai-je besoin de dire qu'un murmure d'indignation accueille cette façon de faire de Ferré, qui n'en paraît en aucune façon troublé.

Verguerie (François), employé au dépôt de la Préfecture :

Le 24, Ferré est venu à la préfecture et a ordonné de faire un triage entre les détenus. Il voulait, disait-il, fusiller tous ceux qui avaient servi sous l'Empire et le gouvernement de Versailles. Je lui ai fait observer qu'il ne pourrait les découvrir au milieu de tous les autres prisonniers, car ils étaient plus d'une centaine, et alors il s'enferma dans le cabinet du juge d'instruction, d'où il donna l'ordre de lui amener trois hommes. L'un était fou, il le renvoya; on ne put trouver l'autre qui ne répondit pas à l'appel de son nom. Veysset seul fut amené à Ferré. Au moment de l'exécution, Veysset dit : Vous m'aviez promis la vie sauve; mais Ferré lui répondit brutalement :

— C'est bon, c'est bon, marchons! mes hommes n'ont pas le temps d'attendre.

Ce peloton était commandé par un nommé Greffier, et il y avait un homme en manches de chemises et nu-pieds. C'était un détenu mis en liberté, sans doute, mais il ne venait pas de chez nous, et n'était pas armé.

Ferré.—Voulez-vous demander au témoin si moi j'étais armé.

Le témoin. — Il n'avait pas d'arme, il avait une écharpe et une petite canne.

M. le commissaire du Gouvernement. — Est-ce que vous n'avez pas vu Ferré distribuer de l'argent aux hommes qui allaient fusiller Weysset.

Le témoin. — Oui, je l'ai vu donner des pièces d'argent, mais je ne saurais dire si c'étaient des pièces de cent sous ou de quarante sous.

Tesseray, employé de la Préfecture, remplace Verguerie à la barre des témoins, et il rapporte les faits de la même manière que son collègue. De plus, un des hommes du peloton d'exécution qu'il a interrogé à propos de Veysset, lui a répondu :

— C'est lui qui a ouvert Paris aux Versaillais.

A Tesseray succède une femme vêtue de deuil, c'est madame Marguerite Forcy, une amie, une parente peut-être de l'infortuné Veysset.

Son émotion est si grande quelle peut à peine parler, et ses yeux remplis de larmes se détournent avec horreur de Ferré.

Elle ne connaît rien de l'assassinat de Veysset, elle était elle-même emprisonnée; elle pense qu'il a été trahi par une femme à son service, et elle fait observer au tribunal que lorsque son ami a été arrêté, dans la nuit du 24 mai à Saint-Ouen, il avait 20,000 fr. sur lui. Cet argent n'a pas été retrouvé.

Après cette malheureuse femme on entend M. l'abbé Feron, aumônier en chef de Bicêtre qui rapporte les démarches qu'il a faites quand il eut appris l'arrestation des dominicains d'Arcueil.

Il proposa à Léo Meillet de lui livrer ces prêtres dont il répondrait sur sa tête. Son intention était de les sauver du péril immédiat en leur donnant asile dans l'hospice.

Meillet refusa tout, en lui promettant de mettre les pères en liberté lorsqu'il abandonnerait le fort. Or, on sait que ces infortunés furent au contraire conduits à la Maison-Blanche, puis de là au lieu de leur supplice.

Le conseil entend ensuite M. Rabut, le commissaire de police otage de la Commune, qui raconte sa triste odyssée de la façon suivante :

Arrêté dans les premiers jours d'avril, je restai jusqu'au 14 au secret le plus absolu, puis je fus transporté à Mazas avec d'autres personnes, arrêtées comme moi pour servir d'otages. Là encore j'étais au secret, sauf pour ma femme, qui pouvait venir me voir une fois par semaine.

Le lundi 22 mai, mon gardien Monnier entra tout joyeux dans ma cellule et me dit : Bon courage, l'armée de Versailles est entrée cette nuit dans Paris, bientôt vous serez délivré.

Cependant le lendemain, ce même gardien m'apprit que j'allais être transféré à la Roquette et je pensai que ma mort, ainsi que celle de mes compagnons, était décidée.

Quelques instants après, je montai en voiture avec une douzaine de personnes dont l'obscurité m'empêcha de distinguer les traits et bientôt j'arrivai à la Roquette où je fus mis dans une nouvelle cellule sans lit, sans meubles, sans eau.

Lorsque, le soir, je demandai de l'eau, un gardien me répondit brutalement :

— Ce n'est pas la peine : vous ne serez plus ici demain, peut-être même ce soir.

Dans la journée on me fit sortir pour prendre l'air, et je reconnus mes compagnons de captivité : Mgr Darboy, M. le président Bonjean, et les quatre prêtres emprisonnés comme otages.

Nous nous communiquâmes nos tristes pensées, et nous menâmes cette triste existence pendant plusieurs jours. Enfin, le 24, à huit heures du soir, mon voisin de cellule et moi nous entendîmes ouvrir les portes du corridor. Nous distinguâmes sur les dalles les pas de quinze ou vingt hommes, et une voix dit tout à coup :

— Sortez plus vite, sortez comme vous êtes.

C'étaient les otages que les exécuteurs venaient d'arracher de leurs cellules. Ils les suivirent courageusement et quelques minutes plus tard j'entendis un feu de peloton et je dis à mon voisin : « Ces messieurs ont fini. »

A partir de ce moment, il régna un silence de mort dans la prison; le lendemain on sacrifia encore une victime, M. Jecker, et nous pûmes croire le soir que notre heure était venue, car une nouvelle troupe d'hommes armés traversa le corridor, mais cette fois sans s'y arrêter.

Trois jours se passèrent ainsi, puis tout à coup les détenus furent mis en liberté et armés. C'était le dernier espoir de la Commune qui comptait bien sur leur aide pour nous massacrer. Pour éviter le piège qui nous était tendu, nous refusâmes de descendre dans la cour, et bientôt l'approche de l'armée de l'ordre jeta une telle panique parmi les insurgés que mes compagnons et moi, nous pûmes nous enfuir de la prison sans être arrêtés.

M. Trinquart, pharmacien de la Roquette, n'est pas moins dramatique dans son récit, car, de sa fenêtre, il a vu passer les malheureuses victimes; et, comme les précédents témoins, il a vu aussi arriver Ferré à la Roquette, où il n'était venu que pour procéder au massacre des otages.

Ferré. — J'ai dit moi-même que j'étais à la Roquette; il n'est donc pas difficile de m'y avoir vu.

Cette réflexion cynique clôt la première partie de l'audience, qui est suspendue pendant un quart d'heure.

A la reprise de l'audience, le commissaire du gouvernement prie le président de faire revenir M. l'abbé Féron, qui l'a prévenu qu'il avait oublié un point important dans sa déposition.

Ce témoin aurait rencontré, à l'Hôtel de ville de Paris, un membre de la Commune qui lui aurait prédit les désastres qui se sont produits.

M. l'abbé Féron. — Je m'introduisis à l'Hôtel de ville en demandant le nommé Rogeart que je croyais le plus capable de m'entendre. Il n'y était pas. Un autre membre de la Commune, que je ne connais pas, m'interpella au moment où je me retirai, et me menaça de m'arrêter.

Je lui répondis : Je vous défends de m'arrêter, vous n'avez pas de mandat. Je ne suis pas un homme à me sauver, rien me forçait à venir, et si je suis venu, c'est que je n'ai pas peur de vous. Vous me dites que M. Rogeart n'y est pas, je reviendrai.

Je revins le samedi, mais je ne pus encore le voir. Quelques jours après je retournai de nouveau sans succès à l'hôtel-de-ville, et le hasard m'ayant fait rencontrer chez un de mes amis, le nommé Babick, membre de la Commune, je m'adressai à lui et lui demandai au nom de la liberté de conscience de me rendre auprès de mon évêque.

Il me répondit que c'était impossible, que monseigneur était au secret, mais qu'il en parlerait à Protot.

Je lui promis, s'il m'obtenait cette autorisation, de m'employer à mon tour en sa faveur si les mauvais jours venaient pour lui.

Babick parut touché de cette proposition, et j'en profitai pour l'interroger sur les dispositions de ses prétendus collègues. Il me répondit : Nous ne voulons aucune conciliation, quand même le gouvernement nous ferait toutes les concessions. Il me promit de me répondre, mais le lendemain, ne recevant pas cette réponse, je me rendis une troisième fois à l'Hôtel de ville. J'étais là dans un couloir, attendant que Babick voulût bien me faire appeler, lorsqu'un petit homme, qui m'avait déjà dévisagé d'un air insolent et avait affecté de passer plusieurs fois devant moi, s'approcha d'un air cavalier et me demanda comment je me trouvais à cet endroit.

Je compris que je n'avais aucun ménagement à garder, car je me croyais perdu et je lui répondis d'un air moqueur : « Je suis entré par la porte.» Nous échangeâmes alors les quelques mots suivants :

— Comment avez-vous pénétré jusqu'ici ?
— Grâce à un planton qui m'a laissé lorsque je n'ai plus eu besoin de lui.
— Qui attendez-vous ?
— Un de vos collègues.
— Pourquoi faire ?
— Pour le voir.
— Que voulez-vous lui dire ?
— Ça me regarde seul.

Peu satisfait de mes réponses, mon in-terlocuteur me tourna brusquement le dos et s'éloigna en murmurant quelques mots grossiers.

Babick entra à ce moment, mais je laissai passer les personnes arrivées avant moi afin de ne pas trop le compromettre, et je pénétrai près de lui quelques instants après. Je lui renouvelai ma proposition en l'appuyant de cette espérance que j'avais de la prompte arrivée des troupes de l'ordre, mais il me dit : Versailles n'entrera jamais à Paris, et s'il y entrait ce serait sur des ruines, avant nous ferons tout sauter. Puis il ajouta qu'il était compromis par ma seule présence, et que je ferais bien de ne pas revenir le voir.

Pendant que j'étais dans le cabinet de Babick, il se fit un marché. Un américain offrait à la Commune 10 millions pour des objets d'art. Je ne sais ce que devint ce projet, car ne recevant pas l'autorisation que je désirais, je me retirai pour ne pas affronter plus longtemps et inutilement le danger.

Je retournai cependant quelques jours après à Mazas, dans l'espérance que le commandant de la prison céderait à mes supplications. On venait justement de le changer, et son successeur voulut me tendre un piège en m'envoyant auprès de Raoul Rigault. J'y échappai, car, au lieu d'aller à la préfecture de police, je me dirigeai vers la place Vendôme.

Là je rencontrai Protot; je lui demandai cette autorisation que tout le monde me refusait, et comme il m'envoya, lui aussi, à Raoul Rigault, je me décidai à aller voir cet homme; seulement, comme j'étais revêtu de mon costume, pour le faire respecter je priai un avocat de mes amis de m'accompagner. Il me dit :

« Je crois que votre démarche est imprudente; laissez-moi faire, je tenterai tout ce qui me sera possible. »

Cet ami, en effet, alla trouver Raoul Rigault, mais il voulut lui faire promettre qu'en entrant à la Roquette j'en sortirais, et comme Raoul Rigault refusa de prendre cet engagement, il n'accepta pas l'autorisation qu'il lui donnait, seulement pour avoir un otage de plus dans entre les mains, et il ne lui dit pas mon nom.

Ferré. — Je ferai remarquer que le témoin a fait son éloge, mais n'a pas parlé de moi.

M. le président. — Cela ne vous regarde pas; vous n'avez pas à apprécier les dépositions des témoins, mais seulement à dire si vous les acceptez oui ou non.

M. l'abbé Féron. — Je ne songe certes pas à faire mon éloge ; je raconte seulement les démarches que j'ai faites et qui m'ont mis en rapport avec quelques-uns des membres de la Commune.

M. le président. — Monsieur l'abbé, vous n'avez pas à vous défendre.

M. l'abbé Féron, un peu ému de la grossière apostrophe de l'accusé, cède la place à un br.gadier au dépôt de la préfecture, le nommé Braquord.

Cet employé n'était pas de service lorsque sa femme arriva tout à coup auprès de lui en criant : sauve-toi, on va fusiller tout le monde. Braquord voulut quand même rester à son poste, et lorsque Ferré lui annonça que le feu allait être mis à la prison, il lui fit observer qu'il y avait là des femmes innocentes qu'il ne pouvait laisser brûler.

— Des femmes, soit! répondit l'accusé. ouvrez-leur les portes.

Braquord ne se le fit pas dire deux fois et non seulement il ouvrit aux femmes, mais encore aux hommes. Quand il revint, il n'y avait plus personne, le délégué et ses hommes avaient disparus. Le témoin se rappelle au moment de s'éloigner qu'il vit un jour venir Ferré avec son ami Raoul Rigault et que, s'étant fait ouvrir la cellule du président Bonjean, Raoul Rigault dit grossièrement à l'illustre magistrat : — Eh bien, comment trouves-tu les Versaillais ; ils fusillent les nôtres, c'est notre tour ; j'ai fait déjà fusiller Thiers et les autres. Ce sera bientôt à toi. Le président Bonjean regarda les deux misérables avec mépris et ne daigna pas même leur répondre.

Madame Braquord, qui succède à son mari, est une jolie et maîtresse femme. Après avoir cédé un instant à la peur, ce qui est bien naturel, elle revint bravement à la prison auprès de son époux, et elle a parfaitement vu de chez elle tout ce qui s'est passé.

Elle le raconte ainsi d'une voix ferme, et Ferré se garde bien de l'interrompre; il se sent en présence d'un témoin qu'il n'oserait démentir.

J'étais à ma fenêtre, lorsque je vis arriver douze hommes armés. Il y avait parmi eux un vieillard qui voulut s'en aller, fit quelques pas en dehors du groupe, mais revint bientôt. Il était pieds nus, en manches de chemise et sans arme. Ferré s'approcha de l'officier et lui remit une somme d'argent. Les hommes réclamèrent et chacun d'eux reçut sa part. L'accusé leur dit : « Nous sommes ici pour remplir une mission, nous allons entrer au dépôt, nous y prendrons le livre d'écrou, et tous les agents de police, tous les gendarmes seront fusillés immédiatement. Que ceux qui ne veulent pas rester s'en aillent. »

Je ne pus assister plus longtemps à cette scène. Une heure plus tard, on criait au feu, je courus après le directeur, mais je ne pus le trouver. J'étais dans un tel état de colère que, si je l'avais rencontré, je l'aurais étranglé.

Les témoins suivants sont des employés de la prison; tous, ils reconnaissent Ferré dans l'homme qui est venu au dépôt de la préfecture, en a fait sortir le malheureux Veysinet et a donné l'ordre de mettre le feu.

Jean Beausset, un de ces témoins, a reçu de l'accusé l'ordre de faire sortir 36 gendarmes destinés à être transférés à Mazas puis exécutée, et il lui a fallu obéir le pis tolet sous la gorge.

A la première réflexion Ferré lui avait répondu : Si dans cinq minutes ces hommes ne sont pas auprès de moi, je te brûlerai la cervelle.

Lamotte, surveillant de cette prison, rapporte que le 24 mai, à onze heures du soir, il a été commandé pour prendre le service d'un employé de la Commune qui était ivre. L'exécution des otages avait eu lieu déjà; on lui ordonna de se procurer une voiture pour transporter les corps. Il emprunta un des petits camions de l'entrepreneur des travaux de la Petite-Roquette, et se fit conduire dans le chemin de ronde où les cadavres étaient étendus.

Là on a procédé au dépouillement des morts. Les objets qu'ils avaient sur eux ont été portés chez François le directeur de la Commune, puis les cadavres ont été chargés sur la voiture et transportés au cimetière du Père-Lachaise.

Les vêtements ont été brûlés le 25, à l'endroit même où les otages avaient été frappés.

Interrogé sur ce qu'il connaît de la présence de Ferré à la Roquette et du rôle qu'il y a joué, Lamotte répond qu'il ne sait rien à ce sujet, son service ne l'ayant appelé à la prison que le 24 dans la nuit. Ses camarades cependant lui ont dit que Ferré était venu et avait ordonné l'exécution.

Le témoin qui succède à Lamotte égaie un peu l'auditoire. C'est un concierge du nom de François; il est détenu à Satory, ainsi que l'ex-directeur de la Roquette, et il a reçu sa citation à sa place. François, le concierge, profite de l'erreur pour tenter de faire des mots. Aux questions du président il répond qu'il ne dirige que son cordon, et que toutes ses fonctions consistent à cirer les bottes de ses locataires, ainsi qu'à rester, moyennant 80 fr. par mois, chez le docteur Hébert, de midi à deux heures.

L'erreur constatée, on renvoie à Satory François, le concierge, et on remet à demain l'audition de François, le directeur.

Viennent après M. Lambrech, marbrier, rue de la Roquette, qui a suivi par curiosité le peloton d'exécution dans la cour de la prison, mais n'est pas allé plus loin, et M. Chevriau, le proviseur du lycée de Vanves.

Ce témoin, ancien commandant militaire de l'Hôtel de Ville, était désigné d'avance à la haine des communeux; aussi a-t-il été enfermé comme otage à la Roquette, où, comme son compagnon M. Rabut, il a connu les malheureuses victimes, et d'où, comme lui encore, il a pu aussi s'échapper miraculeusement.

Le témoin auquel M. Chevriau cède la place est M. l'abbé Guérand, directeur du séminaire des Missions étrangères, prêtre jeune et distingué, qui s'exprime en ces termes :

Je me suis présenté à la préfecture de police pour y réclamer des objets qui avaient été soustraits pendant une perquisition faite par les ordres de la Commune dans l'établissement que je dirige. Au lieu de faire droit à ma réclamation, on m'a immédiatement arrêté, sans me dire par quel ordre, ni sous quel prétexte, et j'ai été conduit au dépôt de la Conciergerie.

Le surlendemain, toujours sans la moindre explication, on m'a transféré à Mazas, et, au moment de monter dans la voiture cellulaire qui allait m'y conduire, on me remit un petit chiffon de papier sur lequel je ne fus pas peu étonné de lire : accusé de détournements. Je n'ai plus eu alors qu'à écrire sur les murs de ma cellule mon nom, la date de mon arrestation et accusé d'avoir été volé.

Le mercredi suivant, j'ai entendu grincer la grille de fer du couloir, puis des hommes armés s'approchèrent de mon cachot, dont la porte s'ouvrit tout à coup. Un gardien se présenta devant moi, il avait à la main une liste que je pus parcourir. C'était celle des malheureux otages voués à une mort immédiate. Elle était écrite sur une demi-feuille de papier, sans signature et sans timbre. Mon nom ne se trouvait pas parmi ceux des victimes, je répondis à cet homme que je n'étais pas de ceux qu'il cherchait, et il s'éloigna avec ses compagnons pour entrer dans la cellule voisine.

Il en sortit accompagné de Mgr Darboy, de M. Bonjean et des autres otages qu'ils allaient livrer à leurs bourreaux. Mon guichet n'étant pas fermé, je pus suivre des yeux ces malheureux pendant quelques instants, et je remarquai M. le président Bonjean qui passait le dernier, l'air digne, calme, les mains derrière le dos, marchant du pas le plus tranquille et le plus ferme.

Quelques minutes après, je pus reconnaître sur les pavés du chemin de ronde le pas des exécuteurs et des martyrs, et bientôt un feu de peloton suivi de quelques coups de fusil isolés vint me dire que le crime était consommé, que tout était fini.

Ces derniers mots prononcés au milieu de l'émotion de l'auditoire, le jeune prêtre, arraché par miracle à la mort, se retire et laisse la place à un sieur Salmon, limonadier, que les insurgés avaient accusé de rapports avec Versailles et avaient aussi arrêté comme otage.

Après la déposition de ce témoin, qui ne vient que confirmer ce qui a été dit par les précédents sur le passage du peloton d'exécution dans le couloir des cellules, l'audience est levée à six heures et renvoyée au lendemain à midi.

P. S. — M. Camus, dont le nom figure dans l'acte d'accusation dressé contre Lullier, n'est pas ingénieur des ponts et chaussées, mais ingénieur des mines à Brioude.

Audience du 9 août 1871.

Le nombre des curieux est un peu plus considérable que celui d'hier. Un certain nombre de dames ont pris place dans l'enceinte réservée aux assistants privilégiés et dans la galerie élevée au fond de la salle.

L'audience est ouverte à midi et cinq minutes.

Me Delzas, avocat de Clément. — Monsieur le président, un certain nombre de pièces importantes ont été distraites du dossier ; on en a enlevé les originaux pour ne laisser que des copies. Nous prions le conseil de bien vouloir ordonner que ces pièces soient réintégrées au dossier.

M. le commandant Gaveau. — Toutes les pièces sont au dossier. Une partie de l'instruction ayant été faite à Paris, les magistrats de Paris nous ont communiqué des pièces dont nous avons pris des copies certifiées.

Me Delzas. — Il me semble que, dans une affaire de cette gravité, il est convenable qu'on n'assoie une argumentation quelconque que sur des pièces originales et non sur des copies que rien ne garantit. Je demanderai surtout, par exemple, à voir l'original d'une pièce cotée au dossier de Clément sous le numéro 15. Et, comme le ministère public paraît disposé à s'opposer à la production des pièces que nous demandons, j'ai l'honneur de faire des conclusions formelles à ce sujet. Les voici :

Conclusions pour MM. Clément, Régère, Ferré, Assi, Urbain, Paschal Grousset, Ferat, Descamps, Billioray, Verdure :

Plaise au conseil,

Attendu que des pièces originales incriminées d'une importance considérable « ont été distraites du dossier » et remplacées par des copies ;

Attendu qu'il importe à la découverte de la vérité que toutes les pièces qui forment les bases d'une instruction aussi grave soient revêtues d'un caractère indéniable d'authenticité ;

Que de la comparaison de ces pièces autographes entre elles doit naître la vérité dans la conscience des juges ;

Par ces motifs :

Dire que toutes les pièces incriminées seront immédiatement reproduites en original au dossier ; que communication en sera faite à qui de droit.

A. Delzas, Dupont de Bussac, Laviolette, Boyer, Marchand, Bigot, Gatineau, Manchon, André Rousselle, L. de Sal, Thiron, Haussmann.

M. le commandant Gaveau. — Je m'oppose à ces conclusions, à cause du mot *distraites*. Nous avons pris copie des pièces, nous n'avons rien distrait.

Mᵉ Gatineau. — Le mot *distraites* n'a aucun sens blessant; si nous avions voulu donner à nos paroles une intention blessante, nous aurions dit *soustraites*.

Mais il importe que nous soyons jugés sur des pièces originales; hier, on a présenté à l'accusé Ferré des copies de pièces en lui demandant s'il les reconnaissait.

M. le président. — J'ai voulu lui donner l'original; il a répondu que c'était inutile.

Mᵉ Gatineau. — Nous ne récriminerons pas; seulement, nous avons le désir bien légitime d'avoir devant nous et contre nous des pièces originales.

M. le commandant Gaveau. — L'instruction faite par les magistrats de Paris ne concernait pas les accusés; mais certaines pièces étaient de nature à éclairer le conseil pour le procès actuel; on nous les a communiquées, et nous en avons pris copie.

Mᵉ Gatineau. — Le ministère public a vu les pièces originales. Pourquoi n'aurions-nous pas le même droit? Ce n'est pas une question de procédure, c'est un droit que nous réclamons.

M. le président. — Les pièces spéciales sont toutes au dossier. Il n'y a que les interrogatoires faits à Paris qui y figurent à l'état de copies. Contestez-vous la fidélité des copies?

Mᵉ Gatineau. — Je tiens beaucoup à ce que ma pensée ne soit pas dépassée. Nous ne contestons rien, seulement nous avons le désir de voir les pièces originales. Au cours du procès, si le ministère public invoque contre nous une pièce dont l'original ne sera par au dossier, nous nous réservons de revenir sur nos observations, tout en persistant actuellement dans nos conclusions.

L'incident n'a pas de suite. Le conseil continue.

AUDITION DES TÉMOINS

Pierre Praquond, 54 ans, gardien chef au dépôt de la préfecture de police, est rappelé.

M. le président. — Hier, dans votre déposition, vous avez omis de parler d'une circonstance dont vous avez déposé dans l'instruction. Il s'agit de certains propos que vous auriez entendu tenir par Ferré à la préfecture de police. Le 21 mai, on amena au dépôt un nommé J. Veysset et Marie Tellir, femme Muller. On disait que c'étaient des espions. Veysset était particulièrement recommandé à Ferré et mis à sa disposition. Ferré est venu l'interroger le lendemain dans le cabinet du directeur de la préfecture, et vous lui auriez entendu dire : « Vous avez six heures pour réfléchir, et si vous faites des révélations, vous aurez la vie sauve. »

R. Je n'ai pas entendu Ferré dire cela. Je n'ai vu Veysset qu'un moment, quand on m'a sonné pour amener la femme Muller et la réintégrer. Quelqu'un disait en la voyant :

« Voilà une coquine qui en a du vice; mais, c'est égal, elle nous rend de fameux services. »

D. Vous avez dit dans l'instruction que vous aviez entendu Ferré.

R. On a mal compris.

D. Vous avez signé votre déposition. Vous avez ajouté que l'ordre d'écrou de Veysset avait été signé par Ferré?

L'accusé Ferré. — Il est possible que j'aie signé cet ordre d'écrou. Chaque fois que vous me présenterez un ordre de moi, je reconnaîtrai s'il est de moi.

M. le président. — Voici une note qui porte que Veysset a été extrait, le 24 mai, par votre ordre, pour être passé par les armes.

L'accusé. — Où est cet ordre? Ce n'est pas moi qui ai écrit la note dont vous parlez.

M. le président (au témoin). — Le 24 mai, entre huit et neuf heures du matin, Veysset a été fusillé par ordre de Ferré, qui l'accusait d'être la cause de l'entrée des troupes de Versailles dans Paris. Veysset lui aurait adressé de cruels reproches, et lui aurait dit, à plusieurs reprises, qu'il lui avait manqué de parole, qu'il lui avait promis la vie sauve. C'est Ferré qui a commandé le peloton d'exécution.

Le témoin. — Cela m'a été dit, mais je ne l'ai pas vu ni entendu moi-même.

D. Vous l'avez dit; vous avez ajouté que Ferré a adressé une allocution au peloton d'exécution. Il leur a dit que ceux qui ne se sentaient pas le cœur d'aller jusqu'au bout pourraient se retirer.

Un homme d'un certain âge a fait mine de se retirer; mais un autre, plus jeune, armé d'un revolver, lui a dit : « Venez, je vais vous reconduire. » Alors l'homme d'un certain âge a eu peur et a marché avec les autres. Veysset a été emmené et fusillé au coin du Pont-Neuf, sur le quai; puis on l'a jeté à l'eau. Voilà ce que vous avez dit.

R. J'ai dit cela pour l'avoir entendu raconter par ma femme, car moi je n'avais pu voir ce qui s'est passé sur le quai du Pont-Neuf, puisque j'étais enfermé dans la préfecture.

François Binet, quarante ans, brigadier au dépôt de la préfecture de police.

D. Que savez-vous au sujet de la présence de Ferré à la Roquette le 27 mai?

R. Le 27 mai, vers trois heures, j'étais de service à l'infirmerie. Mon collègue, Bourprepion me dit :

— La Commune est venue à la prison avec un peloton d'exécution pour fusiller les otages. Tâchons de les sauver en faisant une brèche dans le mur.

Je lui dis :

— Ça serait trop long, nous n'en viendrons jamais à bout.

Je me rendis au greffe. Il y avait là cinq ou six individus avec des fusils en bandoulière. Ferré était parmi eux, un revolver à la main. Nous eûmes un moment l'idée de lui arracher son revolver et de lui brûler la cervelle, mais ça n'aurait servi à rien. Je suis allé retrouver mon collègue, qui pleurait en

— 37 —

disant que Ferré voulait faire tuer tous les otages de la troisième section.

L'accusé Ferré. — Demandez au témoin s'il m'a entendu parler.

Le témoin. — Oui, vous étiez là, avec votre revolver, et je regrette de ne vous avoir pas brûlé la cervelle avec.

L'accusé. — N'est-ce pas le témoin lui-même qui a fait sortir les détenus pour crimes ordinaires et qui leur a donné des armes en les engageant à lutter contre les fédérés ?

Le témoin. — Voici ce qui s'est passé. Après avoir reçu l'ordre de faire descendre les otages, je rencontrai un détenu qui me dit : « N'en livrons plus. » Je suis allé trouver les autres détenus et je leur ai dit : « Mes enfants, si vous voulez nous donner un coup de main, je vous sauverai tous. » Ils ont dit qu'ils étaient prêts. Je suis sorti pour leur envoyer des armes, mais pendant mon absence, les fédérés leur en avaient passé à travers la grille et ils s'étaient répandus dans la cour en criant : Vive la Commune !

L'accusé. — Etais-je encore à la Roquette à ce moment ?

R. Ferré y était dès le début. Je l'ai vu une demi-heure avant, il devait encore y être.

L'accusé. — Je dois faire remarquer que le témoin est en contradiction avec ses collègues, qui disent que je n'y étais plus. Si les détenus ont fait des victimes, c'est lui qui en est responsable et non pas moi. Je tiens à bien constater ce point, qui est important. Les journaux ont raconté que la Commune a fait armer les détenus, et cela a fait très-mauvais effet ; c'est le témoin qui les a armés.

M. le commandant Gaveau. — C'est une erreur. Le témoin voulait les armer contre les fédérés, mais c'est la Commune qui les a armés avant lui.

M. le président. Quelles armes avaient-ils ?

R. D'abord des tranchets et des tire-points. Un d'eux s'est armé d'un fusil et il m'a couché en joue. Après cela ils ont tendu un piège aux prisonniers en criant : « Vive la ligne ! » pour les engager à sortir. J'ai deviné le piège et je ne suis pas sorti. Mais quatre des otages ont profité de la permission qu'on leur donnait de sortir, et j'ai entendu dire qu'ils ont été fusillés.

D. Qu'avez-vous fait après ?

R. Nous sommes restés barricadés jusqu'au lendemain. On nous a menacés de nous brûler, de nous bombarder du Père-Lachaise. Mais nous sommes restés jusqu'à l'arrivée des troupes.

L'accusé. — Le témoin a déclaré que lui-même avait ouvert les portes aux détenus pour les armer.

M. le président. — Qui a distribué les armes ?

Le témoin. — Un détenu. Ils avaient ouvert les ateliers.

M. le président. — Il est clair que ce sont les fédérés.

L'accusé. — Ce qu'il y a de clair, c'est que ce n'est pas la Commune qui a mis en liberté les condamnés pour les armer. C'est impor-tant à constater pour notre honneur, à moi et à mes amis. (Murmures.) Oui, c'est une question d'honneur personnel.

M. le président. — Qui a ouvert les portes ?

Le témoin. — Je n'en sais rien. Les détenus étaient dans le couloir de la section où on les avait enfermés, parce qu'on craignait du tumulte, vu les événements.

M. le président. — Il faudrait préciser. Vous parlez de cour, de couloir ; nous ne savons pas ce que cela veut dire. Où sont renfermés d'ordinaire les condamnés ?

R. Dans la journée, ils sont dans les ateliers de travail et le soir dans leurs cellules. Ce jour là on ne travaillait pas. Ils étaient dans le couloir où sont leurs cellules ; ce couloir est fermé par une grille. On leur a ouvert cette grille ; je ne sais pas qui c'est.

L'accusé. — Le témoin a commencé par dire que c'est lui. On ne se trompe pas d'une pareille façon.

Le témoin. — Si je l'ai dit, je me suis trompé.

L'accusé. — Je répète qu'on ne se trompe pas comme cela. La porte ou la grille n'a pu être ouverte que par un gardien qui avait la clef. D'ailleurs, d'autres témoins affirment que c'est Binet, qui avait non-seulement ouvert, mais armé.

M. le Président. — Témoin, vous avez dit que le directeur François a dit à un de vos collègues, Morin, qui protestait contre les exécutions des otages : « Si vous ne f... pas le camp, je vous brûle la cervelle. »

R. — Oui, mon colonel.

Joseph Vattier, 39 ans, plombier, détenu à la grande Roquette.

Le témoin porte le costume de prisonnier. Le Président, après lui avoir fait prêter serment, décide que, vu sa position, il ne sera entendu qu'à titre de renseignement.

D. Pourquoi êtes-vous détenu ?

R. J'ai été condamné à 18 mois d'emprisonnement, le 10 janvier 1871, pour avoir volé un cheval.

D. Dites ce que vous savez.

R. Le 24 mai dernier, j'étais dans la cuisine de la Roquette, dans le premier corps de bâtiment. Vers sept heures et demie du soir, quarante ou cinquante fédérés, appartenant aux 95e, 206e, 66e et 180e bataillons, sont arrivés avec quelques Vengeurs de la République.

A leur tête, il y avait un individu à cheveux blonds, d'une taille ordinaire, la moustache en brosse ; il avait à la main une liste. Quand je l'ai vu, il était tourné vers le peloton d'exécution et disait : « Citoyens, vous savez combien il en manque des nôtres ? Six ! Eh bien ! nous en avons six à fusiller. » Quelques instants après, on m'a fait éclairer le corridor qui conduisait à l'escalier de secours. Comme j'étais là, j'ai vu passer les otages dans l'ordre suivant :

L'archevêque de Paris, M. Bonjean, l'abbé Deguerry, l'abbé Allard, l'abbé Ducoudray et l'abbé Clerc.

Les fédérés ont chargé leurs armes sous les arcades de l'infirmerie, puis ils sont entrés dans le mur de ronde en précédant les otages. De là, ils ont passé dans le second mur de ronde où on les a fusillés.

D. Avez-vous reconnu Ferré parmi ces hommes armés?

R. Non. L'homme que j'ai vu n'est pas Ferré, mais il est parmi les accusés, je l'ai reconnu l'autre jour en venant à l'audience. (Mouvements.)

D. Où est-il?

Le témoin désigne Ch. Lullier.

D. Ce monsieur blond, en paletot marron?

Ch. Lullier se lève et regarde le témoin en haussant les épaules. Évidemment il y a erreur.

Le témoin. — Il y a beaucoup de ressemblance.

L'accusé. — Le témoin sait-il qui a ouvert la grille aux détenus et qui les a armés?

R. Le 27, les fédérés sont venus vers trois heures et demie. La porte du guichet principal s'est ouverte devant eux, et neuf ou dix gardes nationaux sont entrés. Ils réclamaient les prisonniers militaires enfermés dans la troisième section. Le gardien Binet ayant entendu dire qu'on voulait les fusiller, prit les clefs, monta à la section et dit aux militaires : « Si on vous demande, ne descendez pas, on veut vous fusiller. » Dans cet intervalle, le brigadier et le sous-brigadier de service avaient reçu l'ordre de les faire descendre.

Binet était à la fenêtre. On lui renouvela l'ordre. Il répondit : « Non; je ne descendrai pas. » Sur ce, les gardes nationaux se mirent à crier : « Il nous le faut! » Nous qui étions dans la cour, nous avions peur qu'on ne nous fusillât aussi, et le brigadier me dit : « Prenez des limes, des marteaux, et armez le plus de détenus possible, pour vous défendre. » Sur ce, les portes se sont ouvertes, je ne sais par qui. Un condamné à mort a fait mine de tirer sur Binet. Alors, il y a eu une confusion générale.

Tout le monde courait vers les portes. Les gardes nationaux ont dit : Criez : « Vive la Commune! » et on vous ouvrira... On a crié, les portes ont été ouvertes... On nous dit: il y a des armes en face à la Petite Roquette. Quelques-uns y sont allés. Moi, j'ai pris un chassepot au greffe, et je me suis enfui.

D. Y avait-il des membres de la Commune avec les gardes nationaux?

R. Non.

L'accusé. — C'est Binet qui a armé les détenus?

Le témoin. — M. Binet était enfermé dans la troisième section. C'est moi qui ai armé les détenus sur l'ordre du brigadier Ramin et du sous-brigadier Picon.

Jean-Paul Ziechkowski, 19 ans, étudiant, détenu à la Roquette, ne prête pas serment. Il dépose :

J'étais malade à l'infirmerie. J'entendis du bruit dans la cour. Je me mis à la fenêtre et je vis un peloton en train d'armer ses chassepots. J'ai deviné qu'il allait se passer quelque chose de tragique et qu'on allait réaliser la menace de fusiller les otages.

Il y avait là des fédérés, des vengeurs et deux membres de la Commune avec des écharpes rouges. L'un était vêtu d'un paletot marron et d'un chapeau tyrolien, et avait une moustache en brosse. Ce n'était pas Ferré.

J'ai vu bientôt arriver les otages; on les insultait, on reprochait à l'archevêque de n'avoir rien fait pour la Commune. Il a répondu : « J'ai écrit à Versailles; ce n'est pas ma faute si on ne m'a pas répondu. » Il a ajouté que, s'il devait mourir, il mourrait comme un honnête homme. On a recommencé à l'insulter.

Alors un garde national, vêtu d'une blouse, s'est écrié qu'il n'y avait que des lâches capables d'insulter des gens qui allaient mourir, et qu'on devait les laisser tranquilles. Les injures ont cessé, puis le groupe a passé dans le second mur de ronde, et j'ai entendu un feu de peloton déchiré, tellement déchiré, que je n'ai pas pu distinguer entre les coups de grâce et les autres.

L'accusé. — Je constate que le témoin a dit que je n'étais pas là.

R. Je n'ai pu voir qu'un des membres de la Commune. Il y en avait deux.

M. le président. — Vous êtes condamné?

R. J'ai été condamné à treize mois de prison pour escroquerie.

Eugène-Ferdinand-Théophile Demarsy, 35 ans, vicaire à Saint-Vincent-de-Paul.

D. Que savez-vous de la présence de Ferré à la Roquette le 27 mai?

R. J'ai entendu dire qu'il était là ce jour-là, mais je n'en sais pas plus long à cet égard.

D. Et le 24, où étiez-vous?

R. Toujours à la Roquette. Je venais d'obtenir l'autorisation, après vingt-quatre heures de démarches, de changer ma cellule avec celle de monseigneur. Il était malade depuis longtemps et très souffrant d'une captivité de six semaines.

Il avait une cellule ordinaire, tandis que j'étais dans une cellule de surveillant, où on est mieux. Il y a une chaise et la vue sur un petit jardin.

J'obtins de changer avec l'archevêque, comme la veille j'avais changé avec M. Bonjean, qui se plaignait de ne pouvoir travailler parce qu'il avait trop de soleil dans sa cellule.

J'ai pu échanger ce jour-là quelques mots avec monseigneur. Il me dit qu'il avait été averti du sort qui l'attendait, et qu'il avait refusé de fuir, pensant que le poste d'un pasteur est au milieu de son troupeau. M. Bonjean aussi me dit qu'on lui avait accordé quarante-huit heures pour aller voir sa femme, mais qu'il n'en avait pas profité de peur de ne pouvoir être revenu à la prison à l'heure fixée, à cause de la difficulté des communications. Il est resté, par respect pour sa parole, et vous savez ce qui en est advenu.

Le soir, vers huit heures un quart, j'entendis faire un appel de noms. On appela M. Bon-

jean, Il était en bras de chemise. On lui dit :
« Descendez comme vous êtes. » Il eut le
pressentiment de ce qui allait se passer, car
Il me tendit la main en me disant : « Dites à
ma femme que je meurs avec son souvenir
dans le cœur. »

Peut-être dix minutes, un quart d'heure
après, il descendit par le chemin de ronde
avec les autres. J'aperçus par la fenêtre les
six victimes. M. Bonjean avait la main sur
le bras de l'archevêque. Quand je vis ces
martyrs, la plus haute expression de la magistrature et de la religion que des misérables
allaient assassiner...

Ferré se lève avec un geste de colère.

M. le commandant Gaveau. — Je prie M. le
président de faire asseoir Ferré.

L'accusé. — Je veux dire...

M. le président. — Pas d'interruption !

Le témoin. — Je ne crains pas les interruptions, surtout de la part d'êtres pareils... J'entendis à ce moment une voix qui disait :
« Allons, allons, ce n'est pas le moment des
discours ; les tyrans n'y mettent pas tant de
ménagements. » Ils partent. J'entends quelques minutes après un feu à volonté. C'était
fini. Je ne l'avais point vu, mais je l'avais vu
avec les yeux du cœur.

Pendant la nuit, on est venu enlever ce
qu'il y avait dans les cellules des victimes.
Dans l'acte d'accusation on me fait dire que
c'est le lendemain qu'on est venu chercher
d'autres victimes. C'est le surlendemain.

D. Ferré était-il avec le peloton d'exécution ?

R. Je ne me rappelle pas l'avoir vu.

D. Quand êtes-vous sorti ?

R. Le samedi, vers une heure. Ferré était
à la prison. Quand je l'appris, je dis : « Nous
sommes perdus. » Vers quatre heures, je vis
de la cellule de la fumée qui sortait du pavillon de l'Est.

J'avais vu des détenus descendre avec des
tranchets et des marteaux. Un gardien vint
ouvrir ma cellule, et me dit que je pouvais
sortir. Arrivé à la porte, j'ai vu un garde national à figure ignoble qui me menaça de sa
baïonnette. Je profitai du moment où il regardait des soldats de la ligne qu'on faisait
sortir de la petite Roquette pour passer derrière lui, et m'enfuis. Il m'envoya un coup de
feu, qui ne m'atteindre.

Arrivé rue de Charonne, j'ai été me réfugier chez un surveillant de Mazas, qui m'offrit l'hospitalité.

L'accusé. — Étais-je là le 27 ?

R. On me l'a dit, et ça m'a fait entrer dans
le cœur une grande crainte.

L'accusé. — Le témoin sait-il qui a armé
les détenus ?

R. Je ne sais rien de positif à cet égard.
Dès le matin, les auxiliaires nous disaient
qu'il devait y avoir révolte et incendie, et je
crus même devoir en avertir les gardiens,
mais on ne tint aucun compte de l'avis.

D. — Quand avez-vous été arrêté ?

R. — J'ai été arrêté deux fois, le jour de la
Quasimodo et le jour de l'Ascension. La seconde fois j'ai été arrêté dans la rue, en
laïque, pour avoir fait une réflexion peu
agréable sur les gardes nationaux. On m'a
conduit d'abord au poste de La Chapelle, où
on n'a pas voulu me garder, puis chez le
commissaire de police, qui m'a arrêté quand
je lui ait dit que j'étais prêtre.

M. l'abbé Perni, missionnaire aposto-
lique, à longue barbe blanche, à l'aspect
vénérable, s'avance à son tour. Seulement, il est un peu sourd et M. le président est obligé de lui répéter plusieurs
fois ses questions. L'honorable prêtre a
fait partie, lui aussi, des otages, et il raconte de la façon suivante ses longs jours
de captivité, ses douleurs et ses angoisses.

J'ai été arrêté dès les premiers jours de
mai, et emprisonné au dépôt de la préfecture sans qu'on voulût me faire connaître le
motif de cette arrestation arbitraire.

Au bout de dix jours, j'ai été transféré à
Mazas, où je suis resté jusqu'au 22 du même
mois. Dans la matinée de ce jour, on me conduisit, avec Mgr Darboy et les autres otages,
à la prison de la Roquette. J'étais inscrit le
troisième sur la liste des victimes.

Dans la rue, sur le parcours que nous dûmes
faire, une foule nombreuse nous poursuivit
de ses grossières insultes.

Depuis vingt-cinq ans que j'habite chez les
sauvages, je n'avais rien vu d'aussi horrible
que ces physionomies d'hommes et de femmes déchaînés contre nous.

A notre arrivée à la Roquette, on nous enferma dans des cellules séparées, et le lendemain on nous mit en récréation ensemble dans
le préau.

Le mercredi on nous fit rentrer dans nos
cellules de meilleure heure que la veille, et
vers quatre heures du soir, un bataillon de
fédérés envahit le couloir avec bruit. Plusieurs parlaient haut et l'un d'eux prononça
ces paroles :

— Il faut enfin en finir avec ces bandits de
Versailles.

Un de ses camarades s'empressa de lui répondre :

— Nous allons les coucher !

Je compris ce que cela voulait dire, et, m'a-
genouillant, je me recueillis pour me préparer à la mort.

Bientôt en effet, un homme ouvrit brusquement la cellule voisine de la mienne et demanda au détenu qui s'y trouvait s'il était le
citoyen Darboy.

Il répondit non, l'homme passa devant mon
guichet sans s'arrêter, on venait sans doute
de lui indiquer exactement où se trouvait
monseigneur, car j'entendis quelques instants après sa voix douce et grave répondre :
présent !

Les otages sortirent alors du couloir, en-
traînés par les soldats qui les conduisaient.

Je m'appuyai sur ma fenêtre et dix minutes après je vis le sinistre cortège passer à
quelques pas de moi. Les fédérés marchaient
sans ordre, étouffant par leur bruit les paroles de leurs victimes, cependant je reconnus
la voix de M. l'abbé Allard, qui avait soigné
les fédérés avec un dévouement chrétien. Il
exhortait ses amis à la mort.

Dix minutes plus tard, j'entendis la fusillade, je compris que tout était fini et je priai pour ceux qui n'étaient plus.

Le jeudi, rien de nouveau ; la journée se passa dans un calme profond, mais le vendredi les obus commencèrent à tomber sur le toit de la prison, et vers quatre heures et demie du soir, un brigadier, nommé Romain, vint tout joyeux nous dire, dans le corridor, que nous allions être libres !

— Répondez à l'appel de vos noms, ajouta-t-il, il nous faut quinze détenus.

Romain avait une liste à la main, et, je l'avoue, un frisson de terreur s'empara de chacun de nous.

Dix otages répondirent à l'appel. Parmi eux était un des pères de Picpus, qui demanda s'il pouvait prendre son chapeau.

— Oh ! ce n'est pas la peine, répondit Romain ; vous n'allez que jusqu'au greffe. Aucun de ces malheureux ne revint.

Le lendemain samedi, vers deux heures, nous étions réunis dans le corridor lorsque nous apprîmes que les détenus avaient été mis en liberté, et armés de marteaux et d'autres instruments des ateliers. Quelques-uns de ces hommes nous jetaient même par les fenêtres ces objets que deux des jeunes auxiliaires recueillirent. A ce moment on nous apprit que plusieurs membres de la Commune venaient d'arriver à la Roquette.

M. le président. — Ferré était parmi eux ?

R. Nous ne l'avons pas vu ; j'ignore s'il s'y trouvait.

M. le président. — Veuillez continuer, M. l'abbé.

R. On nous a fait rentrer immédiatement dans nos cellules ; nous nous attendions à être poignardés. Vers quatre heures, les portes de la prison s'ouvrirent pour les détenus qui se sauvèrent aux cris de *Vive la Commune.*

Notre gardien lui-même avait disparu, et un auxiliaire ouvrit nos cellules en nous conseillant de fuir à notre tour. Ce pouvait être un piège, mais cependant comme ce pouvait être aussi une planche de salut, nous nous décidâmes à en profiter.

Ceux qui avaient des habits civils les revêtirent à la hâte, et, je dois le dire, les gardiens furent admirables en cette circonstance ; ils prêtèrent à plusieurs de nous des vêtements, et tout le monde put s'échapper.

Quant à moi, après avoir erré une heure dans les rues voisines de la prison, ne pouvant trouver l'hospitalité nulle part, craignant d'être massacré dans la rue, je me décidai à rentrer à la Roquette.

Au moment où j'arrivai, je reconnus le secrétaire de l'archevêque de Paris, deux prêtres et deux gendarmes, qui, comme moi, n'avaient eu d'autre ressource que de regagner la prison.

En nous voyant arriver, un gardien nous dit que l'infirmerie était l'endroit où nous serions le plus en sûreté ; il nous y conduisit et nous y cacha dans des lits de malades après nous avoir revêtus de leurs habits d'hôpital.

A huit heures du soir, les fédérés qui ne savaient rien de notre fuite, vinrent redemander les ôtages ; on leur dit que nous étions partis, ils le crurent et nous échappâmes encore à ce nouveau danger.

Les ôtages de la 2e et 3e division s'étaient barricadés et ils purent résister jusqu'au lendemain, jour où ils furent délivrés par l'armée de Versailles.

Je dois ajouter que moi et mes confrères avons été parfaitement soignés à l'infirmerie dont les deux gardiens ont été pleins de dévouement.

Le dimanche matin nous avons tout à coup entendu une grande agitation, les surveillants ouvrirent brusquement les portes pour livrer passage à un officier supérieur.

C'était le colonel Desplat.

Il entre l'épée levée, et d'une voix ferme nous demande : qui crie : Vive la France !

Nous répétâmes en chœur ce cri de délivrance, et le premier mot de M. Desplat fut ensuite : Où est monseigneur de Paris ?

— Vous ignorez donc sa mort, lui répondis-je. Il a été assassiné !

Le colonel manifesta son indignation, puis il se hâta de parcourir la prison et de mettre en liberté les otages de la 3e et de la 4e division.

C'est ce jour-là enfin que je quittai définitivement la Roquette.

M. le président. — Pendant votre emprisonnement, avez-vous reçu la visite de quelque membre de la Commune ?

R. Oui, j'en vis un dont j'ignore le nom ; il me plaisanta sur mes voyages et mon séjour en Chine, mais je refusai de lui répondre.

Plus tard un autre délégué de la Commune vint encore me visiter ; on travaillait alors beaucoup à ma délivrance ; ce délégué me recommanda la patience, en me disant que d'ailleurs on était très bien à Mazas pour travailler. Il en savait quelque chose, y ayant été enfermé souvent.

Ferré. — Je voudrais que le témoin dise s'il m'a vu le 24, dans le cortége qui conduisait les otages à l'exécution.

M. le commissaire du gouvernement. — A l'assassinat !

Le président. — Vous avez vu passer ces hommes, qui étaient-ils ?

R. Des gardes nationaux avec des costumes différents.

M. le président. — Y avait-il des membres de la Commune parmi eux ?

R. Il y avait des gens en écharpe, qui semblaient les commander.

M. le président. — Vous n'avez pas pu distinguer leur figure !

R. Non, ils marchaient tous pressés les uns contre les autres et il faisait nuit. J'ai seulement reconnu M. l'abbé Allard, il donnait le bras à M. Bonjean, et en passant sous mes fenêtres, je l'ai entendu dire : « Mon Dieu ! mon Dieu ! » Puis le cortége s'éloigna et moi-même je fis quelques pas en arrière pour ne pas assister plus longtemps à cet horrible spectacle.

Le vénérable prêtre termine sa déposition par ces mots, et il cède sa place à la barre à un nommé Latour, employé de la Roquette, qui ne sait absolument rien de ce qui s'est passé à l'intérieur de la prison. Seulement, le 24, cet homme était de service au guichet, et il reconnaît dans l'accusé Ferré, le délégué qui s'est présenté ce jour à la prison.

Un de ses collègues, Pierre Cabot, surveillant de la Roquette, en a vu davantage.

Le 22, il était présent à l'arrivée des otages; ils étaient conduits par un officier fédéré qui disait : nous allons les fusiller immédiatement.

Cabot, indigné de ce propos, répondit à cet officier :

— Vous ne ferez pas ça, on ne fusille pas les gens sans jugement.

Quelques instants après il a été appelé auprès d'un délégué qu'il ne connaît pas, et qui lui a manifesté sa colère en le menaçant de lui brûler la cervelle.

Le 24 il était là lorsque le détachement de gardes nationaux qui devait exécuter les otages est arrivé; il les a suivis jusqu'à la seconde cour. Ils étaient commandés par un membre de la Commune. C'était un jeune homme, petit, très-brun, portant toute sa barbe.

Le président lui demandant s'il pourrait le reconnaître, Cabot dit qu'il ne l'a pas vu, et Ferré s'étant levé, il croit se rappeler que le membre de la Commune dont il parle était plus fort que l'accusé et portait une barbe plus longue.

Le commissaire du gouvernement fait observer à Cabot que, devant le juge d'instruction, il a déclaré reconnaître Ferré, et le gardien répond que ce jour-là sans doute ses souvenirs étaient plus présents.

Interrogé à propos de l'enlèvement des corps des victimes, Cabot rapporte que, quand il est arrivé pour procéder à ce triste travail, les corps étaient déjà dépouillés. Aidé d'un de ses camarades, il les a chargés sur une petite voiture amenée de la prison des jeunes détenus, et les a conduits au cimetière du Père-Lachaise.

Cabot a aussi été témoin de l'exécution d'un jeune soldat de la ligne fait prisonnier. Indigné des mauvais traitements qu'on faisait subir à ce malheureux avant de le conduire à la mort, il dit au lieutenant qui commandait :

— Tuez-le, mais ne le faites pas souffrir.

On ne l'écouta pas, et, après l'exécution, un fédéré revint près de Cabot et se vanta d'avoir envoyé la première balle dans la tête du soldat.

Ce témoin a entendu dire que ce jour-là Ferré était à la Roquette, mais il ne l'a pas vu. C'est encore pendant qu'il était de service qu'on a fait sortir de la Roquette 36 gendarmes et 13 prêtres, qui ont été conduits à Belleville sous prétexte de les mettre en sûreté.

On sait que ces otages ont été fusillés.

Langevin, autre employé à la Roquette, succède à Cabot; il rapporte ainsi les faits dont il a été le témoin :

Je ne pris mon service à la Roquette que le 27. Les otages étaient barricadés au deuxième et au troisième étage. Les détenus avaient été armés et mis en liberté aux cris de : Vive la Commune. Lorsque l'on tenta du mettre le feu à la troisième division, les otages se sont sauvés. J'ai entendu dire que Ferré était au greffe, mais je ne l'ai pas vu.

Le 24 mai j'étais chargé de surveiller le corridor des otages, seulement je quittai mon service à six heures.

En passant sous la voûte, je rencontrai Garot, commis-greffier, qui me dit : On va fusiller six otages. Je lui répondis, c'est malheureux! Vers huit heures j'ai entendu la détonation du peloton d'exécution. J'ai bien pensé que c'était fini. Le lendemain j'ai repris mon service, et, en descendant vers la prison, j'ai remarqué que les pavés de la rue étaient couverts de sang et de débris de cervelle.

M. le président. — Avez-vous entendu parler des cinquante francs donnés à chacun des hommes qui ont assassiné les otages.

R. Non, je ne sais rien à ce sujet, mais on m'a dit que c'était Ferré qui avait préél'ordre d'exécution.

Ferré. — Qui ça, on? Que le témoin apporcise puisqu'il est si bien renseigné.

Langevin. — C'est Picon, mon collègue.

M. le président. — Picon est assigné, vous allez l'entendre.

En effet, Picon, brigadier à la Roquette, est immédiatement appelé et il dépose en ces termes :

J'étais à la Roquette le 27, lorsque je vis entrer une forte troupe d'hommes armés. On me dit que Ferré était avec eux, et venait siéger au greffe. Je ne le vis pas, car il y entra immédiatement. Le soir même il arriva une bande de fédérés dont le commandant demanda qu'on lui livrât des otages. Je dis : Il ne faut rien donner, ni prêtres, ni gendarmes, et l'officier des insurgés qui m'entendit, me menaça de me brûler la cervelle. Ça s'est traîné comme ça un bon moment; puis, on nous a fait rentrer dans l'intérieur de la prison, et au bout d'une heure j'ai entendu qu'on mettait les détenus en liberté.

M. le président. — Comment ces détenus ont-ils fait pour sortir ?

R. C'est un surveillant qui leur a ouvert la cour de la Cordonnerie. Ils ne pouvaient sortir que de ce côté.

M. le président. — Vous ne savez qui leur a ouvert les portes ?

R. Non, mais j'ai vu un homme qui leur parlait à travers la grille, et ils se mirent à courir, à chanter et à crier : « Vive la Commune ! »

M. le président. — Langevin dit que c'est vous qui leur avez ouvert les portes ?

R. — Comment aurais-je pu le faire, puisqu'on ne peut ouvrir de l'intérieur de la prison et que j'y étais enfermé.

M. le Président. — Etiez-vous là le 24 mai.

R. — Oui, j'étais au guichet du greffe lorsque le brigadier a reçu du directeur François la liste des otages.

M. le Président. — Qui lui a donné cette liste au directeur, n'était-ce pas un membre de la Commune ?

R. — Je n'ai vu aucun membre de la Commune ce jour-là.

M. le Président. — Avez-vous entendu dire que l'accusé Ferré fût avec les gardes nationaux le 24.

R. — Non.

M. le président. — Que s'est-il passé le 25, à propos du banquier Jecker.

R. Je ne sais rien à ce sujet ; c'était Langevin qui était chef de la section, mais Romain, en sortant du greffe, m'a dit que Ferré lui avait donné par écrit l'ordre d'exécution.

M. le président. — Ainsi Ferré était ce jour-là à la Roquette.

Ferré. — Mais, monsieur le président, j'ai reconnu moi-même être à la Roquette ce jour-là ; ce qu'il faudrait, c'est que le témoin dise les paroles qu'il m'a entendu prononcer, et quelle était mon attitude.

M. le président, au témoin. — Reconnaissez-vous l'accusé ?

R. Oui, c'est lui, mais je ne l'ai pas entendu parler.

A ce témoin succède le docteur Puymoyen, attaché au service des jeunes détenus à la Roquette, et sa déposition va retracer avec une vérité saisissante les scènes horribles qui se sont passées sous ses yeux.

Le docteur Puymoyen est un homme jeune encore, d'une grande énergie et qui s'exprime en fort bons termes, sans chercher à dissimuler l'émotion qu'il éprouve à retracer tous ces crimes des défenseurs du gouvernement du 18 mars.

Je n'ai jamais vu Ferré, mais on m'a dit qu'il était venu à la Grande-Roquette lorsque l'insurrection, chassée du centre de Paris, se réfugiait où la résistance lui semblait encore possible.

A la Petite-Roquette, il y avait une cour martiale que Ferré présidait. Un matin on y amena un gendarme, et la foule tenta de pénétrer dans la prison malgré la résistance des employés. L'escorte, commandée par une femme, s'y opposait ; celle-ci cherchait à faire patienter le peuple en disant :

— Nous allons donc en manger, du gendarme.

La cour se tenait dans le greffe. Brian, le directeur fusillé, était chargé de l'instruction sommaire. Il demanda au gendarme s'il était marié. Ce malheureux répondit : « Oui, j'ai huit enfants. »

— C'est bien, lui répondit Brian ; passez !

On ouvrit une porte, et le prisonnier comparut devant ses juges. Les assesseurs de ce sinistre tribunal étaient des enfants de 17 à 18 ans.

Au bout de cinq minutes, le gendarme sortit, et on me dit : — On va le fusiller. — Ce n'est pas possible, répondis-je à Brian. Quel est ce tribunal ? qui le préside ? Je vais lui demander un sursis. Laissez-moi entrer.

— N'entrez pas, au contraire, riposta brutalement le directeur, ou vous êtes f....

Puis il ordonna de faire passer le condamné dans la cellule provisoire. Or, la cellule provisoire voulait dire : être livré à la populace. Je voulus alors tenter un dernier effort, mais un fédéré, qui m'observait, m'apostropha par ces mots :

— Ah ça, est-ce que vous êtes, vous, pour les prêtres et les gendarmes. Si c'est ça, il y a ici quelque chose pour te casser la g....

La femme qui commandait l'escorte s'était emparée de la giberne du prisonnier et cherchait si elle contenait encore des cartouches. A ce moment, un officier fédéré voulut prendre le commandement ; mais la femme lui résista, et ce qu'il y a de plus horrible, c'est que le condamné, séparé seulement de cette scène par une petite cloison à hauteur d'homme, entendait tout ce qui se passait.

Enfin, le malheureux sortit de *la cellule provisoire*.

En passant près de moi, il me jeta un regard suppliant, et me dit :

— Mais monsieur, si je sors, je vais être lapidé.

Dans l'espoir de lui être utile, je sortis avec le cortège qui l'entraînait, mais on donna brusquement un ordre, je fus repoussé le long du mur, j'entendis une décharge ; le gendarme venait d'être tué.

On l'avait conduit auprès de la maison du marbrier ; il avait voulu fuir, et on l'avait tiré comme une bête fauve. Lorsqu'il fut tombé, un officier s'approcha de lui et lui déchargea son pistolet dans l'oreille.

On amena ensuite un fantassin les mains liées derrière le dos. C'était presqu'un enfant.

D'ordinaire, lorsqu'un condamné était livré à la foule, le directeur paraissait sur le pas de la porte de la prison et jetait aux fédérés un morceau de papier qui était l'ordre d'exécution.

Mais le fantassin devait être exécuté dans la prison.

Bernard, le brigadier qui n'avait pas voulu le livrer, fut emmené avec lui. Un de ses collègues heureusement put le sauver.

On tortura ce malheureux soldat avant de le fusiller. On lui disait :

— A genoux, — lève-toi !

Et il obéissait.

Le bourreau qui s'était chargé de lui, à deux reprises différentes, lui mit un mouchoir sur les yeux et le lui ôta.

Il tomba enfin ; on jeta son corps dans la charrette d'un marchand des quatre saisons qui se trouvait là.

— Dois-je, monsieur le président, parler du massacre des quatre personnes que j'ai vu tuer sous mes yeux sur la place de la Roquette.

M. le président. — Continuez, je vous prie.

Et l'auditoire, ému de ce récit dramatique, redouble d'attention.

M. Puymoyen. — On venait d'ouvrir les portes de la Grande-Roquette, MM. Surat. Chaulieu et deux autres personnes avaient pu gagner la place du Prince-Eugène. Malheureusement ils montrèrent là quelques papiers précieux et les fédérés les arrêtèrent. Des femmes intervinrent et obtinrent qu'ils ne seraient pas exécutés sur cette place. Ils furent alors ramenés à la Petite-Roquette. La prison était évacuée. Il n'y restait plus que des militaires du 88e

Le point d'honneur avait semblé se réveiller chez ces hommes qui avaient mis la crosse en l'air, et la Commune, au lieu de les conserver comme complices, en avait fait ses prisonniers. Quelques jeunes détenus étaient, cependant, rentrés à la prison, les autres étaient armés, les plus jeunes de bidons de pétrole et les plus âgés de fusils. On plaçait ces derniers aux endroits les plus dangereux pour pouvoir dire que l'armée de Versailles tuait les enfants.

Lorsqu'il eut vu partir ses compagnons, M. Surat tenta de se sauver; on venait de fusiller ses amis. On le rattrapa, et les gardes nationaux le conduisirent le long du mur de la prison pour le mettre à mort.

A ce moment, une femme, une mégère, bouscula la foule, et se jetant sur le prêtre voulut le frapper de son poignard. M. Surat étendait le bras droit pour éloigner le coup de sa poitrine ; de l'autre il faisait le signe de la croix.

La femme poursuivait ses efforts en criant: A moi l'honneur, je veux le curé! Elle avait saisi son revolver, et malgré les prières de M. Surat, qui lui disait : Grâce, mademoiselle, grâce, la misérable lui brûla la cervelle.

Un enfant lui tira un second coup de feu dans la poitrine.

On enterra les quatre victimes au pied d'un arbre sur la place même de la Roquette, et plus tard on trouva en possession des enfants les objets enlevés aux morts.

M. le Président. — Vous ne connaissez pas l'accusé Ferré.

M. Puymoyen. — Non, je ne l'ai pas remarqué, mais on doit comprendre que pendant ces terribles scènes, j'avais la tête un peu troublée, et que, d'ailleurs, je m'occupais plutôt des victimes que des bourreaux.

Ces mots sont les derniers de la déposition du docteur Puymoyen, et François, non plus le concierge, cette fois, mais François, l'ancien directeur de la Roquette, lui succède.

Ce triste personnage que la Commune a été chercher, elle seule sait où, pour en faire un instrument aveugle, semble ne pas vouloir se rappeler beaucoup ce qui s'est passé dans la prison qu'il dirigeait, parfois de loin, à ce qu'il paraît, car il raconte tout d'abord qu'il était souvent dehors.

A l'égard de l'exécution des otages, il dit :

Le 24 au soir, un juge d'instruction me remit l'ordre de livrer six otages. Ne trouvant pas cet ordre régulier, je le renvoyai à la Commune, et bientôt un nouvel envoyé vint me dire qu'il avait le droit de choisir qui il voulait. Je lui remis le livre d'écrou, il choisit parmi les otages. Le brigadier les fit descendre, ils furent remis au peloton d'exécution.

M. le président. — Qui avait signé cet ordre?

François. — Il était signé Raoul Rigault, Ferré et un troisième nom illisible.

M. le président. — Connaissiez-vous Ferré?

R. Je ne l'ai connu que le vendredi, il n'est pas venu le jeudi.

M. le président. — Qu'a-t-on fait des vêtements des otages?

R On les a brûlés le 25.

M. le président. — Et les bijoux qu'ils possédaient?

R. Je n'y ai pas touché, je ne sais pas ce qu'ils sont devenus.

M. le commissaire du gouvernement. — François est en contradiction avec ce que les témoins ont dit.

Quelques-uns ont déclaré qu'ils avaient vu Ferré le 25 à la Roquette.

Ferré. — Vous faites confusion. C'est à la préfecture que j'ai été vu ce jour-là, et non à la Roquette.

M. le président. — Vous avez raison, c'est une erreur.

Après ces mots, l'audience est suspendue pendant vingt minutes. A la reprise, M. le président demande à Ferré si maintenant qu'il a entendu les témoins, il veut toujours garder le silence.

Ferré lui répond :

Je me renferme dans mes conclusions. Ce que les témoins ont dit ne me fixe pas à l'égard des charges de l'accusation ; pour parler, j'attendrai le réquisitoire de M. le commissaire du gouvernement.

Il est alors immédiatement passé à l'interrogatoire d'Assi, qui se lève enchanté de voir enfin arriver le moment de se mettre en scène.

A l'opposé de son collègue et ami, Assi va parler beaucoup, inutilement et longtemps; aussi, ne vais-je pas lui faire le plaisir de sténographier son vaniteux verbiage; j'ai trop de souci de mes lecteurs pour agir ainsi. Je ne vais donner qu'un extrait aussi court que possible de son interrogatoire.

Interrogé sur son affiliation à l'Internationale et à la franc-maçonnerie, Assi menace tout d'abord l'auditoire de détails à l'infini sur ces deux honorables sociétés, mais il est heureusement arrêté à temps par le président, qui le rappelle aux faits intéressant directement sa situation d'accusé.

Assi raconte alors, avec des sourires de satisfaction, comment il a été nommé lieutenant dans la guerilla de l'Île de France; puis il arrive, par de longs détours, à l'emploi de son temps le 18 mars, et il pose l'insurrection en victime du gouvernement de Versailles.

— Nous avons été attaqués, dit-il ; nous nous sommes défendus contre un nouveau Deux-Décembre, tenté en faveur d'un roi. J'ai indiqué où devaient être construites les barricades. Nous devions éviter d'être battus en détail.

Quant à l'uniforme de colonel qu'il porte si orgueilleusement, Assi reconnaît que, fait bizarre ! il ne l'a endossé qu'au moment où il ne remplissait plus les fonctions d'officier supérieur.

— J'avais, ajoute-t-il, fourni de telles preuves de dévouement et d'intelligence, que la Commune m'a donné le commandement de l'Hôtel de Ville.

Je l'ai mis en état de défense afin de n'être pas pris par derrière.

L'accusé a une façon toute particulière d'expliquer ce qui s'est passé à propos des canons de Montmartre.

— C'est un déshonneur, dit-il, pour des soldats de se laisser désarmer ; je n'ai jamais eu connaissance d'un ordre qui autorisât à enlever les canons de Montmartre; des soldats ont voulu les emmener, ils ont tiré, nous avons répondu. J'avais donné l'ordre de nous tenir seulement sur la défensive ; nous n'avons fait que répondre à une provocation.

L'interrogatoire se poursuit sur ce même ton, et à un certain moment Assi nous fait l'honneur de nous apprendre qu'il a lutté contre Raoul Rigault, qui voulait supprimer trois journaux. L'agitateur du Creusot est, lui, pour la liberté illimitée de la presse. Grand merci !

Quant à son arrestation par ses collègues de la Commune, il l'explique en rapportant qu'on a trouvé chez lui une demande d'audience à M. Ernest Picard.

Du reste il a été bientôt mis en liberté, et chargé de l'inspection des projectiles de guerre.

M. le commissaire de la République lui prouvant, à ce sujet, qu'il faisait fabriquer des obus remplis de pétrole, l'accusé répond que ce n'était qu'à titre de représailles, l'armée de Versailles se servant contre Paris de fusées incendiaires et de balles explosibles.

Cette calomnie lui attire un démenti formel qui ne le démonte pas, mais seulement le fait sourire; et lorsque M. le colonel Merlin lui demande pourquoi il a pris un secrétaire, Assi répond avec un mouvement d'orgueil impossible à rendre :

— En un seul jour j'étais vingt heures à cheval ou en voiture, je ne pouvais pas faire tout par moi-même ; j'avais 30 officiers sous mes ordres, 20 secrétaires.

Un éclat de rire de l'auditoire accueille toutes ces fanfaronnades, mais l'accusé n'en poursuit pas avec moins de forfanterie à raconter les moindres incident de son existence de chef d'insurgés, et à se donner toutes les gloires de la résistance.

Il n'y a qu'un seul point où Assi recule, comprenant sans doute que là est le danger grave ; il repousse la responsabilité du décret sur les otages, en prétendant qu'il était en prison lorsque ce décret a été rendu.

Seulement, comme une fois en liberté, il a complètement oublié de protester contre le projet d'assassinat des otages, l'accusation l'en rend responsable.

Cette discussion terminée, l'accusé, à propos de sa visite à M. Girard, le fabricant de produits chimiques, entreprend de prouver que lui, Assi, est un grand inventeur, et quand ce même M. Girard est appelé, son défenseur, M⁰ Bigot et lui se font donner par l'honorable industriel une leçon de chimie qui fait éclater de rire tout l'auditoire.

Mais Assi n'en est pas déconcerté, il a parlé pendant une heure, on s'est occupé de lui, sa sotte vanité est satisfaite.

L'audience se termine par l'audition d'un témoin détenu M. Serre, sous-lieutenant au 109° de ligne qu'Assi a honoré de son amitié; amitié chère, car cet officier n'a pas rejoint son corps et passera bientôt à son tour devant un conseil de guerre.

Au moment où l'audience est levée et renvoyée à demain à midi, j'apprends que M. Henri Rochefort est au nombre des témoins qui seront entendus demain. *Great attraction !*

Audience du 10 août 1871.

Ce matin, même avant l'ouverture de l'audience, l'atmosphère de la salle du 3° conseil de guerre paraît chargée d'orage. D'abord l'auditoire est plus nombreux. Il est surtout composé de dames, ce public impressionnable par excellence, et de plus, quelques avocats des accusés, groupés sur l'estrade, semblent fomenter quelque jolie petite conspiration contre la presse. Leurs clients déteindraient-ils sur eux ?

Quoi qu'il en soit, ces messieurs se plaignent fort de l'attitude des journalistes vis-à-vis des accusés et de leurs défenseurs. Peut-être pensent-ils que nous devons nous gêner beaucoup pour qualifier les chefs de l'insurrection ainsi qu'ils le méritent.

Libre à certains d'entre eux de faire des Ferré, des Assi et des Urbain, des martyrs et même des amis! J'avoue que pour moi ces accusés ne sont et ne peuvent être que des criminels vulgaires, plus odieux que la plupart de ceux que j'ai rencontrés, et d'autant moins dignes de cette pitié qu'on a malgré soi pour l'homme que menacent certains articles du code pénal, qu'ils se font un piédestal de leurs infamies.

Ainsi que mes confrères, j'attends donc sans la moindre inquiétude l'interpellation terrible dont nous devons être l'objet. Tant que nous n'aurons affaire qu'à ces foudres d'éloquence déchaînés contre nous, le danger ne sera pas sérieux.

A midi et quelques minutes, l'arrivée des membres du 3ᵉ conseil dissipe momentanément l'orage menaçant, les défenseurs gagnent leurs places, les accusés sont introduits, et l'audience à peine ouverte, Mᵉ Bigot, tout naturellement, prend le premier la parole.

Mᵉ Bigot. — Je viens faire une observation qui m'est imposée par les devoirs de la défense. Nous sommes en butte à bien des attaques, des menaces et des calomnies. Mais la presse n'a pas le droit d'imprimer le contraire de ce qui se passe à l'audience. Je fais appel à la justice et à la loyauté même des journalistes. Or, M. El Cadi du *Gaulois* a imprimé le contraire de ce qui s'est passé hier, à propos de la déposition du témoin Girard, fabricant de produits chimiques. M. Girard a dit qu'on lui avait commandé 300 grammes de sulfure de carbone. M. El Cadi du *Gaulois* exprime qu'on en a commandé 300 kilos.

A propos du témoin Serres, le même journaliste dit qu'il était à la rue des Rosiers lors de l'assassinat du général Lecomte, M. El Cadi n'a pas dit la vérité, il n'a pas le temps d'être vrai, il écrit pour trop de journaux.

M. le président. — Cela ne regarde pas le Conseil.

Mᵉ Bigot. — Je ne nomme personne, mais cet écrivain devrait se rappeler que dans le pays des cadis on bat sur la plante des pieds l'homme qui a menti.

M. le président. — Nous allons continuer l'audition des témoins pour l'affaire Assi. En attendant, je demanderai au rédacteur du *Gaulois* de faire la rectification qui vient d'être demandée.

L'accusé Régère. — Je voudrais signaler aussi au conseil un article du *Figaro* qui prétend que j'essayais mon revolver sur les otages.

Or, on sait bien que pas un témoin n'est venu déposer d'une chose pareille. Je peux même dire, sans accuser mes amis de la Commune, que je suis le seul, peut-être, d'entre nous, à qui on ne peut pas attribuer des actes de cruautés pareilles.

M. le commandant Gaveau. — Tout cela ne nous regarde pas.

L'accusé Régère. — On veut exercer une pression sur l'opinion publique.

M. le président. — Peu importe ce que disent les journaux. Je ne peux que leur recommander d'être exact dans leur compte-rendu.

On entend le témoin Pellaud, conseiller général de la Nièvre. Il dépose :

— Quand j'ai appris l'arrestation d'Assi, j'ai cru devoir venir déclarer, que, dans ma conviction, l'ouvrier Assi n'est pas un assassin, n'est pas un incendiaire, n'est pas un voleur. Je l'ai écrit à M. le président de ce conseil, et je suis cité pour affirmer ma conviction.

Dans l'affaire du Creuzot, Assi s'est conduit avec loyauté. Il combattait M. Schneider qu'il qualifiait dans une lettre de tyran de Syracuse, mais toutes les lettres que j'ai reçues de lui prouvent qu'il ne cherchait qu'à former une association de travailleurs contre le chômage.

Ses idées n'étaient que l'application des principes contenus dans le bel et bon livre de M. le comte de Paris sur les travailleurs. Je me suis mis en communication avec Assi, et tandis que j'étais partisan des grèves, Assi combattait ces idées.

M. le président. — Tout ceci n'a rien de commun avec les crimes qu'on reproche à l'accusé. Nous n'avons pas à examiner ses opinions ni votre opinion sur ces opinions.

Mᵉ Bigot. — Assi ne connaissait pas le témoin qui est venu spontanément déposer. Il était cité comme témoin à charge.

Le témoin. — Je ne suis ni à charge ni à décharge ; je viens simplement pour dire la vérité.

Mᵉ Bigot. — Le ministre de l'intérieur a communiqué au président du tribunal une note sur Assi. Dans cette note, on dit qu'un officier prussien aurait affirmé que M. de Bismarck donnait 25,000 fr. à Assi pour fomenter des grèves.

Je demande que M. le président fasse citer l'auteur de cette note. Je demande aussi qu'on fasse parvenir par la voie diplomatique mes observations à M. de Bismarck. Il faut en finir avec les accusations d'être des agents prussiens. Eh ! on l'a dit de bien d'autres, on l'a dit de M. Thiers ! N'avez-vous pas entendu M. Dufaure...

M. le commandant Gaveau. — Respectez le ministre de la justice.

Mᵉ Bigot. — Je le respecte, mais je puis en parler. Je puis, par exemple, demander qui a fait ce rapport que le commissaire de la République a lu au début du procès, rapport qui n'est pas de lui et qui n'est pas non plus de M. Grimal.

M. le commandant Gaveau. — J'en ai accepté la responsabilité.

Mᵉ Bigot. — Il y a des responsabilités qu'on n'accepte pas!

M. le commandant Gaveau. — Je n'ai pas de leçon à recevoir de vous, et si je devais en demander, c'est à vous moins qu'à tout autre.

M. le président. — J'engage les avocats à rester dans la modération.

Mᵉ Lachaud. — Mon Dieu, monsieur le président, nous devrions tous, nous voudrions tous être modérés, mais la discussion a ses entraînements. J'espère que la défense saura s'en défendre, et que nous pourrons tous imiter le bel exemple de calme et d'impartialité que vous nous donnez, et auquel nous sommes heureux de pouvoir rendre hommage.

M. le commandant Gaveau. — Voilà d'excellentes paroles. Je ne demande que cela et je ne veux pas admettre qu'on ait l'air de suspecter ma loyauté.

Me Lachaud. — Qui pourrait, qui oserait élever une pareille suspicion à l'égard d'un officier comme vous.

M. le commandant Gaveau. — Je demande qu'on ne se permette pas de dire ici des choses qu'on n'oserait pas me dire dans la rue.

On introduit ensuite le témoin Louis-Alexis Fossé, employé de commerce, qui fut aide de camp d'Assi sous la Commune. Il est détenu, mais, comme il n'est pas encore condamné, il prête serment et dit :

J'étais aide de camp d'Assi et je l'aidais dans ses travaux pour l'organisation du service des munitions. Nous fabriquions des gargousses et des cartouches de chassepot. Nous n'avons pas fabriqué d'obus à pétrole. Nous en avions, j'en ai même fait livrer, mais nous n'en avons pas fabriqué.

D Quelle était votre position dans la garde fédérée?

R. J'étais capitaine de la garde nationale e je commandais la caserne Lobau. Je n'étais pas là quand on a tué le capitaine Combes. Je ne suis venu que le lendemain, et c'est moi qui ait fait arrêter l'auteur de ce meurtre, le nommé Adamcourt. J'ai été arrêté en même temps que Assi; on nous a arrêtés à la poudrière Beethoven.

Assi. — Le témoin n'avait qu'à porter des ordres et à m'accompagner où j'allais, mais il ne prenait aucune part à la fabrication des munitions.

Me Bigot. — Le témoin pourrait vous dire qu'il aurait pu se sauver s'il avait voulu, quand on a arrêté Assi; mais fils de colonel, ancien militaire, il n'a pas voulu quitter son chef et s'est laissé prendre avec lui.

Le témoin suivant est Regnaud, sous-brigadier au dépôt de la Préfecture. Il dépose :

Le 31 mars, dans le dépôt, j'ai vu Adamcourt qui m'a dit qu'il avait été arrêté pour avoir fait fusiller un capitaine et un lieutenant. Je lui ai dit que c'était grave. Il m'a raconté alors que la chose était arrivée parce que le capitaine Combes ne voulait pas donner ses chevaux pour l'usage d'Assi. Assi lui avait dit : « Allez demander les chevaux et si on les refuse après trois sommations, vous les ferez fusiller. » J'ai trouvé cela invraisemblable, mais d'autres témoins ont garanti le fait.

Me Bigot. — Je ferai remarquer que le témoin ne fait que répéter ce que lui a dit Adamcourt, le meurtrier. Je prierai le conseil d'entendre à ce sujet la dame Charvet, qui a

vu l'ordre de fusiller le capitaine Combes et le lieutenant Serres.

On appelle ce témoin, qui déclare se nommer Julie-Antoinette Ducoux, femme Charvet, être âgée de vingt-huit ans, et exercer la profession de cantinière de la garde républicaine. Ce témoin est en grand deuil.

D. Que savez-vous de l'assassinat du capitaine Combes?

R. L'assassin, après la mort du capitaine Combes, est venu chez moi en me menaçant de mort si je ne lui livrais pas le lieutenant Serres. Il avait un ordre sur lequel on lisait : « Si, après trois sommations, ils résistent, faites feu. » Cet ordre était signé « Lullier. » Je l'ai eu en main.

Me Bigot. — C'est vrai. Il a montré un ordre de Lullier, mais c'était un faux ordre. Dans tous les cas, l'ordre n'était pas signé par Assi.

Le témoin. — C'est moi qui ait fait arrêter Adamcourt par le capitaine Fossé, en lui disant :

« Débarrassez-nous de cet homme. »

On l'a fait déchausser et on a trouvé dans ses bottes 24.000 francs en bons des finances, et quelques jours après M. Fossé m'a dit que M. Assi avait fait mettre Adamcourt à Mazas, dans la cellule 27.

D. Vous avez vu Assi à la caserne Lobau?

R. Oui, et il m'a protégée, car il savait très bien que j'étais une ancienne cantinière de gendarme, et, sur ma recommandation, a fait sortir de Saint-Lazare une femme de gendarme qui était en prison avec son enfant.

Assi. — Ce n'était pas la femme d'un gendarme, car si son mari avait été gendarme, je me serais bien gardé de me mettre en opposition avec le décret de la Commune qui ordonnait que les gendarmes seraient pris comme otages.

Ch. Lullier. — Je dois déclarer que jamais je n'ai signé cet ordre de fusiller le capitaine Combes. D'ailleurs, le 22 mars, j'étais arrêté à six heures du matin, je ne pouvais donc pas donner des ordres le soir.

On introduit M. Ernest Picard, ancien ministre de l'intérieur, avocat à Paris. Son entrée cause tout naturellement un grand mouvement de curiosité, et M. le président lui fait présenter un fauteuil.

M. Picard se contente de s'en servir pour s'appuyer, et à la demande du président : Que savez-vous de l'affaire? il répond : Absolument rien.

Cela jette un froid de déception, mais Me Bigot, qui veut en faire dire davantage à l'ancien ministre, se lève et dit :

Le jour de son arrestation, Assi a été amené devant M. Picard à Versailles. M. Picard lui a dit : « Vous êtes un agent prussien. » Cela est assez visible.

M. le président. — Pourquoi dites-vous ce mot-là?

Me Bigot. — M. Picard a dit à Assi qu'il avait lu une lettre où on disait qu'Assi était un agent prussien. Nous voudrions avoir cette lettre.

L'accusé Assi. — Quand j'ai été arrêté et amené à Versailles, on m'a conduit dans un bureau sur la porte duquel était écrit le mot : « Justice. » Il y avait là M. Picard, deux secrétaires, et autour d'eux, un certain nombre de gendarmes.

J'ai été surpris. Je ne croyais pas que l'instruction de mon procès dût se faire par M. le ministre de l'intérieur. C'est là qu'il m'a dit que j'étais un agent prussien. Je voudrais bien avoir à ce sujet des explications, car il est certaines accusations dont je tiens à me justifier ici devant mes amis politiques bien plutôt que devant le conseil.

M. Picard. — Quand j'ai appris qu'Assi était arrêté, comme je savais qu'il était chargé des poudres à Paris, et qu'on accusait la Commune de vouloir faire sauter Paris, j'avais espéré, en lui parlant, obtenir de lui l'expression de quelque bon sentiment qui pût nous aider à conjurer un pareil désastre. N'ayant pu tirer de lui aucune parole satisfaisante, je me suis retiré.

Quant à la lettre où on accusait Assi d'être un agent prussien, c'est une lettre qui m'a été remise quand j'étais ministre de l'intérieur.

D. N'est-ce pas la lettre dont il a été question au début de l'audience ?

R. Oui.

D. Assi vous a-t-il dit qu'il ne dénoncerait jamais les projets de la Commune ?

R. Il m'a dit que les mines n'étaient pas dans ses attributions.

D. Vous avez un jour reçu une députation d'officiers de la garde nationale. Assi en faisait partie. Que s'est-il passé entre vous ?

R. Assi faisait partie d'un groupe d'officiers qui venaient nous demander de faire avoir la solde à la garde nationale pendant le mois d'avril. Nous n'avons eu aucun entretien particulier.

D. Et avant ?

R. Lors de l'affaire du Creusot, il est venu me demander une consultation sur un point de droit relatif à la loi sur les grèves et les coalitions.

M. le président. — L'affaire du Creusot n'est pas en cause ici.

Me Bigot. — Le rapport en parle et il fait même à ce sujet une grave erreur en disant qu'il était délégué par son atelier. C'est une erreur matérielle.

D. Dans l'entretien qui a eu lieu au ministère de l'intérieur, n'a-t-il pas été question des canons ?

L'accusé. — Naturellement, nous avons parlé des canons. Je lui avais dit que la garde nationale se plaignait du service fatigant et inutile qu'on lui faisait faire. Je lui ai dit : « La garde nationale croit qu'on veut arriver à la lasser pour lui faire rendre ses armes. » Sur ce, M. Picard m'a parlé des canons et m'a dit que, dans sa pensée, ils appartenaient à l'Etat. Je lui ai dit que non, qu'ils avaient été achetés par la garde nationale, et qu'ils étaient sa propriété.

C'est dans cette conversation que M. Ernest Picard m'a promis de faire donner un demi-mois de solde à la garde nationale.

J'ai tenu beaucoup à faire expliquer ici ce qui s'est passé entre M. Picard et moi, parce que j'ai été arrêté quand j'étais membre de la Commune, parce qu'on avait trouvé chez moi cette lettre d'audience chez M. Picard. On m'a accusé à ce propos d'intelligences avec Versailles. Je tiens à ce que mes amis sachent qu'il n'en était rien.

Me Bigot. — N'y a-t-il pas eu des arrangements pris entre le ministre et Me Lafond ?

R. Aucun. Le gouvernement a appelé les maires de Paris pour les a jurer d'user de leur influence pour faire rendre les canons. Il avait compté sur leur patriotisme. Vous savez ce qui s'est passé.

D. Qu'est-ce que M. Lafond ?

R. M. Lafond était un rédacteur du Temps, qui était adjoint au maire de Montmartre.

Me Bigot lit la déposition faite par M. Lafond et qui donne le récit de la façon dont les membres du Comité central ont enlevé les canons de Montmartre. On avait pris les canons pour empêcher qu'ils ne tombassent entre les mains des Prussiens. Il est dit dans la déposition de M. Lafond, que le ministre de l'intérieur lui avait promis de ne rien faire sans son assentiment. Mais pendant qu'on cherchait à amener la restitution des canons par les voies de la conciliation, le décret qui supprimait six journaux radicaux et les condamnations à mort prononcées par les conseils de guerre à propos des événements du 31 octobre, vinrent exaspérer la garde nationale. Quand on sut ensuite qu'on avait envoyé des chevaux de trait pour s'emparer des canons, l'émotion fut à son comble et l'explosion eut lieu. M. Lafond accuse dans sa déposition le gouvernement d'avoir voulu faire un coup de surprise.

M. Picard. — Si j'avais eu la faiblesse de compter sur M. Lafond, j'aurais eu grand tort, puisque, le lendemain du jour dont il s'agit, M. Lafond quittait Paris. Du reste, le gouvernement savait parfaitement qu'il avait affaire à des éléments étrangers qui poussaient le pays vers une terrible conspiration. On savait ce qui se tramait au Comité central. Les affaires de la garde nationale n'étaient qu'un incident, et l'affaire des canons qu'un prétexte pour faire éclater la conspiration. Je répète que le ministre de l'intérieur n'a jamais pris d'engagement avec M. Lafond.

Me Laviolette. — N'est-il pas à la connaissance de M. le ministre que la garde nationale croyait de bonne foi que les canons lui appartenaient ?

R. Je ne dis pas la garde nationale en général, mais j'ai entendu soutenir cette thèse par des gardes nationaux et je l'ai toujours combattue.

Le témoin à entendre ensuite est M. Rochefort. Il ne répond pas à l'appel de son nom.

Me Bigot. — Je sais que M. Rochefort a écrit une lettre dans laquelle il disait qu'en l'appelant ici, nous ne voulions faire qu'une exhibition. C'est une erreur. Nous voulions demander à M. Rochefort s'il n'est pas vrai que, le 2 avril, il a reçu la visite de M. Charles Assi, qui lui a demandé de raconter, dans le *Mot d'ordre*, les circonstances de l'arrestation de son frère,

La même chose pour Rossel, à qui nous voulions demander si, pendant son passage au ministère de la guerre, il a eu connaissance qu'on y fabriquait des engins prohibés par les lois de la guerre. C'est un fait dont nous sommes accusés.

Puisque ces deux témoins refusent de venir, je demanderai à M. le président la permission de leur demander, à ce sujet, des déclarations par écrit.

Georges Cavalié, 29 ans, ingénieur. — Ce témoin est détenu.

Assi. — Je voudrais qu'on demandât au témoin s'il n'est pas vrai qu'il a reçu de moi l'ordre de mettre en sûreté les poudres qui auraient pu être atteintes par le bombardement et occasionner des malheurs.

Le témoin. — C'est parfaitement vrai. A plusieurs reprises, j'ai entendu M. Assi se préoccuper des moyens de débarrasser les poudrières pour éviter les accidents du bombardement.

D. N'a-t-il pas fait évacuer surtout la poudrière Beethoven?

R. Il m'a donné des ordres pour avoir trente voitures avec lesquelles je devais transporter les poudres le lundi 22 mai; mais il était trop tard.

La demoiselle Relevé, qui était employée à la cantine de la caserne Lobau avec la dame Charvet, confirme les renseignements favorables donnés par le témoin sur les façons d'agir d'Assi avec elle. Assi s'est opposé à un certain moment au pillage de la caserne, et quand il venait à la caserne on suspendait le pillage pour le recommencer immédiatement après.

Assi. — Quand j'ai appris que des vols avaient été commis dans la caserne, c'est moi qui ai signé l'ordre d'en laisser les habitants emporter tous les effets qui leur appartenaient, pour empêcher le pillage.

M. Henri de Pène, qui devait être entendu ensuite, a envoyé un certificat de médecin constatant qu'il lui est impossible de se rendre à l'audience.

Me Bigot. — Nous voulions demander à M. de Pène s'il est vrai, comme on l'a dit, que c'est Assi qui lui fournissait les comptes rendus des séances de la Commune pour son journal. Vous comprenez que cela est important pour nous.

M. le président. — Nous n'avons pas à nous occuper de ce qui se dit dans les journaux.

M. le commandant Gaveau. — Je ne ferai aucun usage de ce qui a paru dans les journaux.

Me Bigot. — On a dit aussi qu'Assi avait

présidé le conseil qui a fait assassiner les généraux, rue des Rosiers.

M. le président. — Cela ne nous regarde pas.

Le témoin Gauthier, journalier, qui vient ensuite, déclare qu'il doit avoir été cité par erreur; il ne connaît pas Assi.

D. Vous avez été arrêté avec Assi?
R. Non.
D. Vous étiez lieutenant dans la garde fédérée?
R. J'étais capitaine. (Rires.)

Le témoin, cité par erreur, est reconduit à la prison où il est détenu pour participation aux faits de la Commune.

La défense renonce à l'audition du témoin de Beaulieu qui est détenu à Belle-Isle-en-Mer.

Georges Villiers, trente-sept ans, employé de commerce, est cité parce qu'il a accompagné Assi dans sa visite chez M. le ministre de l'intérieur.

Assi déclare renoncer à son audition.

Pierre Sourd, ouvrier vernisseur, ancien soldat du 93e de ligne.

D. Vous vous trouviez à Paris, le 18 mars, en soldat isolé?
R. J'étais à la caserne Lobau.
D. Vous étiez encore soldat?
R. Non, j'étais libéré.
D. Que savez-vous?
R. Rien du tout.

Assi. — Il y avait à la caserne Lobau trois soldats que nous avons nourris. Nous ne les avons ni armés, ni forcés de marcher. Ceci pour répondre à l'accusation d'embauchage.

M. le commandant Gaveau. — Vous n'êtes pas accusé d'avoir embauché le témoin.

M. le président fait présenter à l'accusé Assi les pièces de conviction.

Assi. — Je reconnais le couteau-poignard, le révolver, la gaîne, l'écharpe de franc-maçon et la médaille. Seulement l'écrin de la médaille n'est pas à moi.

D. Le révolver était-il chargé?
R. Oui, et je ne sais pas qui l'a déchargé. J'en avais un autre d'un système qui se rapproche de celui du prince Pierre Bonaparte.

La liste des témoins à décharge se trouve épuisée. M. Clermont-Tonnerre est en mission à l'étranger. Parmi les témoins indiqués, la défense fait figurer « une cantinière de la 3e compagnie du 192e bataillon, » qu'il a été impossible de retrouver.

On n'a pas retrouvé non plus un témoin du nom de Beugnot.

Me Bigot. — Mais c'est un capitaine de l'armée, l'aide de camp du général Lecomte; je m'étonne qu'on ne l'ait pas trouvé, il suffirait d'écrire au ministère de la guerre.

M. le commandant Gaveau. — Vous ne nous avez pas qu'il était officier.

Le témoin se trouve à l'audience et se présente à la barre.

M. Arthur Beugnot, 34 ans, capitaine à l'armée de Paris.

Je n'étais pas aide de camp du général Lecomte, mais du général Le Flô, ministre de la guerre.

J'avais été chargé, le 18 mars, d'aller voir comment marchait la reprise des canons.

J'ai été pris avec le général Lecomte et j'ai raconté dans les journaux ce qui s'est passé.

Je ne connais pas Assi et je ne l'ai pas vu à cette occasion.

J'ai vu M. Clémenceau qui est arrivé tout effaré en disant : « Comment! le crime est déjà commis? »

J'ai été mis en liberté quelques heures après sur l'ordre d'un M. Jaclard.

Assi. — C'est moi qui ai fait mettre cet officier en liberté. Je n'ai pas fait assigner de témoins à décharge pour ne pas compromettre mes amis politiques. J'habitais rue de Clignancourt, et c'est dans mon domicile que cet officier a été amené.

Le témoin. — Je n'ai jamais vu l'accusé qui vient de parler.

Ferré. — Le témoin n'a pas pu être mis en liberté sans être interrogé par moi.

M. le président. — Que voulez-vous prouver par là? que vous usurpiez déjà des fonctions publiques?

Ferré. — Non; je veux prouver que nous n'exécutions pas les officiers qui n'avaient pas voulu marcher avec nous.

D. Avez-vous été jugé par une sorte de conseil de guerre?

R. Pendant toute la journée, on nous a parlé d'un comité qui devait nous juger. C'est pour cela qu'on nous a fait aller de la rue de Clignancourt à la rue des Rosiers; mais je ne l'ai pas vu.

Billioray. — C'était le comité de vigilance du dix-huitième arrondissement. Il y en avait un certain nombre comme cela dans Paris.

D. Qui a tué les généraux Lecomte et Clément Thomas!

R. Je n'ai pu voir de l'endroit où nous étions ce qui se passait dans le jardin. Nous avons entendu les coups de feu, voilà tout.

Mᵉ Bigot. — Le témoin, dans un récit qu'il a publié, dit que ce sont les soldats du 88ᵉ de ligne qui ont fusillé le général Lecomte.

Le témoin. — On me l'avait dit, mais je ne l'ai pas vu.

Mᵉ Laviolette. — Nous tenons à constater que c'est le Comité de vigilance qui a fait exécuter les deux généraux.

Le conseil accepte ou n'accepte pas cette constatation, mais, ce qui nous intéresse tous bien davantage, l'honorable colonel Merlin annonce que l'audience est suspendue pendant un quart d'heure.

L'audience est reprise à trois heures un quart, et Mᵉ Bigot s'empresse de reprendre la parole pour demander au président d'entendre de nouveau madame Charvet. Elle l'a fait prévenir qu'elle avait encore quelque chose à dire en faveur d'Assi, qui lui a sauvé la vie.

M. le président autorise le retour de la cantinière à la barre et celle-ci complète ainsi sa précédente déposition :

J'ai été arrêtée *militairement*, M. Pindy m'a interrogée, et M. Fossé est arrivé pendant ce temps-là. Je ne sais ce qu'il a dit, mais toujours est-il que, grâce à M. Assi, j'ai été sauvée. Du moins, je pense qu'il avait donné des ordres à M. Fossé, son aide de camp.

Le jour de l'enterrement du capitaine de chasseurs, j'ai rencontré M. Fossé qui en revenait. Madame Combes était avec lui, et ils se rendirent ensemble chez Assi. Celui-ci les reçut immédiatement, et lui donna mille francs comme il devait donner quelques jours plus tard 500 francs au sous-lieutenant Serre.

Mᵉ Bigot. — Ce n'était pas Assi qui donnait cet argent : les 1,000 francs de la veuve Combes, et les 500 de M. Serre ont été donnés par ordre du Comité central.

Un autre témoin, entendu dans l'audience d'hier, ayant demandé, lui aussi, à compléter sa déposition précédente, M. le président donne ordre de l'introduire.

C'est l'honorable M. Chevriau, directeur du lycée de Vanvres. Il s'exprime en ces termes :

J'ai lu, avec un grand étonnement, dans les comptes-rendus de certains journaux, que quelques accusés avaient adressé aux témoins les épithètes de calomniateurs. Pour ma part, je crois qu'il est de ma dignité de protester énergiquement, et cette protestation m'amène à rappeler un fait que j'ai passé sous silence dans une première déposition.

Lorsque j'ai été transféré de Mazas à la Roquette, le 23 mai, j'ai trouvé dans cette prison le fils d'un de nos bons amis, le jeune Seigneuret, élève de Saint-Sulpice. Ce jeune homme m'a raconté, qu'expulsé comme tous ses camarades, il était allé, naïvement revêtu de son costume ecclésiastique, à la préfecture de police pour demander un passeport. Là, le pauvre garçon est tombé au milieu d'un poste de fédérés ivres qui, au lieu de lui donner un passeport, l'ont arrêté et conduit à la conciergerie; puis, de cette prison, à Mazas.

Le 22 au soir, ce jeune homme, cet enfant je devrais dire, a quitté Mazas, en compagnie de Mgr l'archevêque de Paris, et a été transféré à la Roquette. Enfin, ce malheureux enfant a été compris dans le cortège des 54 otages qui ont été menés à Belleville et égorgés.

Il était de mon devoir de citer ce fait et c'est aux accusés maintenant de juger si, individuellement ou collectivement, ils sont responsables de cet assassinat. C'est à leurs défenseurs de ranger mon récit au nombre des calomnies et des mensonges, et de dire que, moi, je suis un calomniateur.

En disant ces derniers mots, M. Chevriau fixe avec fermeté les membres de la Commune, un seul ose se lever pour protester.

C'est Régère qui s'écrie :

— Je repousse absolument toute solidarité.

Et Me Bigot, qui ne veut pas perdre l'occasion de parler, d'ajouter.

— Ce qui vient d'être dit n'apporte aucun renseignement nouveau sur l'affaire de mon client.

M. le président Merlin, sans répondre à cette inutile sortie, car il lui semble intéressant, au contraire, de connaître les moindres actes des représentants de la Commune, demande à Assi s'il a quelque chose à dire à propos des dépositions des témoins qui viennent d'être entendus, et sur sa réponse négative, il lui rappelle dans l'ordre où elles sont retracées dans l'acte d'accusation, les charges relevées contre lui.

Avec cette fanfaronnade dont il s'est fait un devoir, Assi reconnaît les deux premiers chefs de l'accusation. Il s'est défendu, dit-il, parce qu'il a été attaqué, et il se fait gloire d'avoir donné tous ses soins à la surveillance des munitions de guerre.

Il repousse cependant l'accusation d'avoir créé un corps armé, en prétendant que le décret autorisant les surveillants de poudrière dont il est question, n'a paru à l'Officiel qu'après son arrestation, et, quant à la création des corps indépendants de la garde nationale, il l'explique par l'insuffisance des habillements qui a forcé la Commune à revêtir ses défenseurs de tous les uniformes trouvés dans les magasins et de tous les costumes.

A l'égard de sa complicité dans les incendies, il la repousse tout à fait et n'accepte qu'en partie la responsabilité qui pèse sur lui à propos de la démolition de la colonne Vendôme et de la maison de M. Thiers.

Il affirme qu'il n'a voté que pour le premier de ces actes stupides de la Commune.

Il repousse aussi l'accusation de s'être immiscé dans des fonctions publiques et d'avoir revêtu ce fameux uniforme de colonel dont il est si fier, tout simplement en disant que la garde nationale ayant le droit de choisir ses officiers et l'ayant nommé colonel, il porte légalement les insignes de ce grade.

Assi ne veut pas non plus être considéré comme complice des assassinats des généraux Clément Thomas et Lecomte, et cela lui donne l'occasion de se glorifier une fois de plus du rôle important qu'il a joué le 18 mars.

— En parcourant les ordres innombrables que j'ai signés ce jour-là, répond-il à l'honorable président, il vous sera facile de reconnaître que je ne suis pas allé à Montmartre le 18.

Quant à sa complicité dans l'assassinat des ôtages, Assi s'en défend toujours, en rappelant qu'il était en prison lorsque le décret sur les ôtages a été rendu; et M. le président, lui parlant encore de ce document concernant les ôtages, et au bas duquel figure son nom, l'accusé maintient ce qu'il a déjà dit dans son interrogatoire: que d'abord il ne reconnaît pas positivement sa signature, et ensuite que, si cette signature est réellement la sienne, il ne comprend pas qu'elle se trouve au verso de cette pièce. Son habitude était de siguer au bas même des actes qu'il approuvait et non pas au dos.

A propos des arrestations arbitraires dont il est accusé, Assi prétend au contraire qu'il a fait mettre en liberté une foule de gens dont il ignore les noms. Il se souvient par exemple d'avoir rendu ce service à un gendarme qui avait été arrêté sous le soupçon d'avoir tenté d'emmener des soldats à Versailles. Cet homme lui dit qu'il avait été gendarme, il est vrai, mais qu'il était maintenant domestique, et il l'a délivré en lui faisant remettre les 3,000 fr. et les titres qu'il avait sur lui au moment de son arrestation.

Ce récit motive cette réflexion du colonel Merlin :

— Vous rejetez toujours la responsabilité commune et vous vous empressez de citer des faits personnels pour votre défense.

Assi ne veut pas non plus être accusé de fabrication d'armes, il ne s'est occupé que des munitions et de leur expédition, qu'il était de son devoir de soigner.

Cette énumération terminée, Me Bigot reprend la parole pour prononcer ces mots, dont il espère sans doute un grand effet:

— La complicité existe en droit criminel, mais non pas la solidarité. Or, Assi était prisonnier lorsque le décret sur les otages a été rendu, et il était de nouveau prisonnier lorsqu'il a été exécuté, si toutefois il l'a été.

Cette restriction à l'honneur de la Commune est accueillie par l'auditoire d'une façon tout inattendue pour le zélé défenseur de l'accusé. Elle excite des murmures de désapprobation que le président est obligé de réprimer.

Bientôt, nous allons voir la foule s'indigner plus vivement encore, et oublier même, dans son mépris pour les arguments et la tenue de certains accusés, le calme qu'il est de son devoir de conserver devant la justice.

Le silence obtenu, il est passé à l'interrogatoire d'Urbain dans la forme suivante :

M. le président. — Vous avez fait partie d'un comité de vigilance, puis vous êtes devenu, au mois de mars, membre de la Commune?

R. Oui, j'ai été délégué par le septième arrondissement.

M. le président. — Vous vous êtes installé à la mairie de cet arrondissement avec votre fils et votre maîtresse, la femme Leroy?

R. C'est plus tard, pendant la Commune. Je ne me suis occupé d'abord que des élections.

M. le président. — Enfin, vous vous êtes logé, de votre propre autorité, à la mairie?

R. J'y ai pris un domicile qui était vacant.

Mᵉ André Rousselle, défenseur d'Urbain. — M. Hortus, mort malheureusement, a conservé ses fonctions jusqu'au 30 mars, et un procès verbal prouve que les délégués ne voulaient remplir qu'une mission électorale. Les événements ont changé leurs intentions.

M. le président. — Vous avez fait faire de nombreuses perquisitions et des arrestations arbitraires.

Urbain. — Je le nie absolument.

M. le président. — Vous en avez fait faire par votre commissaire de police Andrès.

Urbain. — Une seule, chez M. Landau.

M. le président. — Parlons de celle-là d'abord. L'ordre signé de vous porte, en guise de recommandation : « Brûlez la cervelle aux récalcitrants. »

Mᵉ André Rousselle. — Une arrestation a été faite en l'absence d'Urbain et sans son assentiment, c'est celle de M. Landau, et une perquisition était nécessaire dans le domicile de ce monsieur, en raison du motif même qui avait causé son arrestation. Quant à cette note, elle n'était au bas de cet ordre que comme moyen d'intimidation.

M. le président. — Je vais vous donner lecture de cet ordre.

Au nom de la Commune, le membre délégué au 7ᵉ arrondissement arrête :

Le nommé Andrès procédera à toutes les arrestations nécessaires à la sûreté publique. Le délégué jugera de l'opportunité de ces arrestations.

En cas de résistance, le citoyen Andrès est autorisé à brûler la cervelle aux récalcitrants.

Signé : URBAIN.

Mᵉ André Rousselle. — Continuez la lecture, M. le président.

M. le président. — Je lis en marge : Ces pouvoirs ne sont valables que pendant 48 heures.

L'air de victoire que prennent Urbain et son défenseur à la lecture de cette note, soulève l'indignation de l'auditoire qui éclate en murmures de mépris, et il s'en suit un trouble que M. le colonel Merlin arrive difficilement à réprimer. Mᵉ André Rousselle, s'écrie :

— Respect aux accusés.

Et Urbain s'assied pâle et tremblant en disant :

— Je ne me défendrai pas.

M. le colonel Merlin est obligé, pour mettre fin à cette scène regrettable, de menacer le public de faire évacuer la salle, et le calme se fait immédiatement.

Tout cela est certainement fâcheux, mais il faut que certains avocats ne se le dissimulent pas, ils sont pour beaucoup dans l'agitation qui surgit çà et là au milieu des débats. Leur mission est difficile, qu'ils sachent la remplir avec plus de modération. Cela vaudra mieux, et pour leur propre honneur et pour leurs clients.

Je reviens à l'interrogatoire d'Urbain, qui a changé d'avis et qui pense plus que jamais à se défendre, ainsi qu'on va le voir, car avant même d'être interrogé, il reprend la parole.

Urbain. — J'ai le plus grand intérêt à expliquer cette note dont on dénature le sens. Depuis un certain nombre de jours on me prévenait que la mairie devait être attaquée. Le 13 mai, M. le colonel de Montaut m'avertit que cette attaque était pour la nuit même, et je ne pouvais prendre les mesures nécessaires pour la repousser. M. de Montaut m'avait bien offert un moyen, mais je l'avait refusé. Il m'avait proposé de lâcher les francs-tireurs sur le quartier, et il est certain que les bourgeois gardes nationaux n'auraient plus songé à attaquer la mairie lorsqu'ils auraient vu leurs magasins menacés du pillage.

M. le président. — Donnez-nous des renseignements sur la caisse de l'enseignement et sur les fonds qu'elle contenait et qui ont disparu.

R. Cette caisse n'existait pas à mon arrivée à la mairie.

Ce fut une nouvelle organisation. Je créai ce service et demandai 8,000 fr. au ministère des finances.

M. le président. — Comment, au ministère des finances.

Urbain, souriant. — A notre ministre des finances.

M. le président. — Ainsi c'est vous qui avez mis de l'argent dans la caisse.

R. Certainement.

M. le président. — Quels étaient vos appointements?

R. Comme tous les membres de la Commune, je touchais 15 fr. par jour.

M. le président. — Et avec ces 15 fr., vous avez trouvé le moyen d'économiser 4,000 fr. que vous avez laissés à votre fils par un testament.

R. Je vais m'expliquer. Le jour de l'entrée des troupes dans Paris, je me hâtai de prendre ce qui restait dans ma caisse. Je l'avais trouvée vide. je devais la laisser dans le même état. Mon intention était de remettre cet argent à qui de droit. Je fus à l'Hôtel de ville, on me renvoya dans mon arrondissement et j'emportai une somme de 2,500 fr., pas davantage.

Forcé de me replier du 7e arrondissement par l'arrivée des troupes de Versailles, je retournai à l'Hôtel de ville. La foule était immense, le désordre y était croissant et mon émotion augmentait. Je ne savais où était mon fils ; je craignais de ne pas le revoir, et je perdais la tête. C'est assez naturel.

M. le président. — Arrivez au testament.

R. J'y arrive. Lorsque je quittai une seconde fois l'Hôtel de ville, n'ayant pu remettre cet argent à personne et ne pouvant véritablement le donner aux Versaillais, je me dis que ce que je pouvais faire de mieux était d'en disposer en faveur de mon fils. J'avais perdu mon mobilier de la mairie ; ce devait être pour lui une compensation.

M. le président. — Le testament parle de 4,000 fr. et non de 2,500.

R. A l'hôtel de ville, j'avais reçu 1,000 fr., comme les autres membres de la Commune. Cela fait à peu près la somme.

M. le président. — A peu près ! Et les mille francs pris chez la femme Leroy ?

R. Je n'en ai pas entendu parler. Lorsque j'ai été arrêté, il me restait 1,900 fr. J'ai remis mille francs à mon fils. J'avais été obligé de dépenser beaucoup d'argent pendant quelques jours. On fait payer cher la nourriture et le logement aux gens qu'on cache.

M. le président. — Donnez-nous des détails sur la perquisition faite chez M. Landau.

R. Le jour de l'explosion de la cartouchière de l'avenue Rapp, on accusa M. Landau, et il fut arrêté ainsi que sa femme.

M. le président. — Vous les avez conservés trois jours et deux nuits sans leur donner à manger.

R. Non, deux nuits et trois jours.

M. le président. — M. Landau avait chez lui des objets de valeur, de l'argent, des titres qui ont disparu. Il vous accuse de lui avoir pris tout cela.

R. Il pouvait aussi bien dire qu'il avait chez lui les tours de Notre-Dame, et que je les ai enlevées.

M. le commissaire du gouvernement. — Ne plaisantez donc pas.

D. Je ne plaisante pas, je n'en ai pas envie et je ne crois pas avoir manqué à M. le commissaire du Gouvernement.

M. le président. — Vous aviez une sœur institutrice.

R. Oui, au moment de la guerre elle est rentrée à Paris, et, pour l'indemniser, je lui ai donné un poste équivalent dans mon arrondissement.

M. le président. — Vous suiviez exactement les séances de la Commune.

R. Non, pas exactement.

M. le président. — C'est vous qui avez demandé la mise à exécution du décret sur les otages.

R. C'est moi qui ai eu le malheur de faire cette proposition, mais je dois vous expliquer pourquoi.

Le commandant de la 7e légion m'avait fait le récit très détaillé de l'assassinat d'une ambulancière, et il avait ajouté que les Versaillais avaient reçu notre parlementaire à coups de fusil. M. de Montaut m'affirma le fait, il me fit un rapport écrit, le colonel Vitte le signa, et mon indignation fut telle que je fis alors la demande en question. A ce moment j'ignorais la loi sur les otages.

M. le président. — Comment, vous ne connaissiez pas une loi faite par la Commune.

R. Elle en a fait que je n'ai pas connues.

M. le président. — Cela ne vous a pas empêché de demander son exécution.

R. Je ne la connaissais pas. Voilà quel était mon sentiment.

M. le président. — Il est bien clair.

R. Non, je croyais que ce serait un avertissement pour l'armée régulière, et je dis que, si le fait rapporté par le commandant de la 7e légion n'eût été vrai, il eut été inqualifiable et ne se serait pas reproduit.

M. le président. — Vous répondiez à un crime par un crime plus horrible encore.

R. J'ajouterai qu'il y a entre ma proposition et ce qui s'est fait une distance incommensurable. Selon moi, les otages devaient comparaître devant un tribunal qui aurait jugé s'ils étaient coupables.

M. le président. — C'est avec de semblables paroles et un semblant de légalité que vous poussiez au crime les gens que vous conduisiez. Quel était votre rôle militaire pendant l'insurrection ?

R. J'ai fait seulement visiter quelques portes et réoccuper le fort d'Issy.

M. le président. — Qu'est-ce que c'est que ces chevaux que vous conduisiez chez M. Grandcolas.

R. Je n'ai jamais conduit d'autres chevaux que ceux que je montais.

M. le président. — Dans cette même séance où vous demandiez l'application de la loi sur les otages, vous vouliez que les représailles fussent faites promptement. Vous vouliez que cinq des otages fussent fusillés aux avant-postes et cinq devant les bataillons assemblés. Le jury d'accusation, présidé par Raoul Rigault devait prononcer, et l'arrêt était exécutoire dans les vingt-quatre heures.

R. Cela veut bien dire que je voulais un tribunal.

M. le commissaire du gouvernement. — Oui, on devait d'abord tuer les dix otages et le tribunal aurait fonctionné après.

M. le président. — Nous allons entendre les témoins qui se rapportent particulièrement à l'affaire d'Urbain.

Le premier de ces témoins est M. Landau, inspecteur de police, qui a été, ainsi que sa femme, la victime des mauvais traitements de l'accusé. Il dépose en ces termes :

Le 17 mai, j'étais chez moi malade ; la poudrière venait de sauter ; je crus que c'était un obus qui avait éclaté dans le voisinage et je sortis pour voir s'il n'était rien arrivé aux enfants de mon frère, gendarme à Versailles, qui habitaient une maison voisine de la mienne.

En rentrant je me mis au lit et pendant la nuit on vint m'arrêter sans mandat, avec une simple carte de visite de M. de Montaut. Je protestai vainement, on m'emmena à la mairie du septième arrondissement avec ma femme.

Les gardes nationaux étaient ivres et gambadaient dans la conr. On nous enferma, ma femme et moi, puis, à une heure, on nous sépara. On m'avait mis avec deux femmes, la sœur et la maîtresse d'Urbain.

Un individu est arrivé, Urbain lui dit : Je suis heureux de vous voir, vous allez faire une perquisition.

A cinq heures du matin, je vis rentrer Andrès avec mon sac de voyage dans lequel il avait mis les objets enlevés.

On m'a laissé deux jours et trois nuits sans manger, et lorsqu'on m'a apporté du vin, j'ai craint, après l'avoir goûté, qu'il ne fût empoisonné, et je ne l'ai pas bu.

Le matin, j'ai été mené devant Urbain, qui m'a forcé de lui denner ma montre. Je lui ai dit : « Ma montre n'a rien de politique. » Mais cela ne l'a pas arrété; il m'a enlevé tout ce que j'avais sur moi.

Chez moi, entre autres objets, Andrès avait saisi un album et Urbain voulait que je lui donnasse les noms et les adresses des personnes dont le portrait s'y trouvait. Bien qu'Andrès et ses hommes eussent les clefs de mon domicile, ils ont brisé les portes et les armoires.

La maîtresse d'Urbain avait les bagues de ma femme à ses doigts, et il avait été pris dans ma chambre un petit poignard qu'Urbain croyait empoisonné. Il me plaisantait en me proposant de m'en piquer. Je lui ai vainement demandé de l'argent pour manger, il m'en a refusé.

M. le président, à Urbain. — Qu'avez-vous à répondre à tout cela?

Urbain. — Mon défenseur répondra.

Me André Rousselle. — Rien ne dit que cette perquisition doive être mise à la charge d'Urbain. Le conseil sait qu'Andrès est détenu à Paris sous l'inculpation de vol.

Landau. — C'est Urbain qui a ordonné la perquisition et m'a volé ma montre.

Me André Rousselle. — C'est une appréciation. Fait prisonnier, M. Landau a dû déposer les objets qu'il avait sur lui. C'est, je crois, l'habitude.

M. le commissaire du gouvernement. — Cela se fait au greffe, et non à la mairie.

Me André Rousselle.—Je ne défends pas l'acte en lui-même. Urbain s'est trompé. Cette arrestation a été ordonnée par M. de Montaut.

M. le président. — Nous entendrons M. de Montaut. Je suis étonné qu'il ne soit pas sur le banc des accusés.

Urbain. — Le témoin, dans sa lettre à M. Thiers, dit qu'on lui a appris que madame Leroy a enlevé les bagues à sa femme, et ici il affirme que cela est.

Landau. — La femme Leroy a dit quelques mots à l'oreille d'Urbain, et elle a forcé ma femme à ôter ses bagues.

M. le commissaire du gouvernement. — Elle excitait Urbain contre Landau. Elle disait que si elle était à sa place, elle ferait fusiller toutes les femmes des gendarmes et des sergents de ville.

Me André Rousselle. — Qu'est-ce que c'est que cette lettre de M. Thiers et le laissez-passer du maréchal Mac-Mahon dont il est

question dans l'instruction Urbain, cela est probable, a été un instrumen dans les mains de M. de Montaut.

Madame Landau remplace son mari à la barre et confirme les faits racontés par lui ; puis elle cède la place à un garçon de bureau nommé Sellier, qui raconte l'installation d'Urbain à la mairie avec sa sœur, son enfant et sa maîtresse. Ce témoin, qui paraît fort désireux de ne pas se compromettre, affirme qu'il ne sait rien de ce qui se passait la nuit. On l'empêchait d'ailleurs d'entrer dans le bureau d'Urbain, à la porte duquel veillait toujours un factionnaire fédéré.

Un autre témoin, M. Salvet, secrétaire de la mairie, rapporte que l'accusé y a fait acte d'autorité en signant des actes de mariage. Il sait aussi qu'Urbain a ordonné des arrestations et des perquisitions.

Urbain. — Je n'ai jamais ordonné aucune arrestation.

Me André Rousselle. — Si M. le commissaire du gouvernement veut lire les diverses plaintes de M. Landau, il verra qu'il y a contradiction. Pour tout esprit non prévenu, il est facile de comprendre que M. Landau, par sa lettre à M. Thiers, espérait toucher 5 ou 6,000 fr.

M. le président. — S'il a été volé.

Me André Rousselle. — Qu'il n'accuse pas Urbain, mais Andrès.

Le défenseur d'Urbain, pour cette fois au moins, a le dernier, car l'audience est levée et renvoyée à demain à l'heure ordinaire.

Audience du 11 août 1871.

La foule est aujourd'hui plus nombreuse que les jours précédents aux abords du 3e conseil de guerre, et les factionnaires sont doublés.

Il paraît que la difficulté de se procurer des billets a donné l'idée à quelques gens à conscience facile d'en fabriquer de faux. Cependant chaque jour il reste à l'audience plus de cinq cents places vides; mais le pli est pris, et on peut être certain que, jusqu'à la fin des débats, quelques rélamations qui se produisent, les choses ne changeront pas.

A midi, heure militaire, le conseil fait son entrée, la garde porte les armes et l'audience est ouverte.

Les accusés se rangent à leur place, dans le même ordre qu'hier. La plupart ont des journaux à la main ; nous allons voir que ce n'est pas seulement pour lire ces comptes-rendus, qui les intéressent si directement, mais surtout pour les critiquer et en faire, l'objet de réclamations aussi ridicules que mal fondées.

C'est Urbain qui ouvre la série de ces intéressantes calomnies.

Urbain. — M. le président, dans le compte-rendu de la séance d'hier, un journal a raconté inexactement un détail de mon interrogatoire.

M. le président. — Nous n'avons pas à nous occuper de ce que disent les journaux. Je vais prendre des mesures pour que les journaux ne soient plus communiqués aux accusés. Ces interpellations sont intolérables Le conseil ne prend pas ses éléments d'appréciation dans les journaux. Si les avocats ont quelque chose d'utile à dire, ils demanderont la parole. Je recommande encore à MM. les journalistes d'être très exacts et de s'abstenir de toute appréciation. Après le jugement, ils diront ce qu'ils voudront.

Ce premier incident vidé, il est aussitôt passé à l'audition des derniers témoins à décharge cités par Urbain.

Joseph Hemerlin, garçon de mairie du septième arrondissement, est introduit le premier, mais il sait peu de chose d'intéressant. Il est seulement à sa connaissance qu'Urbain s'est installé à la mairie avec sa famille.

La porte était gardée par des fédérés, et Hemerlin ne savait qui entrait et sortait. Urbain est venu à la mairie, le 24, et madame Leroy l'y a rejoint quelques jours plus tard.

Urbain. — Le témoin a dû voir que plusieurs fois madame Leroy rentrait le soir coucher chez-elle. Je voudrais que le témoin dise si j'ai un penchant pour la boisson.

R. Je ne pénétrais pas dans l'intérieur, je ne sais pas si Urbain buvait ou non.

Le témoin ne sachant pas autre chose, on appelle le témoin suivant, le sieur Félix Huberty, emballeur.

Ce témoin est détenu à l'Orangerie ; mais, comme il n'est pas encore jugé, il prête serment et dépose :

J'étais l'ordonnance du citoyen Urbain ; j'appartenais à la garde nationale et m'avait choisi pour son planton. Il avait deux chevaux qu'on avait repris à des hommes qui les avaient volés.

On a amené les chevaux à la mairie et le citoyen Urbain s'en est servi. J'accompagnais Urbain quand il allait à l'Hôtel de ville à cheval.

D. Est-ce que la femme Leroy avait une grande influence sur lui ?

R. Elle en avait, comme toutes les femmes sur leur amant.

D. Vous étiez là quand on a arrêté M. et madame Landau ?

R. Oui, c'est moi qui ai donné un matelas à madame Landau pour se coucher, mais je n'ai pas assisté à l'arrestation.

D. Urbain dépensait-il beaucoup d'argent ?

R. Pas mal, surtout pour la nourriture ; on vivait assez aisément à la mairie. On était généralement six ou sept personnes à table.

D. Savez-vous qui a porté à la préfecture les objets saisis sur M. Landau ?

R. Chaque fois qu'on arrêtait quelqu'un, on portait les pièces de conviction à la préfecture, mais je ne sais rien pour ce qui concerne M. Landau.

D. Aviez-vous connaissance de la caisse de l'enseignement ?

R. La caisse était au premier étage, dans l'appartement du citoyen Urbain. On avait mis ensemble la caisse de la mairie. Tout le monde puisait là-dedans. J'ai vu souvent le secrétaire général y prendre de l'argent pour donner à sa femme pour faire le dîner.

Me André Rousselle. — Quand Urbain s'est installé à la mairie, la caisse était vide. Je l'ai constaté hier et tous les journaux ne le disent pas.

M. le président. — Laissez donc ce que disent les journaux.

Me Rousselle. — C'est important, l'assistance ici n'est pas nombreuse et le public ne connaît ce qui se passe que par les journaux.

M. le président. — Nous ne pouvons pas passer nos audiences à discuter les journaux.

Me Rousselle. — Il ne faudrait pas nous faire plus noirs que nous ne sommes.

Urbain. — Le témoin sait-il qu'il y eût projet de mariage entre Mme Leroy et moi ?

R. J'en ai entendu parler. Ils attendaient quelque chose qui n'arrivait pas et qui retardait le mariage.

D. Qui avait la garde des armes saisies ?

R. Le citoyen Sicard.

D. Quels étaient les rapports d'Urbain avec un certain de Montaut.

R. Le colonel ? Ils étaient liés d'amitié ; très souvent M. de Montaut prenait ses repas chez le citoyen Urbain.

Urbain. — On pourra constater que les procès-verbaux de perquisition étaient faits par M. Chauvet, avec lequel je n'avais pas de rapports.

M. le président. — Ces perquisitions amenaient toujours l'enlèvement de meubles et de bijoux.

Urbain. — Je n'ai eu connaissance que de la perquisition faite chez M. Landau, dont je me suis occupé à cause de la gravité de l'inculpation qui pesait sur lui.

M. le président. — Urbain a emprunté de l'argent à la Société du prince-impérial.

Urbain. — Oui, et je l'ai rendu.

M. le président. — En effet, les reçus sont au dossier.

Le témoin suivant excite une vive curiosité et on le comprend, car c'est la femme Leroy, la maîtresse d'Urbain. J'ai déjà dit qu'elle est assez jolie, et nous allons voir que pour une blonde elle ne manque ni d'énergie, ni d'aplomb. Madame Leroy accuse 21 ans ; par galanterie, je ne contesterai pas; elle est en grand deuil. Voici ses réponses aux questions qui lui sont posées et ses explications.

D. Vous avez habité un certain temps la mairie du 7e arrondissement?

R. Oui, monsieur le président.

D. Que savez-vous de la caisse de l'enseignement?

R. Je sais qu'on a dû recevoir de l'argent pour l'enseignement le samedi 20 mai, mais je ne sais pas qu'elle somme il y avait.

D. Quand on payait, faisait-on des listes d'émargement?

R. Oui, et les listes doivent se trouver à la mairie. Nous n'avons rien emporté.

D. Que savez-vous de l'arrestation M. Landau?

R. C'était le jour de la catastrophe de l'avenue Rapp. Nous nous occupions, avec le vicomte de Montaut, d'organiser des secours pour les blessés, quand un caporal vint dénoncer un individu qui avait, disait-on, des rapports avec Versailles. M. de Montaut donna sa carte avec l'ordre de l'arrêter. Quelque temps après on amena M. Landau avec sa femme. J'assistai à l'interrogatoire, et ce fut moi qui fis les fonctions de greffier. Il nia avoir des rapports de Versailles et déclara qu'il y avait longtemps qu'il n'était plus inspecteur de police. Je me suis aperçu qu'il se coupait souvent dans ses réponses. Quant à ce qu'on a pris sur lui, on lui a pris sa montre, une somme de 60 fr. et une valeur, qui ont été portées par M. Andrés à la préfecture de police.

D. Vous savez que ce M. Andrés est accusé de vol?

R. Je l'ignore, mais je ne l'en crois pas capable.

D. Vous auriez tenu certains discours compromettants. Vous auriez dit : Si la Commune ne triomphe pas, nous ne laisserons pas pierre sur pierre.

R. Je nie absolument. De tels propos seraient bien déplacés dans la bouche d'une femme.

D. Urbain a-t-il assisté à la perquisition faite chez M. Landau?

R. Il n'a jamais assisté à aucune perquisition.

D. Où Urbain a-t-il été arrêté?

Urbain. — J'ai été arrêté chez M. Grandcollin, sous un nom qui n'était pas le mien ; j'ai été arrêté et relâché au bout de trois jours sous le nom de Rigalde.

Me Rousselle. — Quels étaient les rapports d'Urbain avec de Montaut?

Le témoin. — Il nous fut présenté par M. le secrétaire général vers la fin d'avril. Je me défiais de lui. Je soupçonnais qu'il y avait chez lui l'étoffe d'un traître, et, en effet, je m'aperçus trop tard qu'il nous trahissait. Quand M. Urbain m'a annoncé que les troupes de Versailles étaient entrées à Paris, je restai à la mairie pour mettre en sûreté certains papiers. M. de Montaut me conduisit chez lui, rue Trévise, M. Urbain y vint le samedi. M. de Montaut lui fit mettre des habits civils. M. Urbain lui donna son écharpe en souve-

nir. Deux ou trois jours après, il l'envoya chez un de ses amis que je ne connais pas et chez qui M. Urbain a été arrêté.

Quand il fut arrêté, j'allai, au risque d'être arrêtée moi-même, le réclamer à la mairie, avec un mot de M. de Montaut, qui déclarait que le nommé Rigalde n'avait point pris part à l'insurrection. Nous sommes allés nous réfugier rue de Commines, 2, où nous avons été arrêtés ensemble. M. de Montaut alors n'a plus donné signe de vie, bien que M. Urbain lui ait deux ou trois fois sauvé la vie.

D. Dans quelles circonstances?

R. Une première fois, au comité central, où il était accusé de trahison, M. Urbain l'a fait innocenter. M. de Montaut m'a dit lui-même que, sans M. Urbain, il n'aurait plus sa tête sur ses épaules.

Me Rousselle. — M. de Montaut n'a-t-il pas proposé à Urbain un système de défense pour faire sauter les égoûts.

R. Oui, je me rappelle. Il lui a proposé la chose deux ou trois fois : c'était un système de clavier correspondant à des questions qu'on pouvait faire sauter à volonté. Tout cela me paraissait suspect, d'autant plus que M. de Montaut nous disait toujours : « Allez, ne craignez rien, j'ai de M. Thiers trois sauf-conduits pour Urbain. Andrés et Huberti. A un certain moment, nous serons sains et saufs. »

M. le commandant Gaveau. — Je ne vois pas ce que fait ici cette histoire de M. de Montaut. Cela ne prouve rien pour la culpabilité ou la non-culpabilité d'Urbain.

Me Rousselle. — Cela est intéressant pour ma défense. Le témoin pourrait-il nous dire ce qui a poussé Urbain à faire son horrible proposition relative aux otages?

Le témoin. — Il y a été poussé par des rapports qui lui ont été faits par M. de Montaut.

M. le président. — Cela ne diminue pas l'infamie de la proposition.

Me Rousselle. — Mais cela explique l'intention.

Le témoin. — On avait dit à M. Urbain qu'au fort de Vanves, M. de Montaut...

M. le commandant Gaveau. — En vérité, est-ce M. de Montaut qui est en cause ou Urbain?

Urbain. — Si l'accusation cherche contre moi des circonstances aggravantes, je dois avoir le droit de rechercher des circonstances atténuantes.

M. le président. — Nous entendrons M. de Montaut. La position de madame Leroy avec l'accusé ôte beaucoup de valeur à ses dépositions.

Me André Rousselle. — Ce n'est pas nous qui l'avons fait venir. C'est M. de Montaut qui a poussé Urbain à faire sa motion pour les otages. C'était un agent provocateur qui a poussé ce malheureux à sa perte.

M. le commandant Gaveau. — Madame Landau, dans l'instruction, a déclaré que vous lui aviez arraché violemment ses bagues.

Le témoin. — Ce n'eût pas été convenable de la part d'une femme de mon âge. Je n'ai pas vu de bagues. Je ne me suis occupée de madame Landau que pour lui donner à manger.

M. le commandant Gaveau. — Quant à M.

Landau il est resté deux jours sans manger.

Le témoin. — Je n'avais pas à aller dans le poste des gardes nationaux voir ce qui se passait.

D. Madame Landau prétend que vous avez dit à Urbain : « Si j'étais à votre place, je ferais fusiller tous les hommes et toutes les femmes qui ne sont pas de la garde nationale. »

R. Je n'ai pas pu dire cela, d'abord parce que je suis d'avis que la femme ne doit pas s'occuper des affaires politiques, et puis je ne vois pas qu'il eût été si utile d'avoir des gardes nationaux comme M. Landau, qui était de la police.

M. le président — Il faisait son devoir.

R. Pas avec nous.

Cette réponse excitant le rire de l'accusé Régère, qui tient décidément à surpasser encore ses compagnons en mauvaise tenue, M. le colonel Merlin le rappelle au sentiment de sa situation, et il donne l'ordre d'introduire M. le baron Charles de Montant, ex-lieutenant colonel au service de la Commune. Nous allons voir dans quel but M. de Montaut avait accepté ces fonctions.

D. On a dit que c'est sur une carte de vous qu'on a arrêté le sieur Landau.

R. Voici ce qui est arrivé. J'étais officier au service de la Commune. Le jour de l'explosion de la cartoucherie Rapp, j'étais à la mairie, quand on est venu dire qu'au moment de l'explosion un individu nommé Landau aurait dit : « Bon, voilà la cartoucherie qui saute ! » Il se trouvait alors assez loin de l'endroit de la catastrophe. On le soupçonnait d'être l'auteur ou le complice de l'accident. J'ai donné l'ordre de l'arrêter.

D. Que savez-vous de l'arrestation d'Urbain?

R. Je suis très embarrassé de parler au sujet d'Urbain, car ayant été arrêté plusieurs fois par le comité de salut public, j'ai dû mon salut à Urbain. Quand l'armée de Paris est entrée, j'ai recueilli la femme Leroy et l'enfant d'Urbain chez moi. Urbain y est venu à son tour, et je l'ai décidé à ôter son uniforme. J'étais en rapport avec le gouvernement de Versailles. Quand j'ai eu chez moi Urbain, Andrés et Huberti, je l'ai fait savoir au gouvernement de Versailles; mais, ne voulant pas qu'on les arrêtât chez moi, je les ai envoyés chez M. Grandcollas où ils ont été arrêtés.

Me Rousselle. — Vous étiez un agent de M. Thiers?

Le témoin. — J'étais en rapport avec M. Thiers. Je voulais faire tous mes efforts pour neutraliser la violence de la lutte et éviter l'effusion du sang.

M. le président. — Etiez-vous autorisé à faire ce que vous faisiez? Vous avez joué un rôle dans la Commune, un rôle d'amitié avec Urbain. Expliquez cela.

Le témoin fait passer au président la copie d'une lettre adressée par lui à M. Thiers et dans laquelle il promet d'employer tous ses efforts pour empêcher de faire sauter certains quartiers de Paris.

M. le président donne lecture de la lettre suivante qui est datée du 18 mai.

Monsieur le président,

Pour me décider à conserver le poste où je suis placé malgré moi, poste plein de péril et de plus hérissé de difficultés de toutes sortes, il ne fallait rien moins que l'imminence des catastrophes que ma présence a jusqu'ici conjurées et celles plus terribles encore qu'elle peut prévenir.

Contraint de voir tous les jours, et même d'accomplir des actes que je ne puis qualifier, j'endure un véritable martyre, quelquefois même j'éprouve des doutes sur l'appréciation de ma propre conduite.

Je me sens incapable de continuer envers des criminels, et encore moins envers des hommes égarés, dont l'erreur n'est pas sans quelque excuse. Ce que je puis faire, car c'est rendre à tous les services qu'un honnête homme ne peut refuser à personne, c'est d'empêcher la destruction d'une partie de Paris, et le sacrifice d'un grand nombre de ses habitants. Ceci, je le ferai avec la certitude que je conserverai mon honneur intact, je ne puis rien de plus. Entouré d'hommes qui me surveillent, et forcé d'assister à leurs violences, j'ai fait tous mes efforts pour établir autour de moi un ordre relatif; c'est avec la plus grande difficulté que j'ai pu conserver les précieux dépôts d'archives qui se trouvent dans mon arrondissement. Essayer plus, c'eût été me compromettre, et rendre un service auquel je ne puis me résoudre.

L'homme dévoué dont les conseils m'ont soutenu vous dira que, menacé d'occuper un poste terrible, je n'ai pu m'en débarrasser qu'au prix des plus dangereux efforts.

Je m'en remets à votre sagesse et à votre cœur pour juger de la suite qu'il convient de donner à tout ceci, et permettez-moi d'espérer que je pourrai sortir de cette situation le front haut et la conscience satisfaite avec l'assurance de votre estime.

Me Rousselle. — Je n'entends pas incriminer les services que M. de Montaut a pu rendre, je l'en remercierais plutôt.

M. le président. — Vous avez dit que vous aviez empêché Urbain d'être fusillé.

R. Il est évident que, si on l'avait arrêté pendant la lutte comme membre de la Commune, il aurait été fusillé.

M. le président — C'est évident.

Me Rousselle. — On sait que M. de Montaut a été plusieurs fois arrêté comme traître, et qu'il a dû son salut à l'intervention d'Urbain. Il a voulu exagérer alors son zèle. N'est-il pas vrai qu'il a poussé Urbain à se faire nommer délégué à la guerre?

R. C'est vrai. Delescluze n'était pas un homme à se laisser influencer, tandis qu'avec Urbain c'eût été plus facile.

D. Avez-vous engagé Urbain à établir un système de machines infernales dans les égouts!

R. J'avais été informé qu'on voulait établir

un système de ce genre. Alors j'ai proposé à Urbain d'adopter mon plan. Si j'avais réussi à cela, je n'aurais pas eu, pour détruire les mines des fédérés, le mal que nous avons eu pour détruire celles que nous ne connaissions pas.

D. Est-il vrai que vous avez fait à Urbain un rapport d'après lequel il a demandé l'exécution des otages?

R. C'était un dimanche. Les troupes du septième arrondissement étaient revenues, laissant soixante-dix ou soixante-douze morts et des blessés devant le fort de Vanves. J'envoyai un parlementaire avec un médecin pour relever les blessés.

Le parlementaire revint nous disant qu'ils avaient été assaillis par une grêle de balles et qu'on avait assassiné une ambulancière. Je lui conseillai de faire à ce sujet un rapport qui fut porté à M. Urbain. Ce rapport a été publié au *Journal officiel*.

D. N'est-ce pas ce rapport qui a déterminé Urbain à faire son abominable proposition au sujet des otages?

R. Urbain était très-mal entouré à la mairie; on a exagéré le rapport, et c'est sous le coup de l'indignation qu'on avait faite naître dans son esprit qu'il a dû faire la motion en question.

D. N'est-il pas à votre connaissance que lorsque Uurbain a signé le fameux ordre dans lequel il parle de brûler la cervelle à ceux qui refuseraient d'obéir, il régnait depuis quelques jours le bruit qu'on allait attaquer la mairie?

R. Je suis très-embarrassé pour répondre, je n'étais pas à la mairie à ce moment.

D. Que savez-vous au sujet d'un projet de faire sortir les francs-tireurs de la caserne de Bellechasse?

R. C'est moi qui devais donner cet ordre et on ne devait agir que sur un mot de moi; je me suis bien gardé de le donner.

Me Rousselle. — M. le président, ne vous demanderai de faire revenir la veuve Lejoy.

M. le président. Je crois qu'il y aurait certains inconvénients à amener ici des constestations sans intérêt.

Me Rousselle. — Je fais des demandes qui me semblent utiles aux intérêts de la défense, et si je ne le faisais pas, je serais indigne de la confiance de mon client.

M. le président. — Ne tirons pas les choses en longueur.

Me Rousselle. — Autrefois le témoin portait le ruban de la Légion d'honneur; il ne le porte plus aujourd'hui. Pourquoi?

Le témoin. — Ce n'était pas la Légion d'honneur, c'était un ruban rouge strié de blanc, le ruban d'une médaille commémorative.

M. le président. — La Légion d'honneur ne devait pas être en odeur de sainteté sous la Commune.

Me Rousselle. — Vous voyez bien qu'on la tolérait.

M. le président, au témoin. — Dans l'instruction, vous avez parlé de fils télégraphiques qu'on devait établir pour faire sauter Paris, pouvez-vous nous donner à cet égard quelques renseignements?

R. Cluseret avait un plan qui consistait à abandonner les fortifications et à créer dans l'enceinte une seconde ligne de barricades. On aurait établi dans tous les égouts des matières explosibles reliées par des fils télégraphiques, et le plan était de faire sauter les quartiers au fur et à mesure qu'ils auraient été occupés par les troupes.

D. Urbain connaissait-il ce plan?

R. Je ne le crois pas.

Me Rousselle. — Dans les derniers temps, Urbain ne regrettait-il pas d'avoir fait partie de la Commune?

R. Il protestait contre les incendies. Je crois que ces incendies ont été organisés par Parisel et un nommé Benoît qui ont incendié la Cour des comptes, la Légion d'honneur, la rue de Lille, la rue du Bac et le Conseil d'Etat.

M. André Bellaigus, ancien adjoint de la municipalité du septième arrondissement, raconte ce que nous savons déjà sur la prise de possession de la mairie par Urbain et les fédérés.

Urbain. — J'étais instituteur. Demandez au témoin pourquoi j'ai cessé mes fonctions.

Le témoin. — Je n'en sais rien.

Me Rousselle. — Voici pourquoi. Les locaux de la classe étaient malsains, il a fallu les quitter, mais comme les loyers étaient très chers dans cet arrondissement, il a fallu y renoncer. Alors la municipalité lui a procuré une place dans un chemin de fer.

On introduit ensuite Arthur Grandcollas, cocher, âgé de 35 ans.

L'idée de comparaître devant le conseil a produit sur ce témoin une émotion visible. Il est à supposer que c'est dans la pensée de faire honneur au tribunal qu'il s'est mis dans la situation particulière qu'on désigne par cette locution populaire: « roide comme la justice. »

M. le président obtient très difficilement de lui des réponses aux questions qu'il lui adresse.

D. Que savez-vous de l'arrestation de l'accusé Urbain?

R. Un jour, le colonel Montaut m'a envoyé deux chevaux en pension avec un individu que je ne connaissais pas, et deux ou trois personnes que je ne connaissais pas davantage.

Urbain. — Je ne suis pas allé chez le témoin avec des chevaux.

Le témoin. — Je ne dis pas qu'ils sont venus ensemble. Seulement quand je suis arrivé à la maison, ils étaient tous là, les chevaux et les gens. Ils sont restés quelques jours. C'étaient de braves gens, bien tranquilles, qui ne faisaient pas de bruit. (Rires.)

D. Combien de temps sont-ils restés chez vous?

Le témoin cherche à rappeler ses souvenirs, hésite longtemps et finit par dire, en riant d'un rire inexpliqué:

— Sept ou huit jours à peu près.

D. Enfin, c'est chez vous qu'ils ont été arrêtés ?

R. Pas chez moi.

D. Où cela ?

R. Chez moi, si vous voulez, mais ce n'est pas chez moi. (Rires.) C'est chez ma mère.

On interroge ensuite un témoin du nom de Beaumalet, qui a écrit au président du conseil qu'il avait des révélations à faire. Cité en vertu du pouvoir discrétionnaire du président, il dépose sans prêter serment. Son apparition provoque une certaine curiosité qui fait place à un vif étonnement quant on a entendu les révélations intéressantes qu'il a apportées devant le conseil.

Voici sa déposition :

(— Un jour, j'ai voulu aller à une réunion publique, rue de Grenelle-Saint-Germain. C'était une réunion de gens qui étaient partisans de la Commune. A la porte, j'ai rencontré un officier de la garde nationale qui, m'ayant reconnu, me dit : « Vous êtes un réactionnaire; si vous ne fichez pas le camp, je vais vous brûler la cervelle. »

D. Et puis ?

R. C'est tout.

D. Etait-ce Urbain ?

R. Non, c'est un garde national que je ne connais pas.

D. C'est tout ce que vous savez ?

R. C'est tout. (Hilarité.)

M. le président. — Nous allons passer à l'audition des témoins à décharge. Le premier qui se présente est le sieur Arthur Laurein, âgé de 32 ans, menuisier.

Me Rousselle. — Le témoin a demeuré pendant trois ans au moins dans la même maison que l'accusé Urbain. Voudriez-vous demander ce qu'il sait de la moralité d'Urbain ?

M. le président. — Urbain n'est pas accusé d'avoir manqué de moralité avant le 18 mars. Il faudrait limiter les témoignages aux faits relatifs à la Commune.

Le témoin. — Ma partie, c'est la menuiserie. M. Urbain a eu quelquefois des travaux à me faire faire. Il m'a toujours très-bien payé. Nous avions donc ensemble les meilleurs rapports.

Me Rousselle. — Il faut qu'on sache que ces hommes ne sont pas les ennemis de l'ordre, de la famille et de la propriété. Quels étaient les rapports d'Urbain avec ses voisins ?

Le témoin. — Il se conduisait bien. Il n'avait jamais de contestations.

M. le président. — C'est tout ce que vous savez ?

R. Je ne sais rien.

Me Rousselle. Le tribunal comprendra que, dans la position particulière où se trouvait Urbain, bien des gens craignent de dire ce qu'ils savent en sa faveur, de crainte d'être compromis.

M. Etienne Boulay, employé au chemin de fer du Nord.

J'ai perdu de vue Urbain depuis la date du 23 mars, époque à laquelle il a quitté son bureau pour devenir une autorité politique. (Rires.) Au mois de mai, un de nos employés avait été arrêté comme réfractaire de la garde nationale. Je suis allé demander à M. Urbain de le faire relâcher. Il m'a promis de le faire et m'a très bien reçu. Urbain était un bon employé jusqu'à l'époque de l'envahissement de Paris. Alors, il s'est mis dans la garde nationale et a souvent fait des absences sans autorisation. Sa conduite était très régulière.

Adolphe Carpentier, 35 ans, employé de commerce, interrogé par le président sur le point de savoir s'il est parent ou allié de l'accusé, le témoin répond qu'il est son cousin par alliance.

Urbain. — C'est le cousin éloigné de ma femme, la femme que j'ai perdue. Je n'ai pas pensé que ce lien fût un obstacle à la comparution du témoin.

M. le commandant Gaveau. — On pourrait l'entendre à titre de renseignement, sans prêter serment.

Le témoin dépose. — Je n'ai jamais rien eu à reprocher à Urbain ; c'était un bon camarade et un bon père de famille.

Urbain. — Le témoin a vu mon intérieur.

M. le président. — Votre intérieur n'est pas en jeu. Ce sont vos votes à la Commune qui sont en cause.

M. le commandant Gaveau. — Je ne comprends pas ce genre de questions. Tout à l'heure, on a cherché à démontrer qu'Urbain voulait épouser la femme Leroy. Quel rapport cela a-t-il avec le procès ?

Me Rousselle. — Je regrette qu'on interprète toujours mal mes paroles. Je n'ai pas fait la moindre allusion à ce mariage en interrogeant le témoin.

M. le président. — Il ne faudrait pas fatiguer le conseil par des questions inutiles.

Me Rousselle. — Du moment où mes questions fatiguent le conseil, je n'insiste pas et je m'assieds.

On introduit ensuite un père dominicain. La vue de ce témoin, cité à décharge, et qui vient déposer en faveur d'un membre de la Commune, après le massacre des dominicains d'Arcueil, produit dans l'auditoire une profonde impression.

C'est le père Dominique Letellier, âgé de quarante-trois ans, religieux dominicain. Il dépose :

En 1865, je suis allé prêcher un jubilé à Morlaix, dans le Calvados. Urbain était instituteur dans cette petite localité. Je suis resté quatre ou cinq semaines dans ce village. J'ai visité l'école, qui était très bien tenue. Il y avait un crucifix. L'instituteur était très estimé du curé, et tous ceux qui l'ont connu alors ne peuvent comprendre que ce soit le même homme qui a été dans la Commune. Depuis je l'ai revu à Paris. Il tenait encore une école. Il y avait encore un crucifix. Il vivait avec sa vieille mère et avec sa femme, qui est morte depuis munie des sacrements de la religion.

Au commencement de la Commune, quand nous avons été pillés, le 4 avril, par des délégués du cinquième arrondissement, si j'avais su qu'Urbain était l'ancien Urbain que j'avais connu, je serais allé lui demander un sauf-conduit. Je ne puis pas croire qu'il soit capable de faire ce dont il est accusé. Sa conduite s'explique peut-être par une malheureuse ambition, une grande vanité et une absence de sentiments religieux bien sincères.

Le témoin va se rasseoir au milieu des murmures sympathiques de l'auditoire.

M. le commandant Gaveau. — L'accusé a déclaré au cours de l'instruction qu'il regrettait sa conduite, et a dit que les événements l'avaient ramené à de meilleurs sentiments. Je voudrais savoir à quelle date il a été touché par la grâce, car je trouve au bas du testament qu'il a fait le 22 mai, cette mention : « Fait à la mairie du VIIe arrondissement, au moment d'aller défendre la République contre les royalistes de Versailles. »

Le 8 juin, quand vous avez été arrêté, vous avez dit : « Allez, messieurs, jouissez de votre triomphe ! Quant à toi, mon fils, souviens-toi toujours du jour où on a arrêté ton père. » Ce n'était pas le langage du repentir.

Urbain. — J'ai cru que j'allais à la mort et j'ai parlé à mon fils comme je lui avais parlé au chevet de sa mère mourante. Ce sont des dates qui doivent rester dans l'esprit des enfants. (Murmures dans l'auditoire.)

Me Rousselle. — S'il est des gens qui blâment ces sentiments, je les laisse avec leur blâme. Quant à ce testament, je voudrais en avoir le texte original.

M. le commandant Gaveau. — Je l'ai copié dans le dossier que m'ont communiqué les magistrats instructeurs de Paris.

Me Rousselle. — Ce testament a été confié par Urbain à un homme qu'il croyait son ami, et qui a livré le document à la police. Il demande qu'on reproduise l'original.

Urbain. — Avec toutes les émotions que j'ai traversées ce jour-là, je ne me rappelle plus ce que j'ai écrit.

Me Gatineau. — Nous insistons pour avoir l'original.

M. le commandant Gaveau. — Je comprends que vous insistiez pour une pièce importante qui doive servir de base à l'accusation, mais ceci est un simple renseignement.

M. Gatineau. — Il serait utile que nous eussions les originaux de toutes les pièces.

Après ces mots, M. le président annonce que l'audience est suspendue pendant dix minutes.

Pendant la suspension de l'audience, Ferat, ce soi-disant confrère, reste au banc des accusés entre deux gendarmes. On disait d'abord que ce membre de la Commune avait manifesté l'intention de faire un petit tour plus loin que l'autorité militaire ne peut le lui permettre, mais il paraît qu'il n'a d'autre but, en restant à l'audience, que de fuir les mauvais traitements dont il est l'objet de la part de ses co-accusés. Douce fraternité !

Dans l'auditoire, M. Ballande, de la Gaîté, nous fait l'honneur de demander à un de ses voisins si les accusés sont à gauche ou à droite du tribunal. Son hésitation provient sans doute de la présence parmi nous de notre ami Cochinat qu'il prenait volontiers, douce erreur de conférencier, pour un accusé encore noir de poudre.

A 3 heures un quart l'audience est reprise et M. le président fait appeler le témoin Dupuis ; mais, Me André Rousselle, le défenseur d'Urbain, renonçant à son audition, on fait avancer un autre témoin, le sieur Lefranc, garçon de recette à la mairie du 7e arrondissement.

M. le président. — Quelles questions voulez-vous que j'adresse au témoin ?

Me André Rousselle. — Je désirerais que M. Lefranc dise s'il n'est pas à sa connaissance qu'Urbain a été bienveillant pour ceux qui avaient affaire à lui.

R. Non.

Me André Rousselle. — Le témoin sait-il si Urbain a fait mettre plusieurs personnes en liberté ?

R. Non.

Me André Rousselle. — J'aurais encore une troisième question à adresser au témoin, mais le témoin ne se rappelant de rien, je ne crois pas utile de la lui adresser.

R. Tout ce que je puis dire, c'est qu'arrêté par les ordres de la Commune, Urbain m'a fait relâcher, mais je ne sais pas autre chose.

Me André Rousselle. — Etait-il violent ou doux avec ceux qu'il employait ?

R. Il n'était pas déjà si doux. Un jour, je lui portais une dépêche ; il me reçut brutalement en me disant : « Vous me poursuivez partout ; laissez-moi tranquille ! »

Ce singulier témoin à décharge est remplacé par un dessinateur bien connu, M. Randon ; mais il est tellement sourd que je ne saisis que bien difficilement sa déposition. Je suppose qu'il s'est exprimé ainsi :

M. le président. — Quels ont été vos rapports avec Urbain ?

R. Pendant la Commune, je faisais partie du 15e bataillon. Un jour que j'étais de planton, Urbain m'adressa la parole et m'invita à déjeuner. J'acceptai. Chez lui, je trouvai plusieurs convives, entre autres sa sœur, sa fiancée et M. Barral de Montaut. Des relations s'établirent entre nous ; je vis Urbain de temps en temps ; mais comme je suis très sourd, je n'ai pas toujours entendu ses conversations avec les gens que je rencontrais chez lui. Il était bienveillant et de relations agréables.

Me André Rousselle. — Quelle a été la conduite d'Urbain à l'égard du 15e bataillon, qui était un bataillon de l'ordre.

R. Ce bataillon avait fait une espèce de compromis avec la Commune; il avait accepté de faire le service d'ordre dans le 7e arrondissement. Plus tard on voulut changer ces conditions et le bataillon fut dissous. Grâce à Urbain, les hommes qui le composaient ne furent pas inquiétés. En un mot, la conduite d'Urbain envers ce bataillon fut bienveillante.

Me André Rousselle. — Le témoin sait-il quelle était, en apparence, la situation de M. de Montaut au 7e arrondissement.

R. Nous croyions tous à la sincérité de M. de Montaut.

Me André Rousselle. — Le témoin a-t-il remarqué que M. de Montaut portait le ruban de la Légion d'honneur?

R. Je l'ai toujours cru ; je ne sais s'il y avait à son ruban un léger liseré de couleur quelconque, je ne l'ai pas remarqué, je pensais que c'était la légion d'honneur.

M. le président. — Portiez-vous votre décoration pendant la Commune?

R. Certainement, monsieur le président.

M. le président. — Nous avons encore d'autres témoins à décharge.

Me Rousselle. — J'avais fait citer MM. de Neuville, qui ont connu Urbain en Normandie, mais je pense que le conseil est suffisamment éclairé sur la moralité de mon client.

Urbain. — J'avais demandé le témoignage de Clément, mon collègue, pour qu'il attestât qu'à l'encontre de ce qu'ont dit les journaux, jamais une femme n'a assisté aux séances de la Commune.

Pendant ces mots d'Urbain, un jeune homme a gravi l'estrade, et M. le président est tout étonné d'apercevoir un témoin devant lui. C'est M. de Neuville fils qui ignorait que Me André Rousselle eût renoncé à son audition.

M. de Neuville en est pour son ascension inutile et se retire en riant, et Me André Rousselle renonce à faire entendre d'autres témoins à décharge, ce qui se comprend assez bien, vu le succès qu'ont eu les précédents, quoiqu'il en dise et peut-être en pense.

M. le président. — Urbain, je vais vous rappeler les charges d'accusation relevées contre vous. Vous êtes accusé d'attentat ayant pour but de changer la forme du gouvernement, d'excitation à la guerre civile.

Urbain. — Je préfère que mon avocat réponde.

M. le président. — En est-il de même pour les autres accusations?

Urbain. — Oui, mais je désire exprimer ici tout mon regret de ma proposition relative aux otages, aussi bien l'indignation que j'ai éprouvée des assassinats et des incendies.

En entendant cette déclaration de son co-accusé, Ferré semble éprouver aussi de l'indignation, mais d'une autre nature, et il échange en riant, avec Me Gatineau, son défenseur, quelques paroles qu'il serait peut-être édifiant de connaître.

Il est ensuite passé à l'interrogatoire de Billioray. Cet accusé se lève un peu pâle, mais il se remet bien vite et de sa voix la plus douce il répond à M. le colonel Merlin avec calme et une grande facilité d'élocution.

M. le président. — Vous avez fait partie du comité central de la garde nationale?

R. Le comité central n'a jamais pu préparer une insurrection. Il a été formé le 15 mars, et je ne pense pas qu'il eût pu prendre toutes ses dispositions en trois jours.

M. le président. — N'y avait-il pas entente entre le comité de vigilance et le comité central?

R. Pas la moindre.

M. le président. — Le 18 mars, vous étiez au comité central.

R. J'y suis arrivé à une heure.

M. le président. — On y connaissait déjà les assassinats des généraux Lecomte et Clément Thomas.

R. J'ai appris ces assassinats à deux heures. Je dois le déclarer, bien que je me sache en contradiction avec un des témoins.

M. le président. — Vous avez été délégué à la commission de justice?

R. Je n'y ai guère signé que des ordres de mise en liberté.

M. le président. — Et aussi des ordres d'arrestation.

R. Non, je n'en ai pas signé.

M. le président. — Cependant, avant la chute de la Commune, vous avez appuyé les mesures de résistance à outrance.

R. Non.

M. le président. — Cela ressort des actes insérés au *Journal officiel.*

R. J'espère en faire ressortir le contraire.

M. le président. — Vous avez réclamé la création d'un comité de salut public?

R. J'aurais voulu qu'il s'appelât comité de direction générale. J'en ai fait partie.

M. le président. — Le 22 mai, il a paru un appel aux armes signé de vous.

R. J'avais don... ma démission la veille. Je l'avais écrite et laissée sur mon bureau, en recommandant à un de mes secrétaires de la faire parvenir à qui de droit. Il ne l'a pas fait. La majorité engageait les autres ; mais je crois pouvoir affirmer d'ailleurs que cet appel aux armes n'était signé par aucun des membres du comité de salut public.

M. le président. — Il est suivi des signatures.

R. Ces signatures sont au bas de l'affiche, c'est vrai ; mais je suis certain qu'elles ne se trouvent pas au bas de l'autographe. Cet autographe aurait pu être retrouvé à l'imprimerie nationale qui n'a pas été incendiée.

M. le président. — Cet acte a été inséré au *Journal officiel* et, conséquemment, c'est le comité de salut public qui en est responsable.

R. Je ne le nie pas, mais je vous rappelle que j'avais donné ma démission; j'étais opposé à cette proclamation. D'autres actes, le 23 et le 24, ne portent pas ma signature.

M. le président. — Quelle part avez-vous prise aux décrets relatifs à la démolition de la colonne Vendôme et de la maison de M. Thiers?

R. Je ne saurais dire au juste la part que j'ai prise à la discussion. Je n'affirme rien; mais mon opinion était opposée à ce projet. Je m'opposais à ces démolitions, je trouvais cela absurde, enfantin.

M. le président. — Vous avez pris part à la loi sur les otages.

R. Je n'ai pris part à aucune de ces délibérations. Plus tard, le 28 avril, quand on proposa l'exécution de ce décret, je m'y opposai vivement. Il était du reste annulé, oublié de la plupart d'entre nous.

M. le président. — Il n'en a pas moins reçu son exécution.

R. Je ne considère pas le massacre qui s'est produit comme l'exécution de ce décret. Les gens assassinés n'avaient jamais été considérés comme otages. Après le 18 mai, une listes d'otages avait été dressée, ils avaient été tirés au sort. Cette liste ne comprenait, j'en demande bien pardon au tribunal, que des militaires. Il n'était pas question d'y introduire des prêtres ou des civils. Je me réservais, d'ailleurs, le moment venu, d'en empêcher l'exécution. Jusqu'au 21, il n'y en a pas eu.

M. le président. — Comme pouvoir exécutif, vous n'ignoriez pas que l'archevêque de Paris était en prison.

R. Il y avait dans Paris 2 ou 3,000 personnes retenues ainsi sans ordre.

M. le président. — A quoi servait donc le pouvoir exécutif?

R. La force lui avait été retirée par la Commune. A certains moments, il n'avait plus la moindre autorité.

M. le président. — Voilà ce qu'on peut dire de mieux sur les révolutions. Vous avez fait des réquisitions de pétrole.

R. Non, il n'a pas été fait de réquisitions de pétrole, et cela était inutile. Il y en avait à Paris une grande quantité, il a suffi d'une circulaire engageant les détenteurs à déclarer la quantité de pétrole qu'ils possédaient. Du reste, la compagnie du gaz avait prévu que le gaz allait manquer, et il fallait assurer l'éclairage.

M. le président. — Il y a à l'Officiel un ordre qui vous est donné d'incendier les maisons privées.

Régère, se levant brusquement. — Non, cela n'est pas.

M. le président. — Je vous préviens, accusé Régère, que si vous prenez la parole encore une fois, je vous ferai sortir. Vous avez déjà interrompu trop souvent.

Billioray. — Cet ordre, dont vous parlez, serait de M. Delescluze, et je n'avais pas d'ordre, moi ministre, à recevoir de lui.

Mᵉ Dupont de Bussac. — Je ne sais qui a osé mettre à la fin de cette reproduction du Journal officiel deux ordres qui ne se trouvent pas dans cette feuille.

Billioray. — Cet ordre est inventé.

Un défenseur. — C'est Paris-Journal qui a raconté tout cela.

M. le président. — Au numéro 14 du dossier, se trouve un ordre d'arrestation signé de vous.

R. Je ne l'ai pas vu, mais je suis prêt à reconnaître tout ce qui vient de moi.

M. le président. — Parlez-nous des mille francs que vous avez reçus, ainsi que vos collègues de la Commune.

R. J'ai reçu 500 fr. comme économies et 500 fr. seulement comme membre de la Commune.

M. le président. — Je reviens sur les chefs d'accusation à votre charge. Vous êtes accusé d'attentat contre le gouvernement.

R. J'ai eu l'honneur de dire que le comité central, dont je faisais partie, n'a pu songer ni à une conspiration ni à une révolution. Dans l'après-midi du 18 mars, je fus à l'état-major et je fis mettre en liberté quatre ou cinq gendarmes qui avaient été arrêtés. Il y avait là un officier. S'il lit ces débats, il jugera peut-être convenable de m'apporter son témoignage. Si j'avais songé à une révolution, je n'aurais certainement pas fait mettre ces prisonniers en liberté.

Vers midi, je me rendis rue Basfroid, siège du Comité central. On demandait des ordres, nous délibérâmes, c'est naïf à dire, si nous devions prendre la direction du mouvement. Nous ignorions alors qu'un de nous avait pris cette direction à sept heures du matin sans nous consulter.

En disant ces mots, Billioray regarde Assi qui ne lui envoie qu'un sourire moqueur.

M. le président. — Vous avez suivi l'impulsion de ce membre.

R. Pas immédiatement puisque nous ignorions le fait.

M. le président. — Le comité central avait action sur la garde nationale.

R. Pas complètement, mais pour ma part je luttai de tout mon pouvoir contre les décisions prises à l'égard des canons. C'était un enfantillage de vouloir les garder. Nos hommes ne savaient pas s'en servir et ils n'avaient pas de gargousses. Nous n'étions pas maîtres de la garde nationale; nous n'avions sur elle qu'une influence indirecte.

M. le président. — Si le comité avait fait une proclamation, la garde nationale aurait cédé.

R. Il est évident que je ne décline pas la responsabilité que j'ai pu encourir plus tard, je veux seulement dire que je n'ai pas pris part au commencement du mouvement.

Il ne faut pas s'en rapporter au Journal officiel. Ce n'était même pas un de nos délégués qui s'y trouvait. Celui qui le dirigeait s'y était installé tout seul. Je ne crois pas avoir excité à la guerre civile. Le comité central voulait seulement des élections municipales. Il a pris fort tard la direction du mouvement, et il l'a prise à cause même de l'assassinat des généraux Clément Thomas et Lecomte, car nous devions tous craindre que ce mouvement dégénérât en boucherie. Son but et le mien, c'était d'éviter la lutte.

M. le président. — Vous êtes accusé d'avoir levé des troupes.

R. J'étais membre de la Commune, du comité central et du comité de salut public ; j'accepte la responsabilité collective de leurs actes, quoique je repousse celle des assassinats et des incendies.

Ces expressions semblent plaire fort peu à Assi et à Ferré, car ils se tournent vers Billioray en haussant les épaules.

M. le président. — Cette garde nationale était payée?

R. Elle l'était précédemment.

M. le président. — Vous êtes responsable aussi des incendies et de la destruction des maisons particulières.

R. Je répondrai à ceci que, dès le 21 au soir, je n'ai plus fait partie de la Commune et n'ai pris part à aucun de ses actes.

Mᵉ Boyer. — Je désirerais faire comparaître l'officier d'ordonnance du général Lecomte.

M. le commissaire du gouvernement. — Nous n'avons pu encore savoir son nom, donnez-le moi, je ferai citer cet officier.

Mᵉ Bigot. — J'ai là sous les yeux le récit que le capitaine Beugnot a donné au *Gaulois*, et je regrette qu'il ne soit pas conforme à ce qu'il a dit à l'audience.

M. le président. — C'est vous qui faites erreur. Vous lui avez demandé s'il avait vu l'assassinat, il vous a répondu non, et dans cet article que nous connaissons cet officier ne parle que des faits qui l'ont précédé.

L'interrogatoire de Billioray étant terminé, on passe à l'audition des témoins se rapportant à lui. L'accusation n'en a fait citer aucuns, ce sont tous des témoins à décharge.

C'est d'abord M. Limousin, rédacteur du *Siècle*, membre de la commission l'Union des syndicats, qui vient défendre Billioray avec une véritable chaleur. Il paraît que l'accusé était vivement préoccupé de la réussite des démarches de conciliation faites auprès de M. Thiers. Il fit appeler M. Limousin et le renvoya à Versailles; mais cela se passait le vendredi, et comme il ne vit M. Thiers que le lendemain, il était trop tard, les troupes étaient dans Paris.

Voici quelles étaient les conditions que Billioray pensait acceptables :

Séparation de Paris et de la banlieue.

Département spécial pour Paris.

Conseil municipal ayant les droits d'un conseil général.

L'armée occupant les forts, mais n'entrant pas dans Paris.

La garde nationale déposant les armes dans des arsenaux municipaux.

Amnistie et abrogation des articles 91 et 92 du Code pénal qui ont rapport aux associations.

M. le président. — Il fallait être bien naïf pour croire que le gouvernement pût avoir fait ces propositions.

R. Un de mes collègues m'avait affirmé que M. Thiers avait dit que sur ces bases on pouvait en finir. Billioray était épouvanté des conséquences d'un refus.

M. le président. — Les conséquences sont toujours logiques.

Un second témoin, M. Lamy, secrétaire de la société de l'Epargne, sait que le 15 mai Billioray a pris part à une tentative de conciliation avec Versailles.

Un sieur Benedeck lui succède. C'est un membre de ce fameux comité conciliateur, et c'est chez lui que Billioray a cherché asile le lundi, à 10 heures du soir.

M. Benedeck devait, dit-il, donner l'hospitalité à Billioray, car celui-ci est le père de ses petits enfants. Cette déclaration fait tout naturellement supposer à M. le président que le témoin est le beau-père de Billioray. Benedeck le détrompe avec une grande franchise, en répondant naïvement :

— Non, Billioray n'est pas mon gendre, il est avec ma fille depuis 8 ans.

Une dame Armand, concierge ou propriétaire de Benedeck, sait également que Billioray est resté chez son presque beau-père depuis le 21 mai jusqu'à la fin du mois.

Une demoiselle Augran rapporte que Billioray lui a facilité les moyens de voir son père détenu à la Santé.

Il ne reste plus à entendre, des témoins à décharge cités par Billioray, que M. le général Chanzy, mais il ne pourra venir à l'audience que demain. Le défenseur de Jourde déclare qu'il a aussi l'intention d'adresser au général quelques questions, et l'interrogatoire de son client commence immédiatement.

INTERROGATOIRE DE JOURDE

Jourde est un grand garçon, blond, maigre, à la barbe clair semée, au front intelligent, à la voix calme et posée. Il semble parfaitement maître de lui et il va apporter dans sa déposition, pleine de détails curieux et de chiffres, sinon une sincérité complète au moins une grande clarté. M. Magne rendant compte devant la Chambre de ses opérations financières, n'y mettait pas plus de forme, de politesse et d'apparente conviction.

M. le président. — Vous avez été l'un des promoteurs des divers Comités qui ont précédé la Commune.

R. C'est une erreur, je ne me suis jamais occupé de politique avant le 18 mars, jamais je n'ai paru dans une réunion publique; je tiens à établir que je n'ai pas été le promoteur du Comité central. Je faisais partie d'une commission qui ne remonte qu'au 1er mars; or, le Comité, lui, remonte au mois de février. Il n'avait rien d'occulte, tout le monde a lu ses affiches. Je dois expliquer ce qu'a été cette commission du 5e arrondissement. Le 28 février, alors que les Prussiens devaient entrer dans Paris, nous craignions l'excitation de la population, s'ils essayaient de passer les limites qui leur étaient assignées.

Le Comité central avait organisé une sorte de garde volontaire, mais le 5e arrondissement y était étranger.

Le 2 mars, nous ne jugeâmes pas à propos de continuer, l'autorité militaire ayant pris d'excellentes mesures.

Tous ceux qui avaient fait partie de cette commission étaient opposés à tout mouvement politique et ennemis de celui du 18 mars.

D. Vous avez été élu membre de la Commune.

R. Oui, le 26 mars. J'étais déjà délégué aux finances, et plus tard, comme membre de la Commune, j'ai cru devoir accepter cette délégation de nouveau. Je vais expliquer quel était mon but.

Le 18 mars fut pour nous tous un coup de foudre. Lorsque j'arrivai à l'Hôtel de ville, tout y était en fermentation; on faisait des perquisitions; il y régnait un désordre qui menaçait de devenir dangereux. Je vis qu'il ne s'agissait pas d'un simple mouvement, mais d'une véritable révolution, et je crus qu'il était nécessaire de payer la garde nationale.

Le peuple était excité; il était indispensable, pour éviter la ruine, de ne pas priver les hommes armés des ressources auxquelles ils se croyaient des droits. Je désirais que cette insurrection ne devînt pas le signal d'une lutte horrible entre tous les intérêts.

J'ai alors organisé des services et fait tout mon possible pour me créer des ressources normales.

J'évitai de toucher à tous les intérêts particuliers; et cependant, je pensais bien qu'au premier manque d'argent, la Commune ne serait plus maîtresse du mouvement. Je voyais les Prussiens dans Paris, la ville au pillage. J'acceptai cette délégation d'où je suis sorti plus pauvre que je n'y suis entré.

Je n'ai touché à aucune société de crédit, à aucune administration, à aucune banque, excepté la Banque de France.

M. le président. — Parlez-nous de vos réquisitions de la Banque de France.

R. En arrivant aux finances, j'y trouvai quatre employés et deux caisses. Ces caisses n'étaient pas scellées, et comme j'ai été employé de banque, je voulus décharger ces employés de toute responsabilité; je leur dis de faire poser des scellés sur leurs caisses. Je ne m'attendais pas que cela tournerait un jour contre moi.

Je m'étais adjoint Varlin et j'expliquai à M. Rouland qu'il était nécessaire de nous donner quelque argent pour les premiers besoins. Je n'étais pas préoccupé d'asseoir le gouvernement communard; je voulais sauver la situation. M. Rouland me donna un million et me dit : :

« La Banque ayant des actionnaires, il est nécessaire que je puisse prouver que j'ai été forcé de donner cette somme, qu'elle a été réquisitionnée. J'ai agi selon son désir. Je ne me suis jamais cru un ministre, et si on m'accuse de violences coupables, j'ai à répondre ceci seulement :

» Il n'y avait à la Banque de France que quelques hommes, il eût été facile de les désarmer et l'on sait que le drapeau tricolore n'a pas cessé d'être arboré sur cet établissement.

» Si parfois il m'a été nécessaire de demander de l'argent à la Banque de France, c'est sous la pression des événements. Je l'ai dit à M. Rouland : si je succombais une heure, je ne sais ce qui se passerait et jusqu'où iraient les violences que je ne veux pas reprocher à mes collègues.

La Banque n'avait pas conscience de son danger. Je n'ai pas le droit de donner ici ma parole d'honneur, mais j'affirme que je n'ai jamais songé qu'à éviter à la France la ruine qui la menaçait. Il y avait dans le portefeuille de la Banque 2 milliards, il ne faut pas l'oublier.

M. le président. — Que sont devenus les produits de l'argenterie des églises?

R. J'ai fait transporter le tout à la Monnaie, avec ordre de mettre de côté ce qui avait une valeur supérieure à celle de l'argent. Il ne m'était pas permis d'enfreindre la volonté expresse de la Commune. Il a été fondu pour 80,000 francs de vases d'argent. J'espère qu'il a été retrouvé à la Monnaie tout ce que j'ai pu sauver.

M. le président. — Vous avez fait aussi transporter à la Monnaie 1,200,000 fr. de lingots?

R. Cette affaire a été traitée avec M. Beslay. La banque a reçu ses lingots en pièces de 5 francs, moins 180,000 fr., que les derniers événements si précipités ont fait disparaître; par suite sans doute de ces dégâts qui sont commis par ces misérables que toutes les révolutions font apparaître, puis qui se sauvent et se cachent, en laissant leurs crimes à la charge de ceux qui tombent.

Jourde fait ensuite son bilan et établit avec une grande clarté que l'erreur des 3 millions 500,000 fr. dont parle l'acte d'accusation ne provient que d'une erreur d'addition. Son tort, avoue-t-il, a été de tout compter en chiffres ronds et cela s'explique à cause du trouble qui s'était emparé de lui au moment de son premier interrogatoire.

M. le président. — Que dépensiez-vous par jour et à quoi ?

R. Dans la première période du 18 mars au 20 avril, 25 millions. Dans la seconde, du 20 avril au 25 mai, 19 millions; soit en tout 45 millions.

» Je ne payais que la garde nationale et je ne songeais certes pas à jeter l'argent par les fenêtres. Un jour on m'a offert 5,000 fusils chassepot à 72 francs. Je les ai refusés, J'ai ajourné ce marché, et j'ai réussi à ne pas le faire.

— »Je tiens à citer encore un autre fait. Un Allemand que je ne dois pas nommer (je le lui ai promis) est venu m'offrir 50 millions pour les tableaux du Louvre. Cet argent m'eût été cependant bien utile, je n'aurais pas eu besoin de passer mes nuits pour aviser au moindre moyen de me procurer de l'argent sans faire éclater un conflit.

M. le président. — Que coûtait la garde nationale?

R. 300 à 350,000 fr. par jour. Cela, malgré mes conseils, car je trouvais ces hommes trop payés, surtout pour le service qu'ils faisaient. On exploitait la Commune.

M. le président. — Demeuriez-vous au ministère ?

R. Non. Je m'y croyais en passage pour défendre des intérêts généraux, j'y avais pris une petite chambre modeste ; ma situation nouvelle ne m'avait rien fait changer de mes habitudes.

M. le président. — Donnez-nous des détails sur l'incendie du ministère des finances.

R. Le lundi matin, à 7 heures et demie, un obus venant du Trocadéro y a mis le feu. Le tir de l'armée de Versailles s'explique en ce sens qu'il y avait une forte barricade auprès du ministère.

M. le président. — Un obus ne met pas le feu à un bâtiment semblable.

R. Sous le toit il y avait les archives, c'est-à-dire des papiers que la chaleur des jours précédents avait rendus facilement inflammables.

»A quatre heures, lorsque je suis arrivé, tout danger avait disparu. Les habitants du quartier pourront affirmer que le délégué aux finances n'a pas cessé d'exciter les pompiers à lutter contre l'incendie. Je crois pour ma part que c'est un second incendie dont j'ignore les causes qui a déterminé la conflagration.

M. le président. — Où se trouvaient vos papiers?

R. Dans la seconde pièce de droite, au rez-de-chaussée.

» A quatre heures j'en emportai les plus importants que je laissai à l'Hôtel de ville, pour les reprendre le lendemain. Ils ont disparu dans l'incendie.

» J'en eusse emporté davantage qu'ils auraient eu le même sort. »

Après ces mots, qui sont les derniers de ce curieux interrogatoire, pendant lequel Jourde n'a pas perdu un instant ni le calme ni la mémoire, l'audience est levée et renvoyée au lendemain, à midi.

Audience du 12 août 1871.

Le public commence décidément à prendre un intérêt sérieux aux débats du 3e conseil de guerre et il devient probablement moins difficile de se procurer des billets, car, aujourd'hui, la foule est plus nombreuse que les jours précédents. Malgré la chaleur, qui est accablante, presque toutes les places réservées sont occupées.

Il y a moins de députés qu'hier ; la grande question de la prolongation des pouvoirs de M. Thiers les appelle à la Chambre ; mais, par compensation, M. Théophile Gautier prend place au banc des journalistes.

L'audience ouverte à midi débute par un léger incident. M. le président signale, en la regrettant, l'absence de Me Boyer qui a demandé la veille à faire entendre Mr le général Chanzy, mais au moment où le conseil va être obligé de renoncer à cette audition, quoique le général, lui, soit présent, le défenseur du doux Billioray apparaît enfin.

M. le général Chanzy gagne alors, au milieu de la curiosité de l'auditoire, la barre des témoins, et pour répondre à la question de Me Boyer qui lui demande si Billioray ne lui a pas fait, au nom du Comité central, des excuses à propos de son arrestation, l'illustre chef de l'armée de la Loire s'exprime en ces termes :

Je ne connais pas M. Billioray. Dans la nuit du 28 au 29 mars, j'ai été conduit à l'Hôtel de Ville avec le général Langouriau. Nous avons été introduits par un nommé Babick. Là, nous avons vu le Comité central et, parmi ses membres, un homme blond, à longs cheveux, en costume de garde national, qui nous fit des excuses à propos de notre arrestation. Je m'étonnai de ses paroles.

Il me dit que mon arrestation et celle de mon compagnon n'étaient pas le fait du Comité central, mais de la garde nationale. Il a ajouté qu'on m'avait pris sans doute pour le duc de Chartres. C'était absurde. Alors on m'a dit que j'avais été arrêté comme commandant de l'armée de la Loire. Or, je n'avais plus de fonctions dans l'armée ni de mandat à ce moment, ce ne pouvait être qu'une mauvaise excuse.

Alors le même orateur crut devoir me donner des explications au sujet de ce qu'il appelait lui-même l'assassinat des généraux Clément Thomas et Lecomte.

J'avais eu connaissance déjà des faits par les journaux qu'on m'avait communiqués à la prison de la Santé, où j'ai été enfermé pendant dix jours. Un de mes collègues lui chercha querelle parce que dans les paroles qu'il me dit il blâma l'assassinat. L'altercation fut même assez vive, il s'éleva une scène à laquelle sans doute on a jugé inutile de nous faire assister, et on nous mit en liberté. Il était alors une heure du matin.

Me Boyer. — Je constate que le témoin a entendu flétrir l'assassinat des généraux par l'orateur qui lui a parlé. N'est-ce pas Billioray ?

R. Je ne reconnais pas M. Billioray, que d'ailleurs je n'ai jamais connu ; je sais que cet orateur était blond, avait des cheveux blonds et une longue barbe blonde. L'accusé que vous me montrez n'a pas de barbe. D'ailleurs c'était la nuit et je l'ai peu vu.

Billioray. — M. le général ne se souvient-il pas que j'étais adossé à la cheminée quand je lui ai parlé?

Le témoin. — En effet, et quand j'examine bien l'accusé, ses traits, sauf la barbe, se rapportent à ceux de l'homme qui m'a parlé.

Me Boyer. — Et la voix?

Le témoin. — La voix est ressemblante. J'avais cru reconnaître Jourde d'abord, mais, en examinant bien, je vois que ce n'est pas cela.

Me Boyer. — Je demande à M. le président la permission de mettre sous les yeux du témoin le portrait de Billioray en costume et avec sa barbe.

M. le président. — Je ne m'y oppose pas.

M. le général Chanzy, après avoir examiné les photographies que lui a fait passer Me Boyer. — Je crois en effet reconnaître dans ce portrait le membre du comité central qui m'a adressé la parole à l'Hôtel de ville.

D. Qui a signé l'ordre de votre mise en liberté?

R. Je ne l'ai pas vu, mais je sais qu'il a été apporté par Babick. Je sais seulement que toutes les personnes qui venaient nous voir se félicitaient de la facilité avec laquelle l'accusé Lullier leur permettait de communiquer avec les prisonniers.

D. Votre officier d'ordonnance, M. Henri, ne s'est-il pas adressé à M. Lullier pour vous faire mettre en liberté?

R. Je suis très convaincu que M. Henri a fait toutes les démarches possibles pour obtenir ma mise en liberté, mais j'ignore s'il s'est adressé à M. Lullier.

Billioray. — Il est constant donc que, dès cette époque, je flétrissais l'assassinat des généraux Lecomte et Clément Thomas.

Me Boyer. — Au nom de mon client et en mon nom, je remercie l'honorable général de la bienveillance avec laquelle il a déposé.

M. Chanzy. — Je n'ai mis dans ma déposition aucune intention; j'ai dit scrupuleusement la vérité.

Me Lemarchand. — M. le général Chanzy ne sait-il pas qu'il a été mis en liberté sur l'ordre de Lullier?

R. Je ne sais pas; mais j'ai entendu dire qu'au Comité central M. Lullier s'était montré favorable à la mise en liberté des généraux.

M. le président. — Cela prouverait, dans tous les cas, que les arrestations se faisaient sans ordre et sans motif.

Billioray. — Je le reconnais; nous avions assez de peine à réprimer l'abus des arrestations. Dans tous les cas je n'en ai pas été complice.

M. le président. — Me Bigot, je vous ai fait communiquer deux pièces relatives à la capsulerie.

Me Bigot. — Oui, monsieur le président; mais cette communication est tardive, et je dépose des conclusions tendant à faire déclarer que ces pièces seront écartées des débats, à l'exception des pièces sur lesquelles le ministère public a semblé s'appuyer pour prouver qu'Assi avait des relations avec les Prussiens. Je demanderai que le témoin Puche qui a écrit une lettre à ce sujet, soit entendu. Je demande en outre que sei témoins cités par le ministère public au sujet de l'affaire de la capsulerie ne soient entendus qu'en vertu du pouvoir discrétionnaire du président.

Voici d'ailleurs mes conclusions:

A M. les président et juges composant le 3e conseil de guerre.

Conclusions pour Adolphe-Alphonse Assi.

Il plaira au conseil.

Attendu qu'aux termes de l'article 109 du code militaire, le commissaire de la République, trois jours avant la réunion du conseil de guerre, notifie à l'accusé l'ordre de mise en jugement, en lui faisant connaître le crime ou le délit pour lequel il est mis en jugement, le texte de la loi applicable et les noms des témoins qu'il se propose de citer.

Attendu qu'aux termes de l'article 112 du même code, le défenseur est autorisé, aussitôt cette notification, à prendre communication du dossier ou à obtenir à ses frais copie de tout ou partie des pièces de la procédure.

Attendu que les prescriptions de ces deux articles sont essentielles dans l'intérêt de la libre défense de l'accusé, et qu'elles ne sauraient être méconnues, sous aucun prétexte.

Attendu cependant que les débats étaient commencés quand diverses communications ont été faites à l'accusé ou à son défenseur.

La première est un ordre d'arrêter le général Rebour s'il ne consentait à évacuer le fort de Vincennes.

La deuxième est une lettre adressée au ministre de l'intérieur par un M. Paul Puche exposant qu'étant à Reims il a reçu de plusieurs officiers prussiens la confidence que l'accusé Assi était un agent de M. de Bismarck et recevait à cet effet du ministère prussien une somme de 25,000 fr. par an pour fomenter des grèves.

La troisième, communiquée le 10 août, au cours de l'audience, est un feuillet détaché d'une déposition faite par la forme légale, relativement à des fabrications d'obus, et signée par M. Ambroise, attendu que cette circonstance seule rendrait M. Ambroise (même en matière civile) inapte à déposer comme témoin.

Attendu que la communication tardive de cette pièce est d'autant plus inexplicable qu'elle avait été retirée du dossier après y avoir figuré, puisque le défenseur ayant là une lettre qui désignait le document sur l'observation de retrait à M. le commissaire de la République, le 5 août, au greffe, en présence du greffier, M. Barge.

Attendu que ces trois éléments tardifs devaient être complètement réjetés des débats;

Attendu, cependant, en ce qui touche la deuxième pièce, dénonçant Assi comme agent prussien; qu'il y a peut-être lieu de la maintenir dans l'intérêt même de l'accusé, puisque, dans le dossier criminel qui a été communiqué, on trouve à chaque endroit les efforts impuissants de l'accusation pour établir qu'Assi était en correspondance avec la Prusse, et qu'à cet égard, il entend défier toutes les preuves, même tardives, qui tenteraient de le noter d'infamie, et, quoique les directeurs de la procédure criminelle n'aient pas osé relever dans l'accusation, le chef de correspondance avec un gouvernement étranger, dans le but d'exciter des troubles à l'intérieur.

Attendu, seulement qu'Assi se réserve d'exiger du témoin M. Puche les noms des officiers prussiens qui auraient tenu ce propos par lui rapporté. Il serait trop commode, en effet, au ministère public, d'appuyer ses accusations sur des témoins dont il n'a pas été permis à l'accusé de vérifier, s'il lui convenait, les antécédents et la moralité.

Par ces motifs et tous autres à suppléer de droit et d'équité.

Rejeter du débat les pièces première et troisième ci-dessus dénoncées. Dire que les témoins, que le commissaire de la République se proposait de citer sur lesdites pièces ne seront pas admis à déposer devant le Conseil.

Donner acte à Adolphe Assi de ce qu'il consent à l'audition du témoin Paul Puche.

Lui donner acte également que ce consentement de sa part n'est exprimé qu'à la condition d'obtenir les noms des officiers prussiens qui auraient tenu le propos incriminé, pour qu'une enquête rogatoire étant alors ordonnée par voie diplomatique dans les formes ordinaires, il soit permis d'arriver à la manifestation complète de la vérité.

Et ce sera justice.

L. BIGOT.

M. le commandant Gaveau. — Je ne sais pas ce que les témoins viendront déclarer. Ce n'est pas moi qui les ai fait citer. Mais les conclusions du défenseur n'ont pas de raison d'être. Le conseil n'a pas à les discuter. C'est à M. le président seul qu'il appartient de décider si telle ou telle pièce sera maintenue, si tel ou tel témoin sera entendu. Cela tombe sous l'action de son pouvoir discrétionnaire.

Mᵉ Bigot. — J'aurais pu citer bien des témoins, par exemple le général d'Aurelles de Paladines, qui avait fait une proclamation annonçant que les canons avaient été repris. Cette nouvelle était inexacte.

M. le président. — Je ne vois pas ce que la déposition de M. le général d'Aurelles de Paladines peut avoir d'important pour la défense-d'Assi. Il espérait que la prise des canons se ferait dans des conditions normales et pacifiques; il avait préparé une proclamation à cet égard et dans ce sens. L'évènement n'ayant pas justifié cette attente, la proclamation n'a pas été affichée. Rien de plus naturel. Je ne vois pas ce qu'Assi vient faire là-dedans.

Mᵉ Bigot. — Nous entendons les témoins, quitte à tirer le parti qui nous semble utile de leurs dépositions dans nos plaidoiries.

Le conseil décide, après délibération, que les témoins cités tardivement ne seront entendus qu'à titre de renseignements et sans prêter serment.

M. le président (à Assi). — Vous alliez souvent à la capsulerie de Montreuil?

R. J'y allais moins souvent qu'aux autres manufactures d'armes ou de munitions, mais mon devoir était de visiter ces établissements. On y faisait des expériences, des études sur les fulminates.

D. Qui faisait ces études et ces expériences de chimie?

R. C'étaient des médecins, des chimistes, je ne les connaissais pas personnellement, j'étais chargé de la surveillance de ces établissements et non pas de la fabrication des munitions de guerre.

D. Vous avez commandé des obus à l'acide prussique? Vous vouliez faire de la mitraille avec des clous trempés dans de la strychnine?

R. J'ai fait tout ce qu'il fallait faire pour que la fabrication allât le mieux possible.

D. Vous nommiez des employés?

R. Je n'en sais rien, mais ce ne peut pas être du 1ᵉʳ au 15 avril, puisque j'ai été en prison pendant ce temps.

D. Il y a une nomination de vous en date du 11 mai.

R. C'était un jeune homme qui avait été chargé d'examiner les poudres. Voici dans quelles conditions. On avait dit que les boulets envoyés des buttes Montmartre vers le château de Bécon étaient tombés sur le rempart. Il y avait là un vice. Ce jeune homme fit un rapport sur les poudres. Il se fit attacher à poste fixe à la capsulerie. C'est à peine si je l'ai vu une fois quand il m'a apporté son rapport.

En vertu du pouvoir discrétionnaire de M. le président, on entend alors M. Laronce, directeur de la capsulerie de Paris. Cet officier est en bourgeois, ce dont il présente ses excuses au conseil, et vraiment ces excuses sont parfaitement acceptables: tous les effets de M. Laronce ont été brûlés.

Il dépose de la façon suivante :

Quand les hommes de la Commune sont venus s'emparer de la capsulerie, je leur ai entendu dire qu'ils étaient sous les ordres d'Assi. Assi dirigeait tout ce qui regardait les munitions de guerre. On a fait à la cartoucherie de nouvelles expériences de chimie pour mêler aux projectiles de l'acide prussique ou de la strichnine.

D. A-t-on fait des obus contenant de ces préparations à l'acide prussique?

R. Il y avait une préparation particulière à faire pour faire entrer dans les obus des fioles contenant de l'acide prussique. On a trouvé les fioles, mais pas les obus, ou du moins les obus n'étaient pas chargés.

Un subordonné de M. Laronce, le sieur Ambroise, confirme les explications de son chef en disant :

J'ai été chargé de fabriquer des appareils pour mettre de l'acide prussique dans les obus. On devait faire aussi un mélange de phosphore et de sulfure de carbone qui, lancé à distance, devait s'attacher aux habits des militaires et les brûler.

M. le président. — Tout cela se faisait par vos ordres.

L'accusé. — Ce service était dirigé par le docteur Hirsiger. On ne s'est jamais servi que d'obus contenant du pétrole et de la poudre. Ou a dû trouver dans l'armée des blessés et examiner leurs blessures. On a pu constater que pas un n'a été blessé par ces bombes empoisonnées.

M. le président. — Le témoin a vu charger des obus avec des matières empoisonnées. On a dû en envoyer sur les troupes.

Assi. — Non, monsieur le président.

M. le président. — Est-il sorti de ces obus de la capsulerie?

Le témoin. — Il en est sorti une trentaine par ordre du docteur Hirsiger.

Me Bigot. — On avait employé de l'acide prussique pour essayer de s'en servir pour fabriquer des amorces.

Le témoin. — C'est impossible.

Me Bigot. — J'ai demandé aujourd'hui même sur ce point une consultation à un savant chimiste. Je ferai connaître son avis au conseil.

Assi. — Si j'avais voulu faire faire des engins prohibés, je me serais assuré des personnes que j'aurais employées. Or, le témoin que vous venez d'entendre m'était complétement inconnu. Je n'aurais pas été le prendre pour confident.

M. le président. — Non, votre confident était le docteur Hirsiger. (A Jourde). Vous avez dirigé un journal intitulé : *Pipe-en-qois*.

Jourde. — Ce n'était pas un journal, c'était plutôt une gaminerie. J'avais vingt-deux ans. Nous avions fait une plaisanterie de carnaval à propos d'un incident de la pièce d'*Henriette Maréchal*. Il n'y a eu qu'un numéro.

D. Quelle était la valeur politique de ce journal?

R. Il n'en avait aucune.

D. Vous avez subi une condamnation pour tapage nocturne?

R. J'étais bien jeune; j'ai été condamné avec quelques amis pour avoir chanté après dîner dans les rues. J'ai été condamné à 22 fr. d'amende.

D. Comment étiez-vous porteur de la somme de 9,067 fr. qu'on a trouvée sur vous au moment de votre arrestation?

R. Le mardi matin, le Comité de salut public vint me trouver et me dit que Vallon avait été pris et fusillé. On disait que tous les membres de la Commune qui seraient pris auraient le même sort. On m'a demandé de mettre à la disposition de chacun de mes collègues une somme de 2,000 fr.

J'ai cru que mille francs serait assez. Eudes me dit que quelques-uns d'entre nous étaient des pères de famille et que, comme nous n'étions pas riches, il fallait laisser quelque chose aux enfants. Le Comité de salut public se contenta de 1,000 fr. par membre de la Commune. Je pris donc 40,000 francs, je ne rencontrai qu'une trentaine de mes collègues, de sorte que je restai détenteur d'environ 9,000 à 10,000 francs.

De peur d'être compromis si on m'arrêtait

couvert de cette somme, je l'avais cousue dans mon gilet. Une fois arrêté, j'ai dit à l'officier devant lequel j'ai été conduit que j'avais sur moi une somme importante appartenant à l'Etat, moins 120 francs qui étaient à moi et qui constituaient toute ma fortune. Je remis l'argent à l'officier, et je lui dis que mon compagnon, arrêté avec moi, avait 2,000 francs, qui furent rendus.

M. le président. — Cet ami était porteur d'une somme de 1,700 fr. Cet argent était bien celui que vous lui aviez remis?

R. Oui, monsieur le président.

M. le président. — On a trouvé à la Banque des lettres fort menaçantes émanant de vous et adressées au gérant de la Banque?

R. C'était le 23 mai, l'effervescence était à son comble. De l'argent m'étant nécessaire, je me rendis à la banque et demandai trois cent cinquante mille francs. Cet argent me fut refusé et de plus je fus menacé d'être arrêté par les gardes nationaux de la banque, rendus plus rassurés par l'entrée des troupes à Paris. C'est alors que, entre la menace d'être arrêté par ces soldats et celle que m'avait adressée la Commune, de faire occuper la Banque par les fédérés, je menaçai le gérant de la Banque de laisser exécuter l'ordre de la Commune en cas d'un refus définitif de sa part. Cet argent me fut donné. Ceci sera prouvé.

M. le président. — Qu'avez-vous fait relativement au Mont-de-Piété?

R. C'est grâce à moi qu'il n'a pas été permis que les objets fussent rendus gratis. Cette mesure était pourtant facile à prendre, et j'aurais pu la faire décréter sans peine. Cela n'eût coûté que neuf millions.

M. de Plœuc, gouverneur de la Banque de France.

M. le président. — Vous avez occupé la Banque pendant tout le temps de l'insurrection?

R. Oui.

M. le président. — Que savez-vous relativement aux réquisitions opérées chez vous par Jourde?

R. La première de ces réquisitions fut signifiée à un de mes employés supérieurs. Elle était d'un million. La première qui me fut adressée était de sept cent mille francs.

J'étais sommé de livrer cette somme dans ep délai de trois heures et de la faire parvenir au ministère des finances. Cette pièce était signée Jourde et Varlin. Je réunis le conseil de régence pour en délibérer, et il fut décidé que nous ne pouvions éviter cette sommation. Je fus alors voir M. l'amiral Saisset qui me déclara qu'il lui était impossible de venir à mon aide. C'était ma dernière planche de salut.

J'avais alors à la Banque trois milliards en valeurs : un milliard à l'Etat en espèces, un milliard composant la fortune de quatre-vingt-dix mille familles, un milliard en billets de banque auxquels il ne manquait plus qu'une griffe pour être lancés en circulation. Je dois parler au conseil d'un homme dont j'aurais pourtant voulu taire le nom : c'est le doyen de la Commune, M. Beslay; il me prévint, le

27 mars, qu'il avait des craintes sérieuses relativement à la Banque de France, qu'il était question de réquisitions et même de pillage et me proposa de demander à la Commune la nomination d'un commissaire, chargé de contrôler les rapports de la Banque de France avec le gouvernement de Versailles. Le lendemain il me donna connaissance d'un décret créant cette fonction, et la conférant à M. Beslay.

M. Beslay fut, je dois le déclarer, un excellent auxiliaire, et je lui dois beaucoup de reconnaissance. Grâce à lui, bien des désastres, bien des catastrophes ont été évités.

En outre, il me donna un jour un avis dont je lui aurai toujours particulièrement une grande gratitude.

Il me dit que Raoul Rigault avait proposé de me faire arrêter, et m'offrit une cachette.

Quelques semaines plus tard, après quelques réquisitions qu'il n'est d'aucun intérêt pour les débats de rappeler, il prit à la Commune la fantaisie de battre monnaie.

J'avais à la Banque onze cent mille francs de lingots, dont, après bien des tentatives de refus, je fus obligé d'abandonner une partie, qui fut transportée à la Monnaie et convertie en numéraire. Ces lingots avaient une valeur totale de 1,300,000 fr.

M. le président. — Cette monnaie a-t-elle été frappée?

R. Oui, mais elle n'a pas été émise.

M. le président. — Le personnel de la Banque n'a-t-il pas été suspecté au point de vue politique?

R. Oui, la Commune s'en défiait. On disait que j'y favorisais des conciliabules, des réunions secrètes.

M. le président. — Vous avez eu des relations avec l'accusé Jourde.

R. Oui, un jour il me disait que je ne pouvais plus longtemps conserver à la Banque mon petit bataillon, et m'offrit de choisir parmi les bataillons fédérés celui que je préférerais voir occuper les bâtiments de la Banque. Je refusai net.

M. le président. — Et qu'advint-il?

R. On renonça, je pense, à ce projet.

Le lundi 22 mai au matin, j'appris que l'armée de Versailles était dans Paris. Je reçus, presque en même temps, une sommation de livrer à la Commune une somme de sept cent mille francs.

Je voulus d'abord n'en donner que deux cent mille, mais M. Beslay me supplia de livrer le total de la somme demandée, pour éviter l'occupation de la Banque qui venait d'être décrétée par le Comité de salut public, en cas de résistance du gouverneur aux réquisitions de la Commune.

Le 23 mai, je reçus une dernière sommation signée par Jourde; elle me fut apportée par un détachement des fédérés.

Jourde. — Le témoin ne sait-il pas si M. Beslay n'a pas donné sa démission le 22 mai?

M. de Plœuc. — Je crois que oui, mais je ne puis rien affirmer.

Jourde. — Moi je l'affirme. Beslay relevait immédiatement de la délégation aux finances. Il représentait donc, auprès de M. de Plœuc, les sentiments, les intentions, les volontés du délégué.

M. le président, au témoin. — Quelle est votre opinion sur Jourde?

M. de Plœuc. — Malgré les menaces dont il appuyait ses réquisitions, j'ai toujours vu dans son attitude les façons d'un homme qui n'use de son autorité que pour empêcher des violences.

Jourde. — Plus d'une fois, j'ai bien affirmé ces intentions. Quant à mes menaces, je les expliquerai d'un mot. Il arriva que le Comité de salut public, irrité des refus de M. de Plœuc, voulut un jour envoyer à la Banque deux bataillons fédérés et une batterie d'artillerie. Je m'efforçai de dissuader mes collègues de cette décision.

Ils me reprochèrent mes mesures modérées. Je leur déclarai que j'allais me mettre en route pour la Banque et que si M. de Plœuc répondait par un refus à ma demande d'un million, je leur laisserais toute latitude d'agir comme ils le jugeraient convenable. J'allai à la Banque où je ne trouvai que M. Millaud à qui j'exposai la situation.

— Le conseil de régence ne peut être réuni, dit-il, et je ne puis vous livrer cet argent qu'en cédant à la force.

Je lui pris alors des mains le bon de réquisition et j'y ajoutai d'une écriture tremblée, chose assez naturelle dans ces circonstances, deux ou trois mots qui donnaient satisfaction à M. Millaud. Ceci pourra être constaté. Il serait horriblement surprenant que ces deux écritures ne fussent pas de deux encres différentes.

Après cette explication de Jourde qui, on le voit, ne perd pas un instant ni le calme, ni la mémoire. M. le colonel Merlin annonce que l'audience est suspendue pendant dix minutes.

L'audience est reprise à trois heures et M. Mignot, caissier de la Banque de France, est appelé à la barre des témoins pour faire connaître au conseil quels rapports il a eus avec Jourde. Ce témoin, jeune, énergique, a assisté à la plupart des scènes dramatiques dont la Banque a été le théâtre, et il en a gardé parfaitement la mémoire:

Je vis Jourde pour la première fois le jour où il vint nous demander d'abord un million, puis quelques heures après, encore 300.000 francs. Le lendemain il exigea une nouvelle somme, 350,000 fr. Il se présenta à la Banque accompagné de Varlin. Je ne m'y trouvais pas, j'étais allé voir l'amiral Saisset. L'employé auquel il s'adressa refusa tout naturellement de satisfaire à son désir, alors il le menaça. Dans la journée il écrivit à M. de Plœuc une lettre dans laquelle il lui disait que la Banque était complice de la réaction. A quatre heures, le même jour, un nommé Faillet vint faire une démonstration hostile rue Baillif. Il était à la tête de plusieurs bataillons. Ce Faillet était armé. C'était la première fois qu'on nous faisait des menaces sérieuses.

Le 17 avril, Jourde vint réclamer à la Banque l'inventaire des diamants de la couronne.

On lui communiqua le livre où la mention de dépôt était faite, et il dit d'un ton menaçant :

— C'est bien ; mais la Banque cesse d'être, dès ce moment, un instrument commercial et n'a plus de droit à la neutralité.

Un autre jour encore, Jourde demanda 3 millions ; et lorsqu'on lui eût prouvé l'impossibilité de lui donner cette somme en pièces d'argent, il se fit délivrer 1,200,000 fr. de lingots qui furent transportés à la Monnaie.

Le délégué de la Commune à cet établissement en a rendu compte, sauf toutefois 280,000 fr. Jourde devait revenir chercher le reste des trois millions qu'il avait demandés, mais les troupes de Versailles arrivèrent à temps pour l'en empêcher.

Le 23 mai, il avait été réquisitionné à la Banque une somme de 2,645,000 fr. M. Beslay nous avait dit que la Banque serait attaquée si nous refusions de la donner. Le lendemain, Jourde nous fit encore une nouvelle réquisition de 500,000 fr. au nom du comité de salut public. Nous voulûmes refuser, car nous savions que les troupes de Versailles avançaient, mais nous cédâmes, ne sachant pas au juste le moment où nous pourrions être délivrés.

M. le président. — Vous avez ces sommations sur vous.

Le témoin. — Oui, monsieur le président.

M. le président. — La Banque n'avait-elle pas exigé qu'il fût spécifié que ces sommations étaient faites par menaces.

R. Seulement les deux derniers jours.

M. le président. — Quel est cet ordre signé Durand.

Jourde. — Durand était caissier principal de la délégation des finances.

M. le président. — C'est sur cette pièce qu'il y a cette mention : « Si cette somme n'est pas remise, la Banque sera envahie. » Jourde, reconnaissez-vous cette pièce ?

Jourde. — Parfaitement, elle porte une de ces mentions que la Banque exigeait pour se couvrir auprès de ses actionnaires.

Le témoin. — Le reçu du 23 mai porte la même mention.

Jourde. — Je ferai remarquer au conseil que cette mention est écrite entre parenthèses, d'une autre encore, je dirai même d'une autre écriture. Elle a été faite à la Banque même, en présence de M. de Plœuc, qui me l'a demandée.

Le témoin. — Les avances avaient été déjà faites, M. Beslay nous l'avait dit dans la matinée. Jourde les a approuvées. Du reste, au ministère des finances, tout le monde ordonnançait des paiements sans y avoir aucun droit.

Jourde. — Cela n'est qu'une appréciation du témoin.

M. le commissaire du gouvernement. — Le paiement de la garde nationale était de 300,000 francs par jour, et il y a sur ce bon de réquisition 2,500,000 francs.

Jourde. — Nous étions alors à la fin du mois et un samedi ; on me demandait deux journées de solde, ainsi que cela se faisait d'habitude. De plus il était dû cinq jours, et, ainsi que je l'ai dit, j'avais encore à payer 100,000 francs pour d'autres services. Dans ces der-

niers moments, je sentais si bien que la Banque de France était disposée à résister que je réduisis de 50 0/0 les demandes que j'étais forcé de lui faire. Pour mettre à jour tous mes services, il m'eût fallu sept à huit millions. C'est à force d'économie que j'ai pu tout faire, ou à peu près, avec 2,500,000 francs.

M. le commissaire du gouvernement. — Ainsi le 23 on pensait déjà aux dépenses du 25 ?

Jourde. — Je devais régler la solde du mardi, du mercredi et du jeudi.

M. le commissaire du gouvernement. — Je conteste ici qu'à partir du 23, il fût encore possible de faire des distributions régulières.

Me Deschard. — Jourde n'avait plus alors ce qu'il appelle ses recettes normales ; il a donc fallu qu'il demandât à la Banque plus que précédemment. Vous avez entendu M. de Plœuc ; pendant longtemps on n'a demandé à la Banque que les sommes convenues, mais à partir d'un certain moment, Jourde a bien été contraint d'en exiger davantage. Il vous a dit, si un seul jour, la garde nationale n'avait pas reçu sa solde, Paris eût été pillé. Il a donc agi dans l'intérêt général.

L'auditoire, qui n'est pas tout à fait de cet avis, trouve ce panégyrique de Jourde, par son défenseur, quelque peu hasardé, et il le lui prouve par ses rires et ses murmures.

M. le commissaire du gouvernement. — Le 21, il n'y avait plus de gardes nationaux dans le quartier de la Banque.

Jourde. — Au contraire, il y en avait beaucoup et lorsqu'ils se groupèrent dans le onzième arrondissement, qui était devenu un lieu de refuge, il n'y eut aucun trouble, aucune perquisition, grâce à ce que j'avais pu payer les 23, 24 et 25. Cela est notoire dans le quartier. Lorsque moi-même, suivant forcément l'émeute qui se repliait, j'arrivais dans tel ou tel arrondissement, mon premier soin était d'empêcher les réquisitions ou de les payer.

M. le commissaire du gouvernement au témoin. — A quelle date les soldats de Versailles sont-ils arrivés à la banque ?

R. Dans la matinée du 24.

Le commissaire du gouvernement. — Et le 23 on avait réquisitionné 2,645,000 fr.

Me Boyer. — Le Conseil verra que cette réquisition du 23 n'est pas signée par Billioray.

M. le commissaire du gouvernement. — Elle n'est signée que de deux membres du comité de salut public.

M. le président. — Du reste tous les membres de la Commune et du comité de salut public ne signaient pas toujours.

Billioray. — Pour que les actes fussent valables, il était nécessaire qu'ils portassent au moins trois signatures.

M. le président. — Il en est au dossier un grand nombre qui ne sont pas signés et ont cependant été exécutés. Il parut aussi à l'Officiel des pièces non signées.

Billioray. — Il suffisait de la signature de trois des membres pour engager les deux autres.

M. le président. — Lesquels alors étaient également responsables de ces actes.

Billioray. — Certainement, mais je ferai remarquer au conseil que les actes du 23 sont signés par quatre membres du Comité de Salut public et non par moi. Cela ne s'était jamais vu et prouve bien que j'étais considéré comme démissionnaire.

Le commissaire du gouvernement. — Il faudrait que cette démission fût bien établie, ou vous partagerez toute la responsabilité comme vos collègues.

Billioray. — Il a été constaté par les témoins que, dès le 21, je me suis retiré dans une petite chambre et n'en suis plus sorti.

Le commissaire du gouvernement. — Il pourrait résulter de ces dépositions que vous vous êtes caché au moment du danger. C'est une lâcheté de plus.

Billioray. — J'étais menacé moi-même dans mon existence car j'avais donné l'ordre, à l'insu de mes collègues, de mettre tous les prisonniers de Mazas en liberté, et si j'avais été arrêté par la Commune, Dieu sait ce qui aurait pu m'arriver. Malheureusement mon ordre n'a pas été exécuté.

Me Boyer. — Nous entrons là dans la discussion. Un fait incontestable, c'est qu'à partir du 23 le Journal officiel n'a plus donné une seule fois la signature de Billioray.

Le commissaire du gouvernement. — Si je discute, c'est que vous commencez. Je ne fais que vous suivre dans cette voie.

M. le président. — Si on trouve une pièce signée Billioray, on la présentera à son défenseur.

Billioray. — Si on trouve une seule pièce signée de moi à dater du 23, je m'avoue condamné.

M. le président au témoin. — Ces lingots que la Banque a livrés appartenaient à la Banque, mais elle y a joint de l'argenterie.

R. Nous avons donné en tout 1,300,000 fr.; il nous a été rendu monnayé 900,000 fr. Ce qui est dû encore est resté entre les mains du délégué.

Me Deschars. — Le conseil n'ignore pas qu'à propos de cette affaire, M. Beslay s'était entendu avec Jourde.

Le témoin succédant à M. Mignot est M. Ossus, ex-capitaine d'etat-major de la garde nationale, qui a fait les fonctions de prévôt dans le 18e arrondissement.

Il raconte ainsi l'arrestation de Jourde et les faits curieux qui s'y rattachent.

On vint me prévenir un matin qu'un nommé Roux avait été arrêté rue du Bac, pendant la nuit. Je fis venir cet homme devant moi et lui demandai ses papiers. Il me les donna immédiatement, mais j'y trouvai tant de constatations d'identité, tant de passeports, tant de pièces de nature à prouver l'honorabilité du prisonnier que cela me donna des soupçons. Je lui demandai où il demeurait, il me répondit : 140, rue du Bac, mais le concierge de cette maison, que j'avais envoyé chercher, ne le reconnut pas. Le soi-disant Roux était Jourde. Il nia toutefois qu'il fût Jourde, et, pour me prouver le contraire, il me pria

de faire appeler l'adjoint à la mairie, M. Hortus, dont la sensibilité était proverbiale.

M. Hortus, disait-il, la connaissait depuis longtemps, il avait été en pension chez lui. Mais M. Hortus ne le reconnut pas et il reconnut au contraire dans Jourde, sans toutefois le nommer, un membre de la Commune.

Je descendis alors dans le cachot où était Jourde, et je lui dis : Vous êtes Jourde, pourquoi m'avez-vous donné un faux nom? Il me répondit qu'il avait eu peur de la brutalité des soldats.

Je commandai alors un piquet et Jourde se mettant à trembler, me dit : Allez-vous donc me fusiller? Je le rassurai en lui expliquant que les exécutions sommaires ne pouvaient être ordonnées que par des commissaires militaires et je le fis monter dans mon bureau.

Avant de sortir du cachot, Jourde avait quelque chose de particulier à me dire, car il m'avait prié d'éloigner même mon greffier. Seulement il est probable que cette confidence ne lui était suggérée que par la frayeur, car, dès que nous fûmes seuls, il se contenta de me demander de nouveau si j'allais le faire fusiller.

— Vous en avez pour deux ou trois heures au moins, lui répondis-je.

En entendant ces mots il sembla trembler; je crus un instant à des révélations importantes; mais il se rassura bientôt et ne me dit rien.

Je fis alors réunir la commission devant laquelle il subit un interrogatoire de trois heures. Je lui demandai d'abord s'il avait fait partie du comité central; il me répondit qu'il en avait effectivement fait partie, mais quinze jours seulement avant le 18 mars. Il nia être affilié à l'Internationale.

A l'égard des ressources de cette société, il me dit qu'elle n'avait pas de caisse, et que, lorsqu'elle avait besoin d'argent, elle faisait un appel à ses membres. Il ajouta qu'il ne pensait pas que la maison de Londres eût à cette époque plus de 40,000 fr. en caisse.

Je le questionnai ensuite sur l'emploi de son temps, du 22 au 30 mai; Jourde doit rendre justice à mes procédés, son interrogatoire était long, il me demanda la permission de fumer sa cigarette, je le lui accordai.

Il me raconta que le 22 mai il était resté au ministère jusqu'à 3 heures, cherchant à éteindre l'incendie, et sur mon observation qu'un obus n'aurait pu occasionner un feu aussi foudroyant, il me répondit que l'incendie s'était déclaré dans les combles où étaient les archives.

A 3 heures il retourna à l'Hôtel de ville, et selon lui, il passa le mardi, le mercredi et le jeudi à la mairie du onzième arrondissement. Ce n'est que le vendredi qu'il quitta Belleville en laissant les fonds qui lui restaient à ses secrétaires.

Il se réfugia au numéro 115 de la rue du Chemin-Vert; il y resta deux jours, puis, craignant les perquisitions, il fut demander asile à un de ses amis, le nommé Dubois, qui demeurait au 142 du faubourg Saint-Antoine.

Il arriva le soir chez cet ami, qui refusa de le garder. C'est à ce refus qu'on doit d'avoir rencontré Jourde à une heure du matin rue du Bac. Sur la question finances, je l'ai interrogé longuement. Il m'a dit qu'il était parti le 22 avec cinquante et quelque mille francs. Il avait laissé 50,000 fr. à ses deux secrétaires. Lorsque je lui demandai s'il avait reçu de l'argent de l'étranger, il m'assura avec indignation qu'il n'aurait jamais rien accepté des ennemis de la France.

A propos des dépenses de la Commune, il n'avoua que ces dépenses, après avoir été d'abord de 600,000 francs par jour, s'étaient rapidement élevées à 1,200,000 francs, grâce à certains abus qu'il n'avait pu réprimer. Quant à la solde de la garde nationale qui était de 350,000 francs par jour, il savait bien qu'on payait comme complets des bataillons composés à peine de 200 hommes. Mais il avait échoué dans toutes ses tentatives de réforme. Les sergents, les capitaines, les chefs gardaient pour eux le surplus.

M. le commissaire du gouvernement. — Joli ministre des finances !

Le témoin rapporte ensuite ce que Jourde lui a dit du chiffre de ses réquisitions à la Banque, et de ce qu'il appelait ses ressources normales. Ces détails sont parfaitement d'accord avec ce qui est ressorti des débats précédents.

Il poursuit :

J'en étais là de son interrogatoire, quand un hasard l'a sauvé. Un officier avait prévenu le maréchal Mac-Mahon que Jourde était arrêté. Je reçus l'ordre de le livrer à Versailles, il partit de suite.

J'ai assisté le soir à l'interrogatoire de Jourde devant le commissaire de la police municipale. Il avait une attitude parfaitement calme et convenable, pas un moment de trouble ni d'hésitation. Il répondait avec une grande franchise. Etait-ce de la forfanterie, de l'énergie ? Ou était-ce un masque ? Je ne sais, mais je dois le signaler.

M. le président. — Jourde ne vous a-t-il pas remis de l'argent ?

R. — Oui. Je lui avais dit : Soyez tranquille, je ne veux pas mettre la main sur vous ; je ne l'avais pas fouillé. Avec une grâce parfaite, il m'avoua qu'il avait encore de l'argent cousu dans son gilet, il se déshabilla et me remit 8,070 francs. Je lui demandai alors si son ami Dubois, arrêté avec lui, avait aussi de l'argent. Jourde me répondit qu'il pensait que Dubois avait 7 ou 800 francs. Je courus au ministère des affaires étrangères où était cet homme, et il me remit 1,700 francs.

Je pense, quant à moi, que Dubois était entre les mains de Jourde un instrument passif. En rentrant pour prendre ce Dubois, il m'avoua qu'il avait encore de l'argent dans ses bottes et me remit 1,400 fr. Jourde affirme qu'il l'ignorait ce fait ; c'est possible, et je dois dire que, lorsque les chefs de légion à Belleville avaient supplié Dubois de leur donner cet argent, il leur avait répondu : Il est à l'Etat, je dois le rendre à l'Etat. Je n'en sais pas davantage.

M. le président à l'accusé et à son défenseur. — Avez-vous quelques questions à adresser au témoin ?

Jourde. — J'avais été élevé chez M. Hortus et, en voulant me faire reconnaître par lui, j'espérais qu'il obtiendrait que je pusse aller embrasser ma mère, car je pensais être fusillé.

Le témoin. — Jourde savait M. Hortus très bon, très sensible, et je crois qu'il spéculait un peu sur la sensibilité de ce brave homme que les émotions et les chagrins ont tué.

Me Deschars. — Est-il à la connaissance du témoin que Jourde n'a fait aucune résistance lorsqu'il a été arrêté.

R. Aucune, mais je dois dire que toute résistance eût été inutile. Il a eu d'abord affaire à une sentinelle armée, rue du Bac, et ensuite au poste, à une douzaine d'hommes contre lesquels il n'a pu songer à lutter.

Cette première liste de témoins étant épuisée, il est passé aux témoins à décharge, dont M. le capitaine Ossus, sans vouloir me permettre de critiquer sa déposition, pourrait bien un peu faire partie, car il lui eût été vraiment difficile, tout en restant dans la vérité, de se montrer plus aimable envers l'ex-délégué aux finances.

Le premier de ces témoins est le sieur Baillet, propriétaire de Jourde, qui, pour répondre aux questions du défenseur de l'accusé, rapporte que Jourde n'a pas un seul instant changé quoi que ce soit à ses habitudes. Sa maîtresse, ainsi que par le passé, allait elle-même laver son linge au lavoir, et sa petite fille a toujours suivi l'école des pauvres.

Le second témoin est Dubois, cet ami fidèle que M. le capitaine Ossus veut considérer comme un instrument docile entre les mains de Jourde, ce qui n'empêche que cette docilité n'a pas été jusqu'à lui accorder un asile.

Dubois ne donne au Conseil qu'un renseignement insignifiant : il ne sait pas au juste la somme d'argent que Jourde lui a remise.

Un de nos confrères, M. Trégogli, du *Petit National*, appelé à titre de renseignement, rapporte qu'en passant à deux heures rue de Rivoli, il a vu l'incendie du ministère des finances qu'on s'efforçait de combattre. On disait qu'il avait été mis par un obus.

A ce moment, Me Deschars, défenseur de Jourde, défenseur assisté de Me Carraby, — c'est le maître qui assiste l'élève, — Me Deschars prend la parole pour infliger un blâme au syndicat des agents de change. Il est probable que l'honorable corporation en sera peu émue.

« Il est de notoriété publique, dit le jeune défenseur, que, le 19 mai, la Bourse fut fermée.

» Cela causa un grand émoi parmi les agents de change et ils firent une démarche auprès de Jourde, qui s'empressa de faire rouvrir la Bourse.

» Nous devions espérer que le syndicat des agents de change, qui avait trouvé bon d'user des bons offices de Jourde, trouverait bon de venir ici témoigner d'un fait en sa faveur. Ces messieurs s'y étant refusés; je prie M. le président de faire citer le syndic des agents de change. »

M. le colonel Merlin n'acquiesce pas à cette demande, ce qui se comprend parfaitement, et on entend alors le dernier témoin.

C'est M. Rey, restaurateur, rue du Luxembourg, n° 1, chez lequel Jourde prenait souvent ses repas en compagnie de quelques autres membres de la Commune. M. Rey affirme que ces messieurs vivaient de la façon la plus modeste, et pour confirmer ce qu'a dit Jourde à l'égard de cet obus qu'il accuse du premier incendie du ministère des finances, M. Rey rapporte qu'il a eu aussi dans sa maison un commencement d'incendie provoqué par la chute d'un projectile du même genre.

Avant de lever l'audience, M. le président annonce que le conseil de guerre ne siégera pas dimanche ni mardi, et qu'à la demande de Me Lachaud, obligé de s'absenter, l'audience de lundi sera consacrée à l'interrogatoire de Courbet.

Audience du 14 août 1871

La pluie torrentielle qui éclate au moment de l'ouverture de la séance vient jeter un peu de fraîcheur dans la salle d'audience, dont la température, pendant les derniers jours de la semaine précédente, était véritablement suffocante.

Le public est peu nombreux. En revanche, une foule compacte de gardes républicains et de gardiens de la paix s'entasse dans la partie basse de la salle. Ce sont les hommes de garde qui viennent chercher là un refuge contre l'ondée extérieure.

On fait l'appel des témoins cités à la requête de l'accusé Courbet, et qui seront entendus pendant cette audience.

Ce sont MM. Gast. Charton, Viollet-Lecomte, Casalat, Jonde, Pavet de Courteil, Nachet, Laveur père, Théodore Guignier, le comte de Choiseul, Beaudry, Metseau, Castagnary, Borean, Rambaud, Dupré, Montmirail, Barbet de Jouy, Rochard, Dethenevier, Beausaghel, Face, Dorian, Et. Arago et Jules Simon.

Les témoins à charge sont M. Duchon et Mlle Girard.

Le ministère public a fait citer encore pour déposer contre Ferré, les témoins Clément, Delaserre, Baudin, Dacosta et Costa.

La séance promet d'être intéressante.

L'audience est ouverte à midi 20 minutes seulement. On introduit les accusés. Courbet entre le dernier et va prendre place à l'extrémité du quatrième banc, du côté qui touche à l'estrade du conseil, Me Lachaud, son avocat, est le premier au banc de la défense.

M. le président. — Courbet, levez-vous.

Me Lachaud. — Monsieur le président, je vous serais obligé de permettre à Courbet de prendre place au premier banc, pour que, en cas de besoin, il puisse communiquer avec son avocat ou prendre ses conseils.

M. le président. — Parfaitement.

L'accusé Courbet vient prendre la place de Ferré au premier banc.

M. le président. — A quelle époque avez-vous été nommé membre de la Commune?

R. J'y suis entré le 26 avril.

D. A cette époque, la Commune avait déjà commis des actes de révolution très graves. La guerre avait été déclarée entre Paris et Versailles. La Commune avait voté la loi sur les otages; il y avait eu des scènes de pillage et des arrestations illégales. Comment nous expliquez-vous que vous vous soyez associé à de pareils actes?

R. Dans l'esprit de mon arrondissement, j'étais envoyé là pour pacifier; pour remplir ce devoir, je devais avoir une autorité suffisante.

D. Qu'avez-vous pacifié, quels sont les résultats de cette mission bienveillante que vous prétendez invoquer?

R. J'ai vu bientôt que j'étais tombé au milieu de gens qui n'entendaient pas la raison; j'ai voulu faire du bien, mais j'ai compris bientôt qu'il y avait de la présomption à croire que mes faibles efforts pourraient amener la pacification que je désirais.

D. Tous les membres de la Commune tiennent ici le même langage; tous, ils ont cherché à amener la paix, le bon ordre et le respect des propriétés. Je n'ai pas entendu un seul mot de protestation contre les crimes. Pourtant quelqu'un doit être responsable de ce qui s'est passé et la responsabilité a, pour certains actes, un caractère collectif.

R. Les faits criminels dont vous parlez, la loi des otages, etc., s'étaient passés quand je suis entré à la Commune. Je n'y ai pris aucune part.

D. Il ne fallait pas y entrer.

R. J'ai cherché à empêcher le mal autant que j'ai pu. Ainsi, j'ai fait tous mes efforts pour que Versailles considérât l'armée de Paris, les gardes nationaux, comme belligérants, ce qui eût empêché bien du sang versé et des représailles.

D. Il est inouï de croire qu'un gouvernement régulier puisse considérer comme belligérants des insurgés armés, en révolte contre toutes les lois du pays.

R. Oui, mais entre concitoyens, je croyais qu'on pourrait s'entendre. Nommé le 4 suptembre comme préposé aux Beaux-Arts, j'aurais été impuissant à remplir utilement ma mission si je n'avais pas eu, sous le régime du 18 mars, l'autorité que me donnait mon titre de membre de la Commune.

J'avais à sauver les arts, qui intéressent non-seulement Paris et la France, mais l'Europe. Or, voyez! les arts sont dans le même état qu'au 4 septembre. Les artistes alors m'avaient nommé président des arts, en remplacement de M. de Nieuwerkerke.

J'ai accepté la mission pour la durée de la guerre seulement. C'était un devoir civique, et je considère le devoir civique comme le premier devoir pour un homme de cœur. Après la guerre, M. Jules Simon m'a confirmé dans mes fonctions dont j'avais, du reste, à rendre compte. J'avais sous mes ordres un comité qui s'est occupé de mettre en lieu sûr tous les trésors d'art à Paris, à Sèvres et dans les environs. C'est moi qui ai sauvé le fameux *Bélisaire* qui était à Saint-Cloud. Au château de Meudon, le prince Napoléon n'avait pas 'aissé beaucoup d'œuvres d'art à sauver. Il avait enlevé presque tout. A la Malmaison, j'avais voulu tout emporter. On a laissé certaines choses qu'un officier prussien a vendues à Cassel pour une somme de 125,000 francs environ. J'ai fait revenir de Versailles des Horace Vernet. J'ai été aux Gobelins, à Fontainebleau, partout.

M. le président. — Arrivons à la Commune.

R. Laissez-moi ajouter que c'est moi qui ai fait blinder l'Arc de Triomphe et les chevaux de Marly. J'arrivai ensuite à la Commune. J'aurais eu quelque difficulté à refuser le mandat qu'on m'offrait dans mon arrondissement.

On m'avait mis sur les rangs pour l'Assemblée nationale, d'abord, sans que j'eusse fait la moindre démarche personnelle dans ce but. Quand on a voté pour la Commune, j'ai été élu par 4,600 voix; j'ai accepté. La Commune n'était à mes yeux qu'une chose, la décentralisation des pouvoirs.

D. Vous voulez dire que c'était le droit pour chacun de faire tout sans engager sa responsabilité. Voilà comme on le comprenait.

R. Ah! c'est vrai, bien peu de gens dans la Commune comprenaient le véritable sens du mot! Il y avait des déchirements. Eh bien! étant membre de la Commune, je devenais inviolable, et je pouvais continuer ma mission de président des arts et des artistes. J'avais, dans le Louvre, cent cinquante employés qui étaient payés par Versailles.

Je les ai empêchés d'être de la garde nationale. En outre, j'avais le bataillon des Tuileries sous mes ordres. J'avais également les deux bataillons de Saint-Sulpice à ma disposition. Avec tout cela, je pouvais mettre les arts à l'abri de tout coup de main.

J'avais fait remettre les scellés sur les archives du Louvre et sur des caisses venues de Pierrefonds qui appartenaient à l'empereur déchu. C'était une collection d'armes depuis le moyen âge jusqu'à nos jours. J'ai fait faire un inventaire. Pendant ce temps on disait dans les journaux de Versailles que je cassais les antiques à coups de marteau, et

que je vendais les tableaux du Louvre aux Anglais !

D. Vous n'êtes pas accusé de cela.

R. Je le sais.

D. Vous avez assisté à la séance du 1er mai, où il a été voté pour donner une dénomination au comité, connu depuis sous le nom de Comité de salut public. Dans cette séance vous avez voté pour que le nom fût Comité exécutif. A la suite de la discussion vous avez protesté contre les titres empruntés à la première révolution; ils ne convenaient pas, selon vous, à un mouvement socialiste républicain.

R. Naturellement je voulais éviter tout ce qui avait un caractère irritant.

D. Vous avez provoqué, dit-on, le décret de démolition de la colonne Vendôme.

R. Jamais, monsieur le président. On l'a dit dans l'*Officiel*, mais ce n'était pas vrai.

D. Il fallait rectifier l'erreur, c'était d'autant plus facile pour vous que l'*Officiel* était à la discrétion absolue de la Commune.

R. Ce n'était pas nécessaire, car, dans la même séance, c'est moi qui ai proposé de conserver le soubassement, avec les bas-reliefs représentant les anciennes guerres de la République. J'ai même proposé de mettre une figure au-dessus.

D. Vous avez assisté à différentes séances de la Commune, à celle, par exemple, où on a voté la démolition de la chapelle de Bréa ?

R. J'étais forcé d'assister aux séances, où je recevais mes visites. On me demandait des places. On m'en a demandé plus de 1 500. Je n'en ai pas donné une seule. Je voulais que les places fussent mises au concours et à l'élection.

D. Vous trouviez donc des garanties dans l'élection populaire ?

R. Oui.

D. Quel a été votre rôle dans l'affaire de la démolition de la maison de M. Thiers ?

R. Un rôle de sauveur! Cela me regardait, parce qu'il y avait des objets d'art à sauver. Malheureusement, je suis arrivé trop tard. On emballait tout pêle-mêle. Les hommes du garde-meuble qui étaient chargés du déménagement m'ont dit que je pouvais être sans crainte, qu'ils avaient l'habitude de ce genre de travail. C'est alors que je vis par terre deux petites figures en terre cuite; je les ramassai, croyant que le propriétaire y tenait. et je me proposais de les lui restituer. M. Thiers lui-même a déclaré que je n'étais pas capable de les avoir prises pour me les approprier.

D. Où donc était votre pouvoir? Vous vous êtes mis dans la Commune, dites-vous, pour faire du bien? Quel mal avez-vous empêché ?

R. Ce n'est pas ma faute si le pouvoir a abandonné les monuments, les bibliothèques et les musées.

M. le président. — Les gardiens étaient menacés de mort.

Courbet. — Il fallait donc qu'un homme de cœur se dévouât pour tout sauver. Si le peuple s'est soulevé, je n'y puis rien.

D. Vous êtes resté pourtant à la Commune jusqu'à la fin ?

R. Non point, j'ai donné ma démission le

jour où on a installé le Comité de de salut public.

M° Lachaud. — C'était le 11 mai.

M. le commandant Gaveau. — Comment se trouve-t-il que le 22 mai il ait été à la séance comme assesseur ?

R. Le 11 mai, j'ai donné ma démission ; le lendemain, il y a eu une démonstration de la minorité, je m'y suis associé. La minorité donnait sa démission en disant qu'elle abandonnait la Commune, sauf que si on accusait l'un de nous, nous viendrions pour soutenir notre camarade. Eh bien! quand M. Cluseret a été mis en jugement, nous avons dû aller au secours de M. Cluseret pour qu'il ne fût pas fusillé. Malgré cela nous étions toujours démissionnaires.

D. C'est toujours le même système pour éluder toute responsabilité. Et pourtant vous-même avez déclaré quelque part que vous vouliez accepter toute responsabilité.

Le 30 avril, à propos de la déclaration faite par la Commune, que vous avez signée, on remarque cette phrase :

« La Commune doit au mouvement révolutionnaire, politique et social d'accepter toutes les responsabilités et de n'en décliner aucune, quelque dignes que soient les mains à qui on voudrait les abandonner. »

On y trouve encore la phrase suivante :

« La question de la guerre prime en ce moment toutes les autres ; nous irons prendre notre part à la lutte décisive dans nos mairies respectives en luttant au nom des droits du peuple. »

Les paroles que nous venons de vous citer, et celles qui ont été prononcées par vous dans la séance que nous venons d'énumérer, prouvent que vous avez accepté votre part de responsabilité dans la politique de la Commune.

R. A propos du Comité de salut public, j'ai traité la majorité qui le proposait de plagiaire.

J'avais déterminé, à part moi, que je donnerais ma démission. Sur ces entrefaites, je fus convoqué par la minorité, qui, dans sa manière d'être, avait la même opinion que moi. C'est pour cela que je signai leur manifeste, qui déclarait que nous ne faisions plus partie de cette assemblée, et que nous nous retirions dans nos mairies. Quant à moi, je fus rendu complétement à mes fonctions de directeur des beaux-arts, position où j'avais été appelé deux fois par le public et par le gouvernement du 18 mars aussi bien que par celui du 4 septembre.

En acceptant le 18 mars cette admission illégale que la Commune rectifia le 20 avril, j'avais l'idée d'acquérir une autorité suffisante pour exercer sans contrôle ma mission.

D. Dans la séance du 27 avril vous avez demandé l'exécution du décret ordonnant la destruction de la Colonne ?

R. Sous l'impulsion du public et celle du gouvernement du 4 septembre qui avait déjà fait enlever le Petit Napoléon de Courbevoie, puis le prince Eugène du boulevard qui portait son nom, puis le Napoléon III du guichet du Louvre ; sous l'impulsion des décrets qui avaient ordonné de faire disparaître la statue de Napoléon de la colonne pour fondre en bronze la statue de la ville de Strasbourg, je fus entraîné à adresser à la Chambre une proposition tendant à ce que la colonne fut transportée aux Invalides, sa place naturelle.

La place qu'elle occupait était trop exiguë pour le monument.

D. Vous assistiez aux séances de la société de l'Internationale !

R. Jamais.

D. Voici pourtant une carte d'admission en votre nom pour la section du Panthéon ?

R. C'est une carte qu'on m'a envoyée comme à toutes les personnes en renom, aux gens connus.

D. Quels sont les tableaux que vous aviez confiés au gardien du passage du Saumon ?

R. Ce sont des tableaux à moi, des tableaux de moi et des tableaux anciens que j'ai achetés soit en Allemagne, soit ailleurs.

D. Où sont-ils ?

M° Lachaud. — Je crois que la famille a été autorisée à les mettre dans un local spécial où ils sont.

Courbet. — C'est à cause de ces tableaux que je suis resté à Paris. C'est toute mon existence, toute ma fortune. Les Prussiens ont tout détruit chez moi, à Ornans. Je suis resté à Paris pour sauver le reste.

M. le président. — Il paraît que la colonne Vendôme vous était particulièrement désagréable. Dès le 14 septembre, vous en demandiez la démolition.

R. Ce n'est pas moi qui ai pris l'initiative de cela. Il y avait dès le mois de septembre quatre propositions dans ce sens. Des artistes m'avaient poussé à en faire une également. Le gouvernement même paraissait lui-même favorable à ce projet.

Pour moi, cette colonne obstruait. Un individu n'a pas le droit d'entraver la circulation. Cette colonne était mal placée. D'un autre côté, une certaine partie du public se plaignait de ce que cette exhibition d'un souvenir de guerre nous attirait les colères de l'étranger. Moi, je ne considérais la chose qu'au point de vue plastique. Je n'avais aucune haine contre la colonne, puisque mon oncle a été un des officiers du premier empire ; mais je voulais la mettre ailleurs, où elle fût mieux en vue.

Je voulais la déboulonner. Si vous aviez fait attention, au point de vue de l'art, à cette colonne, vous auriez été de mon avis. C'était une mauvaise reproduction de la colonne Trajane. C'était de la sculpture comme un enfant en ferait. Pas de perspective. Rien. Les figures sont absolument grotesques.

D. C'est alors un zèle artistique tout simplement qui vous poussait à en vouloir à cette colonne ?

R. Tout simplement. Sur la place Vendôme, c'était une prétention malheureuse d'œuvre d'art qui faisait rire les étrangers : aux Invalides, c'était autre chose. Personne n'avait rien à dire. C'était un souvenir militaire qui n'avait pas besoin d'être artistique.

D. Dans la séance du 12 mai, vous demandez ce que vous devez faire des bronzes antiques pris dans la maison de M. Thiers, si l'on doit les transporter au Louvre ou les vendre publiquement.

A cette occasion, vous avez été nommé membre de la commission chargée de ces objets ?

R. Parfaitement.

M. le président donne lecture d'une lettre qui lui est adressée par M. Du Sommerard.

Un passage de l'acte d'accusation, où il est question de caisses contenant des tableaux et déposées au musée de Cluny, dit que ce fut, de la part de M. Du Sommerard, une malheureuse idée.

La lettre réclame contre cette appréciation. Les caisses contenaient des tableaux destinés à figurer dans la partie française de l'exposition de Londres.

Courbet. — Une partie de ces caisses avait déjà quitté le musée de Cluny. J'y courus et constatai que cinq caisses restaient encore à expédier. Je donnai l'ordre de les garder dans la cour du musée et m'en fus chez Régère qui administrait l'arrondissement. Je lui dis à peu près ceci : « Ces caisses sont dans un bâtiment public dépendant de votre arrondissement, et quoique le service des beaux-arts soit mon département, vous en êtes responsable. » Il confirma mes ordres et je me rendis à Cluny où m'attendaient les artistes propriétaires des tableaux emballés, lesquels m'aidèrent à visiter les caisses.

M. le président. — Mais de quelle utilité était donc cette perquisition ?

Courbet. C'est bien simple. Ces caisses avaient été fermées en l'absence de M. Du Sommerard, directeur du musée ; je pouvais craindre que des objets appartenant au musée fussent enlevés et envoyés à Londres avec les tableaux. J'exerçai, du reste, dans les musées une surveillance minutieuse. Au Louvre surtout, j'avais établi un service de garde de 150 employés.

M. le président. — Pourriez-vous nous dire ce que c'est que cette petite canne-fusil trouvée après votre arrestation chez mademoiselle Girard ?

Courbet. — C'est une arme ou plutôt un jouet de mon invention. J'avais fait fabriquer, d'après des dessins à moi, cette petite canne que je voulais offrir en cadeau à mon père. Ce n'était guère bon qu'à tirer des moineaux.

M. le président. — Vous êtes compris, vous le savez, dans les accusations générales aux membres de la Commune. Vous êtes donc accusé d'avoir participé à un attentat ayant pour but de détruire le gouvernement.

Courbet. — Je ne suis arrivé à la Commune que dans le milieu d'avril. Mon intention était, comme je l'ai dit, de jouer le rôle de pacificateur.

M. le président. — Vous dites tous la même chose.

M. le commandant Gaveau. — L'accusé reconnaît-il avoir demandé l'exécution du décret ordonnant la démolition de la colonne ?

Courbet. — Je le nie absolument.

M. le commandant Gaveau. — Il y a cependant au dossier une note extraite de l'*Officiel* de la Commune et établissant que Courbet a demandé que la Colonne fût démolie et remplacée, sur son piédestal, par une statue de la Liberté. J'ai, de plus, une pièce datée du 14 septembre et dans laquelle Courbet soumet au gouvernement une proposition tendant à ce que la colonne soit démolie. Les considérants de cette proposition sont basés sur des motifs politiques, ce qui prouve bien que Courbet, en ce qui concerne la Colonne, n'a jamais agi au point de vue de l'art.

Me Lachaud. — Les dernières lignes de cette pièce expriment que l'accusé désirerait que le gouvernement de la défense nationale eût fait *déboulonner* la colonne et que cette besogne eût été confiée à des artilleurs. D'autres que Courbet ont eu des idées analogues relativement à la colonne. Ce sont des ministres, des maires, des fonctionnaires de toute sorte.

Courbet. — Un ministre m'avait même parlé de faire fondre la statue de Bonaparte pour en faire la statue en bronze de la ville de Strasbourg. J'ai réussi à le détourner de ce projet.

M. le commandant Gaveau. — Vous avez déclaré n'avoir signé aucune pièce pendant votre passage à la Commune ?

Courbet. — Aucune.

M. le commandant Gaveau. — J'ai pourtant ici une proclamation portant votre nom.

Courbet. — Je n'ai jamais rien signé. Un jour Beslay me dit qu'il avait fait mettre mon nom au bas d'une affiche, n'ayant pas eu le temps de me consulter, j'en fus très mécontent.

Me Lachaud. — J'espère que je pourrai démontrer au conseil que Courbet n'a pas été l'instigateur d'une mesure honteuse, et qu'il n'a jamais voulu que ce souvenir de gloire disparût.

M. le président. — Quoique vous disiez que votre démission remonte beaucoup plus haut, vous avez assisté à la séance du 22 ?

R. C'est vrai, mais je n'y suis venu que pour sauver le général Cluseret, qui avait été mis en accusation. Je n'ai jamais fait aucun des actes de la Commune.

Me Lachaud. — Courbet n'allait plus aux séances depuis le 11, et si sa signature se trouve encore parmi celles des membres de la Commune le 22, c'est qu'il avait été convenu que les membres de la Commune, démissionnaires, reviendraient aux séances si on devait y juger un autre membre.

Le Commissaire du Gouvernement. — Je ne vois pas qu'il ait jamais été fait mention de la démission de Courbet.

Me Lachaud. — Il n'était pas venu à la Commune depuis le 11.

M. le commissaire du gouvernement. — Je n'ai trouvé nulle part la trace de cette démission.

Me Lachaud. — C'était la démission de la minorité.

M. le président. — Ce qui ressort surtout de cet interrogatoire ainsi que des précédents, c'est que les accusés ne veulent jamais être solidaires les uns des autres. A tour de rôle vous vous renvoyez la responsabilité.

Me Lachaud. — Il ne faut pas que le conseil

oublie cette déclaration de la minorité de la Commune, en date du 16 mai 1871. Un des paragraphes de cette déclaration est bien évidemment une démission claire et motivée. il dit au nom de la minorité : Nous ne nous présenterons plus aux séances de la Commune que le jour où on jugera un de ses membres.

M. le commissaire du gouvernement.—Mais à la séance du 17, je lis au *Journal officiel* que Courbet fait une motion d'ordre. Il y était donc.

M⁰ Lachaud. — Il serait peut-être bon, à l'égard de cette démission de la minorité, de demander des explications à Jourde qui en faisait partie.

M. le président. — Cette démission de la minorité n'est pas en question. M. le commissaire du gouvernement dit que le 17 Courbet était présent à la Commune.

M. le commissaire du gouvernement. — Et qu'il y a fait une motion d'ordre, ce qui me prouve que le 17 sa démission du 11 n'avait pas produit d'effet.

M⁰ Lachaud. — Ce jour-là, le 17, les membres démissionnaires n'avaient été appelés à la séance que parceque la majorité voulait avoir une explication avec la minorité.

M. le président. — Ceci est de la discussion. Nous allons passer à l'audition des témoins.

Le premier de ces témoins est complétement insignifiant. C'est un concierge de la place Vendôme, le sieur Duchon. Il a vu de loin, de très loin, un homme un peu gros qui grimpait à l'échelle des échafaudages dressés autour de la colonne, et on lui a dit que c'était Courbet. Il avait un paletot bleu ou noir et un petit chapeau rond.

Cette déposition importante est interrompue par Courbet, qui dit en souriant :

— Je n'ai jamais porté d'autre vêtement que celui que j'ai ici, et je ne monte pas aux échaffaudages.

M⁰ Lachaud. — Il est certain que le témoin se trompe ; il était à 150 mètres de la colonne, dit-il, et, d'aussi loin, il est difficile de reconnaître quelqu'un. Il est de très bonne foi, je n'en doute pas, mais il se trompe.

Le témoin suivant est une demoiselle Girard qui demeure passage du Saumon, et chez laquelle Courbet a demeuré du 6 janvier au 21 mai.

Tout ce qu'elle sait, c'est que Courbet a fait porter chez elle des tableaux qui ont été enlevés plus tard, et qu'en sortant de sa maison, il s'est réfugié chez un monsieur Lecomte. Elle ajoute que son locataire, qu'on a dit à tort être son parent, était d'un caractère facile, doux et bienveillant.

Le troisième témoin, car Courbet en a fait assigner un nombre considérable, serait M. Charton, mais une indisposition subite l'a empêché de se rendre à l'audience, et M⁰ Lachaud donne lecture d'une lettre dans laquelle M. Charton rend hommage aux bons sentiments de Courbet, et rappelle les efforts qu'il a faits pour sauver Chaudey. M. Charton ajoute que selon lui, Courbet n'a accepté des fonctions de la Commune, que pour se rendre utile au monde des arts.

Un M. Paillet, employé de l'Assistance publique, dépose ensuite que l'accusé lui a fait restituer des objets qui avaient été enlevés de chez lui à la suite d'une perquisition.

— Courbet blâmait ces perquisitions, dit M. Paillet ; il m'a fait restituer des papiers de l'Assistance publique très importants, et je sais qu'il a agi de la même façon envers d'autres personnes. Grâce à lui, les perquisitions et les réquisitions ont cessé dans son quartier.

M. Cazalac, qui succède à M. Paillet, connaît Courbet depuis vingt-cinq ans ; il l'a toujours trouvé bon et généreux et ne l'a jamais entendu manifester des opinions politiques exaltées.

Après cette déposition, peu importante, ainsi que celle qui précède, M. le colonel Merlin adresse une observation à M⁰ Lachaud pour le prier de n'exiger l'audition que des témoins véritablement intéressants. L'éloquent défenseur, avec sa bonne grâce ordinaire, s'empresse d'obtempérer à ce désir, et annonce qu'il ne fera plus entendre que MM. Pavet de Courteil, Dorian, Etienne Arago, Barbet de Jouy, Jules Simon, de Tournemine, et la femme de charge de M. le comte de Choiseul, qui n'a pu se rendre à Versailles.

M. de Courteil, professeur de langues orientales, connaît Courbet depuis très longtemps. Il a toujours trouvé en lui un homme inoffensif et ennemi des actes violents. Sur le terrain politique, Courbet manifestait plutôt des opinions bizarres que des opinions avancées. C'était surtout un utopiste original, et plein d'idées inexécutables auxquelles d'ailleurs il ne semblait pas tenir outre mesure. C'était, en un mot, un artiste de société agréable, et, pour lui, seulement un artiste.

La femme de charge de M. de Choiseul qui remplace M. de Courteil à la barre, parle d'une voix si tremblante, et est tellement émue qu'il est à peu près impossible de l'entendre. Je devine seulement qu'elle raconte au conseil que Courbet a fourni un sauf-conduit à M. de Choiseul, et qu'il a empêché de piller son hôtel.

Vient le tour de M. Barbet de Jouy ; mais en disant qu'il désirait le faire entendre, M⁰ Lachaud s'est beaucoup avancé, car il est impossible de saisir un mot de la déposition du savant conservateur du musée du Louvre. Nous ne l'entendons vraiment que lorsque, pour répondre à nos timides observations, il daigne se tourner vers la tribune des journalistes pour leur dire d'un ton aigre-doux qu'il ne peut parler plus fort.

Il paraît toutefois que M. Barbet de Jouy a dit à M. le colonel Merlin, mais à lui tout seul, que Courbet lui avait été moins désagréable qu'il ne l'avait craint, lorsque M. Jules Simon lui avait fait part de l'autorisation qu'il lui avait donnée de visiter les musées.

M. Barbet de Jouy, toujours d'après les on-dit, a reconnu que Courbet n'avait en aucune façon désorganisé les services du musée et s'était plutôt rendu utile. Du reste il n'y faisait que de rares apparitions et longtemps avant la chute de la Commune, on était resté sans le voir.

M. le président à Courbet. — Comment se fait-il que dans les derniers moments qui étaient dangereux, vous ne vous soyez pas occupé plus activement de ce que vous appeliez vos fonctions.

R. Je n'étais que l'intermédiaire entre la Commune et l'administration des musées ; si je n'ai pas paru pendant quinze jours, c'est que je savais que tout y allait bien. Je n'ai jamais fait acte d'autorité.

M. Dorian, ancien ministre, interrogé ensuite par Me Lachaud, dit quelques mots en faveur de Courbet, qu'il a connu surtout pendant le siége de Paris, et M. Jules Simon, qui est le témoin suivant, ne pouvant se rendre au conseil de guerre avant trois heures, M. le président annonce que l'audience est levée pendant vingt minutes.

L'audience est reprise à trois heures, et M. Jules Simon, cité à la demande de Courbet, ne gagne la barre des témoins qu'après avoir eu, comme l'autre jour son ex-collègue M. Picard, quelque difficulté à pénétrer dans la salle des audiences. Les factionnaires sont décidément incorruptibles.

Me Lachaud. — Courbet a fait prier M. Jules Simon de vouloir bien se présenter devant le conseil, et je n'ai en son nom qu'une seule question à lui adresser.

Est-il à la connaissance de M. Jules Simon si, pendant les mois qui ont suivi la révolution du 4 septembre, Courbet ne s'est pas occupé très activement de la mission qui lui avait été confiée.

M. Jules Simon. — On m'a averti que l'acte d'accusation désignait M. Courbet comme directeur des Beaux-Arts ; j'en ai été fort surpris, car cette énonciation est inexacte. M. Courbet ne m'a demandé ni ne m'a fait demander aucune fonction, je n'en ai pas eu à lui accorder ni à lui refuser.

Il y avait eu une réunion d'artistes fort nombreuse, dans laquelle il s'est agi des inquiétudes que le monde artistique avait à l'égard de nos collections d'œuvres d'art ; M. Courbet en avait été nommé le président.

A ce titre, il est venu me trouver, et je dois dire au conseil que cette commission était composée d'hommes appartenant à toutes les opinions.

Il y en avait un, entre autres, inutile à nommer, qui ne partageait en rien les idées de M. Courbet. Cette commission réellement n'avait pas de caractère politique.

Je reviens à la visite que me fit M. Courbet. Il me dit qu'il y avait, dans le monde des artistes, une certaine inquiétude à l'égard de nos collections et du soin qu'en prenaient les conservateurs. Si j'avais partagé en quoi que ce soit la frayeur de ces messieurs, je n'aurais pas attendu leur démonstration, et j'aurais changé sans hésitation les conservateurs et les employés, mais je ne la partageais pas.

Je regardai néanmoins ces préoccupations comme sérieuses et je m'empressai de prendre les meilleures mesures pour les faire cesser. Ce fut de les autoriser à visiter les musées, même dans la partie ordinairement fermée pour tout le monde.

Je leur dis : je ne vous donne point autorité, mais une liberté complète de visite, à la condition que vous ne ferez aucune observation, aucun reproche aux conservateurs, mais que vous vous adresserez à moi-même. Ces messieurs allèrent au Musée, et les inquiétudes qu'ils avaient manifestées ne cessèrent pas aussi complètement que je l'avais espéré. Ils m'assurèrent que les détournements avaient été faits avec une telle habileté qu'il était presque impossible de les constater.

Je formai alors une commission spéciale, je mis à sa tête M. Vallée, M. de Guillermin, M. Vacherot, mon collègue à la Chambre, et j'insistai pour que M. Courbet en fît partie, afin qu'il pût lui-même rassurer ses confrères.

Cette commission se livra à toutes les investigations ; elle ne laissa pas le moindre service sans un minutieux examen. Je dois ajouter que la déclaration unanime des membres de cette commission rendit hommage à la probité des conservateurs qui, selon moi, d'ailleurs, était au-dessus de tout soupçon.

Pendant la durée du siége, Courbet a donc été président d'une commission d'artistes ; il s'était chargée de veiller sur nos collections, et je crois qu'il n'avait pas d'autres préoccupations que de les sauvegarder de tout péril.

Voilà tout ce que je sais, à moins que vous ne me fassiez d'autres questions.

M. le président. — Il résulte de votre déposition que Courbet n'avait pas de fonctions officielles.

R. Aucune, je lui avais donné un droit de visite, et je lui avait dit formellement : Vous ne donnerez aucun ordre, ni ne ferez aucune observation ; vous m'écrirez.

M. le président. — Il n'y avait pas alors de directeur réel des Beaux-Arts.

Je vous demande pardon, M. le président, il y en avait et il y en a encore un, c'est M. Charles Blanc.

M. le président. — Chacun des conservateurs est resté à son poste, dans ses fonctions?

R. Parfaitement, M. Courbet n'a jamais eu d'emploi public.

Me Lachaud.— C'est ce que je désirais faire savoir.

M. Jules Simon. — Il était président de la commission des artistes, et c'est à ce titre seul qu'il devait m'écrire.

Me Lachaud. — Et cette nomination lui avait été accordée par un grand nombre de ses confrères.

M. le président. — M. Courbet disait qu'il avait été consacré par M. le ministre.

R. Je n'avais pas à consacrer cette fonction, mais simplement à l'accepter.

M. le président. — Je reviens encore là-dessus. Les artistes avaient sans doute le droit de se préoccuper du sort réservé aux collections d'art, mais ils n'en étaient pas les propriétaires.

Me Lachaud. — Il ne faut pas oublier la date, c'était au lendemain du 4 septembre, époque de grande liberté. Les artistes ont nommé une commission, M. Courbet était leur président. C'était là une fonction importante qu'il devait à la confiance du monde artistique.

M. J. Simon. — Le défenseur résume exactement ma pensée, mais je dois ajouter que nous avions encore une autre préoccupation à cette époque.

Nous étions menacés d'un mouvement populaire, et j'ai dû mettre dehors un certain nombre de garçons de salle, qui pactisaient avec l'émeute et qui, le moment arrivé, auraient pu lui ouvrir les portes.

Nous pensâmes qu'en permettant aux membres de cette commission de visiter les musées à leur gré, nous aurions leur appui dans un temps où nous avions besoin de l'appui moral de tout le monde.

Me Lachaud. — Et le résultat a été de reconnaître la complète honnêteté des conservateurs et des employés. Je parle aussi bien des anciens fonctionnaires que des nouveaux.

Régère. — J'ai eu l'honneur d'avoir avec M. Jules Simon quelques rapports, et je demanderai la permission au conseil d'invoquer son témoignage.

Comme maire du 5e arrondissement, j'ai eu sous ma direction un grand nombre d'établissements publics, et peut-être M. Jules Simon pourra dire que les églises et les lycées de mon quartier ont été, de ma part, l'objet de préoccupations de tous les instants. Jamais l'exercice du culte n'a été interrompu, j'ai veillé avec soin à la continuité de l'enseignement, je n'ai laissé faire dans ces établissements ni réquisitions ni perquisitions.

M. le président. — Vous parlez du temps de la Commune.

Régère. — Oui, monsieur le président, et j'ai autorisé les chefs des établissements dont je parle à ne pas cesser d'avoir avec Versailles les rapports nécessaires. La question que je désire adresser à M. Jules Simon est donc celle-ci :

M. le ministre a-t-il su par les directeurs des lycées et par les membres du clergé restés courageusement à leur poste si je ne les ai pas toujours défendus et protégés.

R. Je connais peu M. Régère, et je ne puis répondre à sa question qu'en me rappelant que les hommes dévoués que j'envoyais à Paris risquaient leur vie pour y pénétrer.

A leur retour, ils me rendaient compte de leurs missions, et je dois reconnaître qu'ils ne m'ont jamais rapporté quelque acte de nature à peser sur M. Régère. Forcément ma réponse à sa question est donc à peu près insignifiante.

On ne m'a rien rapporté qui puisse nuire à celui qui était maire du cinquième arrondissement, on ne m'a non plus rien dit qui m'autorise à parler en sa faveur.

Mais il ne m'est rien revenu qui soit contraire à la défense de l'accusé. M. Vacherot cependant m'a dit que M. Régère n'avait rien fait pour nuire aux établissements qui se trouvaient dans son quartier.

Régère. — S'il y avait eu du mal, vous l'auriez su?

Le témoin. — Certainement.

Régère. — Les églises sont restées ouvertes, les lycées n'ont pas été réquisitionnés ni visités, voilà ce que je tenais à faire connaître au conseil.

Maintenant, je demanderai à M. le ministre la permission de lui adresser une question plus intime. Il s'agit de ce que j'appellerai mon tempérament politique. M. le ministre peut édifier le conseil à ce sujet, je le pense du moins, en faisant appel à sa mémoire.

Le 4 septembre je fus à l'Assemblée et j'y étais avec les sentiments d'un homme proscrit pendant vingt ans et ruiné par le gouvernement qui tombait.

Lorsque la foule se précipita vers l'Hôtel-de-Ville, pour proclamer la république, M. Jules Simon était encore dans l'un des bureaux, discutant peut-être une question moins importante que celle qui s'agitait. Je crus utile d'abord de le prévenir de ce qui se passait, et en gagnant son bureau je rencontrai M. Thiers à qui je fis la proposition que voici :

Je vais voir M. Jules Simon, qui sans doute est déjà nommé membre du gouvernement; voulez-vous vous mettre en rapport avec lui ? ce serait le moyen d'éviter bien des malheurs, peut-être le Corps législatif rentrerait en séance. M. Jules Simon établirait des relations avec l'Hôtel-de-Ville, et la Chambre sanctionnerait le gouvernement nouveau.

M. Thiers adhéra à ma proposition; j'entrai chez M. Jules Simon, et je lui demandai que le nouveau gouvernement s'entendît avec la Chambre et établît l'harmonie si nécessaire. Si M. Jules Simon se rappelle ces faits, je lui serais reconnaissant de le dire.

M. Jules Simon. — Il n'y a rien d'invraisemblable dans ce que dit l'accusé. Cependant je ne m'en souviens pas complètement. Pour moi, j'étais en commission très importante.

Il s'agissait de proclamer un gouvernement régulier.

J'avais bien entendu ce qui se passait à la Chambre, mais je discutais vivement avec un de mes collègues et je n'avais pu m'absenter. Je me souviens bien que plusieurs personnes se présentèrent à la commission, mais je ne puis attester que M. Régère fût parmi elles, et sa conversation n'a pas laissé de traces dans mon esprit.

Cette explication, peut-être un peu inattendue, semble ne satisfaire Régère que médiocrement, car il se rassied brusquement en murmurant quelques mots qui ne viennent pas jusqu'à nous, mais qui ne paraissent pas être des remerciements à l'adresse de M. Jules Simon.

Cet incident vidé, l'audition des témoins est reprise, et un M. Barrot, employé, rapporte qu'à une époque où il désirait quitter Paris, Courbet lui a donné une lettre de recommandation pour un des membres de la Commune. Il ne s'en servit pas, et le surlendemain il revit l'accusé qui vint lui demander à déjeuner.

Pour répondre à l'étonnement que M. Barrot manifestait de voir l'accusé continuer à faire partie de la Commune. Courbet lui répondit :

« Je ne puis songer à donner ma démission : on me fusillerait ; du reste, je dois rester pour protéger les collections d'art. »

M. Etienne Arago, ancien maire de Paris, remplace M. Barrot.

Me Lachaud. — M. Etienne Arago connaît Courbet depuis longues années, je lui serais reconnaissant de dire ce qu'il pense de ses opinions politiques.

M. Etienne Arago. — J'étais exilé à Bruxelles lorsque je vis pour la première fois M. Courbet. Les personnes qui arrivaient de France nous apportaient souvent de mauvaises nouvelles, il m'apporta un fort beau tableau.

Pour moi c'était un artiste et non pas un homme politique. Je ne crois pas qu'il ait changé.

C'était un peintre de grand talent, et il l'est encore. Maintenant, comme maire de Paris, j'ai vu bien des manifestations, des troubles, des émeutes et jamais la figure de M. Courbet ne m'est apparue dans ces mauvais moments.

M. le président. — Cependant la fumée de la poudre a fini par lui monter au cerveau.

R. Je ne puis le juger dans ces circonstances ; durant le second siége j'étais en mission en Italie et à mon retour j'ai constamment habité Versailles.

Ulysse Parent. — Je demanderai à M. le président la permission de profiter de la présence de M. Etienne Arago pour le prier de dire ce qu'il pense à mon sujet ?

M. Etienne Arago. — Je suis enchanté de l'appel qui m'est fait par M. Ulysse Parent, car je le dis hautement, je n'ai eu que des compliments à lui faire sur sa conduite pendant qu'il était adjoint et que j'étais maire. Je suis étonné de le voir là.

Et, ces mots prononcés, M. Etienne Arago partage son salut entre le conseil et les deux accusés qu'il vient de défendre et se retire.

M. Charles Ballot, conseiller à la cour d'appel de Paris, ancien avocat général au 4 septembre, remplace à la barre l'ancien maire de Paris.

Me Lachaud. — M. Ballot faisait partie de cette même commission dont Courbet était président. Voudrait-il dire au conseil quel rôle Courbet y a joué ?

M. Ballot. — C'est dans cette commission que j'ai eu la première entrevue avec M. Courbet ; je n'ai, ainsi que tous mes collègues, qu'à me louer de ses procédés. Pour nous, il n'était pas autre chose qu'un artiste désireux de défendre les arts. Rien dans ses relations n'a pu même me faire supposer que M. Courbet voudrait être un jour un homme politique et que je le retrouverais dans la position où il se trouve.

Courbet nous a aidés de ses lumières et de ses conseils ; il avait des idées qui n'étaient pas les nôtres, mais il les abandonnait facilement, après les moindres raisonnements, sans mauvaise humeur même. Qu'il me permette de le dire ici, pour moi, pour nous, c'était un grand artiste, mais aussi un grand enfant ; il émettait parfois des idées assez étranges, mais il en changeait souvent et facilement.

Aussi, je citerai, entre autres, un exemple de son caractère. D'abord il voulait des destitutions en grand nombre ; il parlait de renvoyer tout le monde, et je ne cessai de lui dire : — Il nous faut des motifs à l'appui ; nous ne pouvons ainsi agir sans preuves. En avez-vous ? Donnez-nous en. Il n'en avait pas, pas plus que nous, et il nous disait naïvement : — Vous avez raison, et les choses restaient en leur état, sans qu'il s'en fâchât autrement.

Je dois ajouter que je n'aurais jamais cru que M. Courbet pût accepter la situation qui lui a été faite dans la Commune ; jamais nous n'aurions pu supposer qu'il resterait complice de ces infamies et de ces assassinats. Permettez-moi de le dire, il avait deux toquades : la réorganisation de l'art et la Colonne.

A côté de la réorganisation de l'art, il avait une pensée réelle et bonne, c'était la protection des musées. Pendant le siége, il a rendu de grands services, c'est incontestable, et sa situation dans la Commune n'est pas étrangère au salut des collections de Paris, qui auraient peut-être été pillées et vendues.

Quant à la toquade de la colonne ; c'était chez lui une idée fixe ; il fallait non l'abattre, mais la déboulonner. Il voulait en conserver les richesses artistiques. Voilà les souvenirs qui me restent de mes rapports avec Courbet ; je n'ai rien de plus à ajouter.

M. le marquis de Chennevière, conservateur du musée du Luxembourg, se présente pour déposer ; mais M. le président faisant observer à Me Lachaud que le conseil est suffisamment éclairé, le défenseur de Courbet est prêt à renoncer à entendre ce témoin ; il ne demande plus que l'audition, à titre de renseignements, de M. Camille Pelletan qui, comme rédacteur du *Rappel*, a eu connaissance de la démission de l'accusé. M. Pelletan se trouvait dans les bureaux du journal de la maison Hugo, lorsque M. Courbet s'y est présenté pour faire insérer cette démission.

Mais comme M. de Chennevière est là, le conseil consent cependant à l'écouter. Du reste le conservateur du musée du Luxembourg n'a pas connu Courbet pendant la Commune, il ne l'a vu qu'après le 4 septembre, et il rapporte que, visitant le musée, comme président de la commission des artistes, Courbet a été fort courtois et que tout le monde a eu à se louer de lui.

M. Camille Pelletan confirme ensuite ce que Me Lachaud avait annoncé à propos de la démission de l'accusé et il ajoute que, complimenté à propos de cette démission par les personnes présentes, Courbet dit :

— Ces gens-là sont fous, et ont appris par cœur la révolution qu'ils font.

La liste des témoins cités par Courbet était donc épuisée, et nous pensions tous que le moment de l'interrogatoire de Lullier était arrivé.

C'était une erreur, certains témoins entendus dans les affaires précédentes ont des rectifications à faire à leurs dépositions ou des additions, et ils ont demandé à reparaître devant le conseil.

C'est d'abord M. le marquis de Plœuc qui veut rectifier l'heure de ses visites à l'amiral Saisset, ce qui ne me paraît pas d'une utilité incontestable, puis il donne ensuite sur la Banque ce détail intéressant :

— On a dit que la Banque n'aurait pu se défendre longtemps, ce n'est pas exact; elle n'est pas, ainsi qu'on le croit, à la merci d'un coup de main. Il n'y a pas d'inconvénient à dire cela aujourd'hui; peut-être même y a-t-il avantage. Lorsque les caves sont ensablées, la Banque peut résister plusieurs jours, car elle ne craint pas même l'incendie. Si le canon détruisait les bâtiments, les obstacles n'en seraient que plus grands pour les pillards.

M. de Plœuc ajoute encore :

A l'égard de ces mentions de menaces portées sur les bons de réquisitions, je dois dire qu'elles étaient, selon moi, la traduction exacte des faits qui se passaient.

M. le président à Jourde. — Hier, j'aurais dû terminer votre interrogatoire en vous rappelant les charges relevées contre vous; je vais le faire aujourd'hui, mais je vous engage à y répondre par oui ou par non, en tout cas aussi brièvement que possible.

Cette recommandation indispensable n'empêche pas Jourde d'entrer dans des détails à l'infini et de revenir presque sur tous les faits de son interrogatoire.

Parmi ses réponses, il en est quelques-unes bonnes à enregistrer. Ainsi Jourde se défend d'avoir voulu changer la forme du gouvernement, en disant qu'il n'a été qu'un administrateur; que le comité central dont il a fait partie n'était pas occulte, et il ne se reconnaît pas coupable de complicité dans l'armement de bandes armées, par ce fait qu'il les a payées, attendu qu'en payant la garde nationale son but véritable a été d'empêcher le pillage.

S'il est resté membre de la Commune, dit-il, ou plutôt répète-t-il, c'est pour se rendre utile; et quant à la complicité dans les assassinats, il la repousse avec indignation, en affirmant que tous les actes de sa vie, son caractère, ses habitudes, son éducation ne permettent pas de supposer qu'il ait pu jamais tremper dans ces actes infâmes et odieux.

Jourde donne encore une foule d'explications pour se laver des autres charges qui pèsent sur lui, et il est tout surpris de voir revenir le capitaine Ossud, qui l'a quelque peu défendu la veille, pour dire aujourd'hui qu'à l'encontre de ce qui a été rapporté par quelques journaux, l'accusé ne lui a pas remis spontanément les 8,070 fr. qu'il avait dans son gilet.»

L'audience se poursuit ensuite avec Ferré, auquel M. le président soumet diverses pièces jointes au dossier de cet accusé, depuis avant-hier.

Ferré, avec ce ton tranchant qui ne l'abandonne jamais, reconnaît certaines de ces pièces et repousse les autres comme des œuvres de faussaire; puis, en refusant séchement de répondre à une question que l'honorable président lui adresse à propos de Veysset et des 20,000 francs que ce malheureux avait sur lui lorsqu'il a été arrêté, l'accusé s'écrie :

— Je m'étonne que chaque jour on ajoute quelques pièces à mon dossier.

Ce qui lui attire du colonel Merlin cette réponse toute logique :

— Ce sera tous les jours comme ça, tant qu'il nous parviendra des documents nouveaux. On ne fait pas l'instruction d'une affaire comme la vôtre en huit jours.

Le doux Billioray soulève ensuite un incident à propos des torpilles qu'il nie jamais avoir existées; Assi, mécontent sans doute de ne rien dire depuis deux jours, prête à son collègue l'appui de son affirmation, puis l'audience est levée et renvoyée à mercredi à midi.

———

Audience du 16 août 1871.

L'audience est ouverte à midi un quart, devant un auditoire plus nombreux que les jours précédents. On sait sans doute que le moment de l'interrogatoire de Régère et de Lullier approche, et on s'attend, de la part de ce dernier accusé surtout, à quelques curieux incidents. Trinquet et Champy doivent cependant être interrogés d'abord, et, avant même de commencer l'interrogatoire de Trinquet, M. le président prend la parole pour annoncer aux avocats que les pièces originales dont l'absence a motivé les conclusions de Me Bigot, sont maintenant dans les dossiers, et que les défenseurs pourront les consulter tous les jours au greffe, de huit heures à dix heures du matin.

On se rappelle avec quelle insistance et sur quel ton aigre-doux ces pièces ont été demandées; eh bien! il y a gros à parier que fort peu de défenseurs se dérangeront pour aller les examiner. Question de principe, diront-ils; question d'incident et de chicane, leur répondrai-je, à moins qu'il ne leur ait plu de supposer que les officiers rapporteurs s'étaient amusés à faire œuvre de faussaires, uniquement dans le but de leur être agréables.

Cette explication donnée, M. le colonel Merlin donne l'ordre d'introduire un dernier témoin relatif à Jourde; c'est la femme Theisz, concierge au ministère des finances. Elle s'avance conduisant son petit garçon par la main.

M. le président. — Savez-vous comment le feu a pris au ministère?

R. Par une bombe.

D. N'avez-vous pas vu amener des tonneaux de poudre?

R. Non, je passais ma journée dans les cuisines derrière; mais mon fils a vu introduire des tonneaux.

L'enfant interrogé répond en effet qu'il a vu amener des tonneaux de poudre qu'on a descendus dans la cave; et le public ne peut cacher l'impression pénible que lui cause cette affirmation de la part d'un enfant qui a assisté à un pareil spectacle.

M. le président, à la femme Theisz. — Vous avez dit dans l'instruction que lorsqu'on a voulu éteindre le feu, plus on pompait, plus les flammes s'élevaient.

R. C'est vrai.

D. Quels étaient ces pompiers?

R. C'étaient les pompiers de la Villette et de la rue Saint-Victor.

Jourde. — Il y a eu deux incendies. Le premier, du lundi, allumé par une bombe, a été combattu et arrêté. Dans la nuit du 23 au 24 mai, un nouvel incendie a été allumé, et il est possible que des pompiers l'aient attisé. Mais, pour le premier, nous l'avons éteint. J'ai dit moi-même au témoin, qui me demandait s'il fallait déménager, qu'il pouvait rester, vu qu'il n'y avait pas de danger.

Le témoin. — C'est vrai.

Jourde. — Je n'aurais pas fait rester ces pauvres gens si j'avais voulu mettre le feu au ministère.

M. le président. — A quelle époque a-t-on introduit les tonneaux?

L'enfant. — Vers le 4 du mois de mai.

Me Deschars. — On ne songeait pas alors aux incendies.

M. le commandant Gaveau. — Je prouverai qu'on y songeait parfaitement.

Jourde. — C'étaient des tonneaux de vin pour les troupes et les employés.

M. le président (à la femme Theisz). — Y a-t-il eu deux incendies?

R. Oui. Le premier était à peine éteint, que le second s'est déclaré.

Il est alors passé à l'interrogatoire de Trinquet, qui se lève d'un air résolu et répond d'une voix claire et ferme aux questions qui lui sont posées.

D. Quand avez-vous commencé à vous occuper de politique?

R. En 1869, à propos de l'élection de M. Rochefort et de M. Gambetta.

D. Vous avez été condamné?

R. En mars 1870, pour avoir été pris dans une émeute, avec un revolver, j'ai été condamné à six mois de prison. Je n'ai jamais fréquenté les réunions publiques. Le 6 avril j'ai été nommé membre de la Commune. Pendant le siège j'avais été sergent-major dans la garde nationale; je l'étais encore après le 18 mars. On m'a nommé sans que j'eusse fait la moindre démarche dans ce sens.

D. On avait voté alors déjà la loi des otages?

R. Oui. Je croyais que c'était un moyen de précaution pour amener plus facilement la paix.

M. le président. — C'est bien inexplicable, cette pacification qui se ferait par l'assassinat. Vous avez assisté à presque toutes les séances de la Commune?

R. Oui. J'étais délégué au vingtième arrondissement et membre de la commission de sûreté. J'ai fait des perquisitions comme membre de la Commune. On me déléguait pour une mission, je la remplissais.

M. le commandant Gaveau. — Vous avez ordonné même des perquisitions dans des églises?

R. Je reconnais l'ordre.

D. Il y a une pièce relative au maintien de l'arrestation de Cluseret. Est-ce votre signature?

R. J'ai quitté la commission de contrôle de la sûreté générale le jour où Ferré a été nommé à la préfecture de police. J'ai signé la pièce relative à Cluseret comme membre de la Commune.

D. Et la perquisition dans l'église de Ménilmontant?

R. On nous avait dit qu'il y avait des armes et des vivres cachés dans les églises.

M. le président. — Et c'est pour cela que vous êtes allés voler les vases sacrés. (Mouvement.)

D. Vous avez voté la démolition de la colonne Vendôme et de la maison de M. Thiers?

R. Non, si j'avais été à la séance, j'aurais

voté la démolition de la colonne, mais j'aurais respecté la maison de M. Thiers.

D. Il y a eu un certain nombre d'exécutions dans le 20e arrondissement?

R. Je n'ai connaissance que d'une seule.

M. le président. — Oui, c'était un nommé Rodde, officier de paix, qu'on a fusillé parce qu'il refusait de tirer sur l'armée. C'est vous qui l'avez achevé d'un coup de revolver?

R. J'ai assisté à l'exécution, mais je nie le coup de revolver.

D. Que faisiez-vous à la mairie?

R. Je faisais des mariages.

D. Je croyais que la Commune avait aboli le mariage?

R. Non, non.

D. On a trouvé sur vous, lors de votre arrestation, une somme de 1,230 fr. D'où venait cet argent?

R. D'une spéculation que j'ai faite en 1859.

D. Et vous avez gardé cet argent douze ans sans le dépenser?

R. Oui, monsieur le président.

M. le président. — Vous êtes économe! (On rit). D'après le notaire, vous n'avez touché à cette époque que 1,500 fr. environ. Ce n'était pas de l'argent donné par Jourde?

R. Nullement.

D. Jourde, avez-vous donné de l'argent à Trinquet?

Jourde. — J'en ai donné à 27 ou 28 de mes collègues; Trinquet n'en était pas. Il n'y a eu que 3 ou 4 membres de la Commune présents ici à qui j'aie donné de l'argent.

Le défenseur de Trinquet, Me Denis, pour confirmer cette explication de Jourde, lit une lettre de laquelle il résulte que Trinquet était très économe, et qu'il ne dépensait pas même les six francs qu'il gagnait par jour. Le vrai savetier de la fable; c'est la Commune qui a été son financier!

M. le président. — Comment se fait-il qu'un ouvrier gagnant cette somme se soit jeté dans les hasards de l'émeute.

Me Denis. — Je reconnais qu'il aurait mieux fait de s'abstenir, mais je tiens à constater qu'il pouvait avoir 1,200 francs.

M. le président (à Trinquet). — Vous êtes accusé d'attentat contre la sûreté de l'État.

L'accusé. — Je n'ai pas commis d'attentat. J'ai pris part à l'insurrection et j'ai payé de ma personne.

Je me suis battu et j'ai eu mon képi et ma capote traversés par une balle. Mon seul regret est de n'avoir pas été tué, je n'aurais pas le chagrin d'assister ici au triste spectacle de collègues cherchant à éluder la responsabilité d'actes qu'ils semblaient si pressés de commettre.

Me Denis. — Pour ce qui est des votes de la Commune, mon cliente ne peut pas être responsable des actes commis avant son entrée dans cette assemblée.

M. le commandant Gaveau. — La Commune n'était pas une assemblée, elle avait la prétention d'être un gouvernement. Tout le monde est responsable et solidaire.

Ces mots terminent ce qui a rapport à l'interrogatoire de Trinquet, qui lui au moins a eu plus de courage que ses coaccusés, et il est passé à l'audition des témoins.

Le premier est M. Marcel Morosoli, employé à la mairie du vingtième arrondissement.

M. le président. — Que savez-vous de l'exécution à laquelle Trinquet a assisté?

R. Le mercredi ou le jeudi de l'entrée des troupes, un groupe de gardes nationaux est arrivé amenant un homme. Ils l'ont fusillé. Trinquet était là. Une fois l'homme tombé, il s'est approché et lui a déchargé son revolver dans la tête.

D. Vous l'avez bien vu?

R. Parfaitement. Je l'ai vu comme je le vois maintenant.

Trinquet. — Le témoin est dans l'erreur.

Le témoin. — J'ai juré de dire la vérité et je dis la vérité.

Trinquet. — Y avait-il du monde dans la cour?

R. Oui, il y avait beaucoup de monde, mais ça n'empêche que j'ai parfaitement reconnu Trinquet. Ainsi j'ai vu qu'on a fouillé l'homme après l'avoir tué et que ce n'était pas M. Trinquet. Le lendemain, on a encore fusillé un homme; mais Trinquet n'y était pas.

D. Vous connaissiez bien Trinquet?

R. Parfaitement. C'était un ancien voisin et je suis très sûr de ce que je dis.

Le témoin suivant, M. Rohain, architecte, confirme le même fait:

J'étais, dit-il, employé à la mairie du 20e arrondissement. J'étais présent quand on a fusillé un officier de paix. Trinquet assistait à l'exécution. Après le feu, il s'est approché et a tiré sur l'homme avec son revolver.

D. Vous le reconnaissez bien?

R. Oh! parfaitement. Je l'ai vu; c'est lui, j'en suis bien sûr. J'étais à la fenêtre de l'entresol donnant sur la cour, et je l'ai très bien vu et reconnu.

D. Comment l'avez-vous reconnu?

R. Nous avions l'habitude de le voir à la mairie.

Me Denis. — A quelle époque avez-vous parlé de cela pour la première fois?

R. On m'a fait venir chez le commissaire de police pour m'interroger; et il m'a interpellé sur le fait. Il savait déjà ce qui s'était passé.

Il n'y a qu'un témoin à décharge, cité à la dernière heure, et qui dépose sans prêter serment. C'est un jeune homme de seize ans, nommé Devain.

Il était employé à la mairie du 20e arrondissement. Il dépose qu'à différentes reprises il a entendu des gardes nationaux se plaindre de la modération de Trinquet qui refusait de faire fusiller tous les gendarmes et tous les sergents de ville. On disait:

« Trinquet ne veut pas, mais on se passera de son consentement. »

Après ces quelques mots en faveur de Trinquet, il est procédé à l'interrogatoire de Champy dans la forme suivante :

D. Vos noms et prénoms?

R. Louis Henri Champy, orfèvre coutelier.

D. Vous faisiez partie de l'Internationale?

R. Pardon; j'ai assisté une seule fois à une séance d'une section de l'Internationale. J'ai vu là des ouvriers qui discutaient des questions sociales intéressant les rapports des ouvriers avec les maîtres, du travail avec le capital; c'était très instructif.

D. Vous avez fait partie, pendant le siège, de la garde nationale?

R. Oui, comme simple garde.

D. Cependant vous avez fait partie, dans votre bataillon, d'un conseil dit conseil de famille?

R. Ce n'était pas un grade.

D. Votre bataillon a pris part aux événements qui se sont passés le 31 octobre?

R. On nous a fait venir place de La Chapelle et place de la Concorde. Nous avons attendu sans rien faire. Le lendemain, nous avons été appelés par le gouvernement pour garder l'Hôtel de ville.

D. Vous avez fait partie du Comité central?

R. C'est vrai, mais je n'ai assisté qu'à la dernière séance.

D. Que faisait-on dans ce Comité qui a amené la révolution du 18 mars et la Commune?

R. On y discutait les intérêts de la garde nationale. A la séance à laquelle j'ai assisté, il a été fortement question de la nomination d'un général en chef de la garde nationale. Le nom de Garibaldi a été mis en avant, pas par moi.

D. Vous avez été nommé membre de la Commune : on vous connaissait donc?

D. J'avais trouvé le moyen de me faire connaître pendant le siège par un camarade du bataillon. J'étais de service aux Tuileries, quand une dépêche m'apprit que j'étais nommé.

Je croyais que nous n'avions rien à faire à la Commune que de nous entendre avec le gouvernement de Versailles pour faire la paix. Je n'avais ni l'intelligence ni l'expérience nécessaires pour gouverner; mais j'ai accepté parce qu'on m'a dit qu'il fallait me dévouer pour sauver la République. Jamais je n'aurais cru que nous en serions venus à la guerre civile. Je voulais sauver la République, voilà tout.

M. le président. — La République n'était pas menacée, vous deviez bien le savoir.

R. Oh! nous voyions bien ce qui se passait.

D. Vous dites, comme tous les autres meneurs de la Commune, que vous n'avez agi que dans de bonnes intentions. Vous vouliez pacifier, dites-vous, et votre œuvre de pacification a abouti à des pillages, à des incendies, à des assassinats.

R. Oui, je le reconnais et j'en suis affligé, car cela était bien contraire à ma nature, mais je suis étranger à ces crimes; je ne m'occupai que des questions de finances et de subsistances. Je n'ai pris part à aucun vote devant amener le massacre des otages. Ce massacre a été, du reste, un acte absolument arbitraire. Je suis sûr que personne de mes collègues n'aurait été capable de proposer ce massacre, ni les incendies qui ont eu lieu dans Paris. Ah! quand j'ai appris ces incendies, que je n'ai connus que par les journaux, j'en ai été indigné, je vous l'assure.

D. Qui a ordonné ces incendies?

R. Ce sont des actes arbitraires, je vous le répète; jamais cela n'a été voté en conseil, j'aurais protesté; mais je n'ai été informé des faits que par les journaux.

D. Ces incendies étaient le résultat des doctrines mêmes de la Commune. Vous êtes responsable de ce qui s'est passé. Vous avez assez souvent répété que l'armée de Versailles n'entrerait que sur des débris. Ne feignez pas d'ignorer maintenant ce que vous aviez froidement médité.

R. Moi, j'ai cru que la Commune était nécessaire pour sortir de l'état où nous étions, comme cela se pratiquait au moyen-âge. Je n'ai jamais pu songer à des crimes. Mais je pensais que, devant un ennemi, Paris devait prendre en main sa défense, et s'organiser en Commune. Nous voulions le bonheur des masses, l'émancipation de l'ouvrier.

M. le président. — Vous aviez, je le comprends, des aspirations dont vous ne vous rendiez pas bien compte vous-même. Vous voyez ce qui est résulté de toutes ces doctrines qu'on vous a fait entrer dans la tête, et que vous ne compreniez pas?

L'accusé. — La garde nationale avait un rôle à remplir. Les Prussiens étaient là. Après les désastres de la guerre, après la capitulation de Paris, il y a eu un mouvement d'effervescence qui devait forcément about à une crise. Les esprits étaient en ébullition. La garde nationale était à moitié malade.

M. le président. — Elle aurait mieux fait de se soigner. (Rires.)

L'accusé. — C'est dans ces conditions que s'est produit le mouvement provoqué par M. Piazza, le 25 ou le 26. La garde nationale se croyait assez forte pour continuer à défendre Paris. Nous avions souffert beaucoup physiquement et moralement; mais nous nous sentions en état de lutter. Alors, on a battu la générale, nous avons entendu sonner le tocsin; et vous savez que le gouvernement, au lieu de seconder ce mouvement, a condamné ses chefs. Alors le Comité central s'est formé.

M. le président. — Le gouvernement avait obtenu que les Prussiens ne seraient pas entrés dans Paris. Si les Prussiens étaient entrés, ce n'est pas la garde nationale qui les aurait empêchés. Il fallait savoir gré au gouvernement de nous avoir épargné cette humiliation, et non pas vous insurger. Vous étiez chef des subsistances et des finances. En cette qualité vous avez été faire une saisie de fonds au canal Saint-Martin. Dans quelles circonstances?

R. J'ai reçu la mission d'aller saisir ce qu'il y avait dans la caisse du receveur du canal. J'ai trouvé 411 fr. 43 c.

Je les ai pris, et je les ai versés à la commission des subsistances, après m'être assuré que les employés avaient touché leurs appointements.

D. Qui vous avait donné cette mission?

R. Quelques membres de la commission des subsistances.

D. Vous avez aussi fait arranger 3,000 tuniques prises à l'armée?

R. Cela résultait encore de ma position à la commission des subsistances. Nous avions besoin de tuniques pour nos gardes et on hésitait à faire la dépense, quand on est venu nous dire qu'on avait trouvé les 3,000 tuniques à la caserne du Prince-Eugène. Il n'y avait qu'une simple transformation à faire pour en faire des tuniques de gardes nationaux. J'ai donné l'ordre de faire le changement.

D. Racontez-nous quel a été votre rôle, et ce que vous avez fait pendant les derniers jours de la Commune.

R. Le dimanche, 21 mai, j'appris vers la nuit l'entrée des troupes de Versailles dans Paris. Le lundi matin je me rendis d'abord à l'Hôtel de ville, où je m'occupai des subsistances avec Viard; puis j'allai encore à l'Hôtel de ville, où je restai quelque temps à signer des bons. Puis je m'en retournai au 10e arrondissement, dont la mairie était sous ma délégation. Le lendemain, au moment où j'allais me rendre à l'Hôtel de ville, après mon déjeuner, j'appris que l'Hôtel de ville était en feu. Je demandai s'il n'y avait pas moyen de porter secours, on me répondit que tout était perdu. Je me rendis alors à la mairie du onzième arrondissement, où je savais que les membres de la Commune devaient se réunir si la réunion à l'Hôtel de ville devenait impossible par suite des événements. C'était convenu depuis le lundi soir.

C'est là que le citoyen Jourde m'offrit une somme de mille francs. Je refusai d'accepter; il me dit que je devais faire comme tout le monde; j'acceptai.

Le lendemain, jeudi, j'allais encore à la mairie par la rue Saint-Denis. Je vis des incendies de toutes parts, cela me faisait beaucoup de peine. Je signai l'ordre de porter secours, et je fis porter cet ordre au poste voisin de sapeurs-pompiers. Je me rendis ensuite à la mairie, où je constatai que rien n'avait disparu. Je quittai le dixième arrondissement pour retourner rejoindre mes collègues au onzième.

Ce jour-là, on nomma une commission de trois membres pour s'entendre avec l'état-major prussien afin qu'il intervînt pour faire cesser la lutte. Cette délégation fut arrêtée à la porte de Vincennes, parce que les neuf gardes nationaux qui gardaient la porte de Vincennes se méfiaient.

Un officier put passer cependant et parvint à aller jusqu'à Vincennes; mais l'officier prussien auquel il s'adressa lui dit qu'il n'avait pas de pouvoirs et l'engagea à revenir le lendemain.

Nous pensions bien que cela n'avait pas de caractère sérieux, et il fut décidé qu'on n'y retournerait pas. Le vendredi, j'étais à la mairie du onzième arrondissement, vers deux heures, où je signais les bons de vivres. Je sortis un moment pour m'assurer de l'exécution de mes ordres, et je m'aperçus, à ma grande stupéfaction, que les flammes sortaient de toutes les fenêtres. Je me précipitai vers mon bureau, j'arrachai les tentures enflammées, et, au risque de me brûler, je jetai par la fenêtre un matelas rempli de pétrole.

Avec l'aide de quelques gardes nationaux nous parvînmes à éteindre le feu. Je passai la nuit à la mairie. Le samedi, je ne pus arriver jusqu'à la mairie. Tout était fini, les barricades étaient abandonnées. Il me tardait de voir la fin de la lutte. Je recommandais aux marchands de vin de ne plus donner à boire aux gardes nationaux.

En visitant une ambulance pour porter quelques secours, j'appris que la mairie du XIe arrondissement était évacuée. Le dimanche matin, je redescendis dans mon quartier, où je visitai quelques ambulances pour y distribuer quelque argent sur les 1,000 francs que Jourde m'avait donnés. Puis, j'allai me promener sur les boulevards, où je ne craignais pas d'être reconnu, n'étant guère connu. Depuis, je suis resté caché.

M. le président. — Enfin, vous avez tous le même système. Vous vous êtes dévoués. Vous n'avez rien fait. C'est un parti pris. Dites-moi : Les pompiers que vous aviez chargés d'éteindre le feu, qu'ont-ils fait?

R. Je dois vous dire que j'étais surpris de voir qu'ils n'en avaient pas pris l'initiative. L'ordre a été exécuté immédiatement sous mes yeux.

D. Et vous avez préféré vous livrer aux Prussiens que de faire loyalement votre soumission au gouvernement?

R. Nous ne voulions pas nous livrer aux Prussiens; nous voulions les prendre comme intermédiaires.

D. Le feu a bien été mis à la mairie du XIe avec du pétrole?

R. Oui, et, quand j'ai vu cela, j'ai été furieux. Je ne sais pas qui a fait cela.

M. le président. — Cela ne donne pas grande confiance en votre administration. Comment! on met le feu à une mairie devant vingt personnes, et nul ne sait quel est l'incendiaire? Vous étiez tous les incendiaires, et vous êtes responsable de ce qui s'est passé. Somme toute, vous vous êtes associé à un attentat contre le gouvernement.

R. J'ai fait cela dans un but de transaction. (Rires.) Et je proteste contre toute participation aux crimes qui ont été commis.

D. Vous avez voté les manifestes de la Commune?

R. C'étaient des cancans arbitraires dont je ne suis pas responsable.

D. Vous avez pris part au vote pour la démolition de la colonne Vendôme!

R. Je ne me rappelle pas. D'ailleurs, il est contraire à mes principes de faire détruire quoi que ce soit.

M. le président. — Vous avez pris part au vote?

R. C'est possible, mais je ne voulais pas détruire des choses utiles.

M. le président. — Vous êtes responsable des arrestations des otages.

R. Oui, mais je ne croyais pas qu'on les aurait exécutés. Nos amis n'étaient pas capables de cela. Je n'ai su ce qui s'était passé qu'après.

On passe à l'audition des témoins.

Charles-Edmond Huet, ingénieur au canal Saint-Martin.

Le témoin raconte comment, le 5 avril, l'accusé est venu dans son bureau disant qu'il était commissionné par la section des finances ou des subsistances, pour venir saisir les recettes des péages du canal. Le témoin n'a pas cru utile d'opposer de la résistance et a laissé saisir la recette qui était de quatre cents et quelques francs.

L'accusé n'avait pas de mandat écrit ; il a montré comme titre son écharpe rouge de membre de la Commune. Le témoin a exigé un reçu de l'acquit ; ce reçu lui a été délivré par l'accusé.

M. le président, à l'accusé. — Vous n'aviez pas d'ordre écrit ?

Champy. — C'est vrai, je n'avais pas de papiers ; mais entre nous, on ne se méfiait pas les uns des autres. Je n'avais pas besoin de papiers. J'ai signé un reçu.

L'accusation renonce aux autres témoins à charge appelés à déposer sur le fait relatif à cette saisie de la caisse du canal.

On passe à un autre ordre de faits dont viennent déposer des témoins à décharge.

Henri de Chantenel, 43 ans, sans profession :

Vers la fin du mois d'avril dernier, ma jeune fille qui chante à l'église Saint-Joseph vint me dire, toute inquiète, que le curé avait reçu sommation de mettre son église à la disposition de la Commune qui voulait en faire un club.

Je lui dis : nous avons pour voisin un membre de la Commune qui ne passe pas pour un méchant homme ; il faudra lui en parler. La menace ne se réalisa pas. Mais dans les premiers jours de mai, j'appris que la maison du curé de Saint-Joseph avait été envahie par un piquet de gardes nationaux qui parlaient d'envahir son église pour en faire un club. Ma jeune fille et une dame qui se trouvaient là se rendirent à l'Hôtel-de-Ville pour demander secours à M. Champy.

Au bout de trois heures, ces dames revinrent ; elles avaient été reçues par M. Champy, qui empêcha en effet l'église d'être profanée. Et, à ce propos, il déclara qu'il était très attaché à la religion.

L'église ne fut pas réquisitionnée et le culte put y être pratiqué, comme par le passé. Champy était même mal vu à cause de cela parmi les fédérés du quartier.

Un jour ma fille entendit des gardes nationaux qui disaient en montrant le curé :

— Quand Champy ne sera plus là, ce grand calotin-là n'aura qu'à se fouiller.

Il est aussi à ma connaissance que Champy a donné des dispenses de service dans la garde nationale à un grand nombre d'habitants de notre quartier. Il n'a pas ordonné d'arrestations.

M. le président. — Il est bien triste d'être obligé d'entendre faire l'éloge d'un accusé, quand cet éloge se borne à dire qu'il n'a pas fait piller et profaner des églises. On devrait avoir quelque chose de mieux à dire.

Champy. — On m'accuse d'avoir pillé les églises ; il faut bien que je me défende. Ces choses-là sont contraires à mes idées de liberté religieuse.

On entend ensuite M. Louis Brazier, curé de Saint-Joseph, qui confirme la déposition précédente.

D. Votre église avait été réquisitionnée par la Commune ?

R. C'était le 13 mai. Des gardes nationaux étaient venus me menacer, et je leur avais répondu avec une certaine énergie ; mais tous mes efforts pour protéger mon église auraient été inutiles sans l'intervention de l'accusé. Depuis ce jour, dans mon modeste temple, j'élève chaque jour vers Dieu ma prière pour l'accusé.

On entend encore le témoin Antony Saunier, qui a fait partie de la même compagnie de la garde nationale que Champy.

D. Que savez-vous de lui ?

R. Nous avons fait partie de la même compagnie pendant le siège ; c'était un excellent cœur, un bon camarade, un caractère inoffensif. Je l'ai vu toujours disposé à faire du bien à ses camarades. Seulement, il est un peu en l'air, un peu léger, mais pas méchant.

On introduit un autre témoin à décharge, le sieur Augustin Lané.

En l'apercevant, l'accusé se lève et dit :

Je ne connais pas monsieur !

Me Lachaud. — En effet, le témoin a été cité par erreur. C'est une erreur de nom.

Le témoin se retire. L'accusé déclare renoncer à l'audition de la demoiselle Dupuis, chargée de confirmer la déposition des témoins qui ont raconté la préservation de l'église Saint-Joseph.

Hector Brideau, orfèvre à Paris, a eu l'accusé pour employé. Il est appelé à déposer sur ces antécédents.

Le témoin. — Je l'ai toujours trouvé bon ouvrier.

D. S'occupait-il de politique lorsqu'il était employé chez vous ?

R. Non, monsieur le président. Seulement, il y a six ans qu'il n'est plus chez moi. Depuis, il s'est établi et nous avons fait des affaires, et jamais nous n'avons eu de conversations politiques ensemble. Il donnait volontiers de bons conseils à ses camarades et leur rendait même des services.

La séance est suspendue pour un quart d'heure et reprise à trois heures moins un quart.

Régère, dont le tour est arrivé, prend au premier banc, derrière son avocat, Me

Dupont de Bussac, la place occupée ordinairement par Urbain; mais M. le président adresse une dernière question à Champy avant de commencer l'interrogatoire de l'ex-vétérinaire de Bordeaux?

M. le président. — Vous avez parlé tout à l'heure du colonel Brunel; n'avez-vous pas eu connaissance de l'ordre qu'il a donné aux pompiers de réunir toutes les pompes au Champ de Mars pour les brûler?
R. Non.
D. Vous n'avez pas eu connaissance non plus des ordres d'incendie qui ont été envoyés dans divers quartiers?
R. Non. On parlait bien d'incendies, mais je ne pense pas qu'il fût question de donner des ordres à cet égard.
M. le président. — Cependant, dans une des séances de la Commune, on avait dit : « Oh! les Versaillais n'entreront jamais à Paris que sur des ruines! » Vous étiez présent à cette séance?
Billioray. — Je n'ai jamais entendu dire que des mines dussent être creusées sous Paris; on faisait tous les cancans imaginables. Peut-être voulait-on effrayer la population, mais nous ne pouvons accepter la responsabilité d'un mot dit en l'air par un collègue. C'était, dites-vous, au mois d'avril que ce bruit de ruines a couru; or, à cette époque, il n'était pas encore question, je crois, de l'armée de Versailles; on ne pensait certainement pas qu'elle pénétrerait aussi facilement dans Paris.
Il a pu être question de faire sauter des portes et des fossés, cela faisait partie naturelle de la défense, mais je n'ai jamais entendu parler de régler des incendies. J'affirme que la Commune n'a jamais eu cette intention.

Ces dernières explications données, il est alors passé à l'interrogatoire de Régère. Sur l'ordre du président, l'accusé se lève, ganté, cravaté de blanc et avec ce rictus stéréotypé sur son visage, qui semble pleurer et rire en même temps.

M. le président. — Vous avez été le fondateur de la *Tribune de Bordeaux*?
R. Oui, en 1848, j'étais vétérinaire, et, avec quelques amis, nous transformâmes, en journal politique une feuille littéraire qui m'appartenait. Au coup d'Etat, elle a été supprimée et j'ai été traduit devant une des commissions mixtes.
Cette commission m'a condamné, puis j'ai été gracié; j'avais eu la bonne fortune d'éviter la guerre civile à Bordeaux, avec de mes amis qui sont aujourd'hui députés. Selon moi, il n'est pas de forme de gouvernement qui vaille la guerre civile. Je vous donne ces explications parce qu'on m'a fait aux débats une physionomie tellement étrange, que je désire reprendre ma figure propre.
D. Vous avez été l'instigateur du mouvement du 31 octobre?
R. On est dans l'erreur la plus complète à mon égard; on me donne un caractère qui n'est pas le mien. Après avoir été pour ainsi dire gracié, quelles que fussent mes opinions, je me considérais comme engagé envers l'empire, à cause de la faveur qui m'avait été faite, et j'étais fermement résolu à ne plus m'occuper de politique. Je quittai donc Bordeaux et je revins à Paris. J'y vécus, m'occupant de sciences et d'affaires. En 1863, je retournai à Bordeaux pour régler une question d'héritage qui intéressait mon fils, et alors je me suis encore occupé de politique, mais une seule fois. Je n'ai manqué à la promesse que je m'étais faite que, pour rendre service à un de mes amis qui était candidat à la députation et qui doit un peu sa nomination à mon influence. Ce député vint à moi; je cédai, ce fut un tort, car c'est pourquoi je suis ici aujourd'hui.
Enfin, je revins à Paris en 1870, pour placer mon fils dans une maison de banque; il avait fait la campagne d'Italie, s'était battu à Mentana, et j'espérais qu'il resterait près de moi, lorsqu'il fût rappelé après Sedan. Le sentiment patriotique se réveillait en France, et quoique j'eusse 50 ans, j'écrivis au maréchal Mac-Mahon, pour lui proposer de suivre le régiment de mon fils, d'y être attaché en qualité de vétérinaire. C'était un devoir de citoyen et de père tout à la fois, mais je dois l'avouer, l'homme politique se réveillait aussi en moi.
M. le président. — Est-ce que c'était ce fils qui a servi la Commune?
R. C'est sur mon désir que mon fils est allé à Mentana. J'appartiens à cet ordre d'idées religieuse qui tient pour le pape contre l'Italie. A son retour, mon fils est allé trouver le général Le Flô qui l'a nommé capitaine adjudant-major dans le 240e. C'est en cette qualité qu'il a combattu les Prussiens. Après le 4 septembre, lorsque son ancien commandant Longuet, appelé à la Commune, a quitté son bataillon, mon fils en est devenu le chef. Quant à avoir combattu, j'ai horreur de la guerre, de la guerre civile surtout, et j'ai été content de la présence de mon fils à la tête de 1,600 hommes. Il nous a été très utile pour maintenir l'ordre dans mon quartier. Il était en état de congé régulier au moment de l'entrée des troupes de Versailles. Son état de santé était mauvais, et il avait obtenu l'autorisation de prendre du repos.
D. Vous étiez membre de l'Internationale?
R. C'est une erreur, non pas que je blâme l'Internationale; j'ai été inscrit d'office au nombre des membres de cette Société où je ne connaissais personne. Elle ne pouvait avoir ma sympathie complète; je suis un homme de 48, c'est-à-dire anti-socialiste.
D. Vous étiez délégué au 20e arrondissement?
R. Non, cela est une grave erreur, je n'y ai jamais mis les pieds. Ce que j'ai été, c'est président de la société politique qui se réunissait à l'école de droit. J'avais été nommé là par mes nombreux amis.
D. Vous avez été membre de la Commune. A quelle époque remonte votre nomination?
R. J'ai été nommé aux élections régulières. J'étais déjà maire de mon arrondissement. Dans l'affaire du 31 octobre, j'ai été acquitté, et je me crus obligé alors de refuser de m'oc-

cuper de politique, voulant respecter la juridiction militaire devant laquelle j'avais été traduit, bien que j'eusse protesté contre sa compétence.

D. Vous avez cependant été adjoint au 5e arrondissement ?

R. J'étais lié avec le maire du 5e arrondissement ; il avait beaucoup à faire, il me pria de l'aider, et je fus en effet un de ces douze ou quinze adjoints de cet arrondissement.

D. Vous avez suivi assidûment les délibérations de la Commune ?

R. Lorsque j'ai été nommé à la Commune, je ne songeais guère à en faire partie. Je fus pris au dépourvu, sans m'y attendre ; je cédai aux obsessions de mes amis. Je dis aux obsessions, car je regardais ces fonctions comme une véritable corvée qui m'était imposée.

D. Cette opinion ne vous empêcha pas de venir souvent aux séances de la Commune.

R. Vous ne me voyez à la Commune que vers le 8 ou 10 avril. Dans mon esprit, je ne croyais pas à la Commune, mais à un corps municipal capable de diriger un mouvement qui menaçait de s'étendre et s'est étendu. Je savais ce que pouvait devenir ce peuple irrité, meurtri, abandonné.

D. Abandonné par qui ?

R. Par ses chefs naturels, par ceux qui auraient dû rester près de lui et ne pas le livrer à ses instincts et à ses désirs.

D. Ne parlez pas d'abandon, parlez de vous, et ne jugez pas les autres. Je vous demande la part que vous avez prise dans le mouvement insurrectionnel. Ne dites que ce qui peut être utile à votre défense. Abstenez-vous surtout d'appréciations inutiles. Il ne s'agit ici que de votre responsabilité.

R. J'accepterai ma part de responsabilité dans les actes de la Commune dont je me suis mêlé, mais je repousserai les autres. Je venais aux séances, mais le plus souvent j'arrivais à quatre heures et je sortais avant la fin. La Commune qui perdait bien du temps en discussions inutiles bloquait une foule de décrets à la fin des séances où je n'assistais jamais. Aussi j'affirme que parmi ces décrets je n'ai jamais connu celui des otages.

D. Vous avez fait partie du Comité de Salut Public.

R. J'accepte, à propos du Comité public, tout ce que l'accusation voudra mettre à ma charge. Il fallait diriger la Commune, ne pas se laisser déborder par elle. Il n'existait vraiment personne pour veiller aux travaux de défense. Les pouvoirs se tiraillaient ; il en fallait un supérieur à tous les autres, on l'a appelé Comité de salut public comme on aurait pu l'appeler Comité exécutif ; j'étais pour cette dernière dénomination. Ce Comité aurait pu faire des choses utiles. Le seul reproche que j'aie à lui adresser ainsi qu'au Comité central, c'est de n'avoir pas été là lorsqu'il aurait pu sauver la situation.

Il était composé d'hommes que j'honore, intelligents et honnêtes, Ranvier, Billioray.

Le commissaire du gouvernement. — Ne citez pas au moins Billioray.

Régère. — Je désire vous donner mon opinion sur ces hommes.

M. le président. — Vous vous égarez tou-

jours, répondez seulement aux questions que je vous adresse. Arrivons aux perquisitions et aux réquisitions que vous avez ordonnées.

R. Dans les autres arrondissements, les perquisitions qui avaient pour but de chercher les réfractaires étaient de véritables chasses à l'homme ; dans le mien il en était tout autrement.

J'avais réussi à faire de mes employés des hommes d'ordre, et les perquisitions se faisaient avec humanité et tous les égards possibles. J'y employai seulement deux gardes dont j'étais sûr.

M. le président. — Vous n'en avez pas moins ordonné des arrestations, et les recherches des réfractaires étaient très rigoureuses dans votre arrondissement. Vous dites qu'elles se faisaient avec douceur, je n'en sais rien.

R. Ces deux délégués me rendaient compte chaque soir de leur mandat, et en ce qui concerne les réfractaires, je n'ai jamais forcé un homme à se battre.

M. le président. — Certaines des perquisitions que vous avez ordonnées, ont eu pour résultat des saisies d'argent et d'objets précieux, car vous rendez compte au citoyen Varlin d'une perquisition qui vous a livré une certaine somme d'argent.

R. Ces perquisitions n'ont aucun rapport avec celui dont vous venez de parler, elles sont antérieures d'un mois et avaient été ordonnées par la préfecture. J'ai voulu envoyer à la préfecture cet argent saisi, mais à la préfecture, c'eût été perdu, et j'ai préféré faire un rapport à ce sujet au citoyen Varlin. Il en est résulté que cet argent a été soigneusement conservé ; il a pu être rendu à son propriétaire.

M. le président. — Vous avez pris la défense du commissaire Pilotell, lorsqu'il a été accusé par la Commune d'avoir profité de la perquisition chez M. Polo pour lui voler 100 francs.

R. Oui, nous avons mis Pilotell en accusation, car il faut bien qu'on le sache, au point de vue de la morale privée, nous étions extrêmement sévères :

Les éclats de rire de l'auditoire, à ces mots, ne déconcertent nullement Régère, qui répète : Oui, très-sévères ; nous étions d'honnêtes gens.

M. le président. — Lors de l'entrée des troupes dans Paris, vous avez pris part à la défense de votre arrondissement.

R. J'ai pris certaines mesures, mais ce n'était pas pour me défendre, il n'était pas dans ma pensée qu'on pût résister aux troupes de Versailles. J'avais 3,000 hommes dans mon arrondissement, et je ne voulais pas qu'ils me quittassent pour se joindre à l'insurrection ; j'ai agi en conséquence et je n'ai fait qu'un semblant de défense. Le conseil pense bien que si j'avais voulu résister, cela m'eût été facile. Le Panthéon est une forteresse que je pouvais rendre à peu près imprenable, mais au contraire, à dix ou onze heures, lorsque je sus que l'Hôtel de ville brûlait, j'ai réuni chez moi un conseil de guerre composé de chefs de légion, et je leur fis comprendre qu'il n'y avait pas de défense possible. Il a été décidé que nos bataillons rentreraient chez eux, y resteraient, et que ceux de Belleville remonteraient dans leur quartier.

M. le président. — Vous avez conservé vos fonctions jusqu'au moment de l'arrivée des troupes de Versailles.

R. Je suis resté jusqu'à la fin à mon poste. J'avais été élu à 8,000 voix ; ceux qui m'avaient honoré de leur suffrage comptaient sur moi, j'ai voulu rester pour les sauver. Dans mon arrondissement on ne s'est pas battu, c'est à moi qu'on le doit ; il n'y a pas eu d'incendies c'est à moi qu'on le doit encore.

D. Vous aviez donc pris des précautions pour cela, vous étiez donc prévenu que le feu devait être mis dans votre arrondissement?

R. J'avais quitté la Commune le 19 jour où j'ai présidé ; je n'ai pu y retourner les jours suivants, absorbé que j'étais par les soins à donner à mon arrondissement. Je n'ai jamais entendu dire qu'il était question d'incendies dans tel ou tel quartier.

C'est dans ce conseil de guerre que j'avais réuni que j'ai appris qu'on allait mettre le feu au Luxembourg. J'ai de suite pris des mesures pour m'y opposer, et pour commencer j'ai donné l'ordre de n'en rien faire.

D. Qui donc a commandé ces incendies?

R. Oui, ils avaient été commandés; par qui? Je ne sais, mais je m'y suis opposé de tout mon pouvoir.

M. le commissaire du gouvernement. — De l'interrogatoire de l'accusé, il ressort qu'il a dit qu'il ne pouvait se défendre parce qu'il était entouré par les troupes de Versailles.

R. C'est bien avant l'arrivée des troupes que j'ai convaincu mes chefs de légion de l'impossibilité de la défense.

M. le président. — Dans les perquisitions, on enlevait tout ce qu'on trouvait : argent, bijoux, objets de valeur.

R. Dans les églises, il n'a rien été saisi.

M. le président. — Je parle des maisons particulières.

R. Je déclare qu'il n'a été porté à la mairie qu'une somme de 156 francs, qui a été restituée à son propriétaire.

M. le président. — Vous n'avez pas connu un nommé Pinet ?

R. Au moment où je montais à cheval pour aller visiter les barricades, on m'amena un individu qui venait d'être arrêté; il avait déblatéré contre la Commune.

M. le président. — Contre les incendies?

R. Non, je ne crois pas. Enfin cet homme avait été arrêté, et il risquait d'être fusillé. Je m'y opposai énergiquement. C'eût été le premier meurtre commis dans mon arrondissement. Pour le sauver, je le maintins en état d'arrestation, je lui pris ses papiers. Parmi ces papiers, il y avait des valeurs qui lui furent restituées. On disait qu'il trahissait pour les Versaillais.

Le commissaire du gouvernement. — Je vous préviens, monsieur le président, d'intimer l'ordre à l'accusé de ne plus appeler mes soldats les Versaillais.

Régère. — Je dirai désormais : l'armée régulière. Le conseil de légion avait décidé l'arrestation de ce monsieur Pinet; à la préfecture il aurait couru des dangers, et je ne savais que faire de ses papiers. A qui les remettre? ils sont restés dans mes mains, mais cachetés, ficelés et avec l'indication nécessaire pour qu'ils puissent être restitués plus tard à leur propriétaire. Je les ai donnés à M. Claude, le chef de la sûreté, avec prière expresse de les conserver avec soin.

M. le président. — Enfin, vous reconnaissez avoir ordonné des perquisitions.

R. Il y avait deux sortes de perquisitions : les premières, pour les armes et les réfractaires, c'était la préfecture qui les ordonnait. Je ne saurais en être responsable. Quant aux secondes, elles ont toujours été faites, ainsi que je l'ai dit, avec la plus grande humanité et la plus extrême réserve.

R. Qu'avez-vous fait à partir du moment où votre arrondissement a été envahi ?

R. L'accusation m'abandonne à ce moment, je pourrais me taire, mais je veux le dire. J'ai monté à cheval, j'ai traversé plusieurs barricades, en m'efforçant de décider les hommes à les abandonner, et après plusieurs heures, j'ai pu à grand'peine rejoindre ma femme, avec laquelle je me suis réfugié rue des Blancs-Manteaux, 31, chez M. Allon. Je me suis enfermé deux fois; des perquisitions ont été faites dans cette maison, et deux fois j'y ai échappé, grâce à un passeport anglais que m'avait donné un de mes amis. C'était là cependant que demeurait Amouroux. J'ai quitté cet appartement à cause des détonations répétées dont je n'ai pas besoin de dire la cause et qui me causaient la plus grande horreur, augmentant celle que j'avais déjà pour la guerre civile.

Le commissaire du gouvernement. — Reconnaissez-vous avoir signé, le 27 mai, un manifeste au 5e arrondissement?

R. Oui, et la rédaction est de moi.

M. le commissaire du gouvernement. — Il y en a encore un autre du 7 avril.

R. Il repousse certaines des expressions qu'il renferme. Il a été rédigé par l'un de mes adjoints qui ne me l'a pas soumis.

M. le président. — Reconnaissez-vous avoir fait partie du club démocrate-socialiste?

R. Oui, monsieur le président.

M. le commissaire du gouvernement. — Vous avez collaboré à la rédaction du journal *le Démocrate?*

R. Parfaitement, avant le 4 septembre.

M. le président. — Vous avez fait partie du Comité central ?

R. Jamais, c'est une erreur.

M. le président. — Vous avez été délégué à la commission des finances.

R. Oui, pendant quatre ou cinq jours.

M. le commissaire du gouvernement. — A la Commune, dans la séance du 23, vous avez fait une motion tendant à ce que toute démission fût refusée. C'est à propos de celle de Félix Pyat.

R. C'est possible, je n'admettais pas la désertion au moment du danger. Ce n'était pas le moment de fuir et de laisser la population livrée à elle-même. Je ne sais rien d'épouvantable comme le peuple ivre, perdu, affolé.

M. le commissaire du gouvernement. — Vous avez, à cette même séance, annoncé que vous aviez reçu de bonnes nouvelles au sujet du mouvement communal à Bordeaux.

R. Non, du mouvement politique.

M. le commissaire du gouvernement. — Reconnaissez-vous que, lorsque Courbet a demandé l'exécution du décret sur la colonne, vous avez répondu : « C'est voté! »

R. Voici l'explication. Je n'assistais pas à la discussion de ce vote, je ne l'aurais pas approuvé. Le jour dont vous parlez, un de mes collègues, qui n'est plus, reprit cette question et, comme il faisait un long discours, je l'arrêtai par ces mots : « C'est voté! »

Je voulais tout simplement l'arrêter, mais sans applaudir au décret.

Il n'est pas dans mes idées de faire du vandalisme, et pour cela j'en puis donner une preuve indiscutable. Dans mon arrondissement, il y a une statue, celle du maréchal Ney; on m'a demandé de l'abattre, et, quel que soit mon sentiment sur la conduite de Ney, j'ai dit que le maréchal Ney avait été un vaillant soldat, et que moi maire de cinquième, on ne toucherait jamais à sa statue. Elle est restée debout.

M. le président. — Vous dites que vos occupations de maire vous retenaient souvent loin des séances de la Commune, et je vois au contraire que vous y étiez bien assidu. Etiez-vous à la séance du 22?

R. Non. La dernière à laquelle j'ai assisté est celle du 19.

M. le président. — Je vais maintenant vous rappeler les charges relevées contre vous. Vous êtes accusé d'un complot ayant pour but de changer la forme du gouvernement et d'excitation à la guerre civile.

R. Ayant donné ma vie, ma fortune, à la République, je n'ai pu songer à lutter contre elle; je n'ai, au contraire, pensé qu'à la conciliation. Quant à avoir excité à la guerre civile, je ne suis pas militaire et la guerre civile me fait encore plus d'horreur qu'aucune autre. Le commandant de Salicis, qui était à l'Ecole polytechnique avec 10,000 hommes, vous dira quelle démarche j'ai faite auprès de lui.

Sachant que nous allions être attaqués, je suis allé le trouver, à 6 heures du matin, ces hommes ont été licenciés, et j'ai donné des sauf-conduits à ceux qui ont voulu partir pour Versailles.

M. le président. — Vous êtes accusé de complicité dans les incendies?

R. A ce sujet, ma réponse sera courte. Je n'ai jamais cru que la Commune ait donné l'ordre d'un seul incendie; la Commune y est étrangère, j'en suis convaincu.

M. le président. — A qui donc les reprochez-vous?

R. Il y avait là une force terrible, antérieure à la Commune, c'était la fédération, et lorsque les moments difficiles sont venus, la Commune n'a pas été la plus forte. Paris a eu affaire aux hommes ivres de sang et de vin déchaînés.

M. le président. — Il est certain que l'ordre avait été donné d'incendier le Luxembourg.

Régère, d'une voix émue. — C'est ce brave Lisbonne qui va mourir, qui avait reçu cet ordre; dès que je l'appris je montai à cheval, et nous décidâmes de n'en rien faire.

M. le président. — Selon vous cet ordre ne serait pas venu de la Commune? Ce serait le fait de la fédération.

R. Absolument, et dans ma défense je dirai ce que c'était que cette force indisciplinée, terrible, occulte, et qui s'est rendue coupable de la plus grande partie des charges que l'accusation fait aujourd'hui peser sur nous; de ces arrestations arbitraires surtout que nous ignorions le plus souvent.

M. le président. — Vous êtes accusé aussi de complicité dans l'assassinat des otages.

R. J'ai fait des efforts inouïs et non pas absolument infructueux pour en sauver un certain nombre. Des témoins viendront ici attester ce que j'affirme. Vous en avez déjà entendu un, l'honorable M. Chevreau.

M. le président. — Et les otages qui ont été exécutés?

R. Ils n'ont jamais été condamnés; c'est un crime infâme; ils ont été assassinés, sans jugement, par des hommes poussés à cet horrible action par je ne sais qui.

Je ne pouvais pas croire qu'il se trouvât, non pas dans la Commune, mais au monde, des misérables capables de commettre un semblable forfait. Je regrette que mes paroles fassent sourire M. le commissaire du gouvernement. Je ne défends pas ici ma vie, mais mon honneur, qui est celui de ma famille et de mon enfant.

M. le président. — Voici des dépêches qui prouvent cependant que vous n'êtes pas aussi étranger que vous voulez le paraître aux ordres que donnait la Commune. C'est celui qui ordonne à Millière et Billioray, de se replier en incendiant derrière eux.

R. Il y avait dans la Commune une hiérarchie; je ne pouvais donner d'ordres au citoyen Millière, ancien député, à Billioray, membre de la Commune. Il ne faut pas oublier que je n'étais que maire. Cet ordre-là n'a jamais existé. On m'accuse d'avoir voulu faire sauter certains monuments publics. Comment cela est-il possible? J'aurais fait sauter le Panthéon, mon fils y était et je l'y pensais à l'abri! On a coupé les fils des mines et des torpilles? Il faut retrouver ces hommes qui ont coupé ces fils, cela doit être facile, ou alors c'est que ces fils n'existaient pas. C'est encore une histoire inventée par ces journaux qui veulent exciter contre nous l'opinion publique.

On me fait remarquer que j'ai voulu faire brûler l'Hôtel de ville; mais ma femme demeurait à cent mètres de là. Aurais-je pu avoir une semblable pensée?

En disant ces mots, Régère semble succomber à l'émotion qui s'est emparée de lui à plusieurs reprises pendant son interrogatoire; ses yeux se remplissent de larmes, et son avocat, Me Dupont de Bussac, probablement pour laisser à son trop sensible client le temps de se calmer, essaye de reprendre, avec M. le commissaire du gouvernement, sa thèse sur la complicité.

L'irascible avocat débute si bien en disant à M. le commandant Gaveau, qui avait hasardé une observation : « Je ne vous interromps pas, laissez-moi parler, » que M. le président menace de lui ôter la parole. Il n'en continue pas moins, mais sans l'ombre de succès, car l'honorable colonel Merlin le renvoie, au moment de sa plaidoirie pour développer la discussion.

Puis les témoins à charge relatifs à Régère étant absents, le conseil décide que les témoins à décharge qui, eux, sont présents, ne seront entendus qu'à l'audience suivante, malgré l'avis de Me Dupont de Bussac, qui n'aurait pas été fâché de se procurer ce petit moyen de cassation.

Le moment de l'interrogatoire de Lullier est arrivé, et il est facile de voir tout d'abord à la façon dont cet accusé relève la tête et se campe sur la hanche, combien il est disposé à lutter vigoureusement sinon contre l'accusation au moins contre le conseil.

En effet, Lullier se montre dès sa première phase.

A cette question du président : vous êtes ancien officier de marine, il répond de façon à être entendu de toute la salle : Aux termes de loi je suis encore officier.

Le colonel Merlin lui démontre alors, preuves en main, qu'il est parfaitement en réforme et son interrogatoire se poursuit alors :

M. le président. — Quelle part avez-vous prise au mouvement insurrectionnel?

R. Dans les premiers jours de septembre, lorsque la République fut proclamée, plusieurs bataillons m'ont demandé de me mettre à leur tête. J'ai choisi le premier qui s'était adressé à moi; il m'a élu à l'unanimité. Pendant ce temps-là, un autre bataillon m'avait également élu sans me connaître. Comme je ne pouvais en commander deux, je proposai à ce second bataillon un chef de mon choix; il le refusa et il se réunit au 76e pour être ainsi que lui commandé par moi. Deux ou trois jours après, les officiers de Belleville et de Ménilmontant m'envoyèrent des délégués pour me mettre à la tête de ces deux arrondissements. Ils ne reconnaissaient pas l'autorité du général Tamisier. Ils ne reconnaissaient que l'autorité des votes.

D'autres délégués civils s'étant joints à ces premiers, je devins tout à la fois chef civil et militaire de ces deux quartiers. Je déclinai bientôt la première de ces fonctions et le général Tamisier me nomma colonel et chef d'état-major.

Mais, les vingt arrondissements de Paris sans confiance dans les généraux de la défense nationale nommèrent des délégués; ces délégués se réunirent au Temple; je nommèrent cinq membres pour former une commission de surveillance; je fus élu président de cette commission, et Cluseret, vice-président.

Je demandai alors à M. Etienne Arago un local pour nous réunir, mais M. Trochu dit Nous ne sommes donc plus rien, et il demanda à dissoudre le Comité central.

Sur ces entrefaites, une occasion me fut offerte de quitter mes fonctions. Les matelots des forts me prièrent de venir au milieu d'eux. C'est à ce moment que je fus arrêté, dans la nuit du 12 au 13 septembre. Les journaux l'annoncèrent; à dix heures, la générale fut battue à Belleville, et les officiers voulurent marcher et se transportèrent chez le brave général Le Flô et chez M. Trochu.

M. le président. — Si vous disiez le général Trochu?

R. Je ne l'attaque pas. Ces délégués demandèrent ma liberté, menaçant de descendre en armes. Ils représentaient 200,000 hommes armés.

M. le président. — Abrégez. Tout cela n'a pas rapport à la question que je vous ai adressée.

R. — Vous m'avez interrogé sur des faits à ma connaissance, je vous les cite.

Devant cette déclaration je fus mis en liberté. MM. de Kératry et Leblond me dirent qu'il y avait erreur, puis ils ajoutèrent que comme ma présence à Paris pouvait susciter des embarras au gouvernement, ils me proposaient une mission, celle de visiter les ports allemands et de me rendre compte de ce que faisaient dans la Baltique nos escadres, dont le silence inquiétait. J'acceptai et partis pour Kiel, où je faillis être fait prisonnier. De là.....

M. le président. — Abrégez, vous ai-je dit... A quelle époque êtes-vous revenu à Paris.

R. J'y suis rentré le 12 mars.

M. le président. — Quelle part avez-vous prise aux événements du 18?

R. Il faut d'abord que je vous parle de la situation d'esprit dans lequel je me trouvais, et dans laquelle se trouvait la population surexcitée par les douleurs et les privations du siège.

M. le président. — Cela n'a pas rapport à votre cause.

R. Dans le relaté de ces faits, je resterai principalement occupé de ma défense, je serai d'ailleurs très bref et je parlerai sans réserve.

Le commissaire du gouvernement. — Il faut au contraire parler avec réserve.

M. le président. — Oui, et arrivez promptement au 18 mars.

Lullier. — La révolution parisienne préludant comme la première révolution par un serment du Jeu-de-Paume...

M. le président. — Nous n'avons pas besoin de votre cours d'histoire. Je ne vois pas ce que le Jeu-de-Paume a affaire dans votre accusation.

M. le commissaire du gouvernement. — M. Luillier fait du reste parfaitement l'affaire de l'accusation.

Lullier. — J'étais arrivé à Paris le 12 mars et je reçus une convocation. Comment savait-on mon adresse? Je fus à ce comité; M. de Bisson le présidait; il voulait me mettre sous la protection de la garde nationale de Paris. J'avais déjà été placé sous la protection de la garde nationale de Bordeaux, lorsque le dictateur Gambetta avait voulu me faire arréter. J'acceptai cette protection et le président me demanda quelles étaient, dans mon opinion, les causes qui avaient amené les désastres de la France, je lui répondis.

M. le président. — Nous n'avons pas à connaître ces discussions.

R. Bien, je laisse de côté les causes qui ont amené nos désastres militaires, mais au point de vue politique, je devais exprimer toute ma pensée.

M. le président. — Je vous demande quel a été votre rôle.

R. D'abord politique, puis je pris bientôt un rôle militaire, mais d'abord j'ai dit : si j'accepte aujourd'hui le commandement, je serai arrêté, et je proposai Garibaldi qui, certainement, ne pouvait pas venir à Paris, mais c'était un nom, sa chemise pouvait être un drapeau.

M. le président. — Je serai forcé de vous retirer la parole, je ne vois pas où vous voulez en venir.

R. A ceci, c'est que si on avait tenté de prendre les canons le 14 il n'y aurait pas eu de révolution, car à ce moment rien n'était prêt pour la résistance.

On ignore que c'est le 15 mars que s'est constitué le comité central. Je me suis servi de la fédération républicaine, comme je me serais servi de tout autre pouvoir existant.

Le 15 mars le comité central se composait de 20 membres et il devait en avoir 80, il n'a jamais été au complet.

Or ces hommes n'avaient pas de but. Ils n'avaient ni portée militaire ni politique. Les hommes de valeur et d'action avaient été nommés commandants ou officiers, et c'était avec les autres qu'on avait formé le comité. Ce comité se réunit le 22 mars, on arrêta un programme et on nomma un général. Pour moi, je quittai la réunion pour courir Paris et tâter le pouls à la population.

Ce n'est que vers midi que je fus prévenu, le 18, du combat de Montmartre. J'y courus, on m'acclama, et lorsque je sus qu'on avait fusillé les généraux Clément Thomas et Lecomte, je courus rue des Rosiers. J'y trouvai un petit homme pâle et tremblant. C'était le maire Clémenceau. Je me rendis au comité et je voulus faire arrêter les assassins. Puis je me rendis à Belleville, où je fus acclamé, et enfin c'est sur la place de la Bastille que je pris le commandement en chef. Le comité central, rue Basfroid, m'avait dit qu'il n'avait d'espoir qu'en moi et m'attendait depuis le matin.

A partir de ce moment, Lullier raconte avec emphase les mesures de défense qu'il fit prendre ; il raconte cela avec l'orgueil d'un général d'armée qui aurait gagné une victoire contre les ennemis de son pays, et rien ne l'arrête, ni les observations du président, ni les murmures ironiques qu'il provoque. Il se glorifie d'avoir réussi à faire sortir les troupes régulières de Paris, sans effusion de sang, dit-il, parce qu'il leur avait exprès ménagé une retraite sur la rive gauche de la Seine.

Interrogé sur sa visite au bataillon resté au Luxembourg et qu'il a tenté de faire passer à l'insurrection, Lullier se défend de cette dernière accusation, en disant qu'il n'a pas eu à essayer l'embauchage de soldats qu'il pouvait facilement faire prisonniers, puis il raconte la seconde arrestation, motivée par la scène qu'il avait faite à la Commune à propos de l'arrestation du général Chanzy, et arrivant à sa retraite complète et à son projet de contre-révolution, il menace d'être si long que l'honorable président remet la suite de son récit au lendemain en levant la séance.

— A demain alors, M. le président, répète Lullier, je serai aussi bref qu'aujourd'hui.

Grâce à cette réponse, véritable mot de la fin, et faite cependant du ton le plus sérieux, l'auditoire, pour la première fois, depuis le commencement de ces longs et tristes débats, peut se retirer en riant.

———

Audience du 17 août 1871

L'audience est ouverte à midi un quart devant un public nombreux que la suite de l'interrogatoire de Lullier a attiré ; mais, avant de reprendre cet interrogatoire, M. le colonel Merlin s'adresse d'abord à Courbet.

Le propre de ces débats est que, chaque jour, pour ainsi dire, apportant une pièce nouvelle aux dossiers des accusés, le conseil est souvent obligé, le lendemain, de revenir sur l'audience de la veille.

M. le président. — Courbet, vous nous avez dit l'autre jour que vous aviez fait rentrer les tableaux qui étaient à Saint-Cloud et à Meudon. Or, je reçois une lettre du conservateur du Musée de Saint-Cloud qui déclare que c'est lui qui a enlevé de ce palais tous les objets ayant quelque valeur artistique ou historique, et les a fait transporter au garde meuble, à Paris. Rochefort est venu aussi faire enlever la *Sapho* de Pradier, et deux tableaux. Quant au château de Meudon, le prince Napoléon n'a enlevé que ce qui lui appartenait, et c'est le gouverneur du château de Saint-Cloud qui a fait enlever les objets appartenant à l'Etat.

Courbet. — J'avais un comité chargé exprès d'enlever les objets de Saint-Cloud. Les tableaux étaient déjà transportés au garde-meuble, à Paris ; mais nous avions pris toutes les mesures nécessaires pour sauver le Musée.

M. le président. — Accusé Lullier, je vous ai demandé hier si vous faisiez partie de l'Internationale. Vous avez dit que non.

R. En effet, je ne connais pas cette société.

D. Eh bien, voyez un peu cette pièce-là.

M. le président fait mettre sous les yeux de l'accusé une lettre de l'Internationale qui le nomme membre du comité de défense.

L'accusé. — Je ne connais pas cette société. On m'a nommé membre d'une foule de comités comme cela. Ainsi on m'a nommé membre d'un comité de salut public quand le dictateur Gambetta voulut faire son coup d'État. Je ne savais pas ce que cela voulait dire.

D. Vous avez entendu la cantinière de la caserne Lobau qui a déclaré que vous aviez signé l'ordre de passer par les armes le capitaine Combes.

R. Je vous ai déjà dit que cet ordre a été signé le 22 au soir, et je n'étais plus en fonction depuis le 22 au matin. Du reste, la cantinière n'a pas dit avoir vu personnellement ma signature.

D. Vous n'étiez pas à Paris, le 22 janvier?

R. J'étais en mission depuis le 11 septembre; je n'y suis revenu que le 11 mars.

M. le président. — Achevez ce que vous avez commencé hier, mais en ayant soin d'être très bref.

L'accusé. — Le 13 ou le 14 mai, on m'a présenté M. Camus et M. le baron du Thil. Je devais faire de moi-même un mouvement, voyant que la Commune s'écartait de la ligne de conduite qu'elle devait suivre. Je voulais renverser la Commune. Si on m'avait fourni alors les sommes dont j'avais besoin, j'aurais agi, même sans attendre un prétexte pour agir. Livré à mes ressources, j'avais besoin d'un prétexte. Avec de l'argent, du jour au lendemain, j'étais en mesure d'agir.

On introduit le témoin Perrier.

Jules Perrier, 59 ans, lieutenant-colonel du 118e de marche.

D. Dites-nous ce qui s'est passé au Luxembourg.

R. Le 21 mars, vers cinq heures du soir, M. Lullier est venu nous trouver au Luxembourg, avec un bataillon de la garde nationale. Il a dit à peu près ceci:

« Citoyens, depuis longtemps vous souffrez la faim, le froid, toutes les privations. L'heure de votre délivrance a sonné. Moi, général en chef des forces parisiennes, je viens vous apporter la liberté. Ceux qui voudront marcher avec nous auront des grades. »

Puis s'adressant à moi, il me dit:

— Vous allez rendre vos armes?

— Vous me demandez mon déshonneur, lui dis-je, en demandant les armes. Nous vous les disputerons énergiquement, et vous serez responsable du sang versé.

Les soldats s'impatientaient; il y avait des symptômes menaçants dans le camp.

M. Lullier ajouta:

— Réfléchissez, je reviendrai demain, à midi.

— Oui, dis-je, à midi, nous serons prêts à partir, mais avec armes et bagages et aussi avec une batterie de canons dont je suis responsable. M. Lullier voulait garder cette batterie.

— Si vous ne la laissez pas, je viens avec 406,000 hommes, et demain, puisque vous le voulez, vous aurez 100,000 cadavres.

Un brave soldat avait passé la nuit sur un banc du jardin pour sauver la batterie, me dit que tout le régiment était disposé à se défendre.

Je voulus me mettre en rapport avec le comité central. Je ne pouvais pas y aller moi-même, je n'en serais pas revenu. Je pensai à un ami que j'avais à Paris; j'allai le trouver, je lui expliquai ma situation et le priai de se rendre au Comité central pour tâcher de sauver cette artillerie. Cet ami fit la démarche et j'obtins mes canons.

Le lendemain, à midi, Lullier n'était pas venu. Je l'attendis dix minutes après lesquelles je partis avec mon régiment et trois batteries d'artillerie qui étaient confiés à ma garde.

Lullier. — J'ai décidé pendant la nuit de laisser partir ce régiment pour éviter l'effusion du sang. N'ai-je pas offert au colonel de lui donner des vivres pour sa troupe?

R. C'est vrai, mais les vivres ne m'ont jamais manqué. J'en avais toujours pour deux jours d'avance.

L'accusé. — N'est-ce pas que le régiment est parti sans être inquiété?

R. Je devais aller par la rue de Vaugirard, quand on passant me dit de prendre une autre direction. Nous allâmes par les Champs-Élysées. Au moment où nous approchions de la porte Maillot, un homme à cheval est venu donner l'ordre de fermer les portes. Je dis au chef de poste que si les portes n'étaient pas ouvertes immédiatement je le ferais fusiller lui et ses hommes. Il était disposé à obéir; mais un garde national s'y opposa. Alors je pris ce garde par le collet et lui dis : « Vous, petite crapule, vous allez m'ouvrir vous-même. » Et il le fit. Il y avait s x bataillons de garde nationale sur les Champs-Élysées.

L'accusé. — Il y en avait trente qui se disposaient à marcher sur la presqu'île de Gennevilliers.

Eugène Sarrazin, avocat à Neuilly.

D. Que savez-vous au sujet de la délivrance du général Chanzy?

R. Le 19 mars, à midi, j'appris par un journal l'arrestation de M. Chanzy, mon compatriote. Comme je connais Lullier, je me rendis à l'Hôtel de ville pour réclamer sa mise en liberté. Lullier s'indigna contre les arrestations qu'on faisait. Pendant que j'étais là, on vint lui annoncer qu'on avait arrêté un ecclésiastique et M. Claude. Il s'écria:

« Les imbéciles, ils sont donc enragés! » Il me dit qu'il avait donné l'ordre de mettre M. Chanzy en liberté. C'était vrai; mais le général avait refusé de le relâcher. Je retournai à l'Hôtel de ville pour voir Lullier. Trois officiers de la Loire étaient là pour réclamer aussi la liberté du général. Lullier se rendit auprès du Comité central pour intercéder, et, au bout d'une heure, il revint en disant qu'on ne voulait relâcher le général que dans un jour ou deux. Le lendemain, nous eûmes l'autorisation de voir le général avec trois officiers qui furent arrêtés par les gardes nationaux du quartier. Lullier les fit mettre en liberté.

Le lendemain, je retournai à l'Hôtel de ville. M. Beslay me promit d'appuyer les efforts de Lullier. La difficulté était qu'on voulait obliger le général à s'engager à ne pas prendre les armes contre Paris. Je lui fis remarquer que le général n'était plus en activité, qu'il était député et qu'il voulait se rendre à Versailles. Deux ou trois jours après, M. Chanzy fut mis en liberté, et je suis convaincu que c'est à la suite des démarches faites par Lullier.

Les témoins de Régère.

C'est au tour des témoins de Régère à être entendus.

Jean-Baptiste Julien, recteur honoraire de l'Université.

D. Que savez-vous?

R. Je n'ai eu que des rapports courts et rares avec M. Régère. Il était toujours plein de politesse. Le 4 avril, me trouvant près du Luxembourg, je vis M. Régère qui était en uniforme. Il me rappela que j'avais été professeur de ses enfants au Collège Louis-le-Grand et il me dit à ce propos que, si les établissements d'enseignement avaient des réclamations à faire, on pouvait s'adresser à lui dans son arrondissement. Un autre fois, je lui demandai un laisez-passer pour mon gendre et ma fille. Il me les donna gracieusement.

Un proviseur de mes amis, M. Chevriau, ayant été arrêté et conduit à Mazas, j'allai trouver M. Régère qui me promit de s'intéresser à lui. Il alla, en effet, chez madame Chevriau pour la rassurer d'abord.

Régère aimait son enfant et le faisait élever dans des principes de religion. Il m'a dit qu'il allait faire faire la première communion à son enfant, malgré l'opinion de ses collègues de la Commune. C'est tout ce que je sais.

Régère. — Je n'ai pu faire à M. Chevriau la visite que j'avais promis de lui faire. Je demandai à Protot et à Rigault de veiller sur M. Chevriau qui était gardé comme otage. Ils ne voulaient pas le relâcher, mais ils ont promis qu'il ne lui arriverait rien; et, en effet, il n'a pas été compris parmi les malheureux qui ont succombé.

M. le président. — Il a eu cette chance-là.

Stanislas de Claubry, vicaire de Saint-Etienne-du-Mont, dépose que Régère suivait les offices religieux de la paroisse; mais il ajoute qu'une fois, dans la sacristie même de l'église, Régère lui dit : « Votre archevêque est un lâche, il cherche à se raccrocher à la vie, je ne voterai pas pour lui. »

D. A-t-on fait des perquisitions dans votre église?

R. Oui, mais nous avions mis les objets précieux en sûreté. On s'est borné à fracturer quelques troncs.

Régère. — Le témoin doit se tromper dans ses souvenirs en ce qui concerne l'archevêque. J'ai fait de grands efforts, au contraire, pour sauver Monseigneur.

Dès le mois d'octobre, je lui avais fait une visite pour le prévenir qu'il était menacé de persécutions. Et je lui ai renouvelé cette visite depuis sa demande.

D. Auprès de qui faisiez-vous ces efforts?

R. Il y avait là à la Commune un homme de qui nous dépendions tous, c'était Raoul Rigault. Il emprisonnait et relâchait tout le monde d'après son caprice.

M. le président. — Oui, vous qui parlez toujours de liberté, quand vous avez quelque autorité, vous vous en servez pour faire emprisonner tout le monde.

Régère. — C'est moi qui ai fait donner aux membres de la Commune le droit d'aller dans les prisons. C'était pour contrôler le droit d'arrestation dont disposait Raoul Rigault.

J'ai fait plusieurs visites dans les prisons, et j'ai fait mettre un certain nombre d'individus en liberté. La Commune avait voté la loi sur les otages, mais ce n'était qu'une mesure de garantie, de précaution contre Versailles. Nous ne pensions pas qu'elle serait mise à exécution. Ce n'était pour nous qu'un moyen d'exercer une influence morale.

La Commune n'a opéré ni fait opérer aucune arrestation et n'a ordonné qu'une seule exécution. Elle s'était réservé le droit de réviser les décisions des cours martiales, et aucune condamnation à mort ne pouvait être exécutée qu'avec son consentement. Nous n'avons été saisis que d'une seule condamnation, c'était celle d'un chef de bataillon qui avait fait preuve de lâcheté devant l'ennemi.

M. le président. — L'ennemi, c'était l'armée française.

Régère. — Eh bien, la Commune a commué sa peine.

D. Les conseils de guerre dont vous parlez, qui les constituait?

R. Je ne sais pas, je ne suis pas assez militaire pour m'occuper de ces choses-là.

M. le président. — Les jugements de ces conseils de guerre, qui condamnaient les gens à mort, étaient de simples assassinats. (Au témoin.) Avez-vous été arrêté?

R. Oui, monsieur le président, mais j'ai été relâché au bout de très peu de temps.

Régère. — J'ignorais absolument cette arrestation.

Le témoin. Le fils de l'accusé assistait à cette arrestation.

Régère. — Mais je l'ai ignoré, car jamais je n'aurais permis qu'on arrêtât un ecclésiastique sous mes yeux. (Rires dans l'auditoire).

M. Bouley, inspecteur général des écoles vétérinaires.

J'étais resté à Paris sous la Commune. De temps en temps je recevais des lettres timbrées de Versailles avec le cachet du ministre. Il paraît que cela constituait le délit d'intelligences avec l'ennemi, et que je courais par ce fait de grands dangers.

En effet, je fus porté sur une liste d'otages. M. Régère vint m'en prévenir, et me fournit un laissez-passer à l'aide duquel je pus quitter Paris. Je lui en suis très reconnaissant, surtout maintenant que nous savons le triste sort qui était réservé aux otages.

J'ai connu Régère, depuis l'École vétérinaire où il a fait ses études avec moi. Je l'ai toujours connu très honnête, et s'il y a quelque chose qui m'étonne, c'est de le voir là.

S'il n'était pas sorti de sa carrière médicale pour se mêler de politique, il n'eû serait pas là.

Régère. — Je suis sorti de ma carrière médicale malgré moi.

M. le président. — Personne ne vous a poussé de force à vous mêler de politique.

François Decroix, vétérinaire du régiment des gardes républicains.

M. Régère venait souvent à la caserne de la Cité pour avoir des chevaux. Le 25 mars, il y vint encore ; j'étais là presque en permanence, parce que j'avais dans la caserne un certain nombre de chevaux malades, et que mon devoir était de les surveiller. Aux façons de M. Régère, je vis tout de suite qu'il se connaissait en chevaux et en médecine vétérinaire. Il me donnait même des conseils. Dans une de ses visites, il me montra un cheval en disant :

— Voilà un animal que je prendrais volontiers pour mon service quand il sera guéri. C'est une belle bête. »

Je ne répondis pas, parce qu'avec des visiteurs pareils, j'étais très sobre de réflexions, mais je me rappelle qu'il me dit qu'il était un de mes collègues et qu'il se mettait à ma disposition. En effet, je lui demandai, quelques jours après, un laissez-passer et il me le donna immédiatement.

Régère. — Le 28 mars, je passais devant la caserne de la Cité, au moment où elle était livrée au pillage. Sous prétexte de chercher des armes, on volait l'argenterie et les effets. J'appelai des gardes nationaux, j'organisai une surveillance et je fis faire le dépôt de ce qu'on avait pris. Je constituai M. Decroix gardien de ces objets parmi lesquels il y avait les croix gagnées par ces malheureux et braves soldats, et qu'on avait volées. M. Decroix est venu encore vers la fin d'avril me prier d'intervenir en faveur d'un établissement religieux. N'est-il pas vrai !

Le témoin. — C'est vrai. On empêchait les religieuses de Saint-Séverin d'emporter certains objets précieux. — J'allai trouver M. Régère qui était en train de donner des ordres pour faire rendre à l'exercice du culte l'église du Haut-Pas. Je me rappelle lui avoir entendu dire :

« C'est très bien qu'on se serve des édifices du peuple pour les réunions du peuple, et, à ce titre, on a le droit de prendre les églises pour les réunions des clubs, mais il y a des femmes et des enfants qui tiennent à aller à la messe. On n'a pas le droit de les en empêcher. »

Et il ajouta :

« Vous direz au curé qu'il choisisse une heure dans sa journée pour dire ses messes. » On lui fit observer que le curé avait pris la fuite.

« Eh bien, dit-il, il doit y avoir un vicaire. »

Je jugeai le moment favorable et je lui demandai sa protection pour les sœurs dont on avait réquisitionné l'établissement.

Il me le promit et, en effet, il donna l'ordre de leur faire rendre les objets qu'elles réclamaient. Et, comme les nouvelles directrices ne voulaient pas rendre les objets, il se transporta lui-même à l'établissement et les fit rendre.

Parmi ces objets, il y avait un crucifix d'une grande valeur, auquel les religieuses tenaient beaucoup. Il le fit rendre en disant : « Cela ne peut servir à rien. » J'ai compris qu'il voulait dissimuler la valeur pour restituer l'objet.

L'accusé. — Le témoin se rappelle-t-il que lorsque je suis intervenu à la caserne de la Cité, tout était livré au pillage.

R. En effet, il y a eu un grand pillage. Puis quelqu'un a rétabli l'ordre, mais je ne sais pas si c'est M. Régère. Quand l'ordre a été rétabli, je l'ai vu et il m'a dit de m'adresser à lui si les scènes de pillage se renouvelaient.

Régère. — Les parents des gardes m'ont remercié avec des pleurs et des bénédictions.

Jacques Pontassier, garçon de bureau à la mairie du cinquième arrondissement.

Régère. — Le témoin m'a vu à la mairie du Panthéon ; a-t-il entendu parler de mèches, de poudres ou de fils télégraphiques destinés à faire sauter le Panthéon ?

R. Il y avait un télégraphe dans le bureau de la mairie, mais je ne sais pas s'il communiquait avec le Panthéon. Du reste, je ne sais pas ce que faisaient ces messieurs, ils agissaient toujours en cachette. (On rit.)

Régère. — Le télégraphe a ses fils à plusieurs mètres au-dessus du sol, en pleine rue. Il n'y avait rien de caché. Le témoin sait-il si j'ai opéré des arrestations ? Le jour où j'ai quitté la mairie, j'ai fait poser un carreau dans mon bureau ; c'était le jour même de l'entrée des troupes de Versailles. J'étais bien loin de songer à faire sauter la maison. Quand on veut mettre le feu quelque part, on ne fait pas poser des carreaux la veille. Est-ce que je n'étais pas très régulier dans les comptes ?

R. Oui, monsieur payait tout le monde, mais ça n'empêche pas qu'on est venu réclamer de tous les côtés quand il a été parti.

L'accusé. — N'ai-je pas fait mettre en lieu sûr les chasubles prises dans les églises et les uniformes pris dans les casernes qu'on apportait à la mairie ?

R. Oui, on avait caché tout cela dans un cabinet, et on les a retrouvées après que les troupes de Versailles sont entrées. Tout était intact, et nous avons rendu cela aux officiers, même que nous avons eu des remerciments pour cela.

Régère. — Pontassier peut dire qu'il avait été arrêté par un de mes collègues et que je l'ai fait relâcher, parce que c'était un honnête homme.

Le témoin. — C'est vrai.

Régère renonce à l'audition du témoin suivant, l'économe du lycée Sainte-Barbe, qui, du reste, n'avait qu'à affirmer que le fils Régère était de ce lycée ; mais il insiste pour faire entendre M. Armand-Antoine Dannet, secrétaire de l'École de droit de Paris.

Régère. — Le témoin m'a demandé souvent des laissez-passer pour se rendre à Versailles. Je lui demandai un jour de chercher à Versailles à établir entre M. Thiers et la Commune comme des moyens de conciliation.

Le témoin. — C'est vrai. Il me disait que la Commune ne demandait que deux choses : d'être débarrassée des gens du 4 septembre, et d'avoir le droit d'élire des conseillers municipaux, et il m'a prié de faire des démarches dans ce sens auprès d'une personne qui touche de près à M. Thiers. Je ne fis pas sa commission, et quand il sut que j'étais revenu il me fit demander si j'avais fait sa commission ; je lui ai dit que non. Mes rapports se sont bornés à cela.

D. A-t-on pillé l'École de droit?

R. On y a tenu des réunions publiques, mais les appartements ont été respectés.

Théodore Arnaud, aumônier du couvent de Saint-Michel.

Régère. — Le rapport, en ce qui me concerne, dit que j'ai pris la fuite en laissant mon arrondissement à l'abandon. La preuve que ce n'est pas exact, c'est qu'au dernier jour j'ai fait une tournée d'inspection pour empêcher qu'on ne se battît et paralyser la guerre civile. Le témoin m'a vu et peut le certifier.

Le témoin. — Le mercredi 24, le jour même où le Panthéon a été enlevé par les troupes, vers une heure et demie, M. Régère est venu à notre couvent demander à ces dames de bien vouloir se charger de son fils pour qu'il échappât à la bataille. Je dois ajouter qu'en plusieurs circonstances M. Régère a rendu des services à notre couvent. On avait arrêté de nos religieuses qui furent conduites au fort de Vincennes. Là sœur économe alla trouver le maire, qu'elle réussit à voir non sans peine. On avait insulté la sœur dans la mairie, mais M. Régère s'indigna de ces procédés et fut plein de prévenance pour la sœur.

En causant, il demanda si le couvent avait souffert du siège, et comme la sœur lui dit que le couvent n'avait reçu qu'un obus qui n'avait fait aucun mal, M. le maire dit que c'était une preuve de la protection de la Providence.

Je sais un autre fait :

Une bande d'individus était venue piller la caisse de deux ou trois établissements religieux. M. Régère déclara qu'il était étranger à ces actes, et que si on avait été s'adresser à lui, il aurait pris des mesures pour les empêcher.

M. le président. — Tout cela est acquis. Vous n'avez pas fait telle ou telle chose particulière, mais cela n'a aucun rapport avec les faits qui vous sont reprochés. Parce que vous n'avez pas pillé les églises ou que vous avez donné un laissez-passer, cela ne prouve rien quant à l'accusation.

Gustave-Adolphe de Salicis, cinquante-trois ans, capitaine de frégate.

Régère. — M. de Salicis a été pour moi un adversaire et je l'ai fait assigner cependant. Je ne sais pas si cela est bien convenable de ma part. M. de Salicis déposera s'il le veut.

Le témoin. — M. Régère n'a pas à craindre que je parle contre la vérité, vu que j'ai prêté serment.

Le 25 mars, M. Régère est venu prendre possession de la mairie au nom de l'insurrection. On arrêta un des adjoints de l'ancien maire et on le séquestra quelques heures ; mais M. Régère déclara qu'il était resté absolument étranger à cette séquestration. On me proposa d'établir la résistance contre l'insurrection dans notre arrondissement. Nous n'avions guère que six cartouches par homme et nous avions établi notre quartier général à l'École polytechnique.

L'amiral Saisset me fit dire de me borner à une position purement défensive et de ne pas quitter les murs de l'École. Cette situation dura jusqu'au lendemain. A ce moment des élèves de l'École sont venus nous dire que tout était arrangé, qu'on allait faire des élections et qu'il n'y avait plus à lutter. J'envoyai prendre des renseignements au Grand-Hôtel ; mes envoyés confirmèrent ce que m'avaient dit les élèves de l'École polytechnique. On ne luttait pas.

J'attendis cependant des ordres jusqu'à neuf heures du soir. A cette heure, j'écrivis à M. Régère pour le prier de venir conférer avec moi. Il me répondit qu'il ne pouvait pas venir, mais il m'envoya un sauf-conduit pour aller à la mairie avec le nombre de personnes que je désirerais emmener. J'y allai seul, mais armé.

M. Régère était avec son adjoint, M. Murat. Il n'avait pas reçu plus d'ordres officiels que moi. Nous convînmes d'abord de rester dans notre position respective. Il m'assura qu'il ne m'attaquerait pas et me pria de lui promettre de ne pas l'attaquer non plus. Comme j'avais précisément reçu l'ordre de ne pas attaquer, je ne vis aucun inconvénient à faire cette promesse. Il me dit à cette occasion ceci :

« La liberté ne peut rien fonder de durable ; il faut en finir par employer la force. »

Ah, messieurs! c'était un homme intelligent, mais d'une intelligence mal équilibrée et qui avait voulu jouer un rôle au-dessus de ses forces. Il avait une ambition politique vague et était capable de faire indifféremment de la terreur rouge ou de la terreur blanche. Je n'aurais jamais cru qu'il pût souscrire aux crimes commis par la Commune, si toutefois il y a souscrit. Je reprends mon récit :

Le lendemain, M. Régère me fit prier d'évacuer l'École, comme je le lui avais promis, disait-il ; je lui fis répondre que je n'avais rien promis de pareil, et je restai dans l'École jusqu'au lendemain. Ayant appris que l'amiral Saisset était parti lui-même pour Versailles, j'attendis quelques heures encore des ordres qui n'arrivèrent pas, la position devint particulièrement critique pour nous. Nous occupions le seul point armé de la ville, ou du moins le seul point armé de la rive gauche.

Vers le soir, j'allai trouve M. Régère à sa mairie. Il était en train de puiser à même dans des caisses pleines d'argent, en disant ceux qui l'entouraient : « Vous voyez que le Comité central n'est pas aussi gueux qu'on le dit, puisque moi, maire, je paye à bureau ouvert, bien qu'on n'ait rien laissé dans la caisse de la mairie.

Nous convînmes des conditions d'après lesquelles nous resterions dans une sorte de neutralité jusqu'après les élections. J'espérais que les électeurs auraient balayé le Comité central. Le résultat des élections n'a pas répondu à mon attente. Parmi ces conditions, je demandai et j'obtins la mise en liberté d'un officier de mes amis qui avait été arrêté par le Comité central. Cela souffrit certaines difficultés, mais j'insistai tellement que l'on finit par me concéder ce point, et le soir même M. Régère donna à cet ami, un officier, un laissez-passer.

Dans les commencements, il n'y a pas eu beaucoup de perquisitions dans le quartier, mais la loi des otages intervint, et comme on pouvait m'inquiéter à cause du rôle que j'avais joué, je résolus de quitter Paris.

Arrêté à la gare d'Orléans, je fus mis en liberté après un court interrogatoire, ayant excipé de ma position à l'Ecole des sciences ; mais si j'avais été maintenu en état d'arrestation, je n'aurais pas hésité, en ce moment, de m'adresser à M. Régère. Depuis mon départ, je n'ai plus revu M. Régère.

Régère. — Je constate qu'il résulte de la déposition du témoin, que, sans faire verser une goutte de sang, nous avons amené une conciliation. Si on en avait fait autant sur la rive droite, le sang n'aurait pas été versé. J'ai permis à tous les officiers qui se sont adressés à moi d'aller librement à Versailles et pourtant nous avions, à cet égard, reçu les ordres les plus sévères. J'ai envahi, dit-on, la mairie. Il m'a bien fallu prendre possession du poste qui m'était confié. J'avais été nommé parce que j'avais figuré dans le procès du 31 octobre.

M. le président. — Oui, c'était votre notoriété politique.

Régère. — Le Comité central m'a donné l'ordre d'organiser l'administration de la mairie du cinquième arrondissement. Je ne voulus pas prendre la place des adjoints que je connaissais, mais il a bien fallu s'occuper de l'administration, à la fin, la mairie ayant été abandonnée.

Le témoin. — On a dit, dans un journal qui a paru ce matin, que j'avais dans l'Ecole polytechnique 8,000 hommes avec moi ; je tiens à rectifier ce fait. Je n'avais que 750 hommes sous mes ordres, dont 450 seulement étaient présents. Avec 8,000 hommes, quand nous n'aurions eu qu'une cartouche, nous aurions pris le Panthéon l'arme au bras.

M. le président (à Lullier). — Reconnaissez-vous cette casquette ?

On montre à l'accusé la casquette à sept galons d'argent placée parmi les pièces à conviction.

D. C'est la casquette que vous portiez ?

R. Oui, M. le président.

On introduit un nouveau témoin, c'est M. Charles Guinet, négociant à Paris.

M. le président. — Vous avez été arrêté par ordre de l'accusé Régère ?

R. J'ai été arrêté sur le quai par un employé de la Commune. J'ai été conduit à la mairie du cinquième arrondissement, où j'ai été interrogé par deux secrétaires qui ont commencé par me prendre mon portefeuille avec 8 ou 900 francs qu'il contenait. (Rires.) Puis, on me dit qu'on allait me fusiller.

Après quelques minutes pendant lesquelles on me fouillait, on m'a mis au cachot après m'avoir fait interroger par M. Régère qui, m'interrogeant d'un air féroce, dit aux gens qui l'entouraient :

— Ce n'est bon qu'à fusiller, ça ; c'est un Versailleux !

Et avec un tas de mots très grossiers. — On m'a gardé au cachot et on n'a même pas voulu me laisser sortir pour me faire interroger. Un de mes amis étant venu pour me réclamer, on l'arrêta et on le conduisit de force à la barricade pour l'obliger à se battre.

Il y a même un détail curieux : comme mon ami était assez gros, on ne trouva pas à la mairie de ceinturon assez large pour lui ; on lui en fit un avec deux ceinturons noués ensemble, et on l'emmena de force pour tirer sur la troupe. Chemin faisant, comme le fédéré qui conduisait mon ami avait faim, il obligea mon ami à lui payer à manger dans un restaurant.

Pendant qu'on servait à manger, vint à passer je ne sais quelle cavalcade dans la rue ; le fédéré sortit pour aller voir le spectacle. Pendant ce temps, mon ami mit ses jambes à son cou et se sauva. (Rires.) Je me suis sauvé aussi quand les troupes sont arrivées à la mairie du Panthéon.

Régère. — Je suis absolument avoir envoyé aux barricades l'ami qui serait venu faire des démarches pour mettre le témoin en liberté. D'autre part, il est inexact que je l'aie fait arrêter. Je n'ai fait arrêter personne. M. Quinet a été conduit à la mairie ; on l'avait arrêté, et comme j'avais donné l'ordre de ne faire aucune exécution sans me consulter, on vint me consulter. Sans moi le témoin était mort, La garde nationale était furieuse contre lui, et il y avait pour lui danger de mort.

M. le commandant Gaveau. — N'est-ce pas que vous vouliez lui sauver la vie?

Le témoin. — On m'a mis dans une niche à chien.

Régère. — Il n'y a pas d'autre prison à la mairie. Quant au portefeuille de M. Quinet, j'en ai donné reçu au conseil de la légion et je les emportai pour aller les remettre moi-même à M. Quinet. (Rires.) Je n'ai pas pu le faire ; mais M. Quinet retrouvera son portefeuille avec les 800 et quelques francs qu'il contenait. J'ai respecté son argent comme sa vie.

Le témoin, vivement. — Vous avez dit :

« Tuez-le! Il n'est bon qu'à être fusillé. »
Voilà comme vous avez respecté ma vie.

Régère, en riant. — Je vous ai préservé de
la mort.

M. le président. — Régère, n'interpellez
pas le témoin, et surtout n'affectez pas de
rire. Ce n'est pas le cas en présence d'une
accusation aussi grave.

Régère. — Je ne ris pas. Le fait me touche
très particulièrement, au contraire. Il n'y a
qu'un seul témoin qui vienne porter contre
moi une aussi grave accusation.

M. le président. — C'est en effet le seul témoin que nous ayons pu trouver. Vous trou-
vez plus facilement des témoins à décharge.
(Au témoin) : Etes-vous rentré en possession
de vos valeurs?

Le témoin. — Non, monsieur le président.

Régère. — J'ai remis le portefeuille ficelé
et cacheté à M. Claude. S'il n'a pas été retrouvé, ce n'est pas ma faute; mais il existe
et on le retrouvera.

Sur cette affirmation de Régère, l'audience est suspendue.

A trois heures, à la reprise de l'audience, M. le président interroge Assi sur
les causes qui ont amené l'arrestation de
Lullier, et l'ex-colonel rapporte comment, à la suite d'une scène violente, le
Comité central fit arrêter Lullier, dont les
intentions lui semblaient suspectes.

A cette explication, qui froisse sans
doute sa dignité de général en chef, Lullier
se lève et s'écrie :

— Le Comité central avait donc des ordres
à me donner! Qui donc avait pris l'Hôtel de
ville? le comité central ou moi? Qui donc commandait en chef? le Comité central ou moi?
je m'en préoccupais fort peu.

Je laissais faire au Comité central toutes
les circulaires qui lui convenaient, il y glis-
sait ma signature au milieu de celles des autres membres. Cela m'était égal, mais il n'a-
vait sur moi aucun pouvoir.

Je tenais mon poste qui était une dictature
effective du vote de la garde nationale; je n'a-
vais à m'occuper que d'elle et de ses sentiments.

Assi. — Le comité central ne tenait pas
plus à M. Lullier qu'à aucun autre, qu'à moi-
même. M. Lullier représentait la garde nationale, il avait à lui obéir comme chacun de
nous, et non pas en faire son instrument.

Sur l'ordre de M. le colonel Merlin, on
introduit Fossé, celui qu'Assi appelle avec
orgueil son aide-de-camp. Il est interrogé,
ainsi que son chef de file, sur l'arrestation
de l'ex-général en chef.

M. le président. — C'est vous qui avez arrêté Lullier à l'Hôtel de ville?

R. — J'avais reçu l'ordre du comité central
de procéder à cette arrestation et j'ai, en
effet, arrêté le citoyen Lullier. Je l'ai amené
dans une pièce voisine de la salle du conseil,
où je l'ai fait garder à vue.

M. le président. — Il n'a pas fait de résistance ?

R. Non, mais il a protesté. Il était très
exalté, cependant il a fini par se soumettre.

M. le président. — Cet ordre vous avait-il
été donné verbalement ou par écrit?

R. C'était un ordre écrit, signé de plusieurs
membres de la Commune.

M. le président. — Nous avons à entendre
MM. Jallu, Camus et Dutheil de la Tuque,
mais aucun de ces témoins ne peut se présenter à l'audience. M. le capitaine Jallu est à
l'hôpital, M. Camus est malade depuis longtemps, et M. Duthil a fait parvenir au conseil
un certificat de médecin.

Me Marchand. — Il serait préférable cependant que ces témoins fussent entendus, ou
que leur état de maladie fût dûment constaté.

Le commissaire du gouvernement. — Les
certificats suffisent; le conseil peut passer à
la lecture de leurs dépositions écrites.

Lullier. — Ces messieurs sont venus à moi;
ils ne le contestent pas. Ils m'ont offert de traiter avec le gouvernement de Versailles; ils ne
le contestent pas; ils parlaient au nom de
Versailles; mais si cette parole embarrasse le
gouvernement, je la lui rends.

Après avoir prononcé ces paroles d'un
ton moqueur, Lullier se rassied au milieu
des murmures ironiques de l'auditoire.

M. le président au greffier. — Lisez les dépositions de MM. Jallu, Duthil de la Tuque
et Camus.

M. le greffier Bracq lit d'abord la déposition écrite de M. le capitaine Jallu, qui
n'est que la confirmation de ce qu'a dit
précédemment M. le lieutenant-colonel
Périer, puis il donne ensuite lecture de
celle de M. le baron Duthil de la Tuque.
Elle est conçue en ces termes :

Vers le 4 ou 5 mai, M. Camus, ingénieur, sachant que je cherchais à renverser la Commune en me servant des chefs eux-mêmes,
en les payant, ou du moins en les achetant,
vint me trouver et me dit que Lullier, qu'il
avait fait évader de prison, Gasnier, David et
du Buisson étaient tout disposés à organiser
une contre révolution, moyennant finances, et
comme j'étais moins que personne en position de communiquer avec le gouvernement,
il me pria de demander à Versailles les fonds
nécessaires et des instructions.

La même nuit, vers deux heures du matin,
M. Camus vint me prévenir que les trois misérables étaient réunis, rue Malesherbes, 20.
Ils s'engagèrent à entreprendre le mouvement
mais ils ne fixèrent aucune somme.

Je me rendis à Versailles.

Le ministre de l'intérieur me donna carte
blanche. Je sais qu'il a été remis par le
ministre une somme de 50,000 fr. Cette somme
a été comptée à une femme qui l'a remise à
M. Camus. Je ne sais si d'autres sommes ont
été données.

Le mouvement a reçu un commencement
d'exécution, car les troupes ont pu entrer à
Batignolles et à Montmartre sans coup férir.

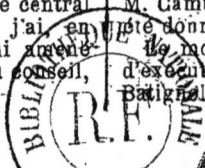

et sans obstacle, les bataillons de ces quartiers avaient été dirigés sur Belleville.

D. Est-il vrai que le chef du pouvoir exécutif a procuré et s'est engagé à ne pas inquiéter ceux qui se mettraient dans le mouvement de la contre-révolution.

R. Lullier, Gasnier, David et de Buisson avaient mis comme condition à leur concours qu'il leur serait délivré un blanc-seing. M. Barthélemy Saint-Hilaire, à cette proposition, me dit qu'il ne donnerait pas de blanc-seing, mais qu'il donnerait des ordres au maréchal Mac-Mahon et à son état-major, ainsi qu'à la police, de les laisser partir.

Je répétai textuellement ces paroles et je ne dis pas un mot de plus. Ce complot, dans l'intérêt du gouvernement, ne peut avoir de suite.

D. Savez-vous si M. Lullier a reçu sa part des 50,000 francs?

R. Je ne me suis nullement chargé de recevoir ni de distribuer de l'argent, et je ne sais si Lullier en a reçu.

Celle de M. Camus, dont il est ensuite fait lecture, rapporte les mêmes faits.

Lullier.—Je demande la parole pour relever une inexactitude de détail. Il n'était pas convenu que M. Camus me donnerait telle ou telle somme, mais qu'il me fournirait tout l'argent que je jugerais nécessaire, et les 30,000 fr. ne m'ont été versés qu'à titre d'à-compte. J'ai dit à M. Camus que je devais agir avec des hommes qui m'obéiraient aveuglément, sans me demander où je voudrais les conduire. Ces hommes étaient des généraux de la Commune qui m'étaient tout dévoués. Après ce mouvement, je devais prendre la dictature et traiter avec Versailles.

M. le président. — Vous vous reconnaissez coupable d'attentat ayant pour but de changer la forme du gouvernement.

R. Lorsque j'ai tiré l'épée le 18 mars, je ne voulais pas lutter contre le gouvernement, mais contre la majorité réactionnaire de la chambre et revendiquer la promesse faite au nom de la République au 4 septembre.

Me Marchand. — Je demande à faire citer M. Paul Meurice, rédacteur en chef du Rappel. Il connaît beaucoup M. Lullier et pourra éclairer le conseil sur ses opinion réelles et son but.

M. le commissaire du gouvernement. — Faites citer M. Paul Meurice, je ne m'y oppose pas.

M. le président. — En attendant nous allons entendre M. Falcet, dont vous avez demandé l'audition.

A ce moment, Paschal Grousset prend place au premier banc et son défenseur s'assied devant lui. Pendant ce temps on introduit M. Falcet, ancien président du club des Folies-Bergère, et aussi ancien lutteur, amateur de première force. C'était lui, dit-on, qui était jadis ce fameux Homme masqué qui a fait tant de bruit.

Me Marchand. — M. le président voudrait-il demander au témoin ce qu'il sait des opinion de Lullier.

Le témoin. — Je connais depuis longtemps M. Lullier. Ce n'était pas un républicain autoritaire. Le 18 mars, au café du Palais, lorsque le mouvement insurrectionnel était à son début, je le rencontrai et lui dis : « Je crois que vous faites d'assez mauvaise besogne. » C'était pour moi un homme brave et loyal, de l'amitié duquel je m'honore. Il me répondit: — Pourquoi? — Parce que vous vous embarquez sur une galère qui vous conduira peut-être plus loin que vous ne le voudrez vous-même, lui répliquai-je.

Lullier me répondit : Je suis maître de la situation, et si je m'aperçois que je n'ai affaire qu'à des sots ou à des gredins, je m'en débarrasserai, je vous l'assure, et promptement.

Lullier était donc, selon moi, un républicain honnête, sincère et convaincu, ses opinions n'avaient rien de commun avec celles de certains hommes, et il m'en donna une preuve avant de me quitter en me disant :

« Si la Commune voulait faire un seul acte de violence, faire revivre la moindre de ces lois odieuses de 93, je demande au conseil pardon de l'expression, je f... la Comité central dehors. »

L'affaire de l'ex-général de la Commune se termine par le rappel de M. Sarrazin, témoin précédemment entendu, qui confirme ces bonnes dispositions de Lullier à l'égard du comité central, ce qui motive de la part d'Assi, de Ferré et de quelques autres accusés la mimique la plus expressive.

Un mouvement de vive curiosité se manifeste à cet instant dans le public. Paschal Grousset vient de se lever sur l'ordre du président; le moment de son interrogatoire est arrivé, et, je dois le dire avec sincérité, le conseil va avoir affaire enfin à un accusé qui saura, tout en se défendant, rester calme et mesuré dans ses réponses.

Interrogatoire de Paschal Grousset

M. le président. — Vous avez refusé de répondre au capitaine rapporteur qui vous a interrogé?

R. C'était pour en avoir fini plus tôt avec l'instruction; mais je suis prêt à répondre aujourd'hui, monsieur le président, à toutes les questions que vous me ferez l'honneur de m'adresser.

M. le président. —Vous avez collaboré à un grand nombre de journaux avancés?

R. J'ai collaboré à la Marseillaise, au Rappel et aussi à la Revanche, journal corse que j'avais fondé. J'ai enfin créé l'Affranchi.

M. le président. — Dans l'Affranchi vous avez fait un violent appel à la guerre civile.

R. Je croyais et je crois encore que je défendais les droits du peuple.

M. le président. — En insultant le clergé, en traitant les prêtres de papalins.

R. Ce n'est pas aux prêtres que j'adressais cette épithète, mais à cette portion de l'arméé de Versailles composée de Vendéens et de Bretons royalistes.

M. le président. — Nommé membre de la Commune, vous avez été délégué par elle aux affaires étrangères.

R. Oui.

M. le président. — Vous étiez opposé à toute conciliation.

R. Non. Il est vrai que j'ai été opposé aux conciliateurs, ce qui n'est pas la même chose, tant s'en faut. Je recevais à chaque instant la visite d'une foule de gens inconnus qui me proposaient de tenter une conciliation que je regardais comme bien difficile sur les bases dont ils parlaient ; ils étaient sans mandat, sans autorité aucune.

Ils ne se contentaient pas d'ailleurs de se mettre en avant, ils me posaient d'abord des conditions. Plusieurs de ces hommes me dirent :

— Donnez-nous un local comme le Palais-Royal et cent mille francs et nous ferons de la conciliation. Vous comprendrez quelle confiance devait m'inspirer ce désintéressement.

Toutes les fois que ça été sérieux, j'ai fait au contraire des tentatives de conciliation. J'en ai fait le 18 mars, j'en ai fait à la fin de la révolution, j'en ai fait aussi par l'intermédiaire des délégués de la province, qui eux au moins, représentaient quelqu'un.

M. le président. — Vous avez voté pour la création du comité de salut public.

R. Je ne veux pas chicaner ici, j'accepte tous les actes de la Commune, tous ceux du moins qui émanent d'elle réellement ; c'est dire que je repousse toute responsabilité dans les incendies et le massacre des ôtages. La Commune n'a rien de commun avec ces faits. A cet égard, monsieur le président, permettez-moi d'expliquer toute ma pensée.

Je n'ai pas à rappeler dans quelles circonstances le décret des ôtages a été voté, alors que l'on croyait à l'exécution des fédérés. Ce décret a été une menace, pas autre chose ; il n'avait d'autre but que d'empêcher l'exécution des prisonniers. Il remplaçait pour nous les parlementaires que nous ne pouvions envoyer.

Par voix de décret nous prévenions Versailles de notre intention d'user de représailles. De plus encore, il n'était question dans ce décret que de prisonniers pris les armes à la main. Jamais la Commune n'a eu l'intention d'y comprendre des civils, des prêtres, des innocents.

Du reste ce décret n'a pas été exécuté ; la Commune avait horreur du sang ; et il faut qu'on le sache bien. (Murmures dans l'auditoire.) Oui, horreur du sang. Toutes les fois qu'il était question d'une exécution, on hésitait, et toutes les formes légales étaient respectées.

Il n'y a eu qu'une seule condamnation à mort sous la Commune ; l'affaire fut appelée devant le conseil de salut public, et il décida qu'il ne fallait pas que cette exécution eût lieu, et la commission militaire qui l'avait prononcée fut cassée.

M. le président. — Les membres de la Commune ne sont pas moins responsables de l'assassinat des ôtages, puisque c'est la Commune qui a voté ce décret.

R. Je ne crois pas, pour mon compte, que nous pouvons avoir sur la conscience l'assassinat des ôtages. La Commune n'était pas toujours maîtresse absolue de la situation. L'opinion démagogique était loin devant nous, et elle faisait son œuvre.

Lors de la mort de Duval, on demanda des représailles, et ce decret fut alors une espèce de satisfaction que nous donnions à cette opinion publique irritée.

Je regrette d'être obligé de placer ici le nom d'un de mes collègues, mais je dois le faire ; le jour où Urbain rappela ce décret, il était mis de côté et la commission passa à l'ordre du jour. Si je m'appuie sur ce fait si grave déjà par lui-même, c'est que ce ne sont pas seulement des innocents qui ont été frappés, c'est notre parti qui portera, pendant plus de cent ans peut-être, la honte et la peine de ce crime.

M. le président. — Mais ce parti dont vous parliez n'était pas dans une situation régulière.

R. Nous n'étions pas dans une situation régulière parce que nous avons été vaincus ; si nous avions été vainqueurs, notre situation eût été au moins aussi régulière que celle du gouvernement du 4 septembre. Pour mon compte personnel, j'ai obtenu 13,000 voix sur 17,000 votants.

M. le commissaire du gouvernement. — Ces élections étaient irrégulières.

M. le président. — Il est certain qu'au moment où vous croyiez encore posséder toute la puissance, il se faisait des arrestations, des perquisitions et des séquestrations arbitraires.

R. J'ai déjà dit que tous ces actes n'étaient pas toujours du fait de la Commune. Evidemment elle n'était qu'imparfaitement maîtresse de la garde nationale. Certainement on doit déplorer un grand nombre d'arrestations, surtout après le dénoûment fatal qu'elles ont eu, mais tous les mouvements politiques ont eu les mêmes erreurs.

Est-ce qu'aujourd'hui encore, il n'y a pas des arrestations arbitraires? Parfois elles sont fatales. J'en sais quelque chose pour ma part, puisque certains membres de ma famille sont emprisonnés, et ils n'ont certainement commis d'autre crime que celui d'être mes parents.

M. le président. — Mais ces prisonniers au moins sont interrogés et mis en jugement.

R. La garantie des détenus de la Commune était de n'être pas jugés. Le parti démagogique les savait arrêtés, cela lui suffisait.

M. le président. — Donnez-nous des explications sur votre arrivée au ministère des affaires étrangères.

R. J'y ai trouvé un personnel trop nombreux pour ce que j'avais à faire ; mais je ne voulus pas renvoyer ces employés qui se seraient trouvés sans pain, je les gardai et le service fut donc fait à peu près par le même personnel que par le passé. Je savais bien que parmi les employés plusieurs étaient en rapport avec Versailles, mais je n'avais rien à cacher et je m'amusai même de ces petites trahisons inoffensives.

En arrivant j'organisai deux administrations : une pour régulariser mes rapports avec l'étranger et l'autre pour m'occuper de la province.

La première avait pour but d'entretenir des rapports amicaux avec les représentants à Paris des puissances étrangères, et elle m'a servi à les défendre de tout ennui, à délivrer des saufs-conduits à ceux qui désiraient partir. Mon autre administration avait son siège à l'Hôtel-de-Ville ; c'est là que j'entretenais, autant que je le pouvais, des rapports avec les départements.

M. le président.—Vos fonctionnaires étaient payés sans contrôle.

R. C'est une erreur, les pièces que l'on a trouvées dans mon portefeuille sont des ordres de paiement en retard. Il n'y manque plus que ma signature. Les autres ont toujours été régulières.

M. le président. — Expliquez-nous quels rapports vous avez eu avec un sieur Eugène Kuneman.

R. Vous me permettrez de garder la plus grande réserve à l'égard des faits qui ne me concernent pas personnellement ; je tiens essentiellement, tout en me défendant moi-même, à ne compromettre personne.

M. le président. — Ce Kuneman n'est-il pas un Allemand ?

R. Non, M. le président, c'est un Alsacien.

M. le président. — C'est lui qui vous fit connaître qu'un officier prussien vous demandait à Charenton.

R. Il s'agissait tout simplement d'une réclamation des autorités prussiennes qui s'étaient émues de l'armement du château de Vincennes. Aux termes du traité de paix, il ne pouvait s'y trouver qu'un certain nombre de soldats, et ce nombre avait été dépassé par la Commune.

M. le président. — Comment se fait-il que la patte du portefeuille trouvé en votre possession ait été coupée ?

R. Ce ne peut être que le commissaire de police qui l'a coupée ; je m'en servais habituellement. Je ne sais s'il avait appartenu à M. de Moustier, mais je l'ai trouvé ouvert.

M. le président. — Vous avez emporté chez vous de nombreux dossiers ?

R. Je ne restais au ministère que trois ou quatre heures par jour, et j'emportais alors tous les jours quatre ou cinq dossiers pour pouvoir travailler chez moi.

M. le président. — On en a saisi chez vous quarante ou cinquante.

R. La plupart provenaient de la préfecture de police et non pas du ministère de affaires étrangères.

M. le président.—Vous les aviez cachés sur le ciel de votre lit.

R. Je les avais cachés comme je me cachai moi-même.

M. le président. — Parmi ces dossiers vous semblez avoir fait un choix.

R. Ces dossiers sont relatifs à des questions qui m'intéressaient personnellement moi et les miens. Il est heureux qu'ils aient été chez moi, car ils seraient brûlés. Toutes les fois qu'il m'était communiqué un dossier par l'archiviste, il en prenait note et on peut l'interroger à ce sujet, le conseil verra que cette livraison se faisait avec le plus grand ordre.

M. le président.—Quel est ce nommé Pim-

paré qui demandait des munitions, de l'argent, des ordres ?

R. Je l'ignore absolument, j'ai vu pour la première fois ce nom dans mon dossier, et il est à remarquer que dans la lettre de cet homme mon nom ne se trouve pas. D'ailleurs elle n'a pas été saisie chez moi. Il est question dans cette lettre d'affaires que j'ignore complètement, et ce Pimparé me donne rendez-vous dans un cabaret près du Palais de Justice. Or, je ne vais pas dans les cabarets.

M. le président. — Expliquez-vous sur la perquisition opérée chez M. Feuillet de Conches.

R. Non pas chez M. Feuillet de Conches, mais dans son bureau. Un ordre avait été donné par la Commune de faire des perquisitions dans tous les ministères. Aux affaires étrangères, on a trouvé chez M. Feuillet de Conches certains objets, des glands, des cachets, je ne sais trop quoi encore.

M. le président. — Ces objets là ont disparu.

R. Ce n'est pas possible, car on a dû en dresser un inventaire, les mettre sous scellés, et, à ce sujet, je serai reconnaissant au conseil de faire entendre les personnes qui sont entrées au ministère le 22 mai. Tout a dû y être retrouvé.

M. le président. — Quels étaient ces passeports que vous faisiez délivrer ?

R. Je n'en délivrais pas, je mettais mon visa sur ceux qui étaient délivrés par les ambassades ou les consulats des puissances étrangères. Je n'avais pas à faire de passeports. Cela regardait la préfecture.

M. le président. — L'accusation relève que votre entourage était composé de votre frère, de votre tailleur, le sieur Lacoste, puis de la fille Acard, tous gens qui vous étaient dévoués.

R. Mon frère avait dix-huit ans ; je lui avais donné un emploi sans importance. Lacoste était gardien de la Bibliothèque, pas davantage, et quant à mademoiselle Acard, que je regrette vivement de voir mêlée à ces débats, elle n'a jamais été à mon service. Une seule fois cependant, mais je ne l'ai employée que pour envoyer à Lacoste 1,600 fr., qui me restaient de ma caisse et que je désirais faire partager entre ceux de mes employés qui n'avaient pas reçu leur solde.

M. le président. — Vous avez fait un traité pour la vente de la colonne ?

R. Non. Il s'agissait du renversement de la colonne. Le renversement avait été voté par la Commune ; puis on l'avait un peu oublié, on ne l'exécutait pas, et pendant que je faisais partie de la commission exécutive, je reçus la visite d'un ingénieur qui me proposa de se charger de cette opération. Les moyens qui m'étaient offerts me parurent meilleurs à tous les points de vue, aussi bien à ceux de la sécurité que de la rapidité d'exécution et je les ai acceptés.

M. le président. — Que s'est-il passé entre vous et M. Gratiaux ?

R. Absolument rien, et M. Gratiaux ne me connaît même pas de vue. A l'Affranchi, il y avait un administrateur, mais je ne m'occupais que de la rédaction ; le reste ne me regardait pas. Il y a ici beaucoup de mes confrères de la presse parisienne, et il n'y en a pas un qui sache où s'achète le papier sur lequel s'imprime son journal.

Un jour, à mon grand étonnement, j'appris que le papier de l'*Affranchi* provenait d'une réquisition de Raoul Rigault, réquisition, d'ailleurs, qu'il voulait payer; je crois même qu'il y a eu un commencement de paiement.

Néanmoins, je fis comparaître l'administrateur, je lui dis que je ne mangeais pas de ce pain-là, et je lui signifiai que je cessais dès ce moment d'être le rédacteur de l'*Affranchi*. J'étais, du reste, poussé à cette détermination par un autre motif encore. On disait que la Commune supprimait les journaux afin de mieux vendre les siens, je ne voulais à aucun prix prendre ma part d'une semblable accusation.

M. le président. — Dites-nous ce que vous appeliez les délégués de la province et quelles relations vous aviez avec les départements.

R. Je ne sais pas ce qui s'est passé depuis deux mois et je craindrais en parlant de nuire à d'autres personnes qu'à moi-même. Je crois donc de mon devoir de me taire à ce sujet.

M. le président. — Je vais vous rappeler les accusations générales relevées contre vous. Vous êtes accusé d'attentat contre le gouvernement, d'excitation à la guerre civile.

R. Je m'en réfère aux explications de mon défenseur, et à l'égard des autres charges de l'accusation, je ne puis que répéter que je prends ma responsabilité de tous les actes de la Commune, mais que je repousse la complicité dans les assassinats et les incendies, ce dont, d'ailleurs, je ne crois pas la Commune coupable.

Comment, du reste, admettre un seul instant que j'aie pu me faire le complice de ces incendies.

Moi, homme de lettres, amis des arts, j'aurais voulu qu'on brûlât les monuments artistiques, les bibliothèques où j'aime à passer ma vie. Cela ne saurait être cru par personne.

M. le président. — Les saufs conduits que vous donniez étaient signés à l'aide d'une griffe, et par conséquent tous les employés pouvaient en user.

R. Pardon, c'était mon frère qui avait cette griffe, et il ne la laissait à la disposition de personne. J'ai eu, d'ailleurs, peu d'occasions de m'en servir, les étrangers n'étaient pas effrayés de la Commune, la plupart d'entre eux sont restés à Paris.

Ces mots sont les derniers de l'interrogatoire de Paschal Grousset, mais avant qu'il soit passé à l'audition des témoins relatifs à son affaire, Me Dupont de Bussac demande à M. le président de recevoir la déposition de M. Castelnau, vicaire de Saint-Séverin, qui a eu affaire à l'accusé Régère dans une circonstance grave.

Un nouveau témoin de Régère.

M. le colonel Merlin ayant donné l'ordre d'introduire ce témoin, M. Castelnau raconte dans quel moment difficile Régère est venu à son aide.

M. Castelnau. — En l'absence de M. le curé de Saint-Séverin, j'étais resté chargé de l'église, et je m'y trouvais lorsque deux délégués voulurent réquisitionner pour en faire un club. Je leur dis : « il faut un ordre de M. Régère » et je m'empressai de prendre les devants. M. Régère, à ma première observation, me dit : « non-seulement je n'autorise pas le club, mais je défendrais que votre église soit réquisitionnée. »

Le lendemain de l'arrivée des troupes de Versailles dans Paris, je reçus encore la visite de deux sergents qui me dirent : Au nom de la loi je vous arrête. J'exigeai qu'ils me montrassent leur mandat d'amener; ils firent alors une perquisition, mais dont le but était je pense de voir si le presbytère pouvait être un lieu de défense, puis ils m'emmenèrent avec eux.

Je rencontrai heureusement M. Régère, qui donna l'ordre de me remettre immédiatement en liberté et me fit reconduire chez moi par ceux mêmes qui m'avaient emmené au Panthéon.

En venant ici, je ne fais que remplir un devoir de justice et de reconnaissance, car je ne puis oublier que je dois à M. Régère ma liberté et peut-être ma vie.

M. le président. — Votre église n'en a pas moins été réquisitionnée, en partie du moins, car, le soir, il s'y tenait un club.

R. J'avais été obligé de faire cette concession, pour que le culte ne fût pas interrompu.

Le commissaire du gouvernement. — C'est un singulier mélange.

R. Mon prédécesseur, homme honorable, avait dû accepter ce compromis, j'ai cru que je ne pouvais mieux faire que de l'imiter.

Le commissaire du gouvernement. — Votre conscience vous aurait peut-être mieux inspiré.

Régère. — Il ne faudrait pas croire que ce singulier partage provint d'un ordre de la mairie; il était ordonné par la préfecture, et je n'ai jamais cessé de lutter pour m'y opposer.

Le témoin. — L'ordre était en effet signé par la préfecture et le comité central.

Me Dupont de Bussac. — Je voudrais que le témoin dit si Régère n'a pas protégé les communautés religieuses du quartier.

Le témoin. — Oui, et notamment l'établissement des sœurs de la rue Boutebrie.

Paschal Grousset. — Je tiens beaucoup à entendre Gratieau, qui m'accuse d'avoir pris son papier.

M. le président. — Ce témoin sera appelé si votre défenseur le demande; nous allons, en attendant, entendre ceux qui sont cités et présents.

Les témoins de Paschal Grousset

A partir de ce moment, grâce aux singuliers personnages qui, tous, se succèdent à la barre des témoins, la physionomie des débats va changer d'aspect du tout au tout, et le conseil ne pourra pas toujours garder son sérieux, en entendant les étranges dépositions des émissaires de l'ex-délégué de la Commune aux relations extérieures.

C'est d'abord un nommé Godard, qui avait été envoyé par Paschal Grousset, dit-il, pour *lever le peuple*. Quant aux moyens à employer, il n'en avait pas été question. Il était parti pour Cosne, et là, au lieu de s'occuper de sa mission politique, Godard s'était mis tout simplement à chercher de l'ouvrage. Godard, d'ailleurs, ne connaît pas le moins du monde Paschal Grousset, et Paschal Grousset affirme en riant que la figure de ce jeune ferblantier lui est aussi inconnue que son nom.

C'est ensuite un nommé Boudet. Celui-là est tonnelier. Il a été envoyé, toujours à Cosne dans la Nièvre, comme capitaine inspecteur. Seulement il ignore totalement ce qu'il devait inspecter. C'est le colonel Ramet qui lui a confié cette importante mission. Il l'a remplie comme son camarade Godard, en cherchant à gagner sa vie par son travail. Le fameux colonel Ramet, que Paschal Grousset ne connaît pas, paraît avoir oublié très rapidement ses émissaires, car jamais, après leur départ de Paris, ils n'ont entendu parler de lui.

Jean Thibault, pâtissier; Emile Couche, tailleur; Simonet, peintre en bâtiments; Bernard, commis-voyageur; puis une demi-douzaine d'autres, tout aussi intéressants répètent la même chose :

Nous avons été envoyés de Paris le 16 mai, par le colonel Ramet, il nous faisait payer notre voyage et délivrer un passeport; nous partîmes pour l'endroit indiqué, il devait nous envoyer ses ordres, et nous n'en avons jamais reçu.

Tous ces témoins, du reste, jurent avec naïveté, qu'ils n'ont accepté la mission qui leur a été offerte que dans le but de quitter Paris et, une fois loin, de ne pas servir du tout la Commune.

En attendant que leurs intentions politiques soient bien prouvées, ils ont été tous arrêtés et ils passeront tous en jugement.

Après ces témoins, il en arrive un qui tout naturellement éveille la curiosité de l'auditoire. C'est mademoiselle Acard, ou plutôt madame Paschal Grousset, puisqu'on dit qu'un mariage a régularisé la situation de cette jeune femme. Madame Acard, élégante, vêtue de noir, s'avance d'un pas décidé, comme si elle avait fait provision de calme et d'énergie, et elle répond avec une certaine assurance aux questions que M. le colonel Merlin lui adresse, du ton le plus rassurant d'ailleurs.

M. le président. — On a trouvé à votre domicile un grand nombre de dossiers.

R. Il y avait celui de Pierre Bonaparte, de M. Paschal Grousset et d'un de ses cousins.

M. le président. — Il y en avait d'autres encore.

R. Il y avait chez moi beaucoup de papiers, mais j'ignore ce que c'était.

M. le président. — Vous avez porté chez M. Lacoste une somme de 1,600 fr. A quoi était-elle destinée?

R. Je pense que c'était pour régler une note.

Paschal Grousset. — Je regrette bien vivement que le conseil ait cru nécessaire de faire paraître mademoiselle Acard; à l'égard de cette somme, elle se trompe. J'ai eu l'honneur de dire au conseil que je désirais que ces 1,600 francs fussent partagés entre les employés du ministère des affaires étrangères.

M. le président. — Savez-vous pourquoi vous avez été arrêtée.

R. On m'a dit que c'est parce que je cachais M. Grousset. Le commissaire de police m'avait assuré que je serais mise en liberté au bout de deux ou trois jours.

M. le président. — Savez-vous quelles fonctions remplissait le sieur Lacoste auprès de l'accusé.

R. Non.

Ce mot est le dernier de mademoiselle Acard qui, sans doute pour pouvoir regarder plus longtemps Paschal Grousset, prend le temps de mettre son voile et ses gants avant de se retirer.

Elle est remplacée à la barre par le sieur Lacoste, tailleur et en même temps ex-conservateur de la bibliothèque du ministère des affaires étrangères.

Ce témoin a cru lui aussi que les 1,600 fr., apportés par mademoiselle Acard, étaient destinés à payer sa facture et il se les est appropriés.

Paschal Grousset proteste contre ce sans-gêne de son ex-fournisseur, et le président lui demande s'il a touché, comme ses collègues, les 1,000 fr. dont Jourde a gratifié au dernier moment les membres de la Commune?

Il répond négativement, puis il regrette que le conseil n'ait pas cru devoir entendre les secrétaires des légations étrangères, car il aurait appris que c'est grâce à lui, Paschal Grousset, qu'ils ont joui, pendant la Commune, de la sécurité la plus complète.

Cette protestation dernière termine l'audience, qui est renvoyée à demain, à l'heure ordinaire.

Il ne reste plus à interroger que six des membres de la Commune et du comité central.

Audience du 18 août 1871.

L'audience est ouverte à midi dix minutes par la lecture d'une partie de la déposition de Lisbonne dont les déclarations intéressent Régère.

Il en résulte que Lisbonne et Régère ont fait leur possible pour empêcher qu'on ne mît le feu au Panthéon.

Cette lecture faite, on introduit le témoin Amédée Gratiot, marchand de papiers à Paris, qui donne les explications suivantes sur cette réquisition dont il a été victime.

Le 21 mars, M. Barberet vint me demander de fournir du papier pour un journal que M. Paschal Grousset devait publier. Je refusai de fournir du papier pour un journal de ce genre. M. Schiller me demanda 35 rames de papier que je lui vendis, mais quand je vis que c'était pour imprimer l'*Affranchi*, je refusai de continuer la fourniture. Le 23 avril à 8 heures du matin, on s'est présenté à ma maison avec un bon de réquisition pour 100 rames de papiers, signé de Raoul Rigault. Les voitures qui emportèrent le papier étaient accompagnées d'un secrétaire de M. Paschal Grousset. On disait que le papier était destiné aux affiches de la préfecture de police, mais je sus depuis que le papier était destiné à faire l'*Affranchi*.

En effet, les voitures sont allées directement rue des Jeûneurs, où on répondit à l'employé que j'envoyai pour réclamer, que s'il insistait pour avoir son argent, on lui ferait un mauvais parti.

Je ne me tins pas pour battu. Le paiement devait être fait le 15 mai ; le 17, j'ai reçu un à-compte de 1,500 francs. Il me reste dû 2,000 fr. qui m'ont été volés, et c'est pour cela que j'ai écrit à M. le président quand j'ai appris que M. Grousset allait comparaître devant le conseil, pour me plaindre en demandant que si on trouvait de l'argent sur M. Grousset, on retînt les 2,000 fr. qui me sont dus.

Paschal Grousset. — Je demanderai au conseil la permission d'adresser une question au témoin. M'a-t-il jamais vu, m'a-t-il jamais adressé la moindre réclamation ?

J'ai déjà eu l'honneur de donner au conseil quelques explications à ce sujet. J'ai appris la réquisition, quelques jours après que le papier fut arrivé à l'imprimerie. C'est un de mes rédacteurs qui m'a appris ce fait. Si j'avais reçu de M. Gratiot la moindre réclamation, j'aurais payé immédiatement, mais jamais il n'est venu me voir ni ne m'a écrit. Il n'était pas difficile de venir jusqu'à moi, je recevais sans demande d'audience, sans aucune recommandation.

Le témoin. — Il est exact que je n'ai jamais vu M. Grousset, et que je ne suis jamais allé au ministère des affaires étrangères. C'est un de mes employés qui a été chargé de porter à M. Grousset une lettre dans laquelle je faisais appel à sa loyauté pour le paiement du papier qui m'avait été volé.

M. le président. — Cette lettre a-t-elle été remise à l'accusé ?

Le témoin. — Non, j'avais recommandé à mon employé de ne remettre la lettre qu'à M. Grousset lui-même ; n'ayant pas pu le voir, il est revenu avec la lettre.

M. le président. — A quelle époque envoyâtes-vous cette lettre ?

Le témoin. — Le 12 mai.

D A quelle époque l'*Affranchi* a-t-il cessé de paraître ?

Grousset. — Cinq ou six jours après la réquisition dont je n'avais pas eu connaissance. C'est mon administrateur qui a fait la réquisition parce que M. Gratiot avait refusé de livrer du papier, comme il le reconnait lui-même.

Le témoin. — Je dois ajouter que l'une des personnes qui se sont présentées pour prendre le papier a refusé de dire son nom. Elle s'est donnée comme secrétaire de Paschal Grousset.

L'accusé. — Je ne sais pas ce que cela veut dire. L'ordre de réquisition porte deux noms : celui de Rigault et celui du secrétaire général de la préfecture de police. Tout cela a été fait à mon insu.

On entend ensuite M. Barthélemy-Jacques de Matta, chef du personnel à la Caisse des dépôts et consignations, qui est invité à dire ce qu'il sait sur l'accusé.

R. Je dois dire d'abord qu'ayant été arrêté par la police, c'est à Paschal Grousset que j'ai dû d'être relâché. Je lui ai donc une reconnaissance profonde. La Caisse des dépôts et consignations fut envahie le 31 mars par des gardes nationaux qui avaient un ordre du général Duval. Ces gardes nationaux saisirent la caisse qui contenait 54,096 fr. 42 c. Dans le courant du mois d'avril, Jourde voulut faire saisir à son tour cette caisse et fut très étonné d'apprendre que les fonds avaient été enlevés déjà.

Le 28 avril, je fus arrêté par un nommé Pellerin et un nommé Dacosta. Ma famille alla trouver Paschal Grousset qui me fit relâcher dans les premiers jours du mois de mai. Je suis convaincu que c'est à lui que je dois la vie.

L'accusé. — Le témoin est venu spontanément déposer des faits que le conseil vient d'entendre. Ce n'est pas moi qui l'ai fait citer.

C'est le tour de M. Georges Masquin, imprimeur, qui affirme que Paschal ne s'occupait pas de l'administration du journal et envoyait tout simplement sa copie à l'imprimerie.

Le témoin suivant est Olivier Pain, 26 ans, journaliste, qui a été arrêté l'autre jour à Rouen. Il était secrétaire de Paschal Grousset. Il déclare, sur la demande de l'accusé, que, dans sa pensée, Paschal Grousset a cessé la publication de l'*Affranchi*, à cause des réquisitions de papier qu'il avait faites.

M. le président. — Quelle position occupiez-vous auprès de M. Paschal Grousset ?

R. Chef de cabinet. (Hilarité.)

D. Que savez-vous au sujet des décorations et autres bijoux qu'on a pris chez M. Feuillet de Conches ?

R. C'est moi qui ai fait la perquisition. Nous cherchions des munitions, et nous avons trouvé, en effet, un baril de poudre dans le sous-sol du ministère. Nous avons trouvé aussi des décorations qui ont été mises sous scellés.

M. le président. — Je trouve étrange qu'on ait été chercher des cartouches dans les tiroirs.

D. Que savez-vous au sujet des dossiers du ministère des affaires étrangères?

Le témoin. — Je ne sais rien, cela ne passait pas par mes mains.

L'accusé. — A quel moment le témoin a-t-il quitté le ministère des affaires étrangères?

R. Le jour de l'entrée des troupes de Versailles : les troupes étaient déjà à l'esplanade des Invalides.

Paschal Grousset. — Ceci est exact.

M. le président. — Les employés auraient donc été surpris dans le ministère?

Paschal Grousset. — Oui, monsieur le président.

M. le président. — Voudriez-vous faire établir par là que c'est à cause de cela que vous n'avez pas rapporté dans votre bureau les dossiers que vous aviez enlevés?

R. Oui.

M. le président. — Mais que vouliez-vous faire chez vous de ces dossiers?

L'accusé. — C'étaient des dossiers sur la situation générale de l'Europe que je portais chez moi pour faires des études. Tous les fonctionnaires et les hommes politiques en place ont l'habitude d'en faire autant.

Le témoin répond avec beaucoup d'hésitation à toutes les questions qu'on lui adresse. Il ne paraît guère intelligent et l'accusé lui-même en fait l'observation.

D'ordinaire, dit-il, M. Pain parlait plus et mieux que cela...

M. le président. — Dire que c'est un chef de cabinet. (Hilarité.)

L'accusé. — On a dit que mon seul acte diplomatique a été de m'approprier l'argenterie du ministère des affaires étrangères. Comme on ne m'en parle pas ici, je tiens à faire une déclaration qui sauvegarde mon honneur. L'argenterie n'a pas été détournée; elle a été saisie. Un inventaire très scrupuleux en a été fait, et puis l'argenterie a été envoyée à la Monnaie, où il en fut donné reçu.

On parle aussi de rapports que j'avais eus avec les autorités prussiennes. Il m'importe de faire connaître la vérité. J'ai été, en effet, en rapport avec le général prussien Fabrice, auquel j'ai eu à écrire à propos d'une sommation très-brutale et très-violente qu'il avait adressée à la Commune.

Voici la vérité sur cette affaire :

Quelques jours avant l'entrée des troupes à Paris, quelques gardes nationaux se présentèrent au consulat des Etats-Unis d'Amérique et voulurent, malgré les observations du concierge, entrer dans l'hôtel. Le concierge s'efforça d'éviter cette invasion, qui aurait pu avoir les conséquences les plus fâcheuses. Il leur parla des immunités diplomatiques, les gardes nationaux répondirent qu'ils ne savaient pas ce que c'était que cela.

Le concierge me fit avertir. J'étais en ce moment fort occupé. J'envoyai immédiatement un de mes employés pour donner aux gardes nationaux l'ordre de se retirer.

Quand mon employé arriva à l'hôtel de M. Washburn, les gardes nationaux avaient vidé la place sans que le concierge ait pensé à constater les numéros que portaient leurs képis.

J'envoyai à M. Washburn une lettre d'excuses en lui promettant que les gardes nationaux seraient recherchés et punis.

Je croyais cette affaire terminée quand je reçus un jour une lettre du général Fabrice dans laquelle ce général me déclarait que, vu la protection dont M. Washburn avait couvert les Prussiens pendant le siège de Paris, il se croyait en droit d'intervenir dans l'incident, et que, si les coupables n'étaient pas punis dans un bref délai, les troupes prussiennes considéreraient Paris comme ville ennemie.

J'en référai au Comité de salut public qui me promit de prendre des mesures immédiates.

Voilà la vérité.

M. le président. — Vous voyez à quels dangers vos gardes nationaux exposaient Paris. Si les Prussiens étaient entrés dans Paris, ils n'en serait pas resté beaucoup de vos révolutionnaires, et bien des braves gens auraient payé pour eux.

M. le commandant Gaveau. — Quand avez-vous fait la profession de foi qui est au dossier?

R. Lors des élections pour l'Assemblée nationale.

D. Vous persistez à ne pas vouloir donner d'explications au sujet de la lettre de M. Pindoray?

R. Je ne sais pas du tout de quoi il s'agit. Je ne connais pas M. Pindoray. C'est peut-être un homme de police qui a mis cette lettre sous une enveloppe à mon nom. Cette lettre ne m'a pas été adressée.

M. le président. — Où a-t-on trouvé cette lettre?

R. A la mairie du Ve arrondissement.

D. Vous aviez chez vous trois dossiers : un pour Rochefort, un pour Pierre Bonaparte et un pour vous.

L'accusé. — Oui.

D. Que savez-vous de la perquisition qui a été faite à la caserne des Célestins?

R. C'était un garde national qui ne cessait de venir nous dire qu'il y avait un trésor caché dans la caserne des Célestins. A la fin, et de guerre lasse, on lui donna un ordre. C'est tout ce que je sais.

D. Vous avez écrit au commandant de Vincennes pour lui dire de donner son appui à la Commune?

R. Un appui moral seulement.

Interrogatoire de Verdure

M. le président. — Accusé Verdure, levez-vous. Vous avez été instituteur à Saint-Quentin?

R. Oui, j'ai été révoqué et ensuite condamné pour ouverture illicite d'une école.

D. Vous faites partie de l'Internationale?

R. J'ai fait partie d'une section de cette société à l'époque où, comme rédacteur de la *Marseillaise*, je faisais le compte rendu des séances des réunions ouvrières.

M. le président. — Oui, vous faisiez des articles sur les droits des ouvriers, mais sans vous occuper de leurs devoirs. C'était vous qui étiez chargé de placer la *Marseillaise* en province?

R. Pardon, cette propagande a été faite par M. Varlin, je m'occupais exclusivement de l'organisation des sociétés ouvrières.

D. Que faisiez-vous le 18 mars?

R. J'étais de la garde nationale, porte-drapeau du 194e bataillon pendant le siège. Après l'armistice, je suis allé dans ma famille. Je voulais chercher un emploi en province, étant décidé à ne plus habiter Paris. Je suis revenu vers le 20 ou le 21 mars.

D. Est-ce alors que vous avez fait une certaine proclamation où vous réclamiez toutes les libertés possibles?

R. C'est plus tard.

D. Vous avez été membre de la Commune?

R Oui: j'ai été nommé dans le onzième arrondissement, pour ainsi dire à mon insu. Je ne faisais pas partie, comme on l'a dit, de la majorité. Il n'y avait pas, à proprement parler, de minorité ou de majorité dans la Commune.

A un certain moment, quand le Comité de salut public a été nommé, j'ai cessé d'assister aux séances de la Commune.

D. Vous qui demandiez dans votre proclamation toutes les libertés, vous avez fait partie d'un gouvernement qui a détruit toutes les libertés.

L'accusé. — Je n'ai voté aucune des mesures violentes prises par la Commune et je me suis opposé à ce qu'aucune exécution, aucune arrestation ne se fît dans mon arrondissement. Vous entendrez les témoins.

M. le président. — Je m'y attends bien; tous les maires, tous les délégués que nous entendons prétendent qu'ils se sont opposés à toute arrestation dans les arrondissements qu'ils administraient, et, à Paris, on arrêtait tout le monde.

M. le président. — Vous avez voté pour la création du Comité de salut public: quelles étaient, d'après vous, les intentions des hommes nommés par la Commune pour composer ce comité?

Verdure. — Je crois que les intentions du comité de salut public étaient toutes conciliantes, mais qu'il a eu la main forcée par la garde nationale. La Commune et le comité étaient du reste, à chaque instant, débordés par la garde nationale.

Dans mon arrondissement il m'arrivait fréquemment de recevoir des députations de la garde nationale ou du peuple, demandant l'exécution des décrets de la Commune et qu'il fût pris des mesures rigoureuses contre toutes les personnes soupçonnées de sympathie pour le gouvernement de Versailles.

M. le président. — Voilà donc où en était arrivée la population de Paris?

Verdure. — Oh! le peuple de Paris est comme ça depuis longtemps; la Commune n'est pour rien là-dedans.

M. le président. — Mais, puisque vous semblez tous avoir été animés de si bonnes intentions, pourquoi n'avez-vous pas usé de votre autorité pour calmer le peuple. Vous en aviez donc tous peur?

Verdure. — Oh, pas tous.

M. le président. — Ceux qui n'en avaient pas peur auraient dû avoir le courage d'agir dans son intérêt. Le comité de salut public était donc surmené par la fédération de la garde nationale.

Verdure. — Je n'ai pas parlé de la fédération. J'ai dit « la garde nationale. » J'entends par là des délégués envoyés par des bataillons ou des compagnies.

M. le président. — La garde nationale agissait donc comme elle le voulait, sans contrôle d'une autorité quelconque?

Verdure. — Il y avait dans chaque arrondissement un conseil de légion et plusieurs comités et sous-comités de vigilance exerçant une autorité directe sur la garde nationale.

M. le président. — Jusqu'à quel jour êtes-vous resté à la mairie du onzième arrondissement?

Verdure. — Jusqu'au 25 mai, quatrième jour de l'entrée des troupes dans Paris.

M. le président. — Vous n'y étiez pas seul ces jours-là?

Verdure. — Non. Delescluze s'y était installé avec plusieurs délégations.

M. le président. — Quelles délégations?

Verdure. — Le comité de salut public et plusieurs autres.

M. le président. — Qu'avez-vous fait dans ces circonstances?

Verdure. — Mon autorité était complètement paralysée. Delescluze avait dit que notre mandat devait complètement s'effacer devant les volontés du peuple.

M. le président. — Qu'est-ce que cela veut dire « le peuple » ce sont des mots que vous dites à tort et à travers. Quel sens y donnez-vous?

L'accusé ne répond pas.

M. le président. — Où avez-vous été arrêté

R. Chez un ami chez lequel je m'étais réfugié. J'avais un vieux passeport qui m'a été prêté, mais qui ne m'a pu servir J'étais sans ressources, parce que je n'avais pas pris part à la distribution des billets de mille francs faite par Jourde. Je vous répète que depuis quelques jours je me considérais comme ne faisant plus partie de la Commune. Je me considérais comme sans autorité devant le Comité de salut public.

D. Qu'avez-vous à dire au sujet des proclamations de la Commune qui portent votre signature et qui sont au dossier?

R. Je n'ai pas signé de proclamations; on a mis mon nom pour faire nombre, parce que j'étais membre de la Commune.

D. Vous avez voté une motion décrétant l'interdiction de l'enseignement religieux dans les écoles et l'expulsion des prêtres?

R. Ce décret n'a jamais été présenté à la discussion de la Commune?

D. Vous avez signé une proclamation, le 15 avril, où on dénonçait les troupes de Versailles comme des bandes d'assassins et où on leur attribuait des crimes imaginaires pour soulever l'indignation du public ?

R. Cela n'émanait pas de moi, cela venait du ministère de la guerre, et on mettait dessous des noms de fantaisie pris parmi les membres de la Commune.

D. Dans le courant de mai, le 23, vous avez réquisitionné rue de Montreuil quarante litres de pétrole?

R. Jamais.

D. Les bons sont signés de votre nom :
« Le membre de la Commune, Verdure. »
C'est bien votre signature?

R. Cela m'étonne, je ne me souviens pas; cela n'était pas dans mon service. J'aurai probablement pris la responsabilité de signer en l'absence de l'employé que cela regardait. Je ne m'occupais pas de cela.

M. le président. — Évidemment. Personne ne s'est occupé de rien, personne n'a rien fait.

Témoins de Verdure

Après, on entend d'abord deux vénérables prêtres qui rapportent comment ils ont été arrêtés et les démarches que Verdure a faites pour les rendre à la liberté; un sieur Pierre Parod leur succède pour apporter un peu de gaîté dans les débats.

Lui aussi a été victime des arrestations arbitraires de la Commune, et voici dans quelles circonstances héroï-comiques :

J'ai été arrêté, dit-il, un jour au boulevard du Temple, en face de la caserne du Château-d'Eau. Voici dans quelles circonstances:
Un colonel des troupes de la Commune après avoir vidé un nombre assez considérable de verres de bière, s'apprêtait à remonter à cheval; mais son état d'ébriété rendait là chose difficile. Je m'arrêtai et dis à quelqu'un qui m'accompagnait :
« Arrêtons-nous donc un instant, et regardons : cela va être drôle. »
En effet, le colonel, après s'être avancé en trébuchant, essayait vainement de prendre pied dans l'étrier, et, après plusieurs tentatives infructueuses, il trébucha sur le trottoir, à notre grande gaieté.

M. le président. — Ce monsieur était colonel? (Hilarité.)

Le témoin. — Oui, monsieur le président. Ma joie l'irrita, et se tournant vers moi, il m'appela « bougre d'aristo, » et ajouta:
— Voilà bien ces gens qui se moquent de nous pendant que nous nous faisons tuer pour eux!

Je lui répondis que, en ce moment-là, il ne se faisait pas tuer et que, dans tous les cas, ce n'était pas moi qui l'y envoyais.

Il m'arrêta, et, après m'avoir demandé mon nom, il me reprocha de ne pas faire partie de la garde nationale fédérée. Je lui répondis que cela m'était défendu. (Rires.) Oui, cela m'était défendu par ma situation d'étranger, étant citoyen suisse.

Quand je lui dis cela, le colonel recommença à m'injurier, en disant que j'étais encore un de ces étrangers qui venaient manger le pain de la France et qu'il allait m'apprendre à vivre. Il y avait autour de nous une foule considérable dont je voyais bien que les dispositions m'étaient sympathiques; mais, dans ce moment-là, on n'osait pas trop montrer publiquement ses sympathies.

Le colonel, qui se fâchait de plus en plus; me dit : « Venez avec moi à la Commune. » Je fus assez naïf pour le suivre, et pour croire qu'un fonctionnaire de la Commune allait me donner raison.

A peine étions-nous arrivés ensemble à la caserne du Château-d'Eau que le délégué de la Commune qui était là me fit mettre en prison, sans vouloir m'entendre, en disant : « Nous verrons cela demain matin, à neuf heures, vous passerez avec les autres. »

M. le président. — Ce n'était pas Verdure, ce colonel? Je ne vois pas le rapport.

Mᵉ Manchon. — Vous allez le voir, monsieur le président.

Le témoin. — Comme j'étais là, je demandai et j'obtins la permission d'envoyer une lettre au maire du onzième arrondissement, qui me fit mettre en liberté.

Mᵉ Manchon. — En faisant faire des excuses au témoin pour le désagrément qui lui avait été fait.

Le témoin. — C'est vrai. On m'a dit que le colonel, qui était un nommé Lisbonne, a été cassé de son grade à cause de cela.

M. le commandant Gaveau fait prendre le nom et l'adresse du témoin pour le faire citer en cause de Lisbonne, que ses blessures retiennent toujours à l'hôpital, et le président passe à l'interrogatoire de Ferat.

Interrogatoire de Ferat.

M. le président. — Ferat, levez-vous. Que faisiez-vous pendant le premier siège de Paris ?

L'accusé. — J'étais dans la garde nationale.

D. Vous aviez un grade?

R. J'étais simple garde.

D. Comment se fait-il que dès le 15 mars vous avez été nommé délégué de la garde nationale au Comité central?

R. On m'a choisi. J'ai passé par les trois élections successives sans même avoir posé ma candidature.

M. le président. — Cela ne prouvait pas beaucoup en votre faveur.

L'accusé. — Comment cela?

M. le président. — Cela prouve qu'on vous considérait comme un meneur politique audacieux.

L'accusé. — Mon Dieu! monsieur le président, on a beaucoup parlé sur le Comité central, sans savoir ce que c'était. Permettez-moi de vous le faire connaître.

M. le président. — Parlez, mais soyez bref.

L'accusé. — Vous m'arrêterez quand vous voudrez. Il y avait dans chaque arrondissement de Paris, ou plutôt dans chaque légion de la garde nationale, quatre ou cinq comités qui prenaient le titre de Comité central, mais celui qui a siégé à l'Hôtel de ville était le produit de trois élections successives, par compagnie, par bataillon et par légion.

Il y avait deux membres à nommer par légion. Nommés le 15 mars, nous nous sommes réunis pour la première fois sans même nous connaître. Les élections n'étaient même pas terminées, car il y avait des légions qui n'avaient pas adhéré et qui n'ont envoyé leurs délégués que le 16. Le 15 mars nous nous sommes réunis au Waux-Hall. La séance a duré jusqu'à six heures du soir. Il fut convenu ce jour-là que les membres du Comité central se rendraient au siége de l'ancienne commission d'initiative.

Cette commission s'appelait aussi Comité central, mais pas un seul des membres qui la composaient n'a été nommé dans le Comité central définitif, et même son président, un nommé Courty, a été expulsé parce qu'il avait des relations avec le ministère de l'intérieur.

M. le Président. — Quel était le but de ce Comité ?

R. Chaque chef de compagnie de la garde nationale avait reçu une circulaire lui donnant une explication sommaire.

D. De qui émanait cette circulaire ?

R. De cette commission d'initiative qui était chargée d'expliquer le but qu'on voulait atteindre.

D. Mais ce but, quel était-il ?

R. La recherche des moyens les plus propres à sauvegarder les intérêts de la garde nationale. Au commencement du mois de septembre 1870, on avait créé dans la garde nationale des conseils de famille, dont la mission était de s'occuper des misères de la compagnie, des moyens de venir en aide aux nécessiteux.

Malheureusement, ces conseils de famille qui avaient été très utiles ont été supprimés.

Quand on a reçu la circulaire dont je viens de parler, on a cru que c'était pour rétablir ou remplacer ce conseil de famille. C'est dans cette idée-là qu'on a procédé à des élections et j'ai été nommé délégué. Je ne croyais pas alors, et personne ne croyait qu'un jour, avec cette nomination, j'arriverais ici.

D. Comment s'est propagée l'action du Comité central ? Etait-il reconnu par les sous-comités ?

R. Au contraire, nous étions en division avec tous. Il y a même un détail assez curieux : Nous étions établis à l'Hôtel de ville depuis le 19 mars au matin, quand dans l'après-midi on vint nous dire que dans le même Hôtel de ville il y avait un autre comité central qui siégeait en permanence. (Rires.) Je fus délégué pour aller à la recherche de ce comité concurrent, et, dans une salle de l'Hôtel de ville, je finis par découvrir un comité central d'artillerie qui n'avait été nommé par personne.

L'accusé Lullier, vivement. — Je vous demande pardon. Il avait été nommé par moi. (Hilarité générale.)

Ferat. — Je répondrai à ce que vient de dire M. Lullier en même temps que je répondrai au plan de campagne imaginaire que cet accusé a développé hier ou avant-hier devant le conseil. Revenons au Comité central.

Nous avions décidé de demander à la commission d'initiative des renseignements sur ce qu'elle avait fait avant nous, mais ces messieurs étaient froissés de n'avoir pas été nommés au Comité central, et ils ne sont pas venus.

Nous avons attendu ainsi depuis le 15 mars jusqu'au 16 au soir. Cela durait trop longtemps, d'autant plus que nous étions logés dans le local d'une société avec laquelle nous étions en hostilité.

D. Quelle était cette société ?

R. L'Internationale. Il nous fallait chercher un autre logement. Chacun de nous s'en est occupé de son côté, et nous avions pris rendez-vous pour le 17 mars à deux heures, pour savoir si on avait trouvé un local. Ce fut Mortier qui trouva rue Basfroid un local où tout était agencé pour nos réunions, de sorte que cela ne coûtât rien.

Rendez-vous fut pris pour le soir à huit heures, rue Basfroid, mais comme on n'avait eu le temps de prévenir personne, il ne vint que huit ou dix membres environ.

M. le président. — Quelle différence y avait-il entre le comité central et la fédération de la garde nationale ?

R. C'était une fédération en dehors, composée de délégués des vingt arrondissements. Ce sont eux qui ont fait le 22 janvier.

D. Cela faisait deux pouvoirs ?

R. Pardon. Une fois la Commune proclamée, le comité central n'a plus été rien du tout. J'étais maire de mon arrondissement ; quand je me suis installé, j'en ai chassé les délégués du comité central.

M. le président. — C'était de l'anarchie.

L'accusé. — Oh ! je vous le promets. (Rires.) De l'anarchie au grand complet. Il y avait encore à côté de cela les conseils de légion qui faisaient des perquisitions et des arrestations sans mesure. Figurez-vous que moi, maire, pour avoir fait une observation sur une perquisition pratiquée par le conseil de légion de mon arrondissement, on a donné l'ordre de m'arrêter. (Rires.) Heureusement que le service de ma mairie était fait par des gardes de mon ancienne compagnie. On n'aurait pas trouvé un homme pour m'arrêter.

D. Quel a été votre rôle le 18 mars ?

R. Je suis arrivé au comité central vers midi. Nous avons beaucoup causé jusqu'à trois ou quatre heures. Nous avions été convoqués pour neuf heures du matin ; mais, vous savez, quand on disait neuf heures, cela voulait dire onze heures. On n'était pas payé, donc on n'était pas exact. (Rires.)

M. le président. — C'est vous qui avez arrêté le général en chef de la garde nationale ?

R. Je vous dirai d'abord que lorsqu'on a arrêté le général Chanzy, j'ai fait venir Léon Meillet qui l'avait arrêté, et je lui ai dit : « Trouvez-vous que notre situation soit déjà si bonne, qu'il faille l'aggraver encore en arrêtant des généraux qui ont rendu de si grands services ? »

Léon Meillet était accompagné de M. Lockroy et de M. Clémenceau. Il me dit que l'ordre d'arrêter le général Chanzy était venu de la préfecture de police, et avait été donné par les hommes placés sous Lullier, comme le général Duval. Quant au général Lullier, nous l'avons fait arrêter parce qu'il avait placé à l'Hôtel-de-Ville cette fédération qui voulait se substituer à la garde nationale.

Il voulait, comme il l'a dit ici, se débarrasser du Comité central. Mais le Comité central le voyait arriver et s'est débarrassé de lui. C'était un matin, après déjeuner, Lullier était très ému (rires), il parlait de se mettre à la tête de 300,000 hommes et nous menaçait. Nous l'avons consigné dans une salle voisine sous la garde de factionnaires.

Le 22 mars, j'ai été nommé maire de mon arrondissement. Du 19 au 22, je n'avais pas quitté l'Hôtel de ville.

Férat ne paraissant pas prêt de terminer son récit, l'audience est suspendue.

L'audience est reprise à trois heures par la continuation de l'interrogatoire de Férat.

M. le président. — Par qui a été organisée la défense le 19 mars; par quels ordres les barricades ont-elles été élevées?

R. Les barricades ont été faites dès le 18 par la garde nationale; personne n'était satisfait, car le commerce avait besoin de reprendre.

M. le président. — Et c'est pour le faire reprendre qu'on a fait des barricades.

R. Non, ce n'est pas cela que je veux dire, mais tout le monde sait quelle exaltation régnait à ce moment dans la population parisienne; il n'a pas été nécessaire d'un mot d'ordre pour la soulever.

M. le président. — Expliquez-nous pourquoi les circulaires du Comité central ont été signées justement par les membres de l'Internationale.

R. Parce que des membres de l'Internationale faisaient partie de ce Comité et avaient pris la direction du mouvement par l'ordre de Lullier.

Lullier. — Je vais rectifier tout cela dans un instant, si le conseil veut bien me le permettre.

M. le président. — Vous avez commandé votre bataillon pendant la Commune?

R. Oui.

M. le président. — Et avec une grande énergie, car j'ai là, dans votre dossier, une pièce dans laquelle vous dites que vous tuerez le plus possible de Versaillais.

R. J'ai fait citer le témoin qui rapporte ce fait. Lorsque j'ai été envoyé comme maire provisoire au 6e arrondissement, j'ai trouvé la mairie encombrée de membres de la fédération qui buvaient et chantaient. J'ai eu tout à réorganiser.

M. le président. — Qui était maire avant votre arrivée?

R. Albert Leroy, qui s'était emparé de la mairie, et, après lui, Tony Moilin, qui avait formé un comité.

M. le président. — Vous êtes resté jusqu'à la fin de l'insurrection à la tête de votre mairie?

R. Jusqu'au 10 avril, c'est-à-dire jusqu'à la proclamation de la Commune, puis ensuite, sont venus pour la Commune, Goupil; pour le comité central, Varlin et Courbet.

M. le président. — Quel était le numéro de votre bataillon?

R. Le 80e.

M. le président. — Vous avez occupé un des forts?

R. Non, j'ai occupé le séminaire d'Issy comme comme sous-chef d'état-major de place. A trois heures du matin on vint m'apprendre que tout le personnel du séminaire était arrêté; je suis allé aussitôt trouver ces messieurs, je leur ai présenté mes excuses, et je les ai fait mettre en liberté.

M. le président. — Vous avez été aussi à Neuilly?

R. Je n'étais plus à mon bataillon, j'avais été arrêté par ordre de Cluseret, qui avait formé son état-major d'un tas de gredins. Cherchez bien, vous trouverez les incendiaires dans l'état-major de la garde nationale.

M. le président. — C'est rassurant pour les Parisiens!

R. Mais ces gens étaient des étrangers, c'est pour cela que je leur faisais une opposition constante. J'ai fini par être traduit devant une cour martiale.

M. le président. — Comment était-elle composée?

R. Elle était présidée par Rossel, et ce qu'il y avait de curieux, c'est qu'on était ainsi jugé par celui-là même qui vous avait fait arrêter. On était sûr d'être condamné. Cependant je ne le fus pas, car je parvins à lui échapper.

M. le président. — Vous étiez en désaccord, dites-vous, avec certains des chefs de l'insurrection?

R. Je n'aurais pas confié à Cluseret le balayage de l'Hôtel de ville.

M. le président. — Pourquoi?

R. C'était un homme indélicat, personne ne l'ignore; aussi il ne fut rien sous le Comité central. Il n'arriva qu'avec la Commune, et lorsque je le vis délégué à la guerre, je compris que tout était perdu. Une fois entré dans Paris, je me suis rendu au Comité central pour lui expliquer comment les choses se passaient à Neuilly; mais Cluseret, arrivant en ce moment, me fit arrêter.

Lorsque je suis arrivé à la prison du Cherche-Midi, j'ai trouvé la maison pleine d'officiers arrêtés comme moi. Puis, pendant mon incarcération, Cluseret chercha à me faire remplacer à la tête de mon bataillon, mais comme les hommes refusèrent le chef qu'il voulut leur donner, on les dirigea vers le Champ de Mars, où on les réunit à d'autres fédérés; puis de là à Neuilly, à la barricade Perronet, où grâce au colonel qui les commandait, 30 hommes furent coupés en morceaux.

Le bataillon s'est soulevé alors contre ce chef qui les faisait écharper inutilement, et c'est très-instructif ceci, le soir même, les officiers se sont réunis, et se sont dirigés vers la Commune, pour demander ma mise en liberté. La Commune les a renvoyés au Ministère de la Justice, et M. Protot, lui, les a adressés au ministère de la guerre, où ils n'obtinrent que des promesses. Alors mes officiers sont revenus à la prison pour me délivrer. Le directeur refusa d'abord, mais ils insistèrent, et à 3 heures du matin, après bien des pourparlers, on me fit sortir.

M. le président. — Vous avez ensuite repris le commandement de votre bataillon, et vous êtes allé à la place Wagram.

R. Oui, on y a envoyé toute la légion, et ce qui est encore instructif, c'est que la légion partit, il est vrai, mais que, selon son habitude, tout l'état-major resta tranquillement dans Paris. Cela me convenait peu, car je m'étais juré de ne jamais servir sous Dombrowski, qui ne cessait de tromper la population, en faisant à chaque instant publier des bulletins de victoire, même lorsqu'on ne s'était pas battu.

M. le président. — Quel est ce Mathusewitch qui était avec vous à Neuilly ?

R. Le chef de la 20ᵉ légion.

M. le président. — Si j'en crois un document que j'ai là, cette légion n'avait fourni que cinq cents hommes. Cela ne prouve guère l'empressement ni le courage des fédérés qui la composaient.

R. Je vous demande pardon, monsieur le président, cette légion ne se composait réellement que de cinq cents hommes, comme bien d'autres, et ils étaient très courageux.

M. le président. — Qu'avez-vous fait le 22 mai ?

R. Je suis rentré à Paris le 18.

M. le président. — Ah ! pardon, qu'est-ce que c'est que cette affaire du ministère de la guerre, où vous avez failli être arrêté ? Le comité central existait donc encore ? Pourquoi siégeait-il au ministère de la guerre ? Qu'y faisait-il ?

R. Rien du tout ; Cluseret lui avait donné une salle pour se faire bien venir de ses membres, mais il le comptait pour rien et il manœuvrait toujours pour s'emparer de la dictature.

Ferat entre ensuite, à l'aide d'un verbiage inintelligible, diffus, plein de détails inutiles et tout personnels, dans un récit interminable qui semble avoir pour but de définir les difficultés au milieu desquelles se débattait le Comité central ; mais le colonel Merlin, après l'avoir écouté avec patience pendant un grand quart-d'heure, le ramène enfin à la question qu'il lui a adressée et à laquelle Ferat a si peu répondu, à savoir ce que faisait le Comité central à la guerre.

Ferat. — Mais rien, mon colonel, absolument rien.

M. le président. — Un Comité ne se réunit pas pour rien, il s'était rendu au ministère de la guerre pour réorganiser les services, c'est ce que démontrent les documents qui se rapportent à cette époque de son action.

R. Je ne le crois pas.

M. le président. — Vous avez dit que vous n'étiez pas allé au fort d'Issy.

R. Non, je suis allé au cimetière.

M. le président. — Qu'avez-vous fait les derniers jours de l'insurrection ?

R. Rien. Après cette arrestation, j'ai donné ma démission, mais on l'a refusée, alors je me suis occupé seulement d'empêcher mon bataillon d'être envoyé contre l'armée de Versailles. La guerre m'envoyait des ordres ; ce qu'il y a de curieux c'est que le 24 je reçus l'ordre pour me rendre à l'Hôtel de ville. Or,

l'Hôtel de ville était occupé par les troupes régulières, et si je m'y étais rendu j'aurais été pris.

M. le président. — Je termine en vous rappelant les charges relevées contre vous. Vous êtes accusé d'avoir pris le commandement de troupes armées.

R. J'ai été nommé à l'élection et renommé ensuite.

M. le commissaire du Gouvernement. — Par les insurgés !

R. J'avais été d'abord élu sous le gouvernement du 4 septembre ; c'était toujours la même garde nationale.

M. le président — Vous êtes accusé d'attentat contre le Gouvernement et d'excitation à la guerre civile.

R. J'étais bien loin de supposer que nous aurions à nous battre contre l'armée ; nous devions nous démettre de nos pouvoirs le 22 mars.

M. le commissaire du Gouvernement. — Vous oubliez trop vite les proclamations et les appels aux armes des 18 et 19 mars, que vous avez signés comme membre du comité central.

M. le président. — Vous êtes accusé d'avoir levé et armé des troupes.

R. La garde nationale était payée et armée depuis longtemps.

M. le président. — Vous êtes accusé d'usurpation de titres et de fonctions.

R. Je pense avoir rendu des services et je ne crois pas que vous ayez reçu de plaintes à propos de mon administration. J'ai toujours payé très régulièrement.

M. le président. — Nous n'avons pas de témoins à charge, nous allons entendre les témoins à décharge que vous avez fait citer.

Lullier. — Je demande la parole pour rétablir dans leur vérité certains faits allégués par le citoyen Ferat, et j'espère que grâce à mes explications le conseil sera fixé. Elles sont nécessaires, car certainement le conseil est arrivé à ce point qu'il ne comprend plus rien.

Ce qu'il y a de certain, et ce qu'il est nécessaire de rappeler au conseil, c'est qu'indépendamment du Comité central, il y avait une foule d'autres comités, qui se croyaient tous très puissants.

Il y avait une anarchie complète dans la garde nationale.

Ferat était membre peut-être d'un Comité, celui de Saint-Sulpice ; à Montmartre il y en avait un autre, puis encore un à Clignancourt, celui de la Résolution et de l'Égalité.

A la mairie de Montmartre se trouvait également un quatrième Comité.

Je ne veux pas faire une théorie sur les embarras qui sont nés de tous ces Comités divers ; car je suis parcimonieux du temps du conseil (rires) mais il faudrait cependant qu'il se rende bien compte de ce qui s'est passé.

Le 18 mars, les Comités n'ont rien fait, nous-mêmes nous n'avons pas fait grand'chose, au moins nous n'avions rien prévu, ce sont les événements eux-mêmes qui nous ont conduits. Il n'y avait réellement qu'une seule pensée qui fût commune à tous, aussi bien aux Orléanistes, qu'aux légitimistes dont je respecte les opinions et aux républicains de toutes les nuances.

En voyant l'attitude de la Chambre on s'est dit : Si on nomme un roi en ce moment, c'est soulever tous les partis, c'est perdre la France par la division. Un seul gouvernement peut nous sauver : la République, et alors on n'a pensé qu'à la défendre contre la réaction.

En effet, on n'a pas le droit de songer à une restauration quelconque, tant que l'armée française n'aura pas pris sa revanche, tant que le Rhin n'aura pas été franchi par nos soldats, tant qu'un général français n'aura pas couché à Berlin, dans le palais du roi Guillaume. Alors et cela se comprend avec l'effervescence qui régnait, quand on a vu la nomination des généraux d'Aurelles et Valentin, on s'est dit : Ça commence comme au 2 décembre. La population se leva. L'insurrection était faite. Je n'ai rien été, les comités rivaux rien non plus, tout a été spontané. Quand quelques jours après le comité central m'a fait arrêter, c'est qu'il savait que j'avais un programme, tandis que lui n'en avait pas. Je suis pour les actes et non pour les paroles. Ils ont eu peur de moi.

Il faut aussi que je relève un autre fait qui m'intéresse plus personnellement. On a dit que le jour où on m'avait arrêté, on m'avait trouvé à déjeûner, exalté, plus encore peut-être ; or, il y avait quatre jours que j'étais sur pied ; j'avais dormi cinq heures pendant ces quatre jours : le premier jour, une heure sur une chaise ; le second, encore une heure sur une chaise ; le troisième, deux heures sur un canapé, et les membres du Comité central, eux, pendant ce temps-là, que faisaient-ils à l'Hôtel de ville ? Ils y riaient, y chantaient, et de jeunes cantinières, choisies avec soin, leur versaient à longs flots le vin du triomphe !

L'auditoire ni le conseil ne peuvent résister à cette image poétique de l'ex-général, et il est obligé de se rasseoir, étonné plutôt que décontenancé, au milieu d'un éclat de rire général. Certains accusés, cependant, ne prennent pas la chose aussi gaîment, surtout Régère qui, rouge de colère, s'écrie :

— Je ne puis laisser passer cette accusation qui semble peser sur nous tous. Nous, les membres de la Commune, nous sommes étrangers à ces faits dont parle Lullier.

Ferat. — Et moi aussi, je proteste, car je mets au défi qui que ce soit de venir déclarer ici qu'il a jamais été bu par nous un verre d'eau rougie à l'Hôtel de ville.

Le murmure ironique qui accueille cette protestation dit clairement que ce n'est pas le moins du monde d'eau rougie dont il a été question.

Témoins de Ferat.

Après cet interrogatoire, instructif comme a dit Ferat, on entend les témoins relatifs à son affaire, et, heureusement, ils ne sont pas nombreux, car un seul est intéressant.

C'est la dame Charvet, maîtresse de l'hôtel où logeait le membre de la Commune. Cette infortunée propriétaire rapporte comment son locataire la payait en mauvaises paroles seulement et en menaces, et il s'engage, à cette occasion, entre M. le commissaire du gouvernement et Me La Violette, le défenseur de Ferat, une discussion sur la loi des loyers qui n'apprend absolument rien de nouveau à personne.

On passe ensuite à l'interrogatoire de Clément qui descend du quatrième banc où il était placé depuis le commencement des débats.

Cet accusé est, on le sait, avec Ulysse Parent, un des moins compromis.

Interrogatoire de Clément

M. le président. — Que faisiez-vous avant l'insurrection.

R. Je travaillais chez M. Hallu, teinturier.

M. le président. — Comment se fait-il que vous soyez membre de la Commune.

R. Parce que j'étais connu des ouvriers pour mes opinions socialistes.

M. le président. — Alliez-vous dans les clubs ?

R. Rarement. Je suis entré une ou deux fois dans celui de mon quartier en revenant de mon travail.

M. le président. — Est-ce que vous faisiez partie de la garde nationale ?

R. Non. Seul je pouvais remplacer le fils de mon patron qui était dans la garde mobile.

M. le président. — Comme membre de la Commune, vous avez été délégué au quinzième arrondissement.

R. Oui.

M. le président. — Vous avez fait toutes les fonctions de maire ?

R. Complétement.

M. le président. — Cela ne vous empêchait pas d'assister aux séances de la Commune. Faisiez-vous partie de la majorité ?

R. Ma signature est au bas de la protestation de la minorité. J'ai combattu l'établissement de la cour martiale ; et lorsqu'il a été question du décret sur les otages, je me suis levé et j'ai quitté la séance en manifestant mon indignation. Urbain lui-même me rendra cette justice.

Urbain. — C'est très exact.

Clément. — Lorsque la cour martiale a été instituée, je me suis aussi élevé contre elle, et j'ai réussi à faire partie de la commission chargée d'examiner ses jugements. C'est ainsi que j'ai pu faire casser la condamnation à mort qu'elle avait prononcée. Si je dis cela, c'est pour donner au conseil la mesure de mes votes.

M. le président. — Vous n'étiez pas toujours d'accord avec vos collègues ?

R. Il y avait entre la Commune et moi de graves dissentiments, et si ma vie n'avait pas été menacée, si mes administrés ne m'avaient pas supplié de n'en rien faire, j'aurais bien certainement donné ma démission. Ne le pouvant pas, je suis resté membre de la Commune pour sauver le plus possible mon arrondissement des perquisitions et des réquisitions.

M. le président. — N'y a-t-il pas eu une cour martiale à l'École-Militaire?

R. Non, je ne le crois pas. S'il y en avait eu une je l'aurais su.

M. le président. — C'est vous qui régliez toutes les questions financières de votre arrondissement?

R. Oh! je ne crains pas à cet égard la plus scrupuleuse enquête, tout s'est passé régulièrement, et je ne crois pas qu'il y ait à cet égard un seul reproche à me faire.

M. le président. — Avez-vous reçu comme vos collègues les mille francs que Jourde a distribués le dernier jour?

R. Si je les ai reçus, je somme M. Jourde de le déclarer.

Jourde. — Non, monsieur le Président, Clément ne les a pas reçus.

M. le président. — Il y a dans votre dossier une pièce qui eût été bien compromettante, mais il a été reconnu qu'elle n'émanait pas de vous.

R. Je sais, elle est de J. B. Clément. Nous étions trois du même nom.

M. le président. — Il est malheureux d'avoir un homonyme aussi compromettant.

M. le commissaire du gouvernement. — C'est une pièce qui émane du 18e arrondissement, il a été constaté qu'elle était de Jean-Baptiste Clément.

M. le président. — Vous aviez le quartier Vaugirard dans votre arrondissement. Que s'est-il passé dans l'établissement des jésuites?

R. Des faits les plus regrettables. Ils doivent être mis à la charge seulement de certains gardes nationaux qui ont agit peut-être sans ordres. Je pense que je n'ai pas besoin de m'en défendre. J'ai fait tout ce que j'ai pu pour atténuer dans mon arrondissement l'effet de cet acte regrettable.

M. Gatineau. — Ce qui vient de se passer à propos de cette pièce attribuée d'abord à Victor Clément, explique l'insistance que nous mettions à avoir les documents originaux.

M. le président. — Faisiez-vous partie de l'Internationale?

R. Non, je vous le jure, je vous le dirais si cela était. Si j'en avais fait partie, c'est que j'aurais été trompé, et je l'avouerais sincèrement. Je ne partage pas ses opinions socialistes.

M. le président. — Vous n'étiez pas d'avis que la propriété fût le vol?

R. Je ne pense pas qu'il y ait rien dans mon dossier qui puisse faire supposer que j'aie jamais eu de semblables idées.

M. le président. — Quelle a été votre conduite dès le 17 mai?

R. Je ne me suis plus occupé que d'administration municipale. Je suis allé à la séance de la Commune le 17 mai, ce fut seulement pour y prendre des brochures et des papiers que j'y avais oubliés.

M. le commissaire du gouvernement. —

Comment avez-vous passé votre temps lors de l'arrivée des troupes de Versailles?

R. Je me suis réfugié chez M. Lesieur, fabricant en drogueries, faubourg Saint-Antoine. J'y suis entré le lundi et j'en suis sorti le vendredi. Ensuite, je suis allé rendre visite à M. Hallu, et je suis rentré chez moi en attendant qu'on m'arrête.

Jourde. — Clément a fait partie de la commission des finances depuis le commencement jusqu'à la fin de la Commune, et si M. le président le juge à propos, il pourrait être entendu à titre de renseignements.

Clément. — C'est vrai. Cette commission avait pour mission d'accepter ou de refuser les subsides et d'autoriser les dépenses. Ainsi, elle a repoussé l'achat de fusils, et les 50 millions offerts par des Allemands, en échange de tableaux.

M. le Commissaire du gouvernement. — La Commission des finances était-elle consultée sur les réquisitions à faire à la banque?

R. Non, nous les savions, mais c'était M. Beslay qui était l'intermédiaire entre la banque et le délégué aux finances.

M. le commissaire du gouvernement. — La commission savait-elle quels objets d'argenterie ont été envoyés à la Monnaie.

R. Non.

Jourde. — Ces objets n'ont pas passé par les finances.

C'est M. Fontaine, délégué aux domaines qui avait opéré cette saisie, et il s'était tout à fait soustrait à mon autorité. Il relevait directement du pouvoir exécutif de la Commune.

Ce que je désirerais, c'est que le conseil interrogeât Clément à l'égard de la régularité avec laquelle étaient faits tous les comptes dont j'étais chargé.

Clément. — Je pense en effet que Jourde n'a apporté dans sa gestion que le désir de se rendre utile.

M. le président, à Grousset. — A qui avez-vous fait remettre l'argenterie de la couronne?

R. Ce n'est pas moi qui ai livré cette argenterie. Deux délégués de la Commune, Varlin et Viard, se sont présentés munis d'un ordre à cet effet.

Quant à moi, je n'ai vu ni les commissaires ni l'argenterie, j'ai simplement reçu de M. Poitevin l'inventaire de ces objets.

Le commissaire du gouvernement. — Mais Varlin était délégué aux finances.

Grousset. — Il était même le supérieur de Jourde; celui-ci était son collaborateur, et ce n'est que plus tard, lorsque les délégations furent régularisées, que Jourde fut définitivement délégué aux finances.

Jourde. — Cela est exact, car je n'ai connu cette saisie que par le Journal officiel.

M. le président. — Que faisait Camelina de l'argent qu'il frappait en pièces.

Jourde. — Il faut que le conseil sache que mon administration a passé par diverses phases. Je ne fus d'abord que comptable, c'était Varlin qui s'occupait des choses extérieures. C'est seulement à partir du 20 avril que je fus réellement délégué, je ne sais donc pas ce qui s'est passé avant. Ce que je puis dire seulement, c'est que, selon ce qui m'a été connu, les pièces frappées ont été remises à la Banque.

M. le commissaire du Gouvernement, à Grousset. — A l'époque où ont eu lieu les perquisitions, ou mieux le pillage au ministère des affaires étrangères, vous y étiez déjà.

R. J'ai pris ce poste le 29 mars, et ces perquisitions ainsi que je l'ai dit avaient été ordonnées par la Commune.

M. le président. — Il y a eu de l'argent volé et vous avez une part de responsabilité, puisque vous étiez installé au ministère des affaires étrangères.

R. J'ai cherché à me mettre à couvert en faisant dresser des procès verbaux des moindres objets saisis Ces procès verbaux existent certainement, il doit être facile de les retrouver.

M. le commissaire du gouvernement. — Il fallait surveiller le mobilier: l'argenterie en faisait partie.

R. Pardon, je recevais un ordre, je devais l'exécuter; je n'avais qu'à laisser prendre ce qui était exigé, tout en cherchant à couvrir ma responsabilité, ce que je me suis efforcé de faire en exigeant que l'on dressât des inventaires.

M. le commissaire du gouvernement. — Il y a eu pillage.

R. Je désire vivement qu'une semblable accusation ne pè e pas sur moi, c'est la première fois qu'il en est question, et il faudrait au moins des preuves.

Quant à l'argenterie, il me semble qu'un témoin, M. Mignot, est venu dire ici que ces pièces du ministère des finances ont été mélées à d'autres à la Monnaie et fondues.

✦ Témoins de Clément.

Cette déposition terminée, on entend deux témoins à décharge cités par Clément : MM. Guérin, curé de Saint-Lambert, et Hallu, teinturier, ancien patron de l'ex-membre de la Commune.

Le premier rapporte comment Clément l'a fait mettre en liberté, le second dit quel excellent ouvrier, quel honnête homme et quel bon père de famille était l'accusé, dont les opinions républicaines étaient des plus modérées ; puis, Me Gatineau complète cette première défense de Clément en disant :

— Je n'ajouterai qu'un mot : les témoins que nous n'avons pas entendus auraient affirmé que l'arrondissement de Clément, tout entier, l'a supplié de ne pas se retirer de la Commune.

Et l'audience est renvoyée à demain pour les derniers interrogatoires.

Audience du 19 août 1871.

L'audience est ouverte à midi précis et l'auditoire, plus nombreux aujourd'hui que les jours précédents, s'entretient avec animation d'une nouvelle à sensation qui court depuis ce matin. Il aurait été découvert une pièce des plus compromettantes pour un des accusés les moins compromis jusqu'ici, et on pense que le président du conseil en fera à cette audience l'objet d'un incident inattendu. De qui s'agit-il ? On ne le dit pas, et j'avoue avec sincérité que, jusqu'à présent, je n'ai pu me renseigner.

En attendant la lecture de cette fameuse pièce, qui pourrait bien n'être qu'un simple canard, quoique chaque jour, ainsi que je l'ai dit déjà, apporte son nouveau document à l'accusation, M. le président commence la séance en demandant à Billioray s'il reconnaît, comme étant de lui, une pièce qui lui est nouvellement parvenue, et qui est un ordre d'arrestation.

Billioray. — Oui, monsieur le président. C'était un journaliste qui avait demandé dans son journal vingt hommes de bonne volonté pour assassiner les membres du comité de Salut public. Je l'ai fait arrêter.

M. le président. — Et vous, Champy, reconnaissez-vous votre signature au bas de cette pièce ?

La pièce est ainsi conçue :

« Ordre de prendre les obusiers et les obus à pétrole pour bombarder le chemin de fer de Lyon. Mairie du 20e arrondissement. »

L'accusé. — C'est ma signature, mais cela m'étonne, car je ne me rappelle pas avoir signé d'ordre au 20e arrondissement.

M. le président. — C'est bien votre signature ?

R. Oui, mais je ne me rappelle pas l'avoir écrite ; ça m'aura échappé.

Me Georges Lachaud. — L'accusé était maire du 10e et non du 20e arrondissement.

M. le président. — La pièce est contresignée du bureau d'armement.

L'accusé. — C'est étonnant. Je ne me la rappelle pas.

Ce premier incident vidé, Paschal Grousset demande que le conseil fasse entendre le sieur Vincent, gardien des archives du ministère des affaires étrangères, sans doute pour que ce témoin constate avec quel ordre et quelle régularité l'ex-délégué lui demandait les dossiers qui l'intéressaient.

M. le colonel Merlin ordonne que cet archiviste soit cité, et il reçoit ensuite la déposition de M. Haury, restaurateur, au boulevard du Prince-Eugène, qui avait l'insigne honneur de nourrir Verdure, moyennant 3 fr. 50 à 4 fr. par repas.

Me Manchon. — Ne passait-il pas très souvent, et on pourrait dire presque toujours, ses soirées dans ce restaurant ?

R. Il restait quelquefois assez tard.

Me Manchon. — Il en résulte pour lui une sorte d'alibi. La Commune siégeait le soir. Verdure qui passait ses soirées au restaurant Hanry, ne pouvait pas être en même temps à la Commune.

Au moment où ce témoin se retire, Courbet, si tranquille à son banc depuis son interrogatoire, se lève tout à coup et dit :

— Je demande que le tribunal constate la déclaration de M. Paschal Grousset qui a dit hier que je n'étais pour rien dans le renversement de la colonne Vendôme.

On m'a demandé, dans l'interrogatoire, ce que j'ai fait à l'Hôtel de ville, le 17 mai. J'y suis allé avec MM. Verdure et Vallès pour porter une protestation contre une décision prise la veille. Mon nom a été mis parmi les membres présents par inadvertance.

M. le président. — Vous avez dit que vous en vouliez à la colonne, à cause de son caractère peu artistique. Or, vous vouliez conserver la partie inférieure du fût, rappelant les guerres de la République. C'était donc une pensée politique qui vous animait, car la colonne, ainsi moulée, n'aurait pas été plus jolie.

Courbet. — Peut-être. (On rit.)

Jourde. — Moi aussi j'ai été porté présent à la séance de la Commune du 17 mai, où on a voté définitivement la loi sur les otages. Or, je n'y étais pas.

M. le commandant Gaveau. — Il fallait protester le lendemain. Le décret sur les otages est signé en masse. « La Commune de Paris. » Vous êtes responsable.

Jourde. — Je faisais partie de la minorité de la Commune qui protestait contre ces actes.

M. le président. — Parce que vous prévoyiez la chute de la Commune.

Jourde. — Nous n'avons pris part à aucun acte d'une nature criminelle. Nous n'avons fait que des actes politiques.

M. le commandant Gaveau. — Il n'y a rien de politique dans ce que vous avez fait. Vous n'êtes pas des hommes politiques.

Champy. — Je voudrais bien savoir d'où vient la pièce qu'on m'a montrée tout à l'heure ?

M. le commandant Gaveau. — Elle a été envoyée par un officier qui l'a trouvée sur un fédéré. On le citera si vous voulez.

M. le président. — Qu'importe d'où viennent les pièces, du moment où on les reconnait.

Ces mots de l'honorable colonel Merlin terminent enfin cette discussion qui aurait pu se prolonger indéfiniment, et le conseil passe à l'interrogatoire du docteur Rastoul.

Interrogatoire de Rastoul

M. le président. — Rastoul, levez-vous. Vous avez fait partie du club des Montagnards.

Rastoul. — M. le président, avant de répondre, je dois vous dire que je proteste de toutes mes forces contre les assassinats et les crimes commis ou médités pendant la sanglante agonie de la Commune.

Ni de près, ni de loin, ni directement, ni indirectement, je ne veux accepter aucune solidarité avec ces hommes qui ont incendié Paris et fusillé les otages Au nom de toutes les lois de justice, de morale et d'humanité, je proteste contre ces actes de barbarie qui ne sont venus à ma connaissance que plusieurs jours après mon arrestation. Je proteste au nom des idées civilisatrices si mal représentées et si indignement défigurées par la Commune.

M. le président. — C'est très bien ce que vous dites-là ; mais quand vous étiez président du club des Montagnards, vous encouragiez des idées contraires à toute morale et à toute justice, en demandant l'abolition de la religion, de la famille et de la propriété.

L'accusé. — Le club des Montagnards s'occupait exclusivement de la défense du pays contre les Prussiens.

M. le président. — En proclamant que Dieu n'existait pas.

L'accusé. — Je n'étais pas maître de ce qu'on disait dans cette réunion publique, qui n'était pas un club permanent. Je ne pouvais pas davantage contrôler les conseils et les comités de la garde nationale ; c'est même pour cela que j'ai donné ma démission de maire du dixième arrondissement, parce que le conseil de légion paralysait et entravait mon autorité. M. Champy, qui m'a succédé, a eu les mêmes difficultés.

D. Vous avez accepté les fonctions de membre de la Commune ?

R. C'était à l'époque où on négociait encore avec Versailles, dans l'espoir d'arriver à une conciliation. Les maires de Paris avaient fait une proclamation pour engager le public à prendre part aux élections. J'ai cru bien faire en acceptant un mandat.

M. le président. — Vous vous êtes trompé.

L'accusé. — Je voulais faire le bien, éviter le mal.

M. le président. — Vous auriez mieux réussi dans ces projets en vous abstenant de vous associer avec des insurgés en lutte ouverte avec le gouvernement régulier.

Rastoul. — Il y avait des dangers à courir ; on a fait appel à mon dévouement ; je n'ai pas cru pouvoir refuser. Dans toutes les réunions publiques on se prononçait dans le sens des élections, parce qu'on y voyait une chance de conciliation et un moyen d'empêcher la guerre civile. Si on avait écouté les conseils que j'ai donnés, tout le mal que nous regrettons ne serait pas arrivé. Dès que la Commune s'est réunie, M. Beslay, président d'âge, a fait dans son discours d'ouverture un appel à la conciliation. Cela m'a décidé à rester en fonctions.

D. Vous avez accepté des fonctions publiques?

R. Pas à proprement parler, on s'était partagé les fonctions, il ne restait plus que les services publics. Je les ai acceptés, mais je n'ai jamais siégé dans cette commission. Dès que la guerre a commencé, du reste, ma qualité de médecin m'inspirait mon devoir. J'ai accepté la place d'inspecteur général des ambulances. Ceci était une mission d'humanité qu'on ne saurait m'imputer à crime. Le jour de l'armistice de Neuilly, le colonel Henry voulut s'opposer à mes fonctions d'inspecteur et me fit même arrêter.

Je me plaignis à la Commune qui donna raison au colonel Henry. Après ce vote, j'ai donné ma démission, me bornant à mes fonctions municipales, et je n'ai assisté aux séances de la Commune que pour y défendre les principes de droit, de morale et de justice. Le lendemain du vote de la loi sur les otages, j'ai proposé un décret qui assimilait les femmes et les enfants des gendarmes et des sergents de ville restés à Paris, aux femmes et aux enfants des garde nationaux. Je proposais de leur donner la solde.

M. le président. — Et vous étiez dans un gouvernement dans lequel on a assassiné des femmes de gendarmes! Pourquoi, après le rejet de votre projet de décret, n'avez-vous pas donné votre démission? Il fallait, au besoin, vous faire arrêter. C'eût été honorable.

L'accusé. — J'ai fait ma motion. On n'a pas voulu seulement en faire mention à l'*Officiel*.

Paschal Grousset. — J'affirme que M. Rastoul a toujours défendu à la Commune les principes humanitaires qu'il vient d'exposer ici.

Rastoul. — Je n'ai jamais cru que la Commune était un gouvernement, mais seulement un pouvoir municipal.

M. le commandant Gaveau. — Et les manifestes contre Versailles? Et les appels à la révolte?

L'accusé. — Je prenais dans la Commune ce qu'il y avait de bon; j'ai toujours protesté quand mes collègues voulaient faire acte de politique. Je leur disais: « Vous n'êtes que des Auvergnats politiques. »

M. le commandant Gaveau. — Il fallait donner votre démission. Restant avec ces Auvergnats, vous êtes responsable de ce qu'ils ont fait.

R. Je suis resté pour protester. Je ne me croyais pas le droit de me retirer, ayant été nommé par 11,000 électeurs.

M. le commandant Gaveau. — Des insurgés.

Me Renaut. — Ces élections avaient été ordonnées par les maires de Paris.

M. le président. — Ils n'en avaient pas le droit. Accusé, vous êtes l'auteur d'une proclamation que vous vouliez faire afficher pendant la lutte?

Voici cette proclamation:

« Aux citoyens membres du Comité de salut public, et aux citoyens membres de la Commune:

» Citoyens collègues,

» Depuis deux jours, me rendant compte de la question que j'ai examinée sous de différents points, j'ai acquis la triste conviction que la partie est perdue pour nous. Peut-être, étant mieux placés que moi, penserez vous que je puis me tromper. Dans le cas où vous jugeriez comme moi que nous sommes vaincus, voici deux moyens que je viens soumettre à votre attention, et qui auront pour effet certain d'empêcher le massacre peut-être de 20.000 hommes, massacre inutile qu'il faut éviter à tout prix.

» Dans la guerre civile, les représailles et les vengeances s'exercent toujours d'une façon terrible. La fureur et la cruauté n'ont pour ainsi dire plus de limites. Aussi, notre devoir impérieux est d'empêcher de verser inutilement le temps précieux de nos concitoyens.

» Voici les deux moyens que je vous propose en vue d'obtenir ce résultat:

1° Si, comme moi, en votre âme et conscience, vous jugez la partie perdue, convoquez d'urgence une réunion générale de tous les membres du comité central, et le plus que vous pourrez parmi mes collègues de la Commune, et faites leur adopter la proposition suivante:

» La Commune de Paris et le Comité central de la garde nationale, se reconnaissant vaincus, viennent offrir au gouvernement de Versailles leurs têtes, à la condition qu'il ne sera fait aucune poursuite, qu'il ne sera exercé aucune représaille contre l'héroïque garde nationale. Dans le cas où vous accepteriez ma proposition, envoyez immédiatement un parlementaire sur toute la ligne pour faire connaître votre résolution. Si cela est accepté, le sang cesse de couler à l'instant, et nous sauvons la vie de plusieurs milliers de nos frères. A heure fixe tous les membres de la Commune et du Comité central iront se mettre à la disposition du vainqueur.

» 2° Si vous jugez la situation perdue, rassemblez le plus de gardes nationaux que vous pourrez en faisant battre la générale dans tous les quartiers. Faites rassembler tous les bataillons en masse sur les hauteurs de Belleville ou de Ménilmontant, par exemple, et là, les bataillons massés avec armes et bagages, tous les membres de la Commune revêtus de leurs insignes, nous irions tous nous mettre sous la protection des Prussiens, en leur demandant le moyen de nous transporter en Amérique.

» Citoyens, tels sont les deux moyens que ma conscience m'oblige à vous soumettre. Je les soumets à vos méditations. Veuillez en peser les conséquences. Il y va de la vie de milliers de pères de famille. Si vous adoptez l'un ou l'autre, prenez à l'instant les mesures nécessaires pour en assurer l'exécution immédiate.

» Signé: RASTOUL. »

L'accusé. — J'ai fait cela dans l'espoir d'empêcher l'effusion du sang. Quand j'eus vu avec quelle rapidité les buttes Montmartre avaient été prises, je compris que tout était fini pour la Commune. J'aurais voulu faire une proclamation collective, mais je ne pus aller jusqu'à l'Hôtel de ville qui était attaqué. Tous mes collègues s'étaient réfugiés dans leurs arrondissements. Je n'ai pas pu alors faire ma proclamation.

M. le président. — Croyez-vous que les membres de la Commune eussent été bien disposés à accepter votre proposition de se livrer à l'armée de Versailles pour arrêter l'effusion du sang?

R. Je ne crois pas, je dois le dire.

M. le commandant Gaveau. — Ils auraient plutôt accepté la seconde proposition, à savoir de se livrer aux Prussiens.

Après cette appréciation de M. le commandant Gaveau, appréciation qui a toutes les chances de n'être que l'expression de la vérité, le conseil passe à l'audition des témoins cités par Rastoul.

Le premier de ces témoins est M. Desbuissons, marchand de nouveautés, à Paris, chez qui l'accusé a été arrêté.

M. Desbuissons. — C'est chez moi que M. Rastoul a été arrêté; il m'est arrivé le mardi vers huit heures du matin et m'a quitté le jeudi à la même heure.

L'accusé. — C'est alors que j'ai été arrêté.

M. le président au témoin. — Que vous a-t-il dit?

R. Il était désespéré de ce qui arrivait, et il voulait à toute force retourner à l'Hôtel de ville pour engager ses collègues à faire cesser la guerre; mais il y avait dans la rue trop de balles et d'obus pour qu'il pût sortir. Quand je lui ai annoncé les incendies de Paris, il était indigné.

D. Pendant son séjour chez vous a-t-il parlé du manifeste qu'il voulait adresser aux membres de la Commune.

R. Il l'a écrit sur la table de ma salle à manger; quand il a voulu le porter à l'Hôtel de ville il n'était plus temps : l'Hôtel de ville était en feu.

Rastoul. — Je voulais y aller à travers la mitraille : c'est le témoin qui m'en a empêché.

On introduit après M. Desbuissons M. Gautier, employé de commerce à Paris, mais, au moment où ce témoin va commencer sa déposition, Me Bigot est tout à coup interpellé par l'honorable président en ces termes :

Maître Bigot, vous venez de recevoir une pièce qui vous a été remise par une personne de l'auditoire et que vous avez communiquée à l'accusé Ferré. Que signifie cela?

Me Bigot. — Pardon, monsieur le président; j'ai envoyé mon secrétaire chercher chez moi une pièce; c'est le papier que je viens de recevoir. Et quant à ce que je viens de dire à Ferré, je le prévenais que je ferais citer lundi des témoins qui seront entendus sur lui et sur les autres accusés. Ces témoins sont cités pour constater que la pièce où il est dit : « Faites flamber Finances, » dont il a été question dans l'affaire, est une pièce fausse.

Ferré. — Oui, cette pièce est fausse.

M. le président. — L'original est au dossier; j'ai voulu vous le présenter dans votre interrogatoire; vous l'avez refusé en disant : « C'est inutile, j'en ai le fac-similé. » N'affectez pas de dire que vous ne connaissez pas des pièces que vous avez refusé de voir. En voilà assez.

M. Gautier dépose alors de la façon suivante :

Rastoul est venu chez moi le mardi de six à sept heures du soir. Pendant qu'il était chez moi, il me dit qu'il était navré de tout ce qui se passait et que s'il était membre du Comité de salut public il ferait immédiatement donner à la garde nationale l'ordre de cesser la lutte.

D. Quel costume portait-il pendant le siège ?

R. Le costume de chirurgien.

D. Et sous la Commune?

R. Toujours le même, je n'ai pas remarqué qu'il eût pris un costume spécial comme inspecteur des ambulances.

Il reste encore à entendre pour Rastoul le docteur Chenu, mais ce témoin ne répond pas à l'appel de son nom et l'affaire Rastoul se termine par la demande de Me Renaud de faire des recherches pour que les sténographes du *Journal officiel* puissent venir attester ce que Rastoul a dit, à savoir qu'il a présenté un projet de loi destiné à neutraliser pour une grande partie le décret sur les otages.

Il est ensuite donné lecture d'une séance de la Commune dans laquelle l'accusé a protesté contre l'inexactitude des comptes rendus du *Journal officiel*, puis le conseil passe à l'interrogatoire de Descamps.

Interrogatoire de Descamps.

D. En 1870, vous avez demandé à faire partie des gardiens de la paix ?

R. J'avais demandé à prendre du service dans la police; seulement, à la suite de renseignements pris, ma demande n'a pas abouti. Après le 4 septembre, quand on a formé le corps des gardiens de la paix, je ne suis représenté parce que ce corps devait partager les dangers de la guerre.

D. Vous avez servi dans la garde nationale pendant le premier siège de Paris. Vous avez même eu un grade. Quel était-il ?

R. Sergent-fourrier.

D. Vous avez été membre du conseil de famille ?

R. Oui, monsieur le président.

D. Vous suiviez les réunions publiques?

R. Comme les autres ouvriers, mais je n'y prononçais pas de paroles violentes : au contraire, je ne parlais que des souffrances de notre armée et des malheurs de mon pays. Un jour on m'a dit que les Prussiens avaient bombardé des bataillons, qui avaient été brûlés avec du pétrole; ce jour-là, j'ai bien souffert !

D. Comment se fait-il que vous ayez été nommé membre de la Commune?

R. En qualité de secrétaire du conseil de famille et comme sergent-fourrier, je m'étais attiré l'estime à cause de mon honorabilité. Quand on a voté pour le Comité central et la Commune, on s'est souvenu de moi, et on m'a nommé. Je n'ai pas assez d'instruction pour être gouvernant, mais j'ai cru que je ne ferais que les fonctions d'adjoint, et je pensais que j'en étais capable. Quand j'ai vu qu'il y avait autre chose à faire, je me suis abstenu d'aller aux séances. C'était trop fort pour moi.

D. Que faisiez-vous au moment du siège?

R. J'étais sans ressources.

D. Vous aviez eu un métier?

R. J'étais ouvrier mouleur, mais c'était trop fatigant pour mes forces.

D. Que faisiez-vous à la mairie de votre arrondissement?

R. Je surveillais les marchands d'objets de consommation.

M. le président. — Ce devait être une rude besogne que de surveiller la consommation à ce moment où il y avait tant d'ivrognes.

L'accusé. — C'était pour maintenir le prix des denrées à un prix raisonnable. Pendant le siège, on avait fait pour les aliments des prix extravagants; il a fallu prendre des mesures pour empêcher que ces abus ne reprissent pendant la guerre civile. Je ne m'occupais que des salaisons, épiceries et autres objets de ménage, et non de boissons.

D. Que faisiez-vous à la Commune?

R. J'y suis allé cinq ou six fois au plus. Dès les premiers jours j'avais voulu donner ma démission, parce que ce n'était pas un rôle pour moi d'être gouvernement (rires). Quand j'ai parlé de donner ma démission, Raoul Rigault m'a dit : Tout membre qui donnera sa démission en ce moment sera déclaré traître et fusillé comme tel; je n'ai pas insisté, mais je ne suis pas revenu.

D. Vous aviez donc bien peur de Rigault?

R. Je n'avais pas peur, mais il avait un pouvoir bien supérieur au mien, et s'il avait donné l'ordre de m'arrêter, cet ordre aurait été exécuté séance tenante.

D. Avez-vous pris part aux votes relatifs à la démolition de la colonne Vendôme, à la loi des suspects, à la démolition de la maison de M. Thiers et aux otages?

R. Non, je n'allais presque jamais à l'Hôtel de ville et j'ai eu la chance de ne pas y être les jours où on a voté ces choses-là.

D. Alors vous vous absteniez par peur?

R. Non, je n'avais pas peur, mais je prévoyais ce qui allait arriver, et je n'ai pas voulu prendre part aux choses qui devaient se passer.

D. En votre qualité de membre de la Commune, vous avez eu votre part de la distribution des billets de mille francs faite par Jourde à tous vos collègues?

R. Non, mon colonel.

D. Alors, vous avez vécu, tout ce temps-là, avec les quinze francs par jour qu'on donnait à chaque membre de la Commune?

R. Oui.

D. Qu'avez-vous fait depuis le 22 mai?

R. Je suis resté à la mairie jusqu'au moment où la rue a été cernée. Je ne pouvais plus rentrer chez moi; je me suis réfugié chez des gens qui m'ont donné asile.

D. Vous savez que vous êtes accusé de complicité dans un attentat ayant pour objet de renverser le gouvernement et d'allumer ou d'entretenir la guerre civile?

R. Jusqu'au 26 mars, je n'avais aucun pouvoir. Quand j'ai été nommé, l'insurrection était déjà en armes. Ce n'est pas moi qui ai excité.

D. Vous avez dû entendre, à l'Hôtel de ville, circuler des bruits d'incendies; on devait parler de pétrole, de destruction?

R. On en parlait, c'est vrai. On disait : « Les Versaillais n'entreront à Paris que sur des ruines... On les fera sauter... On brûlera tout. » Mais je ne croyais pas que c'étaient des gens sensés et intelligents qui disaient cela. Jamais, à la Commune, il n'a été question de pareils projets. C'était la population qui répandait ces bruits.

D. Vous deviez contrôler l'esprit de la population et ne pas la laisser se diriger dans ce sens.

R. La Commune n'avait pas le pouvoir que vous croyez, elle était débordée.

M. le commandant Gaveau. — Un rapport de police donne sur votre compte de bien mauvais renseignements. Vous aviez des idées politiques très exaltées. On dit même que, comme administrateur, et pendant que vous étiez à la mairie pour surveiller les subsistances, vous abusiez de votre situation, pour exploiter les marchands.

R. J'ai passé deux mois et quelques jours à mes fonctions à la mairie, et je puis dire sans crainte d'être démenti, que, malgré les obsessions dont j'étais entouré, je n'ai pas voulu signer un seul ordre de perquisition ou de réquisition. Je pouvais le faire, je l'ai refusé. Quant à la politique, j'ai toujours rejeté loin de moi les doctrines violentes.

D. Il résulte pourtant du rapport de police, dont je viens de vous parler, que vous vous êtes conduit un jour d'une façon très violente envers des religieuses de votre arrondissement.

R. Je n'ai vu une religieuse qu'une fois; elle est venue me demander des chemises et des bonnets de coton pour soigner les militaires des ambulances; mais, avant cela, la Commune avait mis sous scellés le linge et les effets de ces religieuses.

D. Ce sont les renseignements fournis par la police qui constatent cela. C'est un rapport du commissaire de police du quartier du Petit-Montrouge.

R. Il ne s'agit pas de moi; on a confondu avec un autre.

D. Où demeuriez-vous?

R. J'ai demeuré avenue de Châtillon, 15.

M. le commandant Gaveau. — C'est bien cela. Le rapport de police parle d'un nommé Descamps, ancien ouvrier mouleur, demeurant avenue de Châtillon, 15.

R. Encore une fois, ce n'est pas de moi qu'il s'agit, mais de mon collègue Martelet qui s'occupait de toutes les questions d'enseignement, et qui a pu ainsi se trouver en rapport avec des religieuses.

D. Le rapport vous cite personnellement.

R. Il me confond avec mon collègue Martelet.

Me Thiron. — Nous voudrions voir le texte du rapport et entendre les témoins qui déposeront. On ne peut pas arguer ainsi de rapports qui n'ont rien d'officiel.

M. le commandant Gaveau. — Le rapport de M. le commissaire de police est au dossier. C'est une pièce officielle. On pourra même citer ce magistrat.

Me Thiron. — Je demande qu'on entende la religieuse également, si on fait de cet incident un chef d'accusation.

M. le commandant Gaveau. — Je n'en fais pas un chef d'accusation.

On introduit un témoin. C'est le frère Abel, de la Doctrine chrétienne.

Me Thiron. — Je voudrais adresser au témoin deux questions seulement. Le témoin n'est-il pas allé un jour s'adresser à Descamps pour demander à prendre certains papiers qui étaient sous scellés dans un établissement religieux, et ces papiers ne lui ont-ils pas été remis sans difficulté par Descamps?

R. Notre maison d'enseignement avait été fermée, et nous étions exposés aux plus indignes violences dans la rue. Voyant cela, j'étais allé chercher un refuge à la maison-mère. Pendant que j'y étais, on a fait une perquisition et on a mis les scellés sur notre école.

Quelques jours après je revins, je vis les scellés brisés et les portes de l'école ouvertes. J'allai immédiatement protester à la mairie, où on me remit 135 fr. sur la somme qui m'avait été enlevée.

J'ajoutai : « Combien de temps me laisserez-vous sur le dos le linge que vous m'avez permis de prendre, et pourquoi ne me rendez-vous pas mon diplôme, mon acte de naissance et le reste de cet argent? »

Je dois reconnaître que Descamps, auquel je m'adressai, a été très convenable.

En prenant mon acte de naissance, je lui dis : on a fouillé dans mes papiers, laissez-moi les emporter, ils contiennent des lettres qui n'intéressent que moi. Il ne s'y opposa pas, et c'est alors qu'il me remit ces 135 fr.

En sortant, je lui fis remarquer que nous étions dix-sept à nous partager 135 francs; et qu'avec cela, nous ne pourrions aller bien loin, puis j'ajoutai : est-ce qu'il n'y a pas d'espoir de toucher notre traitement d'instituteurs jusqu'au moment où la Commune nous a chassés. Descamps me répondit : j'en parlerai à Martelay, venez le voir demain. Le lendemain, je vins voir ce Martelay, qui me reçut grossièrement, et m'ordonna de ne plus mettre les pieds à la mairie.

Me Thiron. — Je retiens cette déposition de laquelle il résulte que Descamps a fait ses efforts pour se rendre utile aux frères des écoles. Que sait encore le témoin à propos des rapports que Descamps a eus avec les sœurs?

R. Ah! j'ai entendu dire au contraire que lorsqu'elles étaient venues lui adresser leurs réclamations il les avaient reçues assez cavalièrement; il frisait sa moustache en répondant à la supérieure; il ne m'a pas été rapporté toutefois qu'ils se soit opposé à leurs réclamations.

M. le commissaire du gouvernement. — Cette déposition n'est pas déjà si favorable à l'accusé.

Me Thiron. — Pardon, le témoin a seulement entendu dire que Descamps frisait sa moustache, ce n'est pas un signe d'insolence.

A ce moment, Lullier, qui ne peut rester longtemps sans se mêler aux débats, se lève, et un nouveau speech de l'ex-général de la Commune paraît à craindre, mais cette fois il ne prend la parole que pour demander au conseil d'entendre M. Guyot, rédacteur du *Rappel*, qu'il a aperçu dans la salle. M. le colonel Merlin le lui accorde, mais il ordonne d'introduire d'abord le seul témoin à décharge que Descamps ait fait citer. C'est un marchand de vin, son ancien patron. Décidément la Commune et le comité central recrutaient leur gouvernement dans de singuliers endroits.

Ce témoin commence par se faire admonester par l'honorable président. Se croyant sans doute derrière son comptoir, il se présente à la barre, quelque peu ému d'abord, puis le gilet complètement déboutonné. Le colonel Merlin lui ordonne de mettre un peu d'ordre dans sa toilette, et cette opération délicate terminée, Me Thiron est invité à lui adresser les questions qu'il croit utile dans l'intérêt de son client.

Me Thiron. — Le témoin n'a-t-il pas eu Descamps à son service et ne peut-il pas éclairer le conseil sur sa moralité.

Le marchand de vin, qui n'en a jamais tant entendu, se fait répéter deux ou trois fois la question, rougit, pâlit, balbutie et finit enfin par répondre :

— Oui, Descamps a été employé chez moi pendant trois ans pour les écritures, et je n'ai eu qu'à me louer de lui.

Me Thiron. — S'occupait-il de politique, en parlait-il?

Le témoin. — Non, il ne parlait pas politique et n'allait pas dans les clubs.

Me Thiron. — N'a-t-il pas fait part au témoin de son intention de donner sa démission?

Le témoin. — Oui, il m'a parlé de cela.

M. le président. — A quelle époque?

Le témoin. — Je ne me rappelle plus bien.

Me Thiron. — Vers le milieu d'avril, Descamps n'a-t-il pas dit...

M. le président. — Vous lui posez les questions, il dit oui; je lui demanderais le contraire, qu'il dirait encore oui. Il ne comprend rien.

Me Thiron. — Je regrette que le témoin ne soit pas plus intelligent, car, en disant la vérité, il pourrait être utile à Descamps.

Cette appréciation, qui, pour être quelque peu raide de la part de la défense à l'égard d'un témoin à décharge, ne manque cependant pas d'exactitude, ne déconcerte pas d'ailleurs outre mesure l'ancien patron de Descamps, qui se retire sans manifester autre chose que le plaisir de s'en aller.

Je crois même remarquer qu'il s'empresse tout simplement de déboutonner de nouveau son gilet en redescendant les marches de l'estrade.

M. le commissaire du gouvernement à l'accusé. — Reconnaissez-vous avoir donné l'ordre, le 18 mai, de doubler le poste de votre mairie.

R. Oui, il n'était composé que de douze

hommes ; ce n'était pas suffisant pour maintenir l'ordre.

M. le président. — Ce n'était donc pas en prévision des événements qui se préparaient.

R. Nous ne pouvions pas nous y attendre.

M. le commissaire du gouvernement. — Le 18 mai n'est cependant pas loin du 22.

Me Marchand. — M. le président aurait-il la bonté de faire entendre M. Yves Guyot, dont M. Lullier lui a parlé tout à l'heure.

M. le colonel Merlin répond à cette demande en donnant l'ordre d'introduire M. Yves Guyot, rédacteur du *Rappel*.

Me Marchand. — Je désirerais que M. Guyot fît part au conseil des opinions qu'il a entendu émettre par M. Lullier dans le cabinet de M. Paul Meurice. Il s'y trouvait en même temps que l'accusé.

Le témoin. — J'étais en effet dans le cabinet de M. Paul Meurice lorsque M. Lullier y exprima ses opinions sur les événements qui se passaient. Il était d'avis qu'il fallait user d'une grande énergie au point de vue militaire, et d'une grande modération au contraire au point de vue politique. M. Paul Meurice lui parla aussi de l'arrestation du général Chanzy, et Lullier ne cacha pas l'indignation qu'il en ressentait.

M. le président. — Lullier était déjà dictateur ?

Le témoin. — Il avait du moins déjà le commandement en chef de la garde nationale.

Après cette déposition il est passé à l'interrogatoire d'Ulysse Parent, le dernier des accusés.

Interrogatoire d'Ulysse Parent.

M. le président. — Vous avez été condamné pour délit politique.

R. Oui, en 1869, à propos des candidatures insermentées. Je présidais une réunion publique, un orateur défendait ces candidatures, et je lui conservai la parole malgré le commissaire de police présent à cette assemblée.

M. le président. — Vous avez fait partie de la Commune ?

R. J'ai donné ma démission le 5 avril.

M. le président. — Pour quels motifs ?

R. Permettez-moi de ne pas entrer dans le détail de toutes les causes qui m'ont poussé à cette détermination.

Je ne voudrais pas nuire à ceux qui sont ici sur le même banc que moi, et je dois me contenter de dire que je résolus de cesser de faire partie de la Commune lorsque je reconnus qu'elle marchait à la guerre civile et que je ne partageais en rien les opinions politiques et socialistes de la plupart de ses membres. Mais je me trouvais trop lourde la responsabilité qui pouvait m'incomber comme membre de la Commune, il n'en avait pas été de même lorsqu'il s'était agi seulement d'administration, et M. Etienne Arago, que vous avez entendu, vous a dit qu'à défaut de talent, j'avais apporté tout mon dévouement et tout mon zèle à remplir les fonctions qui m'avaient été confiées après le 4 septembre.

Cependant, sous la Commune, je compris que je ne pouvais pas conserver des fonctions municipales que je tenais d'elle, et je priai alors mes collègues de nommer une commission administrative pour me remplacer au neuvième arrondissement.

M. le président. — C'est pour cela que vous n'avez donné votre démission que le 5.

R. Oui, M. le président.

M. le président — Cependant vous avez pris part aux premières proclamations de la Commune ?

R. Certainement, et je suis moralement responsable de ce qu'a fait la Commune pendant ces deux jours que j'en ai fait partie. Je dois dire toutefois que je n'ai même pas assisté à ses délibérations pendant ce court laps de temps. Lefrançais recevait un grand nombre de lettres; il les dépouillait dans une pièce voisine de la salle des séances. Je l'aidais dans ce travail, et, sous le prétexte de porter des réponses pressantes, je parvenais à m'absenter.

M. le président. — Vous n'avez jamais rempli de fonctions militaires ?

R. Non, monsieur le président. Pendant le siège de Paris par les Prussiens on m'a offert le grade de chef de bataillon, mais j'ai été militaire, je sais quelle responsabilité prend un officier supérieur, quelle expérience lui est nécessaire, et j'ai refusé.

M. le président. — Avez-vous fait partie de l'Internationale ?

R. Non.

M. le président. — Vous êtes franc-maçon ?

R. Oui.

M. le président. — Etes-vous parent de cet homonyme qui a été colonel et a joué un si triste rôle sous la Commune.

R. Non, M. le président, je ne le connaissais même pas, et j'ai été fort surpris lorsque j'ai entendu prononcer mon nom comme celui d'un chef militaire.

M. le président. — Les accusations relevées contre vous se bornent à deux. Vous êtes accusé d'attentat ayant pour but de changer la forme du gouvernement et d'excitation à la guerre civile.

R. On ne saurait trouver bien coupable celui qui se jette à l'eau pour sauver son semblable sans s'inquiéter de la rapidité du courant. Mon chagrin est de n'avoir sauvé personne.

En prononçant ces derniers mots, Ulysse Parent se rassied fort ému, et l'auditoire témoigne par son attitude de sa sympathie pour lui. Il semble que le public est heureux de trouver enfin l'occasion de ne plus manifester son indignation et son mépris.

Les témoins d'Ulysse Parent.

Des témoins cités par Ulysse Parent, un seul est présent, c'est M. Ernest Martin du Nord, colonel de la garde nationale pendant le premier siège.

Interrogé sur ce qu'il sait à l'égard de l'accusé, M. Martin dépose en ces termes:

J'ai connu M. Ulysse Parent qu..n l il était adjoint au maire du 9e arrondissement. J'ai eu alors affaire à lui plusieurs fois et je n'ai eu qu'à me louer de ses procédés et de son administration. Lorsqu'on a formé les compagnies de marche, M. Ulysse Parent, qui est marié, avait le droit de ne pas en faire partie. Il me demanda au contraire de se joindre à moi, je l'y autorisai, et je l'ai toujours trouvé respectueux de la discipline aussi bien que prêt à donner sa vie pour servir son pays.

Je suis heureux de lui rendre ici ce témoignage d'estime, car j'aime à croire que l'homme qui a montré comme lui du courage devant l'ennemi n'a pu participer aux crimes de la Commune.

M. le président. — Nous avons encore à entendre M. Camus; mais il n'est pas là. N'est-ce pas ce même témoin qui a déjà déposé dans l'affaire Lullier?

Ulysse Parent. — Oh non, monsieur le président. Il ne faut pas confondre M. Camus, de l'affaire Lullier, avec l'honorable M. Camus, directeur de la Compagnie du Gaz. Ils diffèrent du tout au tout.

M. le président. — Nous entendrons alors M. Camus lundi, dans la première partie de l'audience, ainsi que d'autres témoins cités tardivement.

Sur ces mots, l'audience est levée et renvoyée à lundi, à midi; mais il est peu probable que M. le commandant Gaveau puisse prononcer son réquisitoire avant mardi prochain.

Ce réquisitoire prendra certainement la plus grande partie de cette audience de mardi, et c'est alors, mercredi seulement, que Me Bigot mettra son éloquence au service de son intéressant client Ferré.

Audience du 21 août 1871.

La salle des audiences du 3e conseil de guerre est aujourd'hui plus animée que jamais. Les Anglais surtout y sont en grand nombre; c'est à croire que quelque train de plaisir a été organisé à Londres pour la circonstance. Mais les dames surtout sont en foule et il est décidément heureux que M. Barthélemy-Saint-Hilaire ait renoncé à sa première idée de ne pas laisser les femmes assister aux débats, car nous eussions été privés du public qui certainement y prend le plus vif intérêt.

L'audience est ouverte à midi et les accusés, que les nécessités des interrogatoires avaient momentanément déplacés, reprennent aujourd'hui leur ordre hiérarchique. Ferré d'abord, Ulysse Parent le dernier.

Seulement le nombre des gardes est doublé. Serait-ce en vue des incidents que vont faire naître les témoins cités tardi-

vement, qui sont ainsi qu'on va le voir, surtout pour Ferré, des espèces de témoins *in-extremis*

Le premier est M. Camus, directeur de la Compagnie du gaz, l'honorable M. Camus qu'Ulysse Parent recommande si bien de ne pas confondre avec M. Camus de l'affaire Lullier.

Le directeur de la Compagnie du gaz raconte de la façon suivante les rapports qu'il a eus avec l'accusé qui fait appel à son témoignage.

J'ai vu M. Parent pour la première fois, lorsque après l'événement du 4 septembre il a été nommé adjoint à la municipalité du neuvième arrondissement.

Il s'occupait très activement de ses fonctions, et comme la mairie avait l'intention d'augmenter le nombre des membres de la commission d'hygiène, il me proposa d'en faire partie.

J'acceptai et, chaque fois que je fus convoqué, je me rendis à la mairie, où j'ai eu occasion de constater le zèle de M. Ulysse Parent pour l'accomplissement de son mandat. Il présidait nos séances avec beaucoup de tact et d'intelligence. Ces séances se prolongeaient souvent assez tard dans la soirée. Au mois d'octobre quand M. Ranc, le maire du IXe arrondissement, donna sa démission, le conseil d'hygiène fit des démarches pour obtenir que M. Parent fût nommé pour le remplacer. Les démarches furent faites trop tard; M. Parent donna sa démission. Plus tard, sous la Commune, je le retrouvais. La Compagnie parisienne du gaz avait organisé sous le gouvernement de la défense nationale un bataillon spécial composé d'employés et d'ouvriers. Je tenais beaucoup, sous la Commune, à conserver ce bataillon tel qu'il était organisé. L'éclairage de la Ville était un puissant élément d'ordre et de sécurité. En outre, j'avais à la Compagnie des valeurs considérables, et je tenais à les savoir gardées par des gens sur lesquels on pouvait compter.

Le décret de la Commune qui imposait le service obligatoire à tous les hommes âgés de 17 à 35 ans, jetait la désorganisation dans notre bataillon.

Je fis des démarches auprès de l'état-major pour obtenir que ce bataillon ne fût pas employé pour le service extérieur. Ma demande passa par les mains de M. Parent, en sa qualité d'administrateur de l'arrondissement.

Il se chargea de l'instruction de cette affaire et vint me trouver dans mon cabinet.

Il me dit que la chose souffrait des difficultés, mais qu'il comprenait l'importance qu'il y avait à conserver le service de l'éclairage, et qu'il ferait tout son possible pour obtenir ce que j'avais demandé.

J'ai su, en effet, qu'il avait fait une démarche personnelle auprès du général Cluseret, et, au bout de quelques jours, j'obtins l'autorisation demandée.

L'autorisation dura jusqu'au 9 mai et fut renouvelée à cette date par le comité de salut public, mais je dois déclarer que c'est en grande partie à M. Ulysse Parent que je dois d'avoir pu conserver mon personnel, et, par conséquent, d'avoir conservé l'éclairage. Le bataillon se composait de trois mille cinq cents employés et ouvriers, dont pas un n'a été arrêté, ni inquiété pendant les deux mois qu'a duré l'insurrection.

A cet instant, le défenseur de l'accusé Ulysse Parent fait remarquer au conseil que la démarche dont vient de parler le témoin est le seul acte commis par l'accusé, comme membre de la Commune, pendant les quelques jours qui se sont écoulés depuis son élection jusqu'à sa démission, et Me Bigot prie ensuite M. le colonel Merlin de demander à M. Camus ce qu'il sait des réquisitions de pétrole.

Le défenseur d'Assi, et non pas de Ferré comme je l'ai dit hier par erreur, croit savoir que c'est M. Camus lui-même qui a fait faire ces réquisitions pour les besoins de l'éclairage de Paris, alors que le charbon de terre commençait à manquer.

Le témoin. — Je me suis trouvé, en effet, en rapport avec les délégués de la Commune, à propos du danger où nous étions de manquer de charbon de terre pour faire du gaz. Je leur dis que je demanderais au gouvernement de Versailles l'autorisation de faire arriver à Paris du charbon pour le gaz, et effectivement, le vendredi qui précéda l'entrée des troupes dans Paris, M. Thiers nous fit parvenir cette autorisation; mais il n'a jamais été question de pétrole entre moi et les gens de la Commune.

Me Bigot. — Le témoin est allé au bureau de l'éclairage à l'Hôtel de ville, dire que l'éclairage allait manquer, parce que le charbon n'arrivait plus. Sur ce, le délégué à ce service a fait un rapport pour demander qu'il fût autorisé à faire des réquisitions de pétrole pour le cas où la houille viendrait à manquer. Ceci se passait le 6 du mois de mai.

A ce propos, le conseil me permettra de faire une observation. Je me suis plaint dans une précédente audience de ce que l'instruction eût été faite en partie par des magistrats civils et en partie par des commissions militaires. J'y voyais un inconvénient. Depuis j'ai pu voir certains résultats de l'instruction, et je dois dire que ma première appréciation était erronée. Ainsi je dois rendre hommage aux efforts très consciencieux de M. Loverdeau pour arriver à la connaissance de la vérité.

Ainsi, c'est grâce à lui qu'on a pu constater que la nouvelle donnée par la *France* de la création d'un corps de fuséens était inexacte. C'est lui aussi qui a trouvé un ordre signé Eudes, Gambon et Ranvier, qui ordonnait de faire ouvrir les fenêtres de toutes les maisons et de mettre le feu aux maisons d'où l'on aurait tiré sur la garde nationale. Ceci explique bien les incendies. C'est aussi par lui qu'on a constaté que les réquisitions de pétrole faites par Caron étaient contemporaines

de la suspension des arrivages du charbon de terre.

Le témoin. — Nous avons eu du charbon pendant tout le mois d'avril. Les arrivages ont cessé le 30. J'ai écrit à Versailles et M. Thiers a reconnu que le service de l'éclairage était de première nécessité.

J'avais, au 1er mai, encore du charbon pour 15 ou 18 jours. Il me fut dit qu'avant cette époque la crise aurait eu sa solution, mais que, dans tous les cas, le charbon ne manquerait pas au gaz et qu'on le laisserait arriver pour le gaz.

Le 8, M. Peyrouton est venu me trouver. Je lui ai dit que j'avais encore du charbon pour cinq ou six jours, que je faisais des démarches pour en obtenir, mais, qu'en attendant, on pourrait diminuer la consommation dans les lieux publics et particuliers, pour prolonger le service de la voie publique.

Me Bigot. — Il s'agit bien de M. Peyrouton (Bernard), le chef de l'éclairage de la ville de Paris?

R. Parfaitement.

M. le président. — Mais toutes ces explications n'empêchent pas le fait que le pétrole a été employé pour incendier Paris.

Me Bigot. — Je ne défends pas les incendiaires. Assi n'est pas accusé de ce fait. L'accusation ne va directement que contre Ferré que je n'ai pas mission de défendre et qui est plutôt pour moi un adversaire qu'un client puisque c'est lui qui a fait arrêter Assi. Je tiens seulement à établir que l'incendie de Paris n'a pas été un fait prémédité par les membres de la Commune. D'ailleurs, en ce qui concerne Ferré, on n'a contre lui que cette pièce du dossier écrite à l'encre rouge et qui porte : « Faites flamber finances! » Cette pièce elle-même n'est qu'un fac-simile. Nous n'en avons pas l'original.

M. le président. — Non pas, c'est l'original.

Me Bigot. — Nous n'avons pas de procès-verbal constatant la façon dont cette pièce a été trouvée. C'est un agent de la police de sûreté qui l'a portée à M. le général Valentin.

M. le commandant Gaveau. — Il n'est pas besoin de procès-verbal, du moment où l'écriture et la signature sont constatées.

Me Bigot. — C'est comme le fameux ordre du colonel Parent, qui jouait à l'Hôtel de ville le même rôle que M. Montaut jouait auprès d'Urbain. Cette pièce est apocryphe. D'ailleurs, on n'a pas retrouvé ce colonel.

M. le commandant Gaveau. — L'écriture de Ferré a été reconnue par l'expert, M. Delarue.

Me Bigot. — J'aimerais mieux une autre autorité. M. Delarue nous fait toujours rire au barreau depuis qu'il a reconnu dans un rapport la signature d'un traducteur et celle d'un juge d'instruction pour la signature d'un accusé. (Rires.)

M. le président. — A propos de pièces, le ministre de l'intérieur me communique une lettre qu'il a reçue du président de la Société industrielle de Vienne, qui lui communique le fac-simile d'un ordre de Raoul Rigault.

L'original est lacéré; quelques lettres manquent. Le correspondant viennois offre d'envoyer l'original si on lui promet de le lui restituer après les débats.

Voici cette pièce :

« .....ial an 79,
9 h. du soir.

» Latrou....le

» F....... archevêque et les otages; incend...
Tuiler... et le Palais-Royal, et repliez leste-
ment sur la ..... Germain-des-Prés.

» Le procureur de la Commune,
» RAOUL RIGAULT.

. Tout va bien ici. »

M. le commandant Gaveau. — Cette pièce
n'est ici qu'à titre de rense gnement.

Jourde. — Le 5 ou 6 mai, une perquisition
a été faite à la Compagnie du Gaz. Sous
prétexte de chercher des armes, des gardes
nationaux ont pris une somme de 182,000 fr.
Dès que je l'appris, je télégraphiai au directeur du Gaz que je lui faisais rendre cette
somme, et que je mettais même le ministère
des finances à sa disposition s'il avait besoin
de fonds.

Le témoin. — En effet, quand la caisse a été
pillée, je me suis adressé à la commission
exécutive qui m'a fait rendre l'argent. M.
Jourde m'a télégraphié, et on a rapporté les
mêmes billets et la même somme qu'on avait
prise, ficelée dans les mêmes paquets.

Jourde. — Cela prouve de quelle façon je
me conduisais au ministère des finances.

Le témoin qui succède à M. Camus est
M. le docteur Puymoyen, médecin à la
Petite-Roquette. C'est ce même témoin
qui, déposant dans l'affaire de Ferré, a
fait devant le conseil le récit dramatique
des assassinats commis sur la place de la
Roquette.

Il dépose en ces termes :

Le samedi 27 mai, le directeur de la prison
des jeunes détenus me fit appeler : « Vous
voyez, me dit-il, que le temps presse, la Commune est perdue, on va brûler la grande et
la petite Roquette. »

« On devait d'abord s'établir dans les deux
prisons, créneler les murs et de là tirer sur
la troupe. Mais on y a renoncé. »

Je lui dis : Qu'allez-vous faire ? Et ces pauvres petits malheureux ? Il me dit : « Ils sont
en liberté. » Puis il ajouta : « Je sais combien
vous avez d'amis dans le quartier, sauvez-
moi. » Je lui répondis : Où voulez-vous que je
vous cache ? Ce n'est plus possible. Je ne me
charge pas de cela. Il est parti et j'ai su que
lui et son cousin avaient été fusillé le lendemain. Je lui dis avant qu'il ne sortît :

« Si vous voulez ouvrir les portes de la Roquette et mettre en liberté les otages, je jure
sur ma croix d'honneur que je me placerai
devant vous et qu'il ne vous sera fait aucun
mal. A ces mots, il s'affaissa sur lui-même et
me dit : « Il est trop tard; les vengeurs de la
Commune doivent venir cette nuit prendre ce
qui reste pour le conduire à Belleville. »

Comme je protestais, il ajouta : « Vous allez en voir bien d'autres; nous brûlerons Paris au fur et à mesure que les troupes avan-
ceront, nis nous chercherons à nous jeter

dans les bras des Prussiens. » (Mouvement.)

— Voici un autre fait qui est très grave à
mes yeux. Le mercredi 24, jour a été assassiné l'archevêque de Paris, un jeune garde
national qu'on pourra retrouver, il demeure
rue Fontaine-au-Roi, dans les numéros 40, me
dit au moment où on allait poser les sentinel-
les à six heures du soir: « Tout à l'heure on
va fusiller l'archevêque de Paris. »

Un autre fait : Quand l'homme envoyé de
la mairie du XIe arrondissement est arrivé à
la Roquette, le directeur François n'était pas
là. Il portait un ordre ainsi conçu: « Soixante-
huit otages doivent être fusillés. Ce matin, à
la barricade de la rue Caumartin on nous a
tué un capitaine et six hommes. »

Le greffier lui fit remarquer qu'il devait y
avoir une erreur de chiffres, que 68 otages
étaient hors de proportion avec sept fédérés
tués. L'homme retourna à la Commune et revint avec l'ordre de fusiller « six prêtres ».
Le greffier fit observer encore qu'il devait y
avoir erreur, puisque M. Bonjean n'était pas
prêtre. Mais toutes ses observations furent
vaines et les victimes furent sacrifiées.

Le lendemain de l'exécution, François dit à
son greffier en le menaçant de son pistolet :
« Toi, je te tiens pour suspect, et je te brûle
la cervelle si tu reviens dans la maison. Je
te f... à la porte. Tu es cause qu'au lieu des
68, nous n'en avons eu que 6. Je ne ne veux
plus te voir. » Et il le chassa.

Ce greffier m'a dit que lorsque les victimes
ont été entraînées à la mort, elles y sont allées avec le calme et la sérénité que donne
une conscience tranquille. Ils gardaient le
silence. Seul M. Deguerry a parlé. Ouvrant la
redingote qu'il portait dans la prison, au lieu
de sa soutane, il a dit :

« Frappez donc, messieurs, frappez donc !»

Le martyre a dû être long, j'écoutais les
bruits. Le feu a été d'abord très nourri, puis
quelques coups isolés, puis un second feu
aussi nourri.

Un dernier fait : Un pauvre douanier d'un
certain âge, qui marchait courbé, avait déjà
reçu une poussée... Je vais vous dire ce que ces
bourreaux appelaient la poussée. (Mouvement
d'attention.) Quand un malheureux devait
être fusillé, on l'entraînait, puis, à un certain moment, on lui donnait, à coup de poings,
une poussée qui l'envoyait à trois ou quatre
pas en avant; alors on tirait. (Mouvement.)

On l'avait donc poussé du côté du mur,
lorsqu'une femme se présente devant lui et
dit à ceux qui l'entouraient : « Vous n'allez
pas l'assassiner, le tuer sans le juger, menez-
le du moins devant la cour martiale ! » Le
malheureux était sauvé.

On l'amène devant une espèce de cour
martiale qui siégeait à la prison des jeunes
détenus. Mais nos gardiens se sont opposés à
ce que la foule qui l'escortait pénétrât dans
l'intérieur de la prison :

— Laissez-donc. disaient-ils, nous nous
chargeons de son affaire...

— Ah ! criaient les assassins, nous la connaissons ! On nous la fait toujours à l'oseille !

On les a empêchés d'entrer, et le douanier
a été sauvé.

J'ai encore à donner un dernier renseignement sur un fait qui s'est passé sur la place du Prince-Eugène. Le jeune comte de Beaumont avait été reconnu et dénoncé par une vivandière.

Le malheureux avait été amené sur la place du Prince-Eugène. Les membres de la Commune étaient au balcon de la mairie et regardaient. La femme excitait la populace contre le jeune homme, qui était capitaine d'état-major.

Il vit arriver François, se jeta à son cou, le prenant pour un chef parce qu'il avait un képi chargé de galons, — ils avaient tous des quantités extravagantes de galons sur leurs képis et sur leurs manches : Sauvez-moi, disait-il, sauvez-moi, je vous en prie. François le repoussa brutalement et le malheureux fut tué séance tenante.

Après l'honorable M. Puymoyen, c'est le tour d'un témoin détenu, le sieur Costa que la Commune s'était empressé de faire mettre en liberté.

M. le président. — Vous êtes détenu?
Le témoin. — Oui.
M. le président. — Vous étiez prisonnier à la Roquette pendant les journées de mars.
Le témoin. — Oui, monsieur le président.
M. le président. — Pourquoi étiez-vous détenu?
Le témoin.—Pour faux en écriture. J'avais eu la complaisance de signer un effet pour faire plaisir à un ami et alors...
M. le président. — C'est bien. La Commune vous a fait mettre en liberté.
Le témoin. — Pas tout de suite, monsieur le président. On a commencé par m'exempter de la réclusion, pour m'employer comme comptable dans la prison.
M. le président. — Vos occupations vous appelaient souvent au greffe. Y étiez-vous le 24 mai?
Le témoin. — Oui, monsieur le président.
M. le président. — Y avez-vous vu Ferré.
Le témoin. — Oui, deux fois; la première fois, entre trois et quatre heures de l'après-midi, il amenait un peloton de fédérés qui furent plus tard chargés de l'exécution des otages. Il était accompagné d'un autre membre de la Commune, Ranvier. Ferré entra dans le greffe avec Ranvier vers 7 heures du soir.
M. le président. — Avez-vous remarqué la façon dont Ferré était vêtu?
Le témoin. — Il avait un paletot dont je ne puis me rappeler la couleur, mais qui était d'une nuance claire, le paletot portait un collet de velours. C'est tout ce que je puis me rappeler.
M. le président. — Ils ont causé dans le greffe?
Le témoin. — Oui, mais je n'ai pu entendre un mot de leur conversation. Ils parlaient à voix basse.
M. le président.—Ferré est-il venu au greffe le 27?
Le témoin. — Oui, monsieur le président. Je m'en souviens d'autant mieux que je lui remis ce jour-là un billet que m'avait donné pour lui un prisonnier nommé Fonset, officier

supérieur de la Commune. Ferré le fit appeler et ordonna sa mise en liberté. Quelques minutes après, Ferré m'appela et me dit : « Comment vous appelez-vous ? » Je lui répondis que je m'appelais Costa, et il dit : « Eh bien! Costa, je vous annonce que vous êtes libre, sans conditions. » Je le remerciai et je me préparai à m'en aller, quand il m'avertit que je ne pourrais faire un pas sans être arrêté faute d'un laissez-passer, et que Ranvier allait nous accompagner, Fosset et moi, à la mairie de la place Voltaire.

Nous sortîmes avec Ranvier qui nous conduisit à la mairie, où nous trouvâmes Gambon. Ranvier était très fatigué, il marchait en chancelant et, sitôt arrivé se laissa tomber dans un fauteuil, ôta ses bottes et se fit laver les pieds par des dames des ambulances.

Quand je le crus un peu reposé, je lui rappelai que Ferré nous avait confiés à lui pour qu'il nous donnât les moyens de profiter de notre liberté. Ranvier nous envoya à Schneider, son secrétaire, qui nous délivra les laissez-passer. Je quittai alors la mairie avec Fonset et nous nous dirigeâmes vers Belleville.

J'avais fait partie du génie pendant le siège et je connaissais parfaitement la partie des remparts de Paris, comprise entre Belleville et Romainville : je savais qu'il existait à certain endroit une poterne donnant sur les fossés. Je conduisis Fonset à cette poterne et, après l'avoir ouverte, je sautai sur le sol pour donner l'exemple; mon compagnon me suivit aussitôt.

Il tombait une pluie battante, et, malgré cela, nous nous arrêtâmes un instant pour réfléchir au parti qu'il fallait prendre.

Fonset voulait, lui, aller chez les Prussiens. Je le décidai à marcher à travers champs sans nous arrêter.

Arrivés à Lagny, il voulut prendre le chemin de fer. Je l'en détournai. Nous nous remîmes à marcher, et, finalement, nous fûmes arrêtés à Meaux. Alors, je demandai à parler au procureur de la République, auquel je racontai tout ce que je savais.

M. le président. — Que savez-vous relativement à l'assassinat des otages ?
Le témoin. — J'y ai assisté.
M. le président. — Racontez au conseil ce que vous avez vu.
Le témoin. — Le 24 mai, à sept heures et demie, le peloton d'exécution entre dans le premier chemin de ronde. En tête marchait un membre de la Commune, c'était Ranvier. L'on m'a dit plus tard que c'était lui qui avait signé l'ordre d'exécution, mais je ne l'ai pas vu.

Cependant, cela ne m'étonnerait pas, car Ranvier paraissait avoir sur tous ces hommes un air d'autorité. J'étais alors placé à une fenêtre du rez-de-chaussée. A ce moment, j'entendis dans la prison un mouvement inusité. On y demandait à grands cris Henrion, le porte-clefs, qu'on ne parvenait pas à trouver. Des gardes nationaux suivaient des employés de la prison en leur disant : « Si nous n'avons pas les clefs dans les cinq minutes, nous vous casserons la gueule. »

Enfin les clefs furent découvertes dans un coin où elles avaient été jetées ou déposées.

Un homme portant les insignes d'officier de la garde nationale ordonna alors de faire descendre, dans le chemin de ronde, les prisonniers dont les noms étaient sur une liste qu'il remit à des fédérés. Je vis un instant après ces prisonniers. C'étaient Mgr Darboy, M. Bonjean, M. Deguerry et deux autres prêtres dont je ne sais pas les noms. Ils passèrent sous les arcades et entrèrent dans le chemin de ronde.

En passant devant le peloton, M. Bonjean se pressa contre l'archevêque et mit sa main sur son bras. Là, on les arrêta, et les fédérés les accablèrent d'injures, criant tous à la fois : « Bandits, canailles, espions de Versailles ! » Cela dura quelques minutes, au bout desquels Ranvier dit avec emportement : « Voyons, il faut en finir, faites-les passer dans le deuxième chemin de ronde. »

Je me glissai alors contre une porte, et, m'effaçant avec précaution, je pus voir les six malheureux faire quelques pas dans le deuxième chemin de ronde. On les aligna contre un mur ; un officier tira son sabre, l'abaissa rapidement en criant : Feu ! et les victimes tombèrent aussitôt pêle-mêle, l'une sous l'autre, par terre. (Mouvement.)

Je ne songeai plus qu'à m'en aller. Je longeai le mur et rentrai dans le couloir. Je rencontrai François, le directeur, qui, dès qu'il me vit, porta la main à son revolver en me disant d'un ton féroce :

— Où allez-vous ?

— Je vais, lui répondis-je, à l'infirmerie chercher de la tisane.

— C'est bien, dit-il, mais que je ne vous trouve plus à rôder dans ces couloirs, ou je vous brûle la cervelle.

Le surlendemain, 26, je rencontrai un employé de la prison avec lequel je causai de l'assassinat. « C'est horrible, dit-il, je vais même, à ce propos, avoir une pénible besogne à faire, il me faut aller laver le sang des victimes. »

Je lui demandai qui lui avait donné un pareil ordre, il me répondit : C'est François ; il m'a dit :

« Tu vas laver ce sang et prendre ces effets de calotins, et tu me foutras ces saletés-là dans la cour. »

M. le président. — Ferré n'est-il pas venu à la Roquette le 26 ?

Le témoin. — Si, j'étais au greffe occupé à expédier en double un état d'émargement des employés, quand Ferré y entra et, sans parler à personne, s'assit près de la cheminée en allumant une cigarette.

M. le président. — Vous n'avez plus entendu parler des otages ?

Le témoin. — J'en ai entendu parler pour la dernière fois le 27, à la mairie du onzième arrondissement. Gambon dit à Ranvier :

— Eh bien ! et les otages ?

Ranvier lui répondit :

— Ils sont tous nettoyés.

M. le président. — Vous n'avez pas entendu parler Ferré le 24 ?

Le témoin. — Il causait avec Ranvier, mais je n'ai pas entendu un mot. Je l'ai entendu parler le 27, quand il m'a mis en liberté.

Ferré. — Je demande la permission de dire un mot. C'est pour faire remarquer au conseil que ce témoin est le seul qui m'ait vu à la Roquette avant le 27. Il déclare m'y avoir vu le 24 et le 26 ; j'atteste que c'est faux. Je suis allé pour la première fois à la Roquette le 27.

M. le président (au témoin). — Reconnaissez-vous bien l'accusé Ferré ?

Le témoin. — Oui, monsieur le président, c'est bien lui ; mais il portait alors la barbe et les cheveux plus longs.

M. le président. — Vous êtes bien sûr de le reconnaître pour le membre de la Commune qui, avec Ranvier, a introduit le peloton d'exécution à la Roquette, et que vous vu au greffe de la prison les 24, 26 et 27 mai ?

Le témoin. — Oui. Je le jure.

Ces mots sont les derniers de cette déposition émouvante, et M. Beaudard, tailleur, remplace Costa à la barre des témoins.

M. le président. — Que savez-vous au sujet des incendies ?

Le témoin. — Pendant la guerre des rues, j'eus besoin d'un laisser-passer. Je me renseignai auprès d'un officier fédéral pour savoir à qui je devais m'adresser pour cela. Il m'envoya à la mairie du onzième arrondissement, où je trouvai Ferré. Il m'accorda ce que je lui demandai. Je lui dis alors :

« C'est horrible ! Qui donc a mis le feu au boulevard du Prince-Eugène ? »

Ferré me répondit fort impérativement :

« Ça ne vous regarde pas ; si cela est fait, c'est bien fait ! »

Le témoin suivant va citer des faits encore plus frappants ; c'est M. Colin :

M. le président. — Vous avez vu Ferré dans la journée du 26 mai ?

Le témoin. — Non, monsieur, c'était dans la nuit du 25 au 26, vers minuit environ.

M. le président. — Dites dans quelles circonstances.

Le témoin. — Vers onze heures du soir, mon concierge était venu me trouver, tout effaré, pour m'avertir que plusieurs maisons du boulevard du Prince-Eugène, entr'autres le théâtre des Délassements-Comiques, étaient devenues la proie des flammes.

Immédiatement je descendis et je me mis en demeure de mettre en sûreté les choses les plus précieuses que contenait la maison.

J'avais commencé cette besogne quand un homme, portant le costume des *Vengeurs de la République*, m'apostropha et m'intima l'ordre de cesser mon travail. Je lui observai que je n'avais pas à lui obéir s'il ne me montrait pas un ordre écrit de l'investissement d'une telle autorité.

— Mon ordre, dit-il en faisant résonner son chassepot, « le voici. »

Je lui dis alors que je ne désirais pas discuter avec lui, et que je voulais voir un délégué de la Commune. Il m'apprit que Ferré était à la mairie du onzième arrondissement, et me procura un laisser-passer signé Ferré, au moyen duquel je pus arriver à la mairie.

Là, je pus voir Ferré, qui me reçut fort mal et répondit à mes observations :

—Les incendies sont nécessaires, me dit-il, il faut brûler pour jeter les obstacles devant la marche des Versaillais.

Et il me renvoya.

M. le président.—Reconnaissez-vous Ferré!

Le témoin.— Oui, monsieur le président.

M. le président. — Reconnaissez-vous le laisser-passer que voici pour être celui que vous avez utilisé. (Le greffier montre au témoin une pièce du dossier.)

Le témoin.—Je le reconnais.

M. le président. — Et vous, Ferré, le reconnaissez-vous?

Ferré, après avoir regardé. — Ma signature a été contrefaite. Je n'ai, du reste, jamais vu le témoin.

Lamiral (Jean-François), gendarme à Paris, caserne Lobau.

M. le président. — Vous avez été prisonnier pendant la Commune?

Le témoin. — Oui, mon colonel. J'ai été arrêté le 18 mars et je me suis évadé de la grande Roquette le 27 mai.

M. le président. — Que savez-vous sur les otages?

Le témoin. — J'ai vu de la fenêtre de ma cellule arriver le peloton d'exécution. Il était conduit par un homme portant une écharpe rouge.

Quand les otages sont arrivés devant les fédérés, l'homme à écharpe a dit à l'archevêque :

— On a fusillé six des nôtres, vous allez mourir. Qu'avez-vous à répondre?

— Je n'ai rien à répondre, dit monseigneur Darboy. J'ai toujours été pour l'ordre et la liberté.

— Vous avez eu des correspondances avec Versailles?

— Oui, pour tenter d'amener la paix.

A ce moment quelques fédérés se mirent à insulter les otages. Le chef dit :

— Il ne s'agit pas d'insulter, nous sommes ici pour accomplir un devoir.

Alors M. l'abbé Deguerry, qui n'avait encore rien dit, entr'ouvrit sa soutane, et, montrant sa poitrine, dit :

— Frappez, messieurs, frappez.

M. le président. — Reconnaîtriez-vous l'homme qui commandait ce peloton?

Le témoin. — Je ne sais pas.

M. le président, désignant Ferré. — Est-ce celui-ci?

Le témoin. — Je crois que oui, mais je n'en suis pas sûr.

M. le président. — Comment l'homme que vous avez vu était-il habillé?

Le témoin. — Je n'ai remarqué que son képi galonné, mais, voyez-vous, monsieur le président, le costume ne fait rien à l'affaire, car ces gens-là en changeaient plusieurs fois par jour. C'était pis que la bande à Vidocq.

Après cette qualification énergique, on entend M. Méri, sous-chef au ministère des finances.

M. le président. — Quelle était la situation du ministère au commencement de l'insurrection?

Le témoin. — J'étais au ministère dans la matinée du 17 mars, lorsqu'arrivèrent deux bataillons fédérés qui cernèrent les bâtiments. Ces gardes nationaux étaient conduits par des délégués qui entrèrent les premiers dans le ministère, et me dirent :

— La caisse doit être en règle ici; voyons.

Je leur fis observer qu'il n'en était pas du ministère comme d'une petite maison de commerce où il n'y a qu'à ouvrir son tiroir pour montrer sa caisse, et que, pour opérer au ministère des finances les constatations qui faisaient l'objet de leur visite, il m'était nécessaire d'avoir comme témoins deux agents supérieurs de l'administration.

Il s'engagea alors entre eux une discussion fort animée sur la question de savoir si oui ou non les scellés seraient apposés sur les caisses. Jourde s'y opposait, les autres délégués désiraient la pose des scellés parce que, disaient-ils, il ne fallait pas qu'on dise que cette Révolution eût le pillage pour mobile.

Finalement, on renonça aux scellés et le ministère fut occupé.

Je m'en allai alors, évitant de voir ou Jourde ou Varlin. On voulait, je le sentais bien, violer les caisses dont j'avais sur moi les clefs; mais on aurait voulu la présence des employés. Tous partirent.

J'appris le lendemain que pour forcer les caisses on avait eu recours à l'aide de gardes nationaux et qu'on avait même requis un bataillon dans ce but. Mais le chef de ce bataillon déclara qu'il préférait être fusillé que de permettre à ses hommes de prêter leur concours à une pareille action.

M. le président. — Vous êtes revenu à Paris avec l'armée.

Le témoin. — Oui, le 23 mai, à 4 heures du soir. Le 24 je me rendis place de la Concorde où je trouvai le général Vergé, auquel je demandai vingt hommes de bonne volonté, lui promettant de sauver le grand-livre qui se trouvait dans les bâtiments déjà embrasés du ministère des finances.

Grâce aux hommes qu'il voulut bien me confier, je pus entrer au ministère et jeter par les fenêtres les dossiers et les cartons composant le Grand-Livre. Si le Grand-Livre eût été perdu, c'eût été un travail de dix ans à refaire.

M. le président. — Croyez-vous que l'incendie du ministère ait pu être allumé par les bombes?

Le témoin. — Je ne le crois pas. Le ministère était, du reste, fort bien monté en fait d'instruments de sauvetage de toute sorte. De grands tuyaux pleins d'eau couraient autour de chaque étage, et jusqu'au cinquième, des réservoirs d'une capacité de plusieurs centaines de litres étaient préparés pour parer à toute éventualité d'accident. En admettant qu'une bombe ait pu mettre le feu, il eut été facile de l'éteindre.

Je crois, du reste, que le bombardement est étranger au sinistre, car, dans tous les environs des bâtiments du ministère se dégageait une forte odeur de pétrole.

M. le président. — Quels étaient les pompiers qui travaillaient à éteindre l'incendie?

Le témoin. — Ils portaient l'uniforme des sapeurs-pompiers.

M. le président. — N'avez-vous pas trouvé des valeurs au ministère?

Le témoin. — Oui. Je crois que ces valeurs, actions, obligations, etc., proviennent de saisies opérées par la Commune.

M. le commandant Gaveau. — Je conclus de cette déposition qu'il était possible de sauver les dossiers du ministère.

Jourde. — Les valeurs au porteur que contenait le ministère avaient été déposées par moi dans un petit cabinet situé au fond de mon bureau, et dont seul j'avais la clef. Je m'étonne qu'elles aient été trouvées dans le bureau.

M. le président. — Jourde, n'avez-vous pas reçu d'Angleterre une somme de six millions?

Le témoin. — Non. J'établirai du reste, par des chiffres, l'état de mes recettes et de mes dépenses pendant tout le temps de la Commune.

M. le président. — Je vous ai dit de présenter au conseil un état écrit. Encore une fois, je ne comprends pas qu'une personne intelligente comme vous l'êtes, n'ait pas songé à cela pendant la durée de son administration.

L'audience est alors suspendue pendant un quart d'heure et reprise à trois heures pour la continuation de l'audition des témoins.

M. Millot, caissier de banque, entendu précédemment, donne des renseignements sur la nature des sommes que la Banque a fournies à Jourde. Ces paiements forcés étaient faits en petites coupures de vingt francs, que les envoyés du délégué aux finances s'empressaient de changer en pièces de 5 francs. Quant à la dernière réquisition de 500.000 fr., elle a été livrée en billets de mille francs et de 500 francs, et M. Millot ne pense pas qu'il ait été possible de payer la garde nationale avec ces sortes de billets.

Jourde. — C'est une erreur d'appréciation de M. Millot; ces derniers jours, tous les magasins étaient ouverts ainsi que toutes les boutiques, car c'était une singulière révolution, elle n'effrayait personne, et l'officier payeur auquel il avait été donné un ou deux billets de 500 fr., trouvait facilement à les changer.

Le témoin. — On pourrait supposer, d'après l'attitude et les explications de Jourde, que ces sommes lui ont été livrées sans discussion.

Le conseil sait qu'il en a été tout autrement, et que les administrateurs de la Banque n'ont jamais cédé qu'aux menaces de pillage ou d'incendie.

Jourde. — Je suis loin de le nier, mais si j'avais voulu réellement faire piller la Banque, je ne me serais pas empressé de souscrire au désir de ses administrateurs et d'inscrire sur le bon de réquisition, la mention qu'ils désiraient y voir, pour se sauvegarder pardevant leurs actionnaires.

Le témoin. — Cela n'est arrivé qu'une fois; les autres réquisitions ont été payées sans cette mention, alors que la Banque était véritablement menacée et volée.

Jourde. — Je ne comprends pas ce mot volé. On a'a rien volé dans les caisses des finances.

Le témoin. — Je ne connais pas d'autre expression pour rendre ce fait de prendre dans une caisse ce qui ne vous appartient pas.

Jourde. — Le vol, c'eût été de vendre ces 200 millions de titres auxquels je n'ai pas touché; j'ai dépensé 40 millions, c'est vrai; mais j'ai préservé Paris de la ruine et j'ai sauvé plusieurs milliards.

Le public ne semble pas séduit par ce raisonnement, et Jourde, pour la première fois, paraît un peu déconcerté des murmures ironiques qui accueillent ses protestations.

On entend ensuite M. Lacaille, chef de division au ministère des finances.

Ce témoin, arrivé à Paris avec l'armée de Versailles, est entré au ministère des finances le 24, à 6 heures du matin. On cherchait alors à éteindre l'incendie qui n'existait encore qu'au cinquième étage, à l'angle des rues du Luxembourg et de Rivoli. Son premier soin fut de monter au second étage, où se trouvaient les pièces renfermant les volumes du Grand-Livre.

Ces volumes étaient intacts, mais, dans le bureau du directeur de la dette inscrite, il y avait des traces de commencement d'incendie. Il n'y existait aucune odeur qui révélât la présence du pétrole.

M. Lacaille resta là près de deux heures, puis revint au ministère à midi. On faisait alors la chaîne; le feu s'était développé, et on n'a pu s'en rendre maître.

Ce témoin, revenant sur la première partie de sa déposition, se rappelle qu'il a remarqué dans les divers bureaux qu'il a parcourus, un grand nombre d'allumettes jetées sur le parquet.

Le témoin suivant, M. Luminais, est un employé qui a été arrêté par les ordres de Jourde pour n'avoir pas voulu marcher contre Versailles et avoir empêché les hommes de sa compagnie de servir la Commune. Conduit dans une salle de sa mairie, il y a été traduit devant une espèce de tribunal dont le président lui a dit :

— C'est vous qui ne voulez pas marcher? Vous ne savez donc pas que nous avons des moyens pour punir les récalcitrants?

Il remarqua que dans un des angles de cette pièce il y avait un individu lisant son journal, ne paraissant s'occuper de rien, et répondit :

— Vous pouvez faire de moi ce que vous voudrez, mais je ne veux pas servir la canaille.

Alors cet individu quitta son journal. C'était Jourde qui se mit à le menacer.

— Je suis un honnête homme, lui dit Luminais, je ne veux pas me battre pour la Commune. Vous êtes le plus fort, faites-moi fusiller si vous voulez, mais dépêchez-vous, car si l'armée de Versailles arrive, je pourrais bien vous envoyer récolter le poivre à Cayenne.

Et le témoin d'ajouter en riant :

— Je ne savais pas dire si vrai !

Puis il poursuit :

— Alors le président me dit :

« Je vais vous donner une lettre de recommandation.

On fit cette lettre de recommandation. Elle était adressée à M. Dupont, délégué à la sûreté, mais, quand j'arrivai à la préfecture, Dupont était remplacé par Raoult Rigault, et comme celui-ci n'était pas encore entré en fonctions, c'est ce qui m'a valu ma liberté.

En attendant, on m'envoya à la préfecture où on me mit à la permanence, nous étions 200 prisonniers debout, sans même une botte de paille pour nous coucher.

Le lendemain, ma femme vint me voir et me dit que le colonel Blain, qui commandait ma légion, ne savait pas pourquoi j'avais été arrêté. Je me fis alors conduire à la préfecture où je fus reçu par Ferré qui remit à huit heures pour m'interroger. Il allait sortir et n'avait pas le temps de s'occuper de moi. Il avait lu ma lettre de recommandation ainsi conçue :

« Citoyen délégué, je vous envoie un sergent du 60e bataillon, qui s'est donné comme capitaine de ceux qui voudraient marcher contre la Commune. C'est un homme énergique, qui pourrait être très dangereux.

> Signé : JOURDE. »

J'ai de bonnes raisons pour m'en rappeler.

En quittant Ferré, je descendis et je vis avec étonnement que les hommes qui m'avaient accompagné n'étaient plus là. J'allais en profiter quand un officier fédéré me prit par le bras et me reconduisit auprès de Ferré qui lui dit :

— Qu'on le ramène à huit heures.

L'officier me conduisit alors à la permanence et communiqua l'ordre de Ferré au directeur, mais celui-ci était tellement occupé qu'il ne l'entendit pas, et que quelques instants après il me demanda, en m'apercevant, ce que je faisais-là.

Je lui répondis :

— Mais vous n'avez donc pas entendu, je suis libre, seulement je suis obligé d'attendre jusqu'à huit heures pour avoir mes papiers qui sont dans le cabinet de M. Ferré.

— Ah! ma foi, vous avez tort d'attendre, me dit-il, ces messieurs reviennent tard pendant la nuit, ils sortent du café... À votre place, je m'en irais de suite.

Je ne me le fis pas dire deux fois; je pris le bras de ma femme qui m'attendait et je sortis. C'était mon geôlier lui-même qui me mettait en liberté.

Après ce récit, M. le président fait lever Ferré et demande au témoin s'il le reconnaît. Luminais croit bien que c'est lui, et tout naturellement Ferré proteste de toutes ses forces, aussi bien que Jourde, qui affirme que la figure du témoin, ainsi que le fait dont il parle, lui sont complétement inconnus.

M. le président. — Vous prétendez toujours n'être pour rien dans des faits qui vous sont personnels; vous n'acceptez que les accusations générales.

Ferré. — Monsieur, je refuse de vous répondre.

M. le président. — C'est bien, j'aime mieux ça. Jourde, qu'avez-vous à dire ?

Jourde. — Que je repousse complétement un pareil témoignage; je n'ai jamais signé une pareille lettre, ni jamais donné un pareil ordre.

Le témoin. — C'est parfaitement vrai, je n'ai pas de raison pour mentir devant un pareil tribunal. Même que ce jour-là vous n'étiez pas commode, je m'en souviens bien.

Régère. — Si cette lettre était vraie, ce qui n'est pas, ce serait moi qui l'aurais écrite, car Jourde n'ayant rien à faire à la mairie, n'y venait pas.

M. le président. — A quelle époque était-ce?

Le témoin. — Le 7 avril, le vendredi saint.

Me de Sal. — Le témoin s'est trompé tout à l'heure en croyant reconnaître Ferré, il peut se tromper une seconde fois.

M. le commissaire du gouvernement. — Parce que la déposition n'est pas favorable à l'accusé, voilà un tolle général.

Me Carraby. — Il est fâcheux que ce témoin si ferme soit entendu à la dernière heure.

M. le président. — Vous pourrez contrôler sa déposition autant qu'il vous plaira, le conseil acceptera parfaitement les observations de la défense.

Un M. Charles Bel, qui vient ensuite, rapporte comment, le 19 mars, il a failli être fusillé à l'Elysée par le 80e bataillon.

M. le président, à Ferat. — Vous commandiez ce bataillon ?

Ferat. — A partir du 10 avril, à moins qu'on me mette encore celui-là sur le dos.

M. le président. — Tâchez de vous exprimer autrement et de ne pas plaisanter. Ayez plus de respect pour le conseil.

Ferat. — Je ne songe pas à plaisanter.

Le témoin. — J'étais dans l'Elysée avec quelques compagnies des 1er, 2e, 3e et 4e bataillons, lorsque se présenta le 80e. Il était commandé par un officier qui n'avait pas de sabre, mais une canne. Nous sommes parvenus à l'empêcher d'envahir l'Elysée.

Le témoin suivant est resté tout le temps de la Commune concierge de la mairie du 5e arrondissement et a bien entendu parler des fils qui reliaient la mairie au Panthéon, mais il ne les a pas vus. Il a été arrêté seulement pendant vingt-quatre heures; c'est Régère qui l'a fait mettre en liberté.

Régère. — Cela est vrai et je l'ai maintenu à son poste malgré l'opposition qui existait autour de moi ; on croyait que M. Destivis avait des intelligences avec Versailles.

M° Carraby. — Je prierai monsieur le président de demander à ce témoin, qui n'a pas quitté la mairie du 5° arrondissement, s'il y a vu Jourde ?

R. Je ne m'en rappelle pas ; je ne connaissais aucun de ces messieurs de la Commune, excepté M. Régère.

Le témoin qui succède à Destivis est M. Fillon, sous-lieutenant au 26° de ligne. Cet officier a été chargé de faire une perquisition dans la maison de Régère, où il a trouvé des papiers, des valeurs, et chose inattendue qui excite notre hilarité au banc des journalistes, une montre sur la boîte de laquelle il y avait gravé : « Monsieur de Villemessant au rédacteur du Figaro.

Heureusement que Régère lui-même va nous expliquer ce cadeau invraisemblable.

Il y avait, de plus, chez l'accusé, 170 actions au porteur, formant un capital de 85,000 et quelques centaines de francs.

M. le président, à Régère. — D'où provenait cet argent ?

R. Je suis très heureux de revoir ici M. Fillon, dont la déposition est pour moi très importante.

J'habitais, en effet, un petit appartement, 83, rue de la Verrerie, car j'avais abandonné le mien à cause des projectiles prussiens. Lorsque j'ai dû me dérober, j'ai quitté précipitamment ce petit logement sans avoir le temps d'emporter les objets qui m'appartenaient. Ces actions dont il est question étaient celles d'une compagnie fondée en 1856 et qui n'a jamais fonctionné. Les quelques centaines de francs étaient à moi.

Quant à la montre, M. Fillon se trompe, c'était une médaille portant la mention qu'il a lue, et je tiens à dégager M. de Villemessant. J'ai eu cette médaille à l'époque où le Figaro a fait un espèce de concours pour la province. Je lui ai envoyé des pièces de vers que je n'ai pas signées. C'était un péché de jeunesse, pas autre chose : je n'ai pas recommencé.

Allons, tant mieux ! Voyez-vous M. Régère se défendant d'avoir collaboré au Figaro, alors que le Figaro ignorait même que ce poétique vétérinaire existât. Ces messieurs de la Commune sont décidément du dernier grotesque.

Après cette explication, M. Fillon rapporte comment madame Régère s'étant présentée pour réclamer les papiers de son mari, il l'a fait conduire à la préfecture, et M° Dupont de Bussac de s'écrier :

— Par quel ordre arrêtait-on madame Régère ?

Ce qui lui attire cette réponse méritée de l'honorable président :

— De quel droit arrêtait-on les membres de la Commune ? Nous n'avons pas à répondre à cette question, qui n'est qu'une mauvaise chicane.

L'huissier annonce à ce moment que plusieurs témoins sont absents ; M. le colonel Merlin ordonne de requérir contre eux, et, pour les remplacer, on entend le sieur Chesnel qui a assisté le commissaire de police Andrès, dans la perquisition que ce fonctionnaire de la Commune a faite chez M. Landot.

M. le président. — Qui avait ordonné cette perquisition ?

R. C'est Urbain.

M. le président, à Urbain. — Qu'avez-vous à dire ?

R. Je reconnais le témoin comme officier d'état-major, mais je ne lui ai ordonné de faire aucune réquisition.

Le témoin. — Je ne l'aurais pas faite sans ordre, Andrès et moi nous sommes allés chez M. Landot, où nous avons saisi plusieurs objets et de l'argent. Nous avons remis cet argent à Urbain, et Andrès et moi nous sommes poursuivis aujourd'hui sous l'inculpation de l'avoir volé.

M. le président. — Vous entendez, Urbain ?

R. J'ai eu l'honneur de dire au conseil que les objets saisis chez M. Landot avaient été envoyés à la préfecture.

M. le président. — Il y avait une valise fermée ?

R. Le tout a été envoyé à la préfecture.

M. le président. — La valise a-t-elle été ouverte ?

Urbain. — Je ne l'ai pas ouverte.

M. le président. — Alors, vous n'avez pu faire l'inventaire des objets qu'elle renfermait ?

Urbain. — Je dis que je l'ai pas ouverte, mais non pas qu'on ne l'a pas ouverte. Ce qu'il y a de certain, c'est que tout ce qui a été trouvé chez M. Landot a été inventorié et envoyé à la préfecture de police. L'incendie seul a empêché de le retrouver.

M° André Rousselle. — Cet incendie est postérieur de beaucoup à l'époque où Urbain a quitté la Commune.

M. le président. — Urbain a-t-il assisté à la perquisition ?

R. Non.

M. le président. — L'appartement est-il resté ouvert ?

R. Oui, sous la garde de la concierge.

M. le président. — Comment se fait-il qu'on ait brisé les meubles puisque M. Landot avait donné ses clés.

R. On n'a ouvert de force qu'un seul meuble dont on n'avait pas la clef.

M° Rousselle. — Landot était-il présent à la perquisition ?

R. Non, puisqu'il était arrêté.

Urbain. — Depuis que je suis arrêté, il a dû

se passer bien des choses que j'ignore et dont on ne peut pas me rendre responsable.

Lorsqu'on a demandé aux fonctionnair s qui m'ont remplacé, ils ont répondu : « Urbain a quitté la mairie le 22 mai ; nous n'y sommes entrés que le 26. Sais-je ce qui s'est passé pendant ces quatre jours ; le pillage a dû être facile.

M. le président. — Vous aviez donné un si bon exemple !

M. le commissaire du gouvernement. — Vous n'en êtes pas moins responsable de ce pillage, vous qui aviez ordonné la perquisition.

Mᵉ André Rousselle. — Le plus coupable est celui qui a ordonné l'arrestation, et Urbain aurait manqué à tous ses devoirs si, les causes de cette arrestation lui étaient connues, il n'avait pas ordonné cette perquisition.

Urbain profite de l'occasion qu'il croit lui être offerte, pour affirmer au conseil qu'il a aidé Clément à obtenir la disparition de la Cour martiale et la révision des condamnations à mort prononcées par ce tribunal ; puis il entre encore dans une foule de détails tendant à prouver qu'il a cherché à se rendre utile autant qu'il l'a pu. C'est le thème éternel de tous les accusés !

Lorsque Urbain a terminé son panégyrique, on introduit M. Poitevin, employé au ministère des affaires étrangères, appelé pour dire ce qu'il sait des perquisitions qui y ont été faites. Le témoin commence par faire savoir au conseil qu'il n'a jamais assisté à aucune perquisition.

M. le président à Grousset. — Que disiez-vous donc que M. Poitevin avait assisté à ces réquisitions.

Paschal Grousset. — Je n'ai pas pu dire que M. Poitevin y fût, puisque je n'y étais pas moi-même. J'ai vu son nom sur l'inventaire, et j'avais supposé alors qu'il y avait assisté.

M. le président. — Savez-vous ce que sont devenus ces objets ?

R. Non, j'ai été arrêté peu de jours après.

M. le président. — Combien de temps ?

R. Dix-sept jours.

Grousset. — A propos de son arrestation, je demande à M. Poitevin de déclarer au conseil si, à plusieurs reprises, je ne l'avais pas prévenu de ce qui le menaçait. Deux fois, je l'ai empêché d'être arrêté ; la troisième fois, j'ai été impuissant. L'ordre d'arrestation était signé du délégué à la mairie.

M. le président. — Ainsi, le délégué à la sûreté pouvait arrêter qui bon lui semblait. Enfin, il est reconnu que le témoin n'a pas assisté aux perquisitions ?

Poitevin. — Non ; lorsqu'on m'appelait, tout était fini, et on me forçait de signer.

M. le président. — Vous n'avez pas entendu dire si on a retrouvé tous ces objets ?

R. Non.

Paschal Grousset. — Il n'a pas entendu dire

non plus qu'ils n'aient pas été retrouvés, et il est certain que s'il en était ainsi le conseil le saurait, M. Feuillet de Conches le lui aurait fait connaître.

M. le président. — Qui procédait donc à ces perquisitions ?

Paschal Grousset. — Olivier Pain, mon chef de cabinet.

M. le président. — Ah ! ce témoin si peu intelligent !

Grousset. — Pain m'avait toujours paru un garçon très intelligent, et il m'a fort étonné l'autre jour. Il craignait sans doute de se compromettre ou de me compromettre moi-même.

M. le président. — Une réponse franche est de beaucoup préférable à toutes les hésitations.

P. Grousset. — C'est mon avis, surtout lorsqu'il est question d'argent.

M. le président (au témoin). — Vous pourriez savoir si les objets qui ont disparu de chez M. Feuillet de Conches ont été retrouvés après l'entrée des troupes ?

P. Grousset. — Personne ne pourrait mieux donner des renseignements que M. Feuillet de Conches.

M. le président. — Le témoin écrira au ministère des affaires étrangères et renseignera le Conseil.

Grousset. — M. Poitevin pourrait dire que je n'ai même pas eu l'argenterie du ministère des affaires étrangères ; c'est lui-même qui l'a livrée.

Le témoin, avec indignation. — Je ne l'ai pas livrée ?

Mᵉ de Sal. — Ce n'est pas cela que Grousset veut dire, mais qu'elle n'a pas passé par ses mains.

M. le président. — Et la perquisition faite chez le directeur des archives ?

Paschal Grousset. — Elle y a été opérée par des agents de la préfecture ; je ne suis pas plus responsable de ces perquisitions que M. Poitevin lui-même qui était inspecteur du matériel.

M. le commissaire du gouvernement. — Vous en êtes au contraire responsable. Vous vous étiez fait le propriétaire d'une maison ; vous deviez en surveiller le mobilier et l'argenterie en faisant partie.

Ce long incident vidé, on entend M. de Mayer, employé au ministère des affaires étrangères. M. de Mayer était chargé du service intérieur, et il est resté au ministère pendant toute la durée de la Commune. Il a assisté à la livraison de l'argenterie, mais non à la perquisition opérée dans le bureau de M. Feuillet de Conches. Il sait que quelques jours après l'arrivée des troupes de Versailles, les chefs de division et de bureau sont entrés au ministère, et ont ouvert l'armoire où les objets avaient été renfermés, mais il ignore en quelle quantité ils s'y trouvaient.

M. le président, au témoin. — M. Feuillet de Conches a-t-il retrouvé tous ses objets.

R. Je l'ignore.

Paschal Grousset. — Mes employés agissaient beaucoup plus régulièrement que n'agissent ceux du gouvernement de Versailles.

M. le commissaire du gouvernement. — C'est au moins de l'audace.

M⁰ de Sal. — M. le président voudrait-il demander au témoin comment il se fait qu'il soit resté au ministère ?

Le témoin. — J'avais reçu l'ordre de Versailles de ne pas quitter Paris.

M. le président. — Vous y êtes resté ainsi que certains autres fonctionnaires ?

Le témoin. — Parfaitement.

Grousset. — Et j'ai maintenu ces messieurs pour ma garantie personnelle.

M. le commissaire du gouvernement. — Avez-vous eu connaissance de la perquisition faite chez le directeur des archives ?

R. Oui, c'est le jour de la grande perquisition, sous le prétexte de chercher les armes, et pendant qu'on enlevait l'argenterie, d'autres délégués parcouraient les bureaux où nous ne pûmes les suivre. Je ne sais donc pas comment les choses se sont passées.

P. Grousset. — Etais-je pour quelque chose dans ces perquisitions ?

R. On s'est présenté à moi avec un ordre de la Commune, voilà qui est certain, mais nous n'avons pas vu M. Paschal Grousset.

M. le président à Grousset. — On réclame au ministère différents dossiers très importants, un se rapportant à la famille d'Orléans et un autre à la neutralisation de la Savoie. Que sont-ils devenus ?

R. Tout ce que je puis dire, c'est que les dossiers que j'avais emportés avec moi pour travailler ont dû être tous retrouvés. Le dossier relatif à la Savoie regardait aussi Cluseret, et il a été porté à l'Hôtel de ville lorsque Cluseret a été arrêté : je ne me souviens pas de l'avoir rapporté chez moi.

Quant aux autres, j'ignore totalement ce qu'ils ont pu devenir. On a dû en trouver un sur ma table, au ministère. C'était un rapport de M. de Lesseps sur les personnages marquants de l'Espagne.

Du reste, je le répète, je n'ai jamais pris un dossier sans en donner un reçu à l'archiviste, et il est facile de voir dans sa lettre que je procédais régulièrement et de façon à couvrir sa responsabilité.

Cette discussion terminée, on introduit un témoin dont le nom cause une certaine émotion ; c'est M. Claude, le chef de la police de sûreté, l'homme que les membres de la Commune devaient surtout redouter et qui cependant, par un espèce de miracle, ou plutôt par oubli, leur a échappé.

M. Claude avait été tout naturellement un des premiers personnages que la Commune avait songé à faire arrêter ; il est resté à la prison de la Santé depuis le 20 mars jusqu'au 24 mai, et il avoue que ni les autres prisonniers, ni lui n'ont eu à se plaindre des procédés du directeur Collé, délégué par la Commune.

Grâce à un employé qu'il avait placé à la Santé et qui avait été maintenu dans ses fonctions, M. Claude avait pu se ménager quelques relations avec l'extérieur ; cela lui a servi, au moment de l'entrée des troupes de Versailles, à obtenir immédiatement la mise en liberté de ses compagnons de captivité.

Bien que M. Claude ait vécu pendant cinquante jours, croyant chaque matin que le moment de son exécution était arrivé, il attribue franchement le calme relatif dans lequel ont vécu les prisonniers de la Santé aux bonnes dispositions du directeur. La prison de la Santé, pendant ces soixante-six jours de terreur, a abrité ainsi trois commissaires de police, deux employés de la préfecture, trente-huit gendarmes et plusieurs prêtres.

Son directeur est aujourd'hui détenu à Mazas.

Avant de se retirer, pour répondre à l'interpellation de Régère, qui lui demande de déclarer s'il n'a pas reçu le portefeuille d'un M. Pinel, dont il a été parlé à une des audiences précédentes, M. Claude répond qu'il n'a pas reçu ce portefeuille, qui a été saisi chez l'accusé, rue de la Verrerie, lors de la perquisition qui y a été faite.

Le dernier témoin à attendre à cette audience est M. Lasnier, négociant-armateur ; sa déposition va enfin faire perdre à Ferré son sang-froid habituel.

M. Lasnier a été arrêté par la Commune pour avoir fait fabriquer des brassards tricolores, et après avoir passé par l'Hôtel de Ville, il a été conduit à Mazas, où il a passé onze jours.

Ce onzième jour, M. Lasnier a été mis en liberté ; mais, quelques instants après, il était de nouveau arrêté et conduit à la mairie du 11⁰ arrondissement, devant Ferré, qui l'a interrogé,

M. le président, à Ferré. — Levez-vous. (Au témoin.) Le reconnaissez-vous ?

Le témoin. — Oui, je le reconnais et il me reconnaît aussi, j'en suis sûr.

M. le président. — Continuez.

Le témoin. — J'ai été interrogé après un malheureux sergent de ville qu'il a fait fusiller. Il en a assassiné deux. Nous étions treize prisonniers en tout. J'étais le troisième sur la liste. On nous a réunis sur le perron de la mairie ; on a fait descendre le n° 1, et il s'est présenté un bourreau volontaire qui l'a tué à coups de pistolet. Oh ! j'ai bien vu ; le premier coup a frappé le malheureux à la tête, le second au front. Le troisième lui a fracassé la mâchoire et il a reçu le dernier en pleine poitrine. L'homme est tombé et Ferré a crié : Vive la Commune !

A la seconde exécution je n'ai pas vu Ferré, la victime était tombée entre, un garde national lui a tiré un premier coup, qui a raté, puis un second qui l'a tuée raide.

On a demandé alors un peloton d'exécution

pour les autres prisonniers, j'étais le troisième, le chef de poste a refusé ce peloton et c'est à ce refus que je dois la vie.

On nous a reconduits au cachot, où nous sommes restés vingt-sept heures, et quand j'ai été mis en liberté j'ai pris un fusil pour me défendre, car à ce dernier moment les fédérés s'assassinaient entre eux.

M. le président. — Ferré, qu'avez-vous à dire ?

Ferré. — La déposition du témoin, à mon égard du moins, est complétement fausse, je ne l'ai jamais vu.

Le témoin. — Je déclare le contraire.

Ferré. — Je lui donne le démenti le plus formel. Quel jour était-ce ?

Le témoin. — C'était le 23 mai ; vous aviez un paletot gris avec un collet de velours noir.

Ferré. — Ce jour-là j'étais à la préfecture.

Le témoin. — Vous étiez à la mairie du onzième arrondissement.

Ferré. — Où étais-je ?

Le témoin. — Lorsque j'ai été introduit auprès de vous, vous étiez assis au milieu d'une table semblable à celle du conseil.

Ferré. — C'était le 24, et je ne m'occupais que des nouvelles que nous recevions de l'armée.

M. le président. — Au moment de l'exécution, étiez-vous sur l'escalier ?

Ferré. — Je suis venu à la mairie du onzième que le 24.

Le témoin. — Vous avez crié : Vive la Commune, lorsque la première victime est tombée.

M. le président. — Enfin, vous reconnaissez bien Ferré ?

Le témoin. — Oui, et il me reconnaît bien aussi.

Ferré. — J'affirme que non. Le témoin est mu par un sentiment de vengeance personnelle, parce que c'est moi qui l'ait fait arrêter, et comme tout le monde a parlé de mon paletot gris à collet de velours noir, il a fait de moi un être imaginaire qu'il veut retrouver ici.

Le témoin. — Lorsqu'on a vu votre nez, votre bouche et vos lunettes, on ne vous oublie pas. Mon imagination n'a rien à faire ici.

Ferré. — Ah ! ceci me révolte, à ce point que moi qui ne voulais pas me défendre, je le fais cependant, car tout ce que dit le témoin est faux, tout à fait faux. Il dit que c'était le 23.

Le témoin. — C'était le 23 ou le 24. C'est le jour de la mise en liberté des prisonniers de Mazas ; il y avait onze jours que j'étais au secret, et il n'y a rien d'extraordinaire que je me trompe sur la date.

M. le président (au témoin). — Votre déposition est grave. Vous reconnaissez bien Ferré.

Le témoin. — J'ai déposé sur la foi du serment ; j'ai dit la vérité.

Ferré. — C'est faux !

Le témoin. — C'est parfaitement lui.

Après cette affirmation réitérée d'un homme honorable, Ferré perd de plus en plus la tête ; il essaie d'expliquer ce qu'il faisait à la mairie le 24 ; mais il s'embrouille et tremble ; il a peur ; enfin il se sent perdu.

C'est sur cette scène émouvante que l'audience est levée et renvoyée à demain, pour l'audition des derniers témoins et le réquisitoire de M. le commandant Gaveau.

Audience du 22 août 1871.

L'audience ouvre aujourd'hui à midi précis, devant un auditoire plus nombreux encore que les jours précédents. Les tribunes de côté mêmes, délaissées un peu d'ordinaire, sont complétement occupées. Il est vrai que cette audience possède un élément d'intérêt tout nouveau ; l'honorable organe du ministère public doit prononcer son réquisitoire.

Seulement, avant d'entendre M. Gaveau, le conseil doit encore recevoir les dépositions de quelques témoins de la dernière heure, et en attendant qu'ils comparaissent à la barre, M. le président adresse une dernière question à Courbet :

— Vous étiez chargé, lui dit le colonel Merlin, de la surveillance des objets d'art. Qu'est devenue la grande statue de six pieds de haut en argent qui se trouvait aux Tuileries ? Cette statue, qui représentait la Paix, avait été donnée en 1807, à l'époque de la paix de Tilsitt.

Courbet. — Quand j'ai visité le palais des Tuileries je n'ai pas aperçu cette statue.

D. Elle était placée en face de la galerie de la paix. Elle était assez grande pour ne pas demeurer inaperçue.

R. Eh bien, quand j'ai fait mon inspection, elle n'était plus là. Je crois qu'elle a dû être enlevée par les hommes de l'empire.

M. le président. — Quelle supposition ! Jourde, cette statue en argent n'a-t-elle pas été portée à la Monnaie pour être fondue ?

Jourde. — Non, monsieur le président, je n'en ai eu connaissance. J'ai été inspecter les objets transportés à la Monnaie ; je n'ai pas vu cette statue.

Courbet. — J'ai cherché aussi le groupe de Clésinger, représentant le prince impérial terrassant l'hydre de l'anarchie, et je ne l'ai pas trouvé pour le mettre en lieu sûr. Encore une fois ce sont les gens de l'empire qui ont dû l'enlever.

M. le président. — Jourde, voudriez-vous expliquer les trois reçus de 3,000 fr. chacun, le premier le 22 mai et les deux autres le 23 mai et qui sont acquittés pour le service de la sûreté générale par l'accusé Ferré ?

Jourde. — Les dépenses des derniers jours ont porté sur le traitement des employés qui, en présence des événements, réclamaient leurs appointements du mois. C'est ainsi qu'un employé de Ferré est venu me demander une somme de 31,500 fr. pour payer le mois de traitement des employés de la sûreté générale.

Je répondis que les ressources dont je disposais ne me permettaient pas de donner une aussi forte somme, mais que je tâcherais de donner un à-compte. Je m'adressai, en effet, au caissier de la délégation des finances, et il me proposa de donner un tiers du traitement. C'est ce qui fut fait, ou à peu près.

D. Ferré, est-ce cela?

Ferré. — C'est probable, mais je ne pourrais rien préciser : je ne m'occupais pas de questions de finance. A l'époque où la préfecture de police était dans un état normal, le caissier me faisait parvenir tous les jours l'état de sa caisse. Quand il avait besoin d'argent, je faisais un bon ou je donnais un reçu que le délégué des finances acquittait.

Jourde. — Je dois dire aussi qu'une partie de cette somme de 31,500 fr. était demandée pour donner de la nourriture aux prisonniers. J'avais été informé qu'il n'y avait plus de vivres dans les prisons.

Cet incident terminé, on passe enfin à l'audition des derniers témoins.

Le premier, Jean-Baptiste-Joseph Lormouroux, journalier, ne jette pas dans le débat une vive clarté. Il porte des débris d'uniforme de garde nationale fédéré et ne répond que par monosyllabes aux questions de M. le président ; monosyllabes qui se bornent à exprimer qu'il ne sait rien, ou, ce qui revient absolument au même, qu'il ne veut rien dire.

D. Vous étiez de garde à la prison de la Roquette du 10 au 28 mai.

R. Oui, mon colonel.

D. En quelle qualité?

R. Je n'avais pas de qualité; j'étais là comme garde national. (Rires.)

D. On ne vous relevait pas de tout ce temps-là?

R. Non, mon colonel.

D. C'était bien dur, cela. Ainsi, vous êtes resté dix-sept jours de suite de garde sans interruption? Vous receviez à manger naturellement et à boire aussi?

R. Oh oui!

D. A boire surtout, n'est-ce pas? Vous avez dû voir ce qui s'est passé à la prison le 24 mai?

R. Je n'ai rien vu. J'étais de service, en faction au dehors de la prison. Je ne sais donc pas ce qui s'est passé dedans.

D. Vous avez entendu tirer des coups de fusil cependant?

R. Ah! pour ça, oui; mais c'est tout.

D. Cela ne vous a pas préoccupé?

R. Dame, non, nous y étions si habitués!

D. Vous avez vu ceux qui sont entrés dans la prison et ceux qui sont sortis?

R. Je n'ai vu personne.

D. Comment, vous étiez de garde et vous n'avez pas fait attention aux personnes qui entraient et qui sortaient?

R. Je n'ai rien vu.

D. Vous n'avez pas vu entrer un peloton?

R. Il en venait tous les soirs. Ils passaient la nuit dans la Roquette et s'en allaient au jour.

M. le président (d'un ton sévère). — Vous ne dites pas la vérité, et le 27 mai, vous n'avez rien vu?

R. Le 27, ç'a été la même chose. Je n'ai

rien vu; si j'avais vu quelque chose, je le dirais.

D. Vous n'avez pas vu entrer ou sortir des otages?

R. Je ne sais pas. (Rires.) J'ai bien vu une quarantaine d'hommes qu'on emmenait, je ne sais pas où, avec deux ou trois compagnies de la garde nationale, mais je ne sais pas quels étaient ces hommes, ni ce qu'on en a fait.

M. le président (à Ferré). — On ne relevait donc jamais la garde de la prison de la Roquette?

Ferré. — Je n'en sais rien; le service de la garde nationale regardait la délégation à la guerre. Je ne m'en occupais pas.

M. le président. — La garde des prisons concerne cependant le service de la sûreté générale.

Assi. — Pardon, monsieur le président, cela concernait le service de la place.

M. le président. — Quoi qu'il en soit, voici un détachement qui est resté de service au même poste dix-sept jours de suite sans être relevé. C'était donc un poste choisi?

Assi. — Depuis le 18 mars, c'est toujours le même bataillon qui a fait le service de la Roquette. On avait choisi exprès un bataillon du quartier, et, dans ce bataillon, des hommes âgés qui ne faisaient pas partie des compagnies de marche.

M. le président. — Bref, on les choisissait et on les maintenait exprès pour ce service spécial : voilà où je veux en venir.

Assi. — Les postes étaient relevés en principe toutes les vingt-quatre heures; mais, comme je vous l'ai dit, c'était toujours le même bataillon qui fournissait cette garde; c'était, je crois, le 180e; or, dans ce bataillon, certains hommes qui n'avaient pas de ressources ni de moyens d'existence, s'arrangeaient pour être toujours de service à la prison, parce que là ils étaient logés et nourris.

M. le président. — On leur faisait des avantages pour être sûr de pouvoir compter sur eux.

Les deux témoins suivants cités par Me Bigot, M. Susse, entre autres, ne répondant pas à l'appel de leurs noms, on entend M. Balloteau, peintre décorateur, qui dépose en ces termes :

J'étais chef de bataillon du 130e bataillon. Un jour, je reçus l'ordre de faire sauter les maisons des numéros 2 et 4 de la place Vendôme. Il y avait des provisions de poudre prêtes pour faire sauter ces maisons. J'ai refusé et j'ai renvoyé mon bataillon sans lui donner d'ordres, en lui disant de rentrer chez lui. Le soir, comme je rentrais chez moi, j'ai été arrêté par ordre du comité de salut public. On m'a conduit devant le comité, à la place Vendôme, où on m'a dit, le revolver sur la gorge, qu'on me condamnait à mort et que je serais fusillé le lendemain.

On voulut me mettre au violon, mais il n'y avait plus de place et je fus conduit à la Roquette où j'attendis les événements. Les gens qui m'ont arrêté étaient au nombre de 8 ou 10, je ne les connais pas, mais si je les voyais, je les reconnaîtrais bien. car j'ai eu le temps de les regarder.

Billioray. — Est-ce que j'étais du nombre ?

Le témoin. — Vous ? non !

C'est ensuite le tour du soldat Maujot :

Sous la Commune, dit-il, j'at été capitaine au 156° bataillon. En 1869, j'avais déserté et je m'étais réfugié en Angleterre. Quand la guerre a éclaté je suis revenu et me suis engagé dans les francs tireurs. On me nomma capitaine et je fus à l'affaire du Bourget. Après cela, un individu qui me reconnut comme déserteur, me fit arrêter, et je fus condamné pour désertion à cinq ans de travaux publics. J'étais à la prison de la rue du Cherche-Midi quand les gens de la Commune m'ont délivé le 22 mars.

Par reconnaissance je me suis enrôlé parmi les fédérés. J'ai été de service au Palais-Royal jusqu'au 20 avril à peu près. Il n'était pas question alors de mettre le feu au Palais. C'est Napias-Piquet qui en a donné l'ordre plus tard, et il a été fusillé dans la cour d'Orléans.

Le feu a été mis par un nommé Toussaint qui avait été nommé colonel par Rossel. Je ne sais pas s'il a été arrêté; je voudrais bien le voir, parce que j'ai un compte à régler avec ce gredin-là.

Nous allons voir maintenant défiler une foule de pompiers.

C'est d'abord Auguste Richard, sous-officier de ce corps, qui s'exprime de la façon suivante :

Je faisais partie du corps des sapeurs-pompiers et je suis resté à mon poste sous la Commune. Il y avait aussi à Ménilmontant et à la Villette des pompiers de la Commune, habillés à peu près comme nous, mais avec lesquels nous n'avions pas de rapports.

Le 24 mai, à 6 heures du matin, un capitaine adjudant-major est venu nous donner l'ordre d'aller mettre le feu à la Croix-Rouge. Il avait un ordre écrit l'autorisant de mettre le feu partout où il le jugerait convenable. L'ordre portait le cachet de la Commune. Un garde national qui l'accompagnait portait du pétrole dans une tourie. Naturellement, nous n'avons pas obéi.

Un peu plus tard, nous avons arrêté rue du Dragon un autre individu qui portait un ordre d'incendie. Les insurgés ont voulu apporter dans notre caserne des obus et de la poudre, mais nous avons refusé de les laisser entrer. Quand ils sont partis, nous sommes allés travailler à éteindre l'incendie de la Croix-Rouge.

Mᵉ de Sal. — Une observation seulement. Le Conseil se rappellera que les pompiers ont été le premier corps armé qui se soit rallié à la Commune.

Mᵉ Bigot. — Des affiches en font foi.

M. le président. — Quelques pompiers.

Mᵉ Bigot. — Ils ont chassé leurs officiers et en ont nommé d'autres.

Le second pompier est un caporal, le sieur Larmé qui raconte, qu'étant de ser-

vice rue Lauzun, il a vu des artilleurs fédérés tirant avec des obus à pétrole, d'autres se dirigeaient vers les buttes Chaumont en traînant une petite voiture, et ils disaient : La Commune est à la dernière extrémité, nous allons tout brûler.

Le troisième pompier nommé Jean-Jacques dépose, qu'étant au ministère des finances le 21 mai, il a assisté au premier incendie, et qu'il a constaté lui-même que les réservoirs étaient vides.

M. le président. — N'y avait-il pas, parmi vous, de faux pompiers ?

Le témoin. — Il nous était arrivé des pompiers de Montmartre.

M. le président. — Une partie des pompiers n'ont-ils pas fait cause commune avec l'insurrection ?

Le témoin. — Très-peu, monsieur le président.

Jourde. — Je puis donner là-dessus certains renseignements de nature à éclairer le conseil. Je reçus un jour une feuille d'état de solde des pompiers, qui portait pour titre : « Fédération des sapeurs-pompiers. » Autant que je puis me le rappeler, cette liste portait un grand nombre de noms.

M. le président. — Il n'y avait pas d'eau dans les réservoirs. Cela avait été fait exprès.

Jourde. — C'était ainsi depuis le 18 mars.

M. le président. — Vous avez trouvé dans plusieurs salles du ministère des bouteilles vides ?

Le témoin. — Oui.

M. le président. — Avez-vous senti ce qu'il y avait eu dedans ?

Le témoin. — Oui, c'était du pétrole.

Mᵉ Bigot. — Pour ce qui est des incendies, j'aurais à donner un précieux renseignement. J'ai retrouvé l'ordre du Comité central relatif aux incendies. Le voici :

COMMUNE DE PARIS
COMITÉ DE SALUT PUBLIC

Le Comité de Salut public arrête :

Art. 1ᵉʳ. Les persiennes ou volets de toutes les fenêtres, demeureront ouvertes.

Art. 2. Toute maison de laquelle partira un seul coup de fusil ou une agression quelconque contre la garde nationale sera immédiatement brûlée.

Art. 3. La garde nationale est chargée de veiller à l'exécution stricte du présent arrêté.

Hôtel de ville, le 3 prairial an 79.

Le comité de salut public,

Ant. Arnaud, Billioray, E. Eudes, F. Gambon, G. Ranvier.

Il résulte donc de ces ordres que des incendies étaient des actes de représailles. C'est du reste de ce mot « représailles » que s'est servi M. Thiers quand il annonça à l'Assemblée que les insurgés vaincus se replieraient en incendiant les monuments et des propriétés particulières. Pour moi, voilà comment j'entends cela : je crois que ces sinistres ont pour auteur des gens sans aveu, de ces monstres comme en produisent fatalement les révolutions. Je citerai encore une fois M. Thiers pour appuyer cette appréciation. Voilà comment il s'exprimait en 1850 :

« Ce n'est pas le peuple qui fait les émeutes sanglantes, qui dévaste les palais, brûle les propriétés et pille les églises, c'est la populace; quant au peuple, il souffre toujours des crimes de la populace, et quand on l'a troublé, sous prétexte de le rendre plus heureux, c'est ce vrai peuple qui souffre de la faim et subit avec résignation la misère qui lui a été faite. »

Louis Grignon, cultivateur, caporal aux sapeurs-pompiers de Paris, est ensuite entendu.

Ce témoin a pris part aux travaux de secours avec ses camarades au ministère des finances. Il constate que les matières combustibles des bâtiments étaient enduites de pétrole.

Celui qui lui succède est un nommé Compère, conducteur des ponts et chaussées, à Paris.

Le 23 mai, dit-il, je fus chargé par le colonel Dornalin de visiter les égouts pour m'assurer si des appareils électriques n'avaient pas été disposés pour faire sauter des mines. Je découvris trois de ces fils, enveloppés de caoutchouc, et je les coupai; le premier, au boulevard de Sébastopol, près la tour Saint-Jacques; le second près de l'église de Saint-Vincent-de-Paul, le troisième au-dessous de la Bibliothèque nationale.

M. le président. — A quel usage pensez-vous que ces fils fussent destinés ?

Le témoin.— A faire sauter une mine.

Me Dupont de Bussac. — Savez-vous si des fils semblables n'ont pas été découverts dans le quartier du Panthéon?

Le témoin.— Oui, sous la rue de Buci.

Me Dupont de Bussac. — Etaient-ce là des fils télégraphiques?

Le témoin. — Non. C'était un cordon en caoutchouc renfermant trois fils conducteurs en cuivre. Ce ne peut être un fil télégraphique.

Me Dupont de Bussac. — Au contraire, ce doit être un fil télégraphique, attendu que pour faire sauter une mine il ne faut qu'un fil conducteur.

M. le président. — Du tout, il en faut deux au moins. Un serait insuffisant.

Vient ensuite une dame Henri, appelée à la requête de Me Denis, défenseur de Trinquet. Elle déclare avoir assisté à l'exécution de l'individu tué dans la mairie du vingtième arrondissement; il est bien certain que l'accusé Trinquet n'a pas tiré sur ce malheureux.

Ce témoin fait place à M. Litmann, négociant à Paris.

M. le président. — Que savez-vous relativement à l'accusé Clément?

R. J'ai assisté le 30 mars à la revue des troupes fédérées sur la place de l'Ecole militaire.

Les fédérés montraient peu d'enthousiasme. Des membres de la Commune qui étaient présents essayaient de les exciter en agitant devant eux la loque rouge qui leur servait de ceinture, mais ils n'y réussissaient pas. Je vis en même temps des membres de la Commune qui paraissaient très exaltés et dont les paroles étaient fort hostiles aux Versaillais. Clément disait à propos des Versaillais des choses fort désagréables.

M. le président. — Clément, levez-vous. (Au témoin) : Reconnaissez-vous l'accusé ?

Le témoin. — Oui, parfaitement.

Clément. — Je voudrais bien que le témoin répétât les paroles que j'aurais prononcées. Je tiens beaucoup à cela. Ce jour-là, plus que tout autre, j'étais fort triste. J'avais passé plus d'une heure à causer avec mes collègues de la situation navrante que nous faisait la guerre civile. J'étais fort attristé de voir que toutes nos tentatives de conciliation n'avaient aucune chance de succès. Je répète ma question : « Quelles ont été mes paroles ! »

Le témoin. — Oh! je n'ai pas entendu, seulement il me semblait aux gestes de ce monsieur, que sa conversation devait être violente.

Clément. — Si c'est ainsi, je n'insiste pas.

M. le président (au témoin). — Vous avez été attaché aux ambulances de la Commune?

R. Non, aux pompes funèbres, mon emploi consistait à suivre les convois des gens qui n'avaient pas de famille. Les fédérés étaient, du reste, fort exigeants. Un jour, ils ont voulu me forcer à reconnaître un enfant naturel. J'ai refusé.

La liste des témoins est close par la déposition de l'abbé Maréchal, directeur du séminaire d'Issy. Ce témoin était appelé à la requête de l'accusé Ferat, mais son témoignage a dû lui causer une profonde désillusion.

Ferat l'avait fait demander pour affirmer devant le conseil! qu'il l'avait fait mettre en liberté, lui et plusieurs de ses collègues, et l'abbé Maréchal, loin de partager l'avis de Ferat, lui reproche, au contraire, l'arrestation dont il a été victime.

L'accusé a dû trouver que ce n'était vraiment pas la peine de déranger l'honorable prêtre pour lui entendre dire de ces choses-là. Heureusement que sa stupéfaction n'empêche pas M. le colonel Merlin d'annoncer que l'audience est suspendue pour un quart d'heure.

La liste des témoins est définitivement épuisée.

L'audience est reprise à trois heures moins cinq minutes.

M. le président donne la parole à M. le commandant Gaveau, qui prononce, au milieu du plus profond silence, son réquisitoire, véritable page de logique, d'éloquence et de patriotisme.

Voici en quels termes énergiques l'honorable organe du ministère public soutient l'accusation contre les 17 membres de la Commune et du comité central, traduits devant le 3ᵉ conseil de guerre :

Monsieur le président,
Messieurs les juges,

L'exposé général dont j'ai eu l'honneur de vous faire lecture avant les débats vous a suffisamment éclairés sur l'origine, le développement et les actes de l'Internationale, du Comité central, de la Commune et du Comité de salut public.

Je rappellerai en quelques mots la situation au 18 mars. Mais auparavant, qu'il me soit permis de faire appel à votre indulgence, car j'ai pris le lourd fardeau de l'accusation peu de jours avant l'ouverture des débats.

Après une guerre désastreuse, commencée dans les conditions les plus défavorables, et poursuivie avec l'acharnement du désespoir, la France épuisée s'était vue obligée de conclure la paix.

Certes, jamais pareille humiliation, jamais pareil sacrifice, ne nous avaient été imposés.

Il avait fallu consentir à abandonner au vainqueur les deux provinces réputées justement les plus patriotiques; celles qui avaient le plus souffert dans cette guerre, celles qui avaient montré le plus d'amour et de dévouement pour la patrie.

Il avait fallu se résoudre à une occupation du sol national, et au payement d'une indemnité de cinq milliards.

On pouvait donc croire que ces malheurs épouvantables, sévère châtiment de nos fautes, seraient pour nous un haut enseignement et qu'ils auraient un effet salutaire sur la régénération du pays.

Des élections sages avaient envoyé à la Chambre des députés, désireux de mettre un terme aux maux de la patrie en y ramenant la paix et l'ordre, de réorganiser l'armée, tous les services publics.

Un homme illustre, un grand citoyen en qui la France et l'Europe mettaient toute leur confiance, avait reçu de l'assemblée générale le pouvoir de gouverner l'Etat.

On discutait une loi, tendant à doter Paris d'un conseil municipal librement élu, mesure devant laquelle avaient reculé tous les gouvernements.

C'était l'heure, pour tout homme de cœur, d'oublier ses intérêts particuliers pour ne songer qu'à la patrie, à cette grande France aujourd'hui sanglante et démembrée.

Hé bien, messieurs, c'était l'heure que guettaient des conjurés pour porter le coup mortel à leur pays, pour achever l'œuvre des Prussiens et jeter la France au fond de l'abîme d'où elle sortait à peine.

Ces hommes furent des parricides et ce sont eux que vous avez à juger !

Membres ou adeptes de l'Internationale, ils avaient juré haine au présent; déclassés, envieux de toute supériorité, ils voulaient à tout prix le renversement de l'ordre existant, pour jouir à leur tour du pouvoir.

Ce sont les hommes du 31 octobre, du 22

janvier, lâches devant le danger, refusant leur concours pour combattre l'ennemi, avides de saisir le moment propice pour abattre le gouvernement.

Ce sont ces hommes qui ont le plus compromis la défense de Paris, qui ont paralysé les efforts de l'armée et la partie saine de la garde nationale.

Ce sont eux qui ont répandu parmi les soldats les idées funestes qui ont amené les hontes du 18 mars.

Orateurs de clubs, ils nous avaient audacieusement exposé, l'an dernier, dans les réunions publiques, le programme qu'ils viennent d'accomplir.

Le gouvernement d'alors avait cru sans doute que l'opinion publique suffirait pour faire justice de leurs odieuses prétentions; quand il eût dû se hâter de leur fermer toute voie de propagande.

L'appel qu'ils firent alors aux mauvaises passions fut malheureusement trop bien entendu.

Je ne vous ferai pas l'histoire de cette insurrection à jamais détestable, dans laquelle j'indiquerai tout à l'heure la part de chacun des accusés, mais j'en signalerai dès maintenant les suites fatales.

Elle a rendu plus lourd et à prolongé le joug de l'occupation prussienne.

Elle a porté un coup funeste à l'industrie, au commerce, qui allaient renaître.

Elle a ralenti la réorganisation des services publics.

Elle a coûté au Trésor un milliard.

Elle nous a exposés à l'humiliation de voir l'étranger rétablir l'ordre chez nous.

Qui peut prévoir ce qui fût advenu de nous, si la Prusse victorieuse s'était étendue sur tout le territoire.

Cette insurrection a semé la défiance et le désordre dans plusieurs départements et provoqué des troubles dans certaines villes.

Elle a accru les ruines et les désastres de la guerre : Neuilly, Asnières, Courbevoie et tant d'autres centres de populations ne sont plus que des ruines.

Acteur dans le drame de deux mois qui s'est joué devant Paris, j'ai pu apprécier la férocité des bandes raccolées par ces hommes qui n'avaient d'autre but que la destruction et le pillage.

Prêts, d'ailleurs, à pactiser avec les Prussiens, sentant leur ruine prochaine, ils ont poussé le vandalisme jusqu'à décréter la destruction de la colonne Vendôme, vivant souvenir de vingt années de gloires et de triomphes, devenu plus précieux après de récents désastres.

Ils ont voté la destruction de la maison de l'éminent homme d'Etat qui, n'ayant pu, malgré ses sages avertissements, arrêter la France sur la pente fatale où elle était précipitée, venait de la sauver du plus grand péril qui puisse menacer une nation, de l'anarchie.

Enfin, se voyant vaincus, ces hommes imaginèrent le plan le plus odieux de vengeance et de dévastation, et ils trouvèrent des misérables pour l'exécuter.

Les otages, qu'ils avaient pris parmi les citoyens les plus respectables, furent massacrés, la grande cité, objet d'envie pour le monde entier, fut livrée à l'incendie, et les monuments qui faisaient sa gloire furent consumés.

Vous savez, messieurs, où se trouvaient, en ce moment suprême, ces hommes qui avaient organisé, dirigé l'insurrection. Après avoir promis de mourir aux barricades, ils s'occupaient de faire une retraite prudente, emportant le fruit de leur rapines et de leurs déprédations.

Des quatre-vingts membres de la Commune et des quarante membres du comité central, un très petit nombre est resté sur la brèche ; la grande majorité a fui à l'étranger, ou a cherché asile dans la ville même qu'ils avaient vouée à la destruction.

A part un seul, pris les armes à la main, aucun de ceux que vous avez devant vous n'a eu le courage de chercher la mort dans la lutte.

Avant d'aborder les faits de l'accusation, permettez-moi de vous rappeler, en quelques mots, la part de responsabilité qui revient, dans l'insurrection du 18 mars, à l'Internationale, au comité central et à la Commune.

Constituée à Londres en 1864, l'association internationale établit dès 1865 un centre à Paris. D'autres centres sont créés en France, et elle a bientôt ses organes, ses congrès, ses manifestes.

Elle veut la révolution sociale, c'est-à-dire la destruction complète des institutions actuelles.

Plus de gouvernement, plus d'armée, plus de religion. Abolition du droit d'hérédité. Abolition du mariage.

L'alliance ne tarda pas à se former entre l'Internationale et le parti révolutionnaire.

Un grand nombre de membres alliés se trouvèrent enfermés dans Paris bloqué.

Ils profitèrent de tous les moyens pour amener le moment favorable à leurs projets anarchiques.

Ils cherchèrent des chefs dans la garde nationale, les comités se formèrent dans chaque bataillon, et leurs délégués constituèrent le Comité central, qui déclara la guerre au gouvernement le 18 mars.

Le Comité central a fait acte de gouvernement du 18 au 26 mars, et, en cédant à cette date le pouvoir à la Commune, il a conservé son action dirigeante et sa puissance.

La Commune a fait acte de gouvernement du 26 mars à la fin de mai.

Avant d'aller plus loin, je poserai les principes suivants, aussi irréfutables en fait qu'en droit.

1° Tous les membres du Comité central et tous les membres de la Commune, sont responsables des actes et des décrets du Comité et de la Commune pendant l'exercice de leurs fonctions.

Ceux qui aujourd'hui prétendent être restés étrangers aux délibérations relatives à ces actes ou décrets, avaient toute voie ouverte pour éviter la responsabilité qui leur incombe.

Il leur suffisait de protester ou de se démettre de leurs fonctions.

C'est ce qu'a fait l'accusé Parent, et il n'encourt que la responsabilité des actes et décrets rendus pendant son séjour à la Commune.

2° Tout gouvernement étant, en droit, responsable des effets de ses décrets et actes, les membres du comité central et de la Commune ont à porter la responsabilité terrible des conséquences des décrets et actes de leur gouvernement ;

3° Le gouvernement de la Commune est responsable des crimes commis par ses agents ou délégués aux divers services.

Ces principes, posés par le président du conseil pendant les débats, sont hors de toute discussion pour les hommes de bonne foi.

Cependant, les accusés paraissent témoigner une certaine surprise quand on leur impute la complicité dans l'assassinat des otages et dans les incendies.

Osera-t-on prétendre qu'ils sont des hommes politiques et qu'ils ont commis des crimes politiques ?

Qu'ils ont cherché à établir un gouvernement régulier à la place du gouvernement existant ? Qui soutiendrait cette thèse ?

Leur programme est connu ; ils voulaient la destruction de la famille, de la propriété, de la religion, et en un mot de la société !

Et ils s'imaginent qu'après leur orgie gouvernementale, ils n'auront pas à rendre compte des désastres que leur tentative a causés, à rendre compte du sang versé, des incendies qu'ils ont allumés, du pillage dont ils ont donné l'exemple.

Ces hommes ont causé la mort de milliers d'innocentes victimes, de braves soldats qui venaient de combattre pour le salut du pays. Ces hommes ont envoyé à la mort, sous l'empire de la force, des milliers de citoyens hostiles à leurs doctrines.

L'accusé Lullier vous l'a dit ; une grande partie de la garde nationale n'a pas tardé à se séparer de la Commune ; les 200,000 fédérés se sont réduits à 60,000.

Alors, et c'est là un de leurs plus grands crimes, ces hommes ont décrété la levée en masse, le plus criminel attentat contre les citoyens ; et tous les moyens leur ont été bons pour l'exécution de leur décret.

C'est ainsi qu'ils ont poussé au combat une foule de gens dévoués à la cause de l'ordre, tandis qu'eux trônaient à l'Hôtel de ville.

Ils ont traduit les réfractaires devant les cours martiales, juridiction à laquelle les gouvernements ne recourent que dans les circonstances les plus graves, pour juger des crimes militaires et contre des soldats liés au service par la loi.

Diront-ils que les gardes nationaux étaient liés au service de la Commune ? Non.

Ils ont commis, par ces mesures atroces, un double attentat ; ils ont institué une juridiction révolutionnaire et ils ont fusillé des innocents sans jugement.

Aussi je n'hésite pas à qualifier d'assassins les juges de la cour martiale : les hommes de la Commune ont été leurs complices.

M. le commissaire donne ici lecture des décrets de la Commune instituant les cours martiales et ordonnant des arrestations arbitraires ; puis il poursuit :

Les membres ici présents ayant fait partie du comité central et de la Commune, sont donc responsables des-crimes commis pendant leur usurpation.

Tous sont coupables des attentats contre la chose publique définis par les 3 premiers chefs d'accusation ainsi que d'usurpation de titres et de fonctions.

Les membres de la Commune qui ont rempli leurs fonctions jusqu'au dernier jour ont à répondre des crimes de complicité d'assassinat, d'incendie, de destruction d'édifices et de maisons habitées, d'arrestations illégales et de séquestrations de personnes.

Enfin, en dehors de ces chefs d'accusation communs, quelques-uns des accusés ont des faits particuliers à leur charge.

Mon réquisitoire sera donc divisé en 3 parties, la première concernant les chefs d'accusation communs à tous les accusés ; la deuxième, la part qui revient aux membres de la Commune qui ont conservé le pouvoir jusqu'à la fin, et dans la troisième, j'examinerai l'ingérence particulière de chaque accusé dans l'insurrection, ainsi que les chefs d'accusation qui lui sont personnels.

Les 4 chefs d'accusation communs aux accusés, en qualité soit de membre du comité central, soit de membres de la Commune, sont :

1º Attentat contre le gouvernement.

2º L'attentat ayant pour but d'exciter à la guerre civile.

3º Le fait d'avoir levé des troupes armées sans ordre ou autorisation du pouvoir légitime.

4º L'usurpation des titres ou fonctions.

La participation des accusés à des actes de gouvernement contre le gouvernement régulier constitue le premier chef, car il y a eu complot et exécution, les deux éléments constitutifs de l'attentat.

L'accusé Jourde a prétendu qu'il n'y avait pas eu complot.

Il compte donc pour rien les agissements de l'Internationale ; les menaces proférées dans les réunions publiques, les menées, pendant le siége, des comités particuliers dont la réunion a fait le comité central, ainsi que les manœuvres de ce comité du mois de février au 18 mars.

Quant à l'exécution. a-t-elle été assez complète par l'installation d'un pouvoir qui a semé la ruine et la désolation dans le pays pendant deux mois !

Quant aux actes qui constituent de fait ce premier chef, je vais en donner lecture.

M. le commandant Gaveau lit alors au conseil un grand nombre de pièces extraites presque toutes du moniteur officiel de la Commune.

Leurs titres et leurs dates les rappellent suffisamment à nos lecteurs.

Mars. — Manifeste aux gardes nationaux du 5e arrondissement.

19 mars. — Aux gardes nationaux de Paris.

19 mars. — Au peuple.

20 mars. — Fédération de la garde nationale.

21 mars. — Fusion du comité central et du comité de fédération.

21 mars. — Elections.

24 mars. — Manifeste du comité central.

25 mars. — Manifeste du comité.

29 mars. — Abolition de la conscription.

29 mars. — Adresse aux employés des services publics.

30 mars. — Adresse de la Commune.

3 avril. — Mise en accusation des ministres.

7 avril. — Manifeste du comité central.

28 avril. — Institution du comité de salut public.

29 avril. — Manifeste à l'Europe.

8 mai. — Manifeste de Grousset.

Arrivant ensuite à l'attentat, M. le commandant Gaveau s'exprime ainsi :

Quelques-uns prétendent, pour légitimer leur usurpation, qu'ils ont été les élus du suffrage universel.

C'est une véritable dérision.

D'abord ces élections sont frappées de nullité par ce fait qu'elles ont été décrétées par un gouvernement insurrectionnel.

Il en résulte qu'il ne s'y présenta que des insurgés.

Chacun sait d'ailleurs quelle fraction minime de la population est venue apporter son vote ; la plupart des élections sont encore entachées de nullité par ce fait.

Enfin j'affirme que ces hommes ne représentent que le bas fond de la population parisienne.

Il est certain que la partie saine s'est abstenue de voter, et d'ailleurs quel est l'homme honnête et de bon sens qui eût songé à faire représenter la capitale par un Ferré, un Urbain, un Trinquet, un Champy, un Paschal Grousset ?

Le second chef d'accusation consiste dans l'attentat ayant pour but d'exciter à la guerre civile.

Il réunit également les deux éléments de droit : le complot et l'exécution.

Le complot consiste dans le fait d'avoir armé des citoyens et des soldats pour combattre le gouvernement français ; l'exécution a été la dévastation et le pillage consommés sur le territoire.

Les actes qui constituent ce chef d'accusation sont les suivants :

20 mars. — Aux départements.

20 mars. — Aux gardes nationaux.

3 avril. — Aux gardes nationaux.

4 et 5 avril. — Au peuple.

6 avril. — Aux départements.

7 avril. — Au peuple.

18 avril. — Au onzième arrondissement.

23 avril. — Au peuple français.

23 avril. — Au peuple de Paris.

29 avril. — Grand manifeste.

12 mai. — Au peuple.

13 mai. — Manifeste de Grousset.

18 mai. — Aux gardes nationaux.

22 mai. — Au peuple.

24 mai. — Au peuple.

Le troisième chef d'accusation résulte des décrets et ordres donnés pour lever des troupes sans ordre ou autorisation du pouvoir légitime, et de l'expédition du 2 avril contre Versailles.

La lecture des pièces suivantes suffit à le constituer :

24 mars. — Délégation militaire.
Expédition contre Versailles.
4 avril. — Organisation des compagnies de marche.
12 avril. — Levée en masse.
28 avril. — Création de vingt bataillons.
30 avril. — Création de compagnies du génie.
21 mai. — Création de corps pour la garde des poudrières.

Le quatrième chef d'accusation consiste dans l'usurpation de titres et fonctions.

L'article 258 du Code pénal fait dépendre ce délit du fait de s'être immiscé dans les fonctions publiques, civiles ou militaires, ou d'avoir fait les actes d'une de ces fonctions. Or, il n'est pas un des accusés qui n'ait commis cette usurpation.

J'ai donc accompli la première partie de ma tâche, j'ai démontré que tous les accusés se sont rendus coupables des crimes ou délits prévus par les articles 87, 91, 92 et 258 du Code pénal.

Je passe à la deuxième partie, dans laquelle je dois examiner les chefs d'accusation portés contre les membres de la Commune qui ont conservé leur mandat jusqu'à la fin de mai.

Les imputations les plus graves qui pèsent sur eux, sont la complicité dans l'assassinat des otages, la complicité dans les incendies, la complicité dans les arrestations arbitraires et les séquestrations; la complicité dans la destruction des monuments publics et des maisons habitées.

La plupart des accusés rejettent bien loin cette complicité. L'un se renferme dans les fonctions de ministère des finances, qui lui ont permis de dilapider le trésor public, l'autre, dans les affaires étrangères, un troisième dans l'administration d'un arrondissement, Assi dans la fabrication des munitions. Nous assistons à ce singulier spectacle de gens qui ont rendu ou laissé rendre en leur nom des décrets érigeant en principe l'assassinat et l'incendie, et qui s'étonnent qu'on leur impute la complicité des faits accomplis d'après leurs ordres.

Mon premier soin est de déterminer devant vous les éléments de la complicité. A ce sujet, je vous citerai les principes posés par les jurisconsultes. Je vous lirai d'abord le texte même des articles 59 et 60 relatifs à la complicité.

Après avoir lu ces articles, l'honorable organe du ministère public détermine, à l'aide de Faustin Hélie et d'autres jurisconsultes le caractère de la complicité; il établit que celle des accusés consiste dans l'abus d'autorité et de pouvoirs et dans les moyens procurés pour l'exécution du crime, puis poursuivant son réquisitoire il entre dans l'examen de ces éléments pour chaque chef d'accusation.

M. le commandant Gaveau passe ensuite au quatrième chef d'accusation, aux arrestations arbitraires et aux séquestrations de personnes, et après avoir rappelé au conseil les articles 341 et 342 du Code pénal, il prouve que cet article 342 est applicables aux accusés, car les otages sont restés plus d'un mois séquestrés; et il ajoute que la complicité des accusés ressort des ordres des délégués de la Commune, dont tous les membres sont responsables.

Puis l'organe du ministère public termine cette importante partie de son habile réquisitoire en ces termes :

Il me resterait, pour terminer cette dernière partie, à établir que la mise à mort des otages constitue l'assassinat; mais je croirais faire injure au conseil en discutant longuement cette question résolue pour toute la France.

Ce qui distingue l'assassinat du meurtre, c'est la préméditation; or, pour les membres de la Commune, la préméditation réside :

1° Dans le fait d'avoir, le 6 avril, décrété l'arrestation des otages pour servir de représailles aux actes faussement imputés au gouvernement régulier;

2° Dans le fait d'avoir, le 17 mai, décrété, sur la proposition d'Urbain, l'exécution du décret du 6 avril sur les otages;

3° Dans la lacune de temps considérable qui s'est écoulée entre la décision et l'exécution.

M. le commandant Gaveau fait alors ressortir que la complicité des membres de la Commune dans l'assassinat des otages ressort des décrets qui ont ordonné cette mesure et de la présence de deux membres de la Commune à cette exécution.

Pour qu'il ne puisse entrer aucun doute dans l'esprit du conseil, M. le commissaire du gouvernement lui donne lecture de ces décrets et de toutes les pièces relatives à l'exécution des otages.

En ce qui concerne la complicité des mêmes accusés dans l'incendie des édifices, des maisons habitées, le premier élément réside dans les pièces trouvées dans les édifices lors de l'entrée des troupes et dans les documents officiels.

Le dernier élément est encore dans les moyens procurés pour l'exécution des incendies, et il est hors de doute que c'est le pouvoir insurrectionnel qui a délivré aux insurgés les matières inflammables qu'il avait accumulées par des réquisitions.

Et l'organe du ministère public appuie son argumentation des pièces relatives aux incendies, des ordres divers donnés par Delescluze et les autres membres de la Commune.

Il arrive ensuite à la complicité des accusés dans la destruction des monuments publics et des maisons particulières, et il démontre que le premier élément de complicité ressort des décrets de la Commune, dont il donne lecture, et de l'exécution solennelle par ses ordres.

Après ces mots énergiquement prononcés, M. le président remet à demain la suite du réquisitoire, et il va lever la séance. lorsque Mᵉ Dupont de Bussac s'empresse de faire naître un incident, en demandant fort sèchement comment il se fait que le ministère public ait donné lecture de pièces inconnues de la défense, ce à quoi M. le commandant Gaveau répond avec assez de justice :

— Les pièces que j'ai lues sont toutes extraites du *Journal officiel* : si vous ne les connaissez pas, c'est que vous n'avez pas voulu prendre la peine de les chercher.

Puis Mᵉ Bigot s'en mêle à son tour, pour s'étonner que l'accusation s'appuie sur des pièces anonymes, reproche que M. le commissaire du gouvernement repousse vivement; le défenseur d'Assi se défend galamment de l'interprétation donnée à son observation, et l'audience est enfin levée.

A demain la fin du réquisitoire, et, dans la seconde partie de la séance, le commencement des plaidoiries.

———

Audience du 23 août 1871.

L'audience est ouverte à midi un quart devant un auditoire qui devient chaque jour plus nombreux. Après s'être montré assez indifférent au prologue du drame, le public semble avide aujourd'hui d'assister à son dénoûment. On remarque, aux places réservées, plusieurs magistrats, et, sur l'estrade du conseil, des généraux de l'armée de Versailles.

Après l'entrée des membres du Conseil, les accusés sont introduits et chacun peut alors remarquer les changements qui se sont produits depuis vingt-quatre heures sur les traits de certains d'entre eux. Ferré est pâle et ne gagne plus son banc avec son assurance ordinaire ; Assi ne sourit plus ; Urbain et Trinquet baissent la tête, et Billioray surtout est méconnaissable. Il paraît vieilli de dix ans. C'est que, pour ces hommes, la lutte est terminée, et cette énergie factice à laquelle ils ont fait appel pour jouer une dernière fois leur rôle devant la foule est épuisée. Il ne leur reste plus qu'à attendre, livrés, sinon à leurs regrets au moins à leurs remords, le verdict sévère qui les menace.

Avant de prononcer la troisième partie de son réquisitoire, M. le commandant Gaveau fait savoir au président que Collet, le directeur de la prison de la Santé, est arrivé, et il demande à ce qu'il soit entendu à titre de renseignement.

Pendant que l'huissier introduit ce té-moin, l'honorable colonel Merlin s'adresse aux défenseurs pour leur faire observer que l'un d'eux, la veille, a dit à tort que la Commune de Paris n'avait pas de cachet, et il produit des pièces nombreuses portant un timbre avec ces mots : « République française, Commune de Paris. »

Mᵉ André Rousselle. — Pardon, monsieur le président, les actes des arrondissements portaient avec eux ces mots : « Commune de Paris », c'est parfaitement vrai; mais, sous l'empire, tous les actes portaient les mots : « Empire français » sans qu'il soit jamais venu à qui que ce soit l'idée de rendre personnellement l'empereur responsable de tous les actes ou ordres écrits sous cette inscription.

M. le président. — Pardon ! on n'a jamais signé une pièce « Empire français ». Nous avons un grand nombre de pièces signées simplement « la Commune ». Les ordres donnés dans ces conditions engagent tous les individus qui composaient en ce moment la Commune; ceux qui ne voulaient pas rester engagés n'avaient qu'à protester.

Mᵉ André Rousselle. — C'est ce qui est arrivé dans certains cas. Ainsi le citoyen Lacord ayant cru devoir apposer, dans le sixième arrondissement, une affiche portant que les individus qui ne consentiraient pas à prendre les armes pour la Commune, seraient considérés comme traîtres et punis comme tels, la Commune a désavoué cette affiche.

M. le président. — Ce n'est pas la même chose. Ici encore la Commune agissait collectivement, et tous les membres sont engagés.

M. le commandant Gaveau. — Cette affiche était la conséquence même du décret de la Commune ordonnant la levée en masse. La Commune n'avait donc pas à protester.

Pendant cette discussion, Collet a gagné la barre des témoins, et M. le président lui adresse la question suivante :

Pendant que vous étiez à la prison de la Santé, vous avez reçu de Ferré l'ordre de faire fusiller les otages.

Le témoin. — Oui, mon colonel. (Sensation.)

D. Quand avez-vous reçu cet ordre?

R. Le 21 mai à midi.

D. Cette pièce portait bien la signature de Ferré?

R. Oui, monsieur le président, je connaissais l'écriture et la signature. La pièce venait du citoyen Ferré.

D. Qu'avez-vous fait?

R. J'ai refusé d'obéir.

D. Qu'est devenue cette pièce?

R. Je l'ai remise à M. le capitaine Lasserre quand il m'a arrêté. Depuis elle a été remise par le commissaire instructeur à M. le général Berthe.

D. Y a-t-il eu des exécutions à la prison de la Santé?

R. Non, M. le président.

D. Ferré y est-il venu pendant la Commune?

R. Je ne l'ai pas vu.

D. Pourquoi n'avez-vous pas exécuté cet ordre?

R. Parce que j'ai cru ne pas devoir le faire. Cela n'entrait pas dans mes idées de fusiller des gens sans jugement.

D. Aviez-vous le pouvoir d'exécuter l'ordre de Ferré, si vous aviez voulu?

R. Oui. Je n'avais qu'à demander un peloton. Le soir, à onze heures, est venu un colonel qui s'appelait Cerisier. Cet individu voulait me forcer à lui livrer les ôtages pour les fusiller. Il était très-exalté, très-furieux. Je lui ai dit : « Vous n'avez pas d'ordre ; je ne vous connais pas. » Il est parti en me disant qu'il allait chercher des ordres, il n'est pas revenu.

D. Quel jour les troupes de Versailles sont-elles venues à la prison ?

R. Le 24.

D. Quel était le texte de cet ordre?

R. Le voici à peu près, autant que je me le rappelle :

« Citoyen directeur de la prison de la Santé, aussitôt l'entrée des troupes dans Paris, il sera procédé à l'exécution des ôtages détenus dans la prison placée sous votre direction.

M. le président. — Ferré, reconnaissez-vous avoir écrit cet ordre?

Ferré. — Je voudrais voir le texte original avant de me prononcer. Je crois me rappeler que j'ai envoyé une communication, le 21, à M. Collet ; mais, je ne m'en rppelle pas les termes. Il n'était pas question de fusiller les ôtages.

M. le président. — N'épiloguez pas sur les mots ; vous avez peut-être écrit de les presser par les armes.

Ferré. — Quand j'aurai la pièce sous les je répondrai.

M. le commandant Gaveau. — Nous avons suivi cette pièce depuis qu'elle est sortie de la poche du témoin jusqu'au moment où elle est arrivée au général Berthe. Elle est parmi les pièces du procès. Il y en a tant! on les retrouvera.

Le témoin. — Il y avait un autre ordre de Ferré qui m'est parvenu dans les circonstances suivantes :

Le 23 mai, vingt-deux omnibus chargés de poudre et d'obus ont été amenés, sous la conduite d'un maréchal des logis qui me dit : « Ceci est pour la prison. Je lui ai répondu que je ne voulais pas les recevoir, que la prison n'était pas une poudrière, et, comme il insistait, j'ai envoyé un planton à Ferré, pour lui demander s'il fallait recevoir les poudres. Il m'a renvoyé ma lettre en mettant au bas en travers : certainement.

M. le président, après avoir cherché quelque temps dans le dossier, trouve la pièce et la fait présenter à Ferré, qui la reconnaît.

Ferré. — Je voudrais voir aussi l'autre ordre, qui est pour moi ou plutôt contre moi, d'une grande importance. Quand on aura trouvé la pièce, je donnerai, en présence de M. Collet, des explications, dans lesquelles je ne veux pas entrer aujourd'hui.

Après ces mots, le témoin est invité à se retirer.

M. le commandant Gaveau prend la parole pour prononcer la fin de son réquisitoire.

L'honorable organe du ministère public s'exprime en ces termes :

Monsieur le président,
Messieurs les juges.

J'ai eu l'honneur de vous exposer, dans la dernière séance, la situation critique de la France au 18 mars, et j'en ai fait ressortir la grande criminalité de l'insurrection.

J'ai signalé les conséquences funestes qui en résultèrent, et j'ai fait la part de la responsabilité qui en incombe à l'Internationale, au Comité central et à la Commune.

J'ai établi par trois principes les bases de l'accusation ; j'en ai réparti les chefs en trois catégories correspondant aux trois parties de mon réquisitoire.

J'ai discuté devant vous les charges connexes qui pèsent, premièrement, sur tous les accusés ; en second lieu, sur les membres de la Commune qui ont exercé leur mandat jusqu'au bout.

Il me reste à examiner, dans la troisième partie, celles qui résultent de l'ingérence personnelle des accusés de l'insurrection.

Mais auparavant, je demanderai la permission de compléter les documents relatifs aux incendies.

Une enquête minutieuse a été faite à ce sujet dans le corps des sapeurs-pompiers ; les renseignements recueillis sont certifiés par les commandants de compagnie. Je vais vous en lire quelques extraits.

M. le commandant Gaveau donne lecture de ces pièces et arrive ensuite à chacun des accusés.

Ferré

Le premier qui se présente est Ferré ; il est aussi celui contre lequel s'élèvent les charges les plus sérieuses.

Cependant, vous l'avez vu à l'audience sourire au récit des atrocités qu'il a commises, et garder le front haut devant la réprobation générale.

Il a, dans son passé, quatre condamnations pour délits politiques ; il a figuré au procès de Blois.

Il a été membre de la Commune, délégué à la police comme second de l'exécrable Raoul Rigault.

Il a été le promoteur et l'exécuteur des hautes œuvres de la Commune. Il a fait assassiner Viallat, puis Veysset, après l'avoir dépouillé ; il a présidé à l'assassinat des ôtages ; il a signé l'ordre de fusiller les gendarmes détenus à la prison de la Santé.

C'est lui qui a allumé l'incendie de la préfecture de police et fait flamber les finances.

On retrouvera la main et la férocité de cet homme dans toutes les iniquités de la Commune.

Dans la séance du 18 avril, il a demandé l'exécution des prêtres et notamment de Mgr

Darboy, et cette proposition a été votée à l'unanimité.

Vous avez entendu avant-hier la déposition écrasante de M. Lasnier. Il en résulte que Ferré présidait le 24 mai, à la mairie du XIᵉ arrondissement, à des jugements sommaires et qu'il a fait tuer sous ses yeux à coups de pistolet deux malheureux agents de police. L'exécution eût continué, si un officier de fédérés n'avait refusé de fournir des hommes pour faire l'office de bourreaux.

L'audience d'hier a révélé d'autres faits. Les témoins Baudard et Cavé vous ont rapporté les propos atroces tenus par l'accusé à propos des incendies du boulevard Voltaire. Enfin, la déposition de Costa signale sa présence à La Roquette dans toutes les journées d'exécution.

Je perdrais mon temps et le vôtre en discutant les nombreuses charges qui pèsent sur lui.

Assi

Assi, l'agitateur du Creuzot; Assi, membre de l'Internationale, du Comité central, de la Commune; Assi, le directeur de la fabrication des bombes incendiaires et de projectiles asphyxiants, est l'un des premiers chefs de cette insurrection qui a mis la France à deux doigts de sa perte.

Vous l'avez vu à l'audience accepter la responsabilité d'une partie des charges qui pèsent sur lui et discuter, avec la plus grande audace, la légitimité de la révolte.

Mais il rejette bien loin la responsabilité des assassinats, des incendies, des grandes iniquités de la Commune. Il s'est réfugié, dit-il, dans la fabrication des munitions, et, à partir de ce moment, il est resté étranger à ce qui se faisait dans la Commune.

J'ai établi précédemment la responsabilité qui en atteint tous les membres, et je ne reviendrai pas sur ce sujet.

Il a d'ailleurs signé le décret sur les otages qui, je l'ai établi, a été leur arrêt de mort.

J'ai visé, dans mes conclusions contre Assi, le chef particulier d'embauchage, parce que, pressé par le temps, et en présence de renseignements insuffisants, j'avais adopté sur ce point l'avis de M. le rapporteur.

Depuis, rien n'est venu prouver que personnellement Assi ait commis l'acte d'embauchage.

Cependant des pièces officielles suffisent à établir contre la Commune entière l'accusation d'embauchage, et par suite à incriminer Assi.

Il ne me serait pas difficile de prouver que ces manœuvres constituent le crime d'embauchage prévu par l'article 208 du code de justice militaire.

Maintenant, je dois expliquer au conseil pourquoi le crime n'a pas été imputé également aux autres membres de la Commune. Je déclare en toute sincérité que je n'avais pas, au jour où j'ai posé mes conclusions, connaissance des pièces incriminées.

Dans l'espèce, et pour faire bonne et égale justice, le conseil pourrait après le prononcé du jugement du procès, ayant reconnu le fait d'embauchage constant, renvoyer les autres membres de la Commune au général commandant la 1ʳᵉ division militaire, pour qu'il soit procédé à l'instruction sur ce fait.

Ceci résulte de l'article 142 du code de justice militaire.

Urbain

Pendant que l'ennemi assiégeait, bloquait et bombardait Paris, Urbain pérorait dans les réunions publiques et se faisait l'interprète auprès du gouvernement des revendications du comité de vigilance dont il était membre.

Nommé à la Commune en tête de liste pour le septième arrondissement, à l'administration duquel il fut délégué plus tard membre de la commission d'enseignement, il s'installa à la mairie avec sa concubine. Auteur ou complice d'arrestations arbitraires et de séquestrations, il dépouillait ses prisonniers et parait sa concubine de leurs bijoux.

En même temps ils gaspillent la caisse de l'enseignement; lorsque la crise devint prochaine, il en répartit le reste entre ses complices.

Il est inutile de revenir sur l'affaire Landot, qui dévoile toutes ces turpitudes.

Membre de la commission militaire, Urbain visitait les casernes, les remparts, se faisant suivre de son ordonnance, tous deux montés sur des chevaux volés. — C'est, du reste, dans cet équipage qu'il se rendait à l'Hôtel de ville.

Il a voté pour l'institution du Comité de salut public; il a signé un ordre de perquisition, au bas duquel il enjoint de brûler la cervelle aux récalcitrants.

Il a fait, le 18 mai, la proposition à la Commune de mettre à exécution le décret sur les otages.

Billioray

Billioray, qui a été membre du Comité central, de la Commune et du Comité de salut public; qui a présidé maintes fois les clubs et les assemblées délibérantes; qui a pris une part très active aux mesures extrêmes du gouvernement insurrectionnel, Billioray ne veut cependant pas admettre, en ce qui le concerne, la responsabilité des crimes commis sous le règne de la Commune. Il prétend, au contraire, se poser devant la justice comme un défenseur des opprimés. En supposant, ce qui n'est pas établi, qu'il ait contribué à la délivrance de quelques prisonniers, il a sa part de complicité terrible dans les crimes provoqués par les arrêts de la Commune.

Il prétend s'être démis de ses fonctions au moment où Paris allait succomber; sa prétention n'est pas fondée; mais le fût-elle, je l'ai dit, ce serait une lâcheté de plus. La place de ces fougueux tribuns était aux barricades, à côté des malheureux qu'ils avaient armés et qui ont payé de leur sang la lutte fratricide qu'ils ant soutenue. Mais le nom de Billioray, inscrit au bas des manifestes adressés au peuple et à l'armée, est pour nous le garant de sa persistance dans l'insurrection.

Depuis les proclamations révolutionnaires du Comité central lancées le 19 mars, jusqu'au manifeste du 24 mai, le nom de Billioray se lit à chaque page dans le *Journal officiel* de la Commune. Et remarquez, Messieurs, que le Comité de salut public qui comptait Billioray parmi ses membres a été le véritable pouvoir exécutif de la Commune, dont il était même souvent l'inspirateur.

Le nom de Billioray figure au bas du manifeste atroce auquel l'explosion de la poudrerie Rapp servit de prétexte.

Billioray a signé des ordres d'arrestation dont je donnerai lecture.

Il est signalé par ses co-accusés eux-mêmes comme un des fougueux énergumènes de la Commune.

Malgré ses dénégations, il doit, plus que bien d'autres, porter le poids de la complicité dans les crimes relevés contre les membres du gouvernement insurrectionnel.

Il était un des principaux chefs du mouvement ; il n'a pas droit à votre pitié.

Jourde.

Loin d'admettre la moindre part de responsabilité dans les crimes de la Commune, Jourde a la prétention d'avoir bien mérité de la patrie.

Laissons de côté les charges si graves qui pèsent sur lui comme membre du gouvernement insurrectionnel qui a mis la France et la société en péril ; il emploie tous ses moyens et son éloquence à vous prouver l'intégrité de sa gestion financière.

Malheureusement, il n'a oublié qu'une chose : c'est de conserver, pour vous les produire, les pièces probantes de son administration. Elles n'auraient pas tenu, sous son gilet, plus de place que les billets de banque qu'il y avait cachés.

Il a extorqué cette somme sous la menace de la violence : les déclarations des témoins sont précises à cet égard.

Du 19 au 22 mai, en trois jours, il a exigé la remise de 2 millions 650,000 francs.

Et il a l'audace de vous en expliquer l'emploi par des distributions régulières de la solde des fédérés qu'à ce moment l'armée française refoulait en désordre devant elle.

Les chiffres qu'il vous apporte sont tout à fait imaginaires et je n'abuserai pas de vos moments pour les discuter. Je me bornerai à faire ressortir les contradictions flagrantes de ses diverses narrations.

La plus grossière est celle qui a trait à l'emprunt forcé qu'il a fait à la Banque. Il en a évalué l'importance, dans ses interrogatoires, à 20 millions, tandis que MM. de Plœuc et Mignot déposent que la Banque ne lui a compté que 16 millions 691,000 francs.

L'accusé avoue qu'il a distribué en partie cette somme à ses complices. Changeons les termes, et disons que ces dernières réquisitions ont procuré à la majorité des chefs de l'insurrection les moyens de se soustraire à votre justice.

L'accusé avoue, d'ailleurs, le désordre de son administration quand il déclare qu'il payait aux bataillons des sommes calculées sur un effectif six fois plus considérable que le nombre de présents. Il vous a dit lui-même que des bataillons de deux cents percevaient pour douze cents.

Ces faits ne constituent-ils pas le pillage et la dilapidation des fonds publics, dont a témoigné la concierge du ministère des finances ?

Ce n'est pas, d'ailleurs, le 18 mars que Jourde a débuté dans la voie du désordre.

Pendant le siège, il a fait partie des comités dont la fusion a créé le Comité central, et il y a joué un grand rôle, ainsi qu'en témoignent les pièces de son dossier.

En février et au commencement de mars dernier, secrétaire du Comité central, quoi qu'il en dise, il convoquait les délégués et prononçait des discours dans lesquels il déclarait l'armée destructive de toutes les libertés et devant être bannie de Paris.

Il a signé les actes et décrets du comité central proclamant la révolte contre le gouvernement régulier.

Il prétend qu'il n'y a pas d'attentat, parce qu'il n'y a pas eu complot.

Mais il a été un des instigateurs du complot sourdement ourdi dans les comités d'arrondissement, pendant le siège, poursuivi par le comité central et éclatant au 18 mars.

J'ai établi, pour lui comme pour les autres membres de la Commune, la complicité dans les crimes commis pendant l'insurrection. Je n'y reviendrai pas.

Mais il a un chef d'accusation particulier à sa charge, le bris de scellés et le détournement des fonds publics.

Le bris des scellés est constant, mais je crois que, pour le chef de détournement invoqué contre lui, en qualité de comptable, l'art. 169 n'est pas applicable.

L'appliquer, serait reconnaître la légalité des fonctions qu'il a usurpées.

Mais le bris de scellés étant constant, et ayant eu pour objet le vol, c'est de l'art. 253 que je demande l'application. Cette appréciation rentre parfaitement dans les faits incriminés par l'ordre de mise en jugement.

En conséquence, je prie le conseil de répondre négativement sur le chef d'accusation de soustraction des deniers publics dont il était comptable ; et, en même temps, je prie M. le président de poser, comme résultant des débats, la question subsidiaire de vol commis à l'aide d'un bris de scellés, prévu par l'article 253, sans préjudice des autres chefs d'accusation.

Ce droit rentre dans les attributions du conseil.

J'ajouterai quelques mots :

Vous avez entendu hier le résumé de la déposition de M. Marie, qui se résume ainsi : Jourde s'est opposé à l'apposition des scellés qui a été faite par des agents du Trésor.

L'incendie a été allumé au deuxième étage, dont les cloisons et le plafond étaient intacts le 24 au matin.

Le seul bâtiment préservé ne renfermait rien de précieux.

Il y avait dans l'appartement occupé par l'accusé quantité de bouteilles et de boîtes à cigares vides.

On a pu sauver, le 24 au matin, les documents importants renfermés dans le cabinet du ministre et du secrétaire général.

Enfin, l'incendie avait été préparé de longue main : les réservoirs étaient vides et les tuyaux crevés. On avait employé pour l'alimenter le pétrole et les bombes incendiaires.

M. Mignot a répété devant vous les menaces de Jourde à chaque réquisition. Il vous a fait remarquer que la somme de 2 millions 650,000 fr. extorquée en trois jours, du 19 au 22 mai, ayant été payée en billets, n'a pu être employée à la solde de la garde nationale, à cause de l'impossibilité de la transformer en argent.

Enfin je trouve trois bons de trois mille francs signés Ferré, perçus : le premier, le 22 mai, le deuxième et le troisième, le 23, avec le « Vu, bon à payer. » Signé Jourde.

Trinquet.

Trinquet est un fervent disciple de Rochefort; il a été condamné en 1870 pour cris séditieux et comme détenteur d'une arme prohibée et de munitions.

Nommé membre de la Commune et de la commission de sûreté générale, il a été le collaborateur de Raoul Rigault et de Ferré. Il a été attaché à la mairie du vingtième arrondissement et chargé spécialement de la célébration des mariages.

Il est signalé par sa violence, il a ordonné des perquisitions dans les églises et chez des prêtres.

Il est l'auteur d'une proposition présentée à la Commune dans la séance du 12 mai contre les gardes nationaux absents.

Il a été trouvé sur lui une somme de 1,230 francs, sans doute sa part de la distribution faite par Jourde sur le reliquat de la caisse des finances.

Cet homme a participé à tous les actes de la Commune; il est en outre accusé d'avoir pris part aux exécutions faites les 25 et 26 mai à la mairie du vingtième arrondissement.

Trinquet a commis un acte de cruauté horrible, qui suffirait à le faire condamner impitoyablement après avoir présidé à l'assassinat du malheureux Rothe, exécuté sans jugement, il a eu l'infamie de décharger son revolver sur ce corps gisant à terre.

Il se trouvait, d'ailleurs, par son mandat à la mairie, l'un des chefs de ce quartier de Belleville, qui s'est rendu célèbre dans toutes les insurrections, et où l'armée a rencontré une grande résistance. Les nombreuses maisons ruinées de ce quartier en sont la preuve éclatante.

Rien ne milite donc en sa faveur, et je demande contre lui la rigoureuse application de la loi.

Champy.

Champy fut, pendant le siège, un hôte assidu des clubs; il y parla et se fit connaître comme un adversaire du pouvoir. Aussi fut-il nommé membre de la Commune et de la commission des subsistances.

Toujours exact aux séances, il participa à tous les actes du gouvernement insurrectionnel, et il doit subir la responsabilité des mesures arbitraires prises et des suites des décrets criminels rendus.

Le 5 avril, il saisit la caisse du bureau de navigation du canal Saint-Martin. Le 21, il réquisitionne 3,000 tuniques d'infanterie de ligne en magasin à la caserne du Château-d'Eau.

Dans les derniers jours de l'insurrection, il se cache quand le moment était venu de défendre le gouvernement de son choix. Mais il n'oublie pas pendant le 24 de se rendre à la distribution faite par Jourde du reliquat de la caisse des finances.

Ce choix de Champy comme membre de la Commune, nous prouve une fois de plus à quel point de dégradation morale et d'aberration en était arrivée la population de Paris.

La pièce suivante, qui nous est parvenue pendant les débats, prouve que Champy a persévéré jusqu'au bout dans la voie qu'il avait prise, et qu'il a terminé son mandat par un acte de férocité.

« Ordre de prendre les obusiers et les obus à pétrole pour bombarder le chemin de fer de Lyon.

» Mairie du 20e arrondissement.

« CHAMPY. »

Régère

Régère est un homme très dangereux qui, depuis vingt ans, travaille à renverser les gouvernements.

Membre actif de l'Internationale, il a des états de services remarquables dans les annales du désordre.

Il est de ceux qui, profitant des malheurs de la patrie, se mirent à la tête de l'insurrection du 31 octobre.

Il écrivait dans le *Démocrate* des lettres qui lui valaient les éloges des socialistes de Bordeaux (lettre du 7 août).

Dans le club démocrate-socialiste du cinquième arrondissement, il conviait les membres actifs du comité de vigilance à former le fameux comité central.

Membre de ce comité, dont il était aussi secrétaire, membre de la Commune, il fut délégué à la mairie du cinquième arrondissement, tout en continuant à prendre une part active aux actes gouvernementaux.

Le 19 mars, il fut nommé membre de la commission des finances.

Le 27 mars, il lançait dans le cinquième arrondissement une proclamation contre le gouvernement; — le 22 avril paraissait un nouveau manifeste.

Dans la séance de la Commune du 23 avril, il fit une motion tendant à refuser toute démission de la part des membres du gouvernement.

Le 25, il annonçait une révolution à Bordeaux; nous le retrouvons les 28 et 30 avril appuyant la proposition de créer un Comité de Salut public.

Il approuve implicitement le 3 mai le décret de la démolition de la colonne Vendôme; enfin sa voix se fait entendre dans les séances orageuses des 5, 12, 17 et 19 mai.

Sa présence est d'ailleurs constatée à celle du 22 mai.

Je lirai au conseil trois pièces qui sont d'une grande importance.

Régère est un homme prudent. En s'embarquant sur la mer orageuse de l'insurrection, il a songé qu'il pourrait faire naufrage, et, tout en vouant sans pitié à la mort des milliers de citoyens par sa participation aux actes de la Commune, il en a sauvé quelques-uns pour s'en faire un mérite au jour de la justice.

Ce n'est pas tout; cet homme, qui affecte des sentiments religieux, répond par la menace aux instances religieuses de l'abbé de Clanbry en faveur de Mgr Darboy. Il partageait pour l'archevêque de Paris la haine de Courbet pour la colonne Vendôme.

Il ressent tellement le besoin de se produire, de faire parler de lui, qu'il provoque des témoignages accablants.

Le commandant de Salicis vous a rapporté les maximes de l'accusé. La France seule peut fonder le pouvoir. La Commune seule peut résoudre le problème. Il le dépeint ainsi : Esprit mal balancé, capable de passer de la terreur rouge à la terreur blanche.

« Le lendemain, ajoute le témoin, je trouvai M. Régère puisant dans un sac plein d'argent. Il me dit avec une certaine jovialité : Vous voyez que nous ne sommes pas aussi gueux qu'on le prétend. »

La déposition de Cuinet achève de confondre cet homme sensible. La scène se passe le 25 mai, alors que l'armée française s'avance à grands pas dans Paris. Régère qui voit le pouvoir lui échapper accueille les parents de Cuinet par des imprécations et des menaces, et il rompt l'entretien par ces mots significatifs : Bon à fusiller.

Voilà Régère, Messieurs, voilà l'homme à la parole onctueuse, tout en Dieu, comme Urbain et Trinquet, invoquant complaisamment le témoignage des prêtres et des dominicains que la Commune, dont ils étaient les chefs, chassait de leurs retraites et vouait à la mort il y a trois mois.

Par la participation directe aux manœuvres des comités d'arrondissement qui ont précédé l'insurrection, par la participation aux décrets et actes de la Commune, par ses antécédents qui le signalent comme un homme redoutable, Régère ne mérite aucune indulgence, et je réclame contre lui toute votre sévérité.

Lullier.

On ne peut être mieux renseigné sur les antécédents de l'accusé Lullier qu'en lisant les deux pièces de son dossier qui rapportent les faits qui l'ont fait traduire devant un conseil d'enquête et mettre en réforme.

Il a nié avoir appartenu à l'Internationale et cependant deux pièces prouvent qu'il a eu des rapports avec cette société.

Il vous a fait lui-même le récit des événements qui ont précédé le 18 mars ainsi que celui des journées suivantes. Il a établi, par cette exposition des actes préparatoires de l'insurrection, le complot, premier élément des attentats imputés aux accusés et dont Jourde niait l'existence.

Il vous a appris ensuite la grande part qu'il a eue dans ces premières journées, surtout au point de vue militaire. Il vous a exposé le plan stratégique qu'il avait combiné et exécuté dans le but d'enfermer l'armée dans un secteur neutre.

Remarquons toutefois que ces superbes conceptions et ces grandes manœuvres frap-

paient dans le vide, puisque les régiments formant alors la garnison de Paris, avaient reçu, dès le 18 mars, l'ordre de se replier sur Versailles.

Devançant ensuite le rôle du ministère public, il vous a fait un tableau frappant du gouvernement, au comité central et de la Commune, réquisitoire qui allége ma tâche. Il en a répudié les actes, les décrets, les crimes.

Il vous a même dévoilé le mobile qui opère le mieux sur les masses populaires. J'ajouterai qu'il réunissait lui-même toutes les conditions pour en être le chef.

Il a, d'ailleurs, eu la franchise de convenir que les chefs d'accusation d'attentat contre le gouvernement et dans le but d'exciter à la guerre civile, résultaient bien de sa participation active au mouvement.

Quant au fait d'avoir levé des troupes sans ordre ou autorisation du pouvoir légitime, il l'a discuté; mais le fait est constant puisqu'il avoue avoir réuni plus de deux cent mille hommes sous les armes.

Enfin son titre de général en chef des fédérés constitue le crime prévu par l'art. 93.

Le crime d'embauchage est flagrant; Lullier est convaincu d'avoir adressé un discours à des soldats Français, dans lequel il les conviait à abandonner leur drapeau pour se joindre à l'insurrection en leur promettant bon gîte, bonne nourriture et des grades.

Intelligent, ainsi que le constatent ses notes et comme vous avez pu l'observer dans les débats, actif, énergique, connu pour son courage, sa fougue et son mépris de la mort, Lullier eût parcouru sans doute une belle carrière, si son caractère insociable, son esprit indiscipliné, son orgueil ne l'avaient entraîné dans la plus mauvaise voie.

Il a donné, dans son existence militaire, l'exemple de l'indiscipline et même de la rébellion.

Il a mis les qualités solides, dont la nature l'avait doué, au service du mal, et je n'hésite pas à déclarer que l'accusé Lullier est devenu un homme dangereux.

La société qui a déjà beaucoup souffert de ses projets insensés et de ses criminelles entreprises, a le droit de demander des garanties pour l'avenir. La loi, Messieurs, vous donne les moyens d'assurer ces garanties à la société.

Rastoul

L'éducation de l'accusé Rastoul, sa position de famille rendraient sa présence dans ce milieu inexplicable si l'on ne connaissait son passé.

Son dossier nous révèle qu'il a été le président du club des Montagnards où se discutaient les théories de l'Internationale.

Nommé membre de la Commune le 26 mars, puis, de la commission des services publics qu'il abandonna pour l'inspection générale des ambulances, il ne quitta pas la plume et publia des articles dans les journaux les plus avancés : le Mot d'ordre, le Vengeur et dans Paris-libre.

Il prenait en même temps une part active aux délibérations de la Commune, bien qu'il prétendé aujourd'hui s'être renfermé dans sa mission de médecin inspecteur.

Le *Journal officiel* signale fréquemment sa présence et ses discours.

Opposé à la création du Comité de salut public, il préférait celle d'un tribunal responsable, composé des gens les plus capables et les plus énergiques.

Voyant la cause de la Commune perdue, il avait proposé à ses collègues soit de se livrer au gouvernement régulier, sous la condition d'une amnistie générale pour Paris, soit de se rendre armes et bagages aux Prussiens.

Sa présence à la séance du 21 mai démontre qu'il a exercé jusqu'au bout le mandat qu'il avait usurpé.

Cependant il a réprouvé, dit-il, tous les actes violents et les décrets sanguinaires de la Commune et il en rejette la responsabilité.

Les principes généraux que j'ai établis au début de ce réquisitoire, font justice de cette prétention exorbitante.

Des hommes que la nature et l'éducation ont faits intelligents, éclairés et bien supérieurs à une masse ignorante, en auront excité les féroces appétits par leurs manifestes criminels, et, après avoir allumé l'incendie, provoqué des désastres immenses, fait couler des torrents de sang, ils prétendront à l'impunité?

Non, messieurs, il faut que justice soit faite et que ces hommes soient punis des malheurs qu'ils ont accumulés par leur criminelle ambition.

Grousset.

Grousset appartient à cette classe de jeunes gens qui, à peine arrivés à l'âge viril, ont perdu ce qu'ils appellent des illusions, c'est-à-dire tout ce qui est sacré et respectable, qui se croient des aigles pour avoir écrit dans les journaux des articles incendiaires.

Alors qu'une grande partie de la jeunesse de France marchait à l'ennemi, Grousset écrivait dans Paris assiégé des articles dans les journaux les plus hostiles au gouvernement, la *Marseillaise*, l'*Affranchi*, le *Peuple*.

Plein d'orgueil et d'ambition, M. Grousset s'est cru, dans les circonstances les plus difficiles et les plus délicates, de taille à prendre le ministère des affaires étrangères, acceptant ainsi sans hésitation la mission de plaider devant les puissances du monde la cause de l'insurrection.

Vous connaissez son manifeste à l'Europe, il a été lu à la tribune nationale par le vrai ministre des affaires étrangères.

Ce manifeste tient la tête d'une assez longue liste d'élucubrations violentes de Grousset.

Vous êtes suffisamment édifiés à ce sujet par la lecture que j'ai faite des manifestes des 25 avril, 11 et 16 mai. Je vous lirai maintenant la profession de foi qu'il a publiée à l'occasion des élections de février dernier.

Il était présent le 17 mai à la séance dans laquelle a été décidé le sort des otages.

Il accepte d'ailleurs, il vous l'a déclaré, la responsabilité des actes de la Commune. Il a d'ailleurs à répondre devant vous de chefs d'accusation particuliers.

1° De soustraction et de suppression d'actes et de titres dont il était dépositaire. Ces titres consistent dans les dossiers soustraits du ministère des affaires étrangères, notamment un dossier *affaire Cluseret* ; dans les vingt dossiers distraits des archives et principalement ceux qui concernent l'accusé Rochefort et Bonaparte.

L'accusé prétend n'avoir jamais eu l'intention de soustraire ces pièces, et cependant on les a découvertes dans des cachettes au domicile de sa maîtresse.

Donc il y a eu soustraction et suppression d'actes et de titres.

Le chef d'accusation est visé par l'art. 173.

Il en est un autre imputé à Paschal Grousset, se rapportant à un vol de papiers commis avec violence par plusieurs personnes porteurs d'armes apparentes.

Le témoin Gratiot a écrit dans la lettre adressée à M. le président les lignes suivantes :

» Quoique cette réquisition ne le dise pas, nous savons, de source certaine, que ce papier réquisitionné était destiné à l'impression du journal *l'Affranchi*, appartenant au sieur Paschal Grousset, se disant délégué au ministère des affaires étrangères.

» Nous avons refusé de lui vendre du papier. Le sieur Paschal Grousset a trouvé fort simple de faire prendre, à main armée, le papier que nous refusions de lui vendre. »

Je dois reconnaître que le témoin n'a pas été aussi affirmatif dans sa déposition orale, quant à la commande antérieure qui aurait été faite par Paschal Grousset; mais il affirme que les démarches faites au ministère des affaires étrangères dans le but d'être soldé, sont restées infructueuses.

Il est d'ailleurs établi que ce papier a servi à la confection du journal *l'Affranchi* dont l'accusé était propriétaire. Je maintiens donc le chef d'accusation, mais je prie le conseil de le faire précéder, comme résultant des débats, de la question de complicité.

Pour établir le vol visé par l'article 382, j'ai à prouver :

1° Qu'il y a eu vol ;

2° Que le vol a été commis avec violence ;

3° Qu'il a été commis par plusieurs personnes ;

4° Que ces personnes étaient porteurs d'armes apparentes.

Pour établir le vol, j'ai à prouver :

1° Qu'il y a eu soustraction ;

2° Que la soustraction était frauduleuse ;

3° Que la chose soustraite appartenait à autrui.

M. le commandant Gaveau s'appuie ici sur les commentaires des jurisconsultes, puis il poursuit :

Il me reste à établir : 1° Qu'il y a eu violence; 2° Que le vol a été commis par plusieurs personnes ; 3° Que ces personnes étaient porteurs d'armes apparentes.

La violence est flagrante.

Quant aux deux dernières conditions, elles résultent de ce que la réquisition a été appuyée par un peloton de fédérés.

Il a été établi aux débats que des perquisitions ont été faites au ministère des affaires étrangères; que l'argenterie en a été distraite ainsi que des sommes d'argent, des objets de toute nature; que dans ce but des meubles y ont été fracturés.

Or, l'accusé ne peut nier sa participation à ce pillage qui se passait sous ses yeux. D'ailleurs, quand on a usurpé dans un ministère la place du titulaire qui est naturellement responsable de l'entretien, on se substitue à lui dans la responsabilité comme dans les honneurs.

Telle est la part que revient à Grousset dans l'insurrection.

Je n'hésite pas à déclarer que l'accusé Grousset a eu la plus grande influence sur les actes de la Commune. Ses manifestes sont rédigés dans le style le plus violent; on y appelle le Gouvernement et l'armée, *les assassins de Versailles*. Son éducation, sa position de famille le rendant plus coupables que la plupart des autres accusés, je le livre en toute confiance à votre justice.

Verdure

Verdure est un ambitieux qui, de l'humble poste d'instituteur primaire, a rêvé de sortir de son milieu pour faire parler de lui.

Il a la haine du prêtre; mais c'est un philanthrope utopiste, enthousiaste des théories sociales sans avoir le jugement assez ouvert pour discerner le vrai du faux.

Il y a plus de vingt ans qu'il marche dans cette voie sans succès; il a pourtant, dans ces derniers temps, atteint la notoriété de son nom, but qu'il rêvait depuis longtemps; mais, le voilà retombé au bas de l'échelle qu'il avait voulu gravir à grands pas.

Membre de l'Internationale, il avait trouvé dans cette société ses aspirations sociales, il se fit connaître du parti démocratique exagéré, il fut employé à la *Marseillaise* et à la *Tribune*, il écrivit une foule d'articles dans les journaux, il se fit l'organe des plaintes des ouvriers.

Son dossier est plein de ces vagues théories sur le prolétariat.

Il se trouvait dans son pays quand arriva le 18 mars; trois jours après il était à Paris, et les élections du 26 le firent membre de la Commune.

Il suivit assidûment les séances jusqu'au 20 avril, époque à laquelle il fut délégué à l'administration du 11e arrondissement.

Cependant il vota presque toujours avec la majorité les actes et décrets qui forment le bilan criminel de la Commune. Il y fit une motion à l'effet d'interdire, sous peine de prison et d'amende, l'enseignement aux membres des congrégations et du clergé catholique.

On trouve dans son dossier des pièces constatant des réquisitions de vin, de voitures, deux reçus chacun de vingt litres de pétrole pris chez Charmoy, rue de Montreuil, 67, enfin une proclamation du 7 mai aux bataillons de la onzième légion.

Ferrat

Le commissaire de police de son quartier, dans un rapport au dossier, dépeint Ferrat comme un homme violent, un fier-à-bras, satisfait de lui-même et faisant volontiers son éloge. C'est ainsi qu'il s'est montré à nous lors de son interrogatoire, mettant tous ses soins à établir que son bataillon était toujours aux avant-postes, et que lui, le commandant, ne perdait jamais le calme au milieu des obus.

Le même commissaire de police émet cependant des doutes sur son courage, quand il dit qu'il n'a pris aucune part aux derniers jours de la lutte.

Ce n'est du reste pas là la question, et l'accusé nous a expliqué son inactivité à ce moment par sa mésintelligence avec les généraux de la Commune.

Le fait de n'avoir pas payé sa propriétaire pendant une année, ce qui coûte à cette dernière une perte évaluée à 260 fr., a été expliqué plus ou moins bien par la loi sur les loyers et par la pénurie dans laquelle se trouvait l'accusé.

Cependant, le même rapport établit que, durant l'insurrection, il avait les poches pleines d'or, et qu'il payait généreusement les voitures qu'il prenait tous les jours.

Les faits relevés à sa charge par l'ordre de mise en jugement sont constants, et il ne me reste qu'à en demander l'application rigoureuse de la loi.

Clément

Clément est un ouvrier laborieux et honnête qui, pour son malheur, et, j'ajoute, celui des autres, a pris pour guide le livre d'un homme remarquable à plus d'un titre, mais le chef d'une école qui prêchait l'abolition de la propriété.

N'ayant pas le jugement assez ouvert pour distinguer la vérité du sophisme, Clément s'est laissé entraîner sur une pente fatale.

S'il ne s'agissait ici que de fautes dont les suites ne fussent retombées que sur lui, je ferais appel à votre indulgence; mais il a consenti à s'associer à un gouvernement insurrectionnel qui a menacé peut-être l'indépendance du pays et qui a certainement causé d'immenses désastres.

Si votre cœur est touché des témoignages honorables que vous avez entendus en sa faveur, vous ne devez pas oublier le coup fatal dont la Commune a frappé la patrie sanglante et mutilée.

Courbet.

Ce n'est pas sans chagrin que je vois au milieu de ces hommes déclassés, que la paresse et l'envie ont rendus criminels, un artiste de grand talent.

Mais on nous l'a dit, si la nature l'a généreusement doué sous certains rapports, ses sentiments d'orgueil, de jalousie, le milieu dans lequel il a vécu l'entraînaient fatalement dans la voie qui l'a conduit sur ces bancs.

Il a participé à tous les actes de la Commune; il y a même fait personnellement une motion criminelle, il était présent aux dernières séances. — Il avait une haine stupide pour un monument élevé à la gloire de nos armes, monument devenu plus sacré en présence des calamités qui venaient de frapper le pays.

Je conviens parfaitement que les mobiles qui ont amené Courbet à participer aux actes de l'insurrection n'ont rien de commun avec les doctrines de l'Internationale.

Mais quels que soient ces mobiles, il n'est pas moins constant que Courbet doit supporter l-s conséquences de la part de responsabilité que j'ai établie pour chacun des membres de la Commune.

Occupant un rang relativement élevé dans la société, jouissant d'une juste réputation comme peintre, d'une fortune indépendante due à son talent, Courbet a pactisé avec les hommes de désordre, et s'est associé à leurs attentats criminels.

C'est à vous de juger, messieurs, si le mérite de Courbet comme artiste, et surtout, si la faiblesse de son jugement dont ont témoigné les débats, méritent quelque indulgence.

Descamps.

Il est d'usage, lorsqu'on veut avoir des renseignements sur la moralité d'un individu quelconque, de s'adresser au commissaire de police; à plus forte raison est-on en droit de le faire quand il s'agit d'un accusé.

C'est donc dans la pièce n° 16 du dossier de Descamps, intitulée : *Renseignement sur l'accusé*, que j'extrais ces passages :

« Ses idées politiques étaient exaltées et il menaçait continuellement les personnes qui possédaient des provisions de s'en emparer à son profit. Enfin, tous les renseignements recueillis sur son compte sont des plus mauvais, soit sous le rapport politique, soit sous le rapport de la conduite. »

Il s'est montré particulièrement dur et violent pour les sœurs qui dirigeaient l'asile, place de la Mairie, à tel point qu'elles ont été obligées de prendre la fuite. Il en voulait surtout à la sœur supérieure, qui a dû se tenir longtemps cachée et a eu toutes les peines du monde pour quitter Paris, où elle ne se trouvait plus en sûreté.

J'ajouterai, messieurs, qu'il est un fait acquis, c'est que les hommes de la Commune ont poursuivi avec acharnement toutes les congrégations religieuses, celles des femmes comme celles des hommes.

Je n'ai pas voulu faire parler longtemps devant vous M. le directeur des Ecoles chrétiennes qui déposait à décharge ; mais il est un fait incontestable, c'est qu'il a confirmé, en ce qui concerne les sœurs, les renseignements donnés par le commissaire de police.

La participation de Descamps aux actes de la Commune est constante ; la lettre, en date du 18 mai, qu'il adresse au colonel de la 14e légion, pour demander que le poste de la mairie soit doublé le lendemain et jours suivants, nous démontre que son action usurpée s'est prolongée jusqu'à la fin.

Parent.

Parent a accepté le mandat que lui avaient donné des élections illégales, décrétées par un gouvernement insurrectionnel.

Je vous ai exposé les raisons qui lui ont fait accepter ce mandat; mais il avait, avant tout, un premier devoir à remplir, comme citoyen et administrateur du gouvernement régulier ; il devait refuser des fonctions qui le faisaient l'adversaire déclaré du pouvoir légitime et le partisan du Comité central, qui avait levé l'étendard de la révolte.

Puis, pendant la durée de son mandat, la Commune a décrété l'adresse aux employés des services publics, le manifeste du 30 mars, elle a décrété l'abolition de la conscription et la mise en accusation des ministres, actes qui constituent l'attentat contre le gouvernement.

La Commune signait ensuite, le 3 avril, une proclamation aux gardes nationaux, une autre au peuple le lendemain, actes qui constituent l'attentat ayant pour but d'exciter à la guerre civile.

Enfin, en envoyant le 2 avril, contre Versailles, les bandes armées commandées par Flourens et Bergeret, elle assume la responsabilité d'avoir levé des troupes sans ordre ou autorisation du pouvoir légitime.

Ainsi que je l'ai établi, Parent, comme membre de la Commune, alors que se manifestaient ces attentats, a implicitement participé à leur préparation.

Je déclare cependant qu'il est digne d'indulgence.

Un mot maintenant pour terminer :

Messieurs, le parti auquel appartiennent ces hommes n'est pas vaincu.

C'est à l'armée surtout de veiller au salut de la France. Vous rendrez ici à la patrie menacée les services que vous lui avez rendus sur les champs de bataille.

Pour sauvegarder le pays et la société contre des entreprises aussi criminelles que celles dont vous avez entendu le récit, vous emploierez la seule arme qui convienne à des juges, la loi, mais vous l'appliquerez dans toute sa rigueur contre les chefs des assassins et des incendiaires.

Rappelez-vous, messieurs, en entrant dans la salle des délibérations, les paroles prononcées dans sa déposition par un vénérable missionnaire.

« J'ai vécu pendant vingt-cinq ans au milieu des sauvages et je n'y ai rien vu d'aussi horrible que ces faces d'hommes et de femmes acharnés contre nous dans le trajet lugubre de Mazas à la Roquette. »

Cette évocation habile d'un des témoignages les plus émouvants des débats, termine le réquisitoire éloquent et énergique de M. le commandant Gaveau, réquisitoire qui, certainement, a plus ému le public que les accusés, et M. le président ordonne la suspension de l'audience pendant un quart d'heure.

A la reprise de l'audience, à trois heures, M. le colonel Merlin donne la parole à Me Marchand, défenseur de Ferré, et Me

Marchand se lève et s'exprime en ces termes :

Messieurs du Conseil,

J'ai été désigné d'office pour défendre Ferré, mais Ferré veut se défendre lui-même. Maintenant que la loi est satisfaite, puisque M. le président m'a donné la parole, je lui demanderai de la donner à l'accusé.

M. le président, à Ferré. — Avant de vous donner la parole, je dois vous prévenir que je ne souffrirai rien qui sorte d'une défense ordinaire. Je ne veux pas ici de défense de la Commune. C'est à cette condition que vous pouvez parler.

Ferré. — C'est justement pour ne pas être exposé à ne pas rester maître de moi que j'ai écrit ma défense, en fort peu de lignes d'ailleurs.

M. le président. — Lisez votre défense.

Ferré. — « Après les conclusions du traité de paix, conséquence de la capitulation honteuse de Paris, la République était en danger, les hommes qui avaient succédé à l'empire écroulé dans la boue et le sang... »

M. le président. — Je ne puis vous laisser passer ces mots-là qui ne peuvent s'appliquer qu'à votre gouvernement.

Ferré. — « Ces hommes se cramponnaient au pouvoir, et, quoique accablés par le mépris public, ils préparaient dans l'ombre un coup d'Etat; ils persistaient à refuser à Paris l'élection de son conseil municipal. »

M. le commissaire du gouvernement. — Ce n'est pas vrai.

Ferré. — Le 18 mars il n'y avait pas encore de lois autorisant les élections.

M. le président. — Je vous préviens une seconde fois, à la troisième je vous arrêterai et vous retirerai la parole.

Ferré (continuant). — Les journaux honnêtes et sincères étaient supprimés, les meilleurs patriotes étaient condamnés à mort...

M. le président. — Asseyez-vous, je vous retire la parole, et je la donne à votre défenseur s'il a quelque chose à dire.

Ferré. — Je n'ai plus que quelques lignes à lire, et je désirerais surtout lire les dernières qui ne concernent que moi.

Me Marchand. — Je prierai M. le président de laisser Ferré lire ces dernières lignes, j'affirme qu'elles ne contiennent rien de blessant pour le conseil.

M. le président. — Qu'il les lise.

Ferré. — « Membre de la Commune de Paris, je suis entre les mains de ses vainqueurs, ils veulent ma tête, qu'ils la prennent! Jamais je ne sauverai ma vie par la lâcheté. Libre j'ai vécu, j'entends mourir de même. »

Je n'ajoute plus qu'un mot : La fortune est capricieuse; je laisse à l'avenir le soin de ma mémoire et de ma vengeance.

M. le président. — La mémoire d'un homme accusé d'assassinat! Depuis le commencement des débats vous avez refusé de répondre et maintenant vous dites des choses inutiles. (A Me Marchand.) Avez-vous quelque chose à ajouter.

Me Marchand. — Non, M. le président, l'accusé se défend comme il l'entend.

Ferré. — Je ne dois pas en dire davantage,

il y a des explications qu'il est de mon devoir de ne pas donner. J'accepte la responsabilité de tous mes actes, mais je ne puis compromettre d'honnêtes citoyens que j'estime. Vous avez entendu les témoins, décidez de mon sort.

Ferré, pâle et tremblant, se rassied en disant ces mots, et les murmures de la foule lui expriment assez les sentiments que son audace et son attitude ont fait naître dans tous les esprits.

Voici, dans sa ridicule et prétentieuse rédaction, cette pièce, sur l'effet de laquelle Ferré comptait si bien, et dont l'honorable colonel Merlin a si sagement interrompu la lecture.

Après la conclusion du traité de paix, conséquence de la capitulation honteuse de Paris, la République était en danger, les hommes qui avaient succédé à l'Empire écroulé dans la boue et le sang, se cramponnaient au pouvoir et quoique accablés par le mépris public, ils préparaient dans l'ombre un coup d'Etat, ils persistaient à refuser à Paris l'élection de son conseil municipal; les journaux honnêtes et sincères étaient supprimés, les meilleurs patriotes étaient condamnés à mort; les royalistes se préparaient au partage des restes de la France; enfin, dans la nuit du 18 mars, ils se crurent prêts et tentèrent le désarmement de la garde nationale et l'arrestation en masse des républicains; leur tentative échoua devant l'opposition entière de Paris et l'abandon même de leurs soldats; ils fuirent et se réfugièrent à Versailles.

Dans Paris livré à lui-même, des citoyens énergiques et courageux essayaient de ramener, au péril de leur vie, l'ordre et la sécurité; au bout de quelques jours, la population était appelée au scrutin, et la Commune de Paris fut ainsi constituée. Le devoir du gouvernement de Versailles était de reconnaître la validité de ce vote et de s'aboucher avec la Commune pour ramener la concorde.

Tout au contraire et comme si la guerre étrangère n'avait pas fait assez de misères et de ruines, il y ajouta la guerre civile; ne respirant que la haine du peuple et la vengeance, il attaqua Paris et lui fit subir un nouveau siège. Pour réussir il se servit de tous les moyens, il fit répandre dans toute la France les calomnies les plus odieuses sur les actes et les hommes de la Commune; il s'entoura des ennemis les plus acharnés du parti républicain et les chefs de son armée étaient des amis particuliers de l'homme de décembre.

Paris résista deux mois, il fut alors conquis et pendant dix jours le gouvernement y autorisa le massacre des citoyens et les fusillades sans jugement. Ces journées funestes nous reportent à celles de la Saint-Barthélemy, on a trouvé le moyen de dépasser juin et décembre! Jusques à quand le peuple continuera-t-il à être mitraillé?

Membre de la Commune de Paris, je suis entre les mains de ses vainqueurs; ils veulent ma tête, qu'ils la prennent ! Jamais je ne sauverai ma vie par la lâcheté. Libre j'ai vécu, j'entends mourir de même.

Je n'ajoute plus qu'un mot : La fortune est capricieuse ; je confie à l'avenir le soin de ma mémoire et de ma vengeance.

Mardi 22 août 1871.

TH. FERRÉ.

Lorsque le calme est un peu rétabli, M. le colonel Merlin donne la parole à Me Bigot. Le défenseur d'Assi s'avance jusqu'à la barre qui le sépare de l'estrade du conseil, et là, il commence par poser des conclusions, tendant à faire d'Assi un homme politique, et à obtenir du conseil qu'il soit acquité de tout crime de droit commun, comme auteur principal ou même comme complice.

Le Conseil décide qu'il sera statué sur ces conclusions en même temps que sur le fond, et Me Bigot reprend alors la parole pour aborder sa plaidoirie.

Le défenseur d'Assi commence par un long préambule assez bien tourné, mais qui, tout d'abord, donne la mesure des digressions auxquelles Me Bigot ne manquera pas de se livrer, ainsi qu'en ont l'habitude tous les avocats qui veulent absolument s'imaginer qu'ils plaident des procès politiques, lorsqu'ils défendent tout simplement les accusés les plus vulgaires.

Après avoir parlé du 31 octobre, du 22 janvier, de la Prusse, de la France, de l'affaire du Bourget et de ce pauvre commandant Baroche, tout cela pour dire les choses les plus désagréables aux hommes du 4 septembre, il arrive enfin au 18 mars, qui ne serait, selon lui, qu'une conséquence de ce dont il vient de parler.

Je demanderai la permission aux lecteurs du *Figaro* de ne pas m'étendre davantage sur cette partie de la plaidoirie de Me Bigot, car, je l'avoue sincèrement, je n'y ai absolument rien compris. Toutefois, je fais d'avance amende honorable : c'est peut-être bien plutôt ma faute que la sienne ; seulement j'espère que bon nombre de mes confrères se trouvent dans le même cas que moi, et cela me console un peu.

Arrivant enfin, par ces longs détours, à son client, Me Bigot fait d'Assi un panégyrique complet. Assi n'est pas l'agitateur du Creusot, c'est l'ouvrier le plus honnête, le plus laborieux, le plus habile qui ait jamais existé. C'est en un mot un petit saint affreusement calomnié par M. Picard comme par M. Schneider, par les Prussiens comme par les journalistes français.

Et Me Bigot va de l'avant sur ce thème-là, avec une certaine éloquence parfois, mais surtout avec une telle abondance,

qu'après deux longues heures de plaidoirie qui n'ont absolument rien prouvé encore, M. le président lui demande de remettre la suite à demain.

Me Bigot accepte de bonne grâce ; il respire ; nous respirons tous, et le public se prépare à quitter la salle, lorsque Me Manchon qui, sans doute, guettait le moment, se lève tout à coup, et prend, à son tour, des conclusions.

Ah ! Me Bigot, que vous avez donné là un vilain exemple à vos confrères.

Seulement les conclusions de Me Manchon étaient bien des plus inattendues.

Cet avocat rouennais demande qu'il plaise au conseil de donner acte à la défense que le président, au moment où l'accusé Ferré parlait de sa mémoire, a dit : « la mémoire d'un assassin, » manifestant ainsi, avant le jugement du conseil, son opinion comme juge avant la clôture des débats.

Puis, comme Me Manchon veut être complet, il s'exprime si violemment à l'égard de la presse que l'auditoire lui adresse immédiatement ses félicitations, par les murmures les moins flatteurs.

Cependant l'honorable colonel Merlin, qui en a vu et en verra bien d'autres, répond à Me Manchon qu'il se trompe un peu, que d'abord la tenue de Ferré a toujours été inconvenante et qu'en relevant ce mot, « sa mémoire, » il a pensé ce que serait la mémoire d'un homme accusé d'assassinat ; que, du reste, il lui donne acte de toutes les conclusions qu'il prend, a prises et voudra prendre.

Me Manchon, venu de Rouen depuis un quart de siècle pour étonner Paris de son éloquence, a donc enfin trouvé cette occasion désirée ! Il a, lui aussi, posé ses conclusions.

Me Dupont de Bussac n'était donc pas là.

Après cet accident héroï-comique, l'audience est levée ; mais puisqu'il est question de Me Dupont de Bussac, qu'est-ce que c'est donc ce gros mot dont il s'est servi à l'adresse de la presse ?

Nous espérons tous que notre confrère Léonce Dupont, qui l'a entendu, nous en fera part demain avant l'audience, et que Me Dupont de Bussac voudra bien s'en expliquer.

Que diable ! il ne suffit pas de défendre M. Régère, et d'être peut-être son ami, pour que tout, absolument tout, vous soit permis !

—

Audience du 24 août 1871.

Je ne sais si les chefs de la Commune et du comité central gagneront leur cause devant le 3e conseil de guerre, et je le saurais que je me garderais bien de le dire, afin de ne pas m'exposer à quelque grossièreté de Me Manchon ou à quelques conclusions fantastiques de Me Dupont de Bussac, mais ce qui me paraît certain, c'est que les défenseurs de ces grands citoyens ont à peu près perdu leur procès devant l'auditoire, si j'en juge du moins par le peu d'empressement que le public a mis ce matin à se rendre à l'audience pour entendre la fin de la plaidoirie de Me Bigot.

Je ne veux pas dire par cela que Me Bigot manque de talent, mais en remontant au déluge il a épouvanté ses auditeurs, et ils se sont dit, sans doute, qu'en attendant la péroraison du défenseur d'Assi ils bien avaient le temps de s'absenter un peu.

Aussi, l'audience a-t-elle été ouverte à midi et quart devant une salle à peu près vide. C'est le poëte Régère qui a eu les honneurs du premier incident. M. le président avait soumis à son examen une pièce signée de lui et dans laquelle il est question de la surveillance des égouts et de l'incendie de certaines maisons. Régère daigne donner au conseil les explications suivantes.

C'est une note émanant de moi. Voici de quoi il s'agit. Un capitaine Richer, de la garde nationale, avait eu pour mission d'exercer une surveillance dans les catacombes et dans les égouts. On craignait que des troupes du dehors ne s'introduisent par là dans Paris. J'avais aussi à empêcher qu'on ne fît sauter les quartiers par des mines placées dans les égouts.

Il est question aussi, dans cette note, de Millière qui avait, paraît-il, été délégué pour veiller à l'exécution du décret de la Commune qui ordonnait de mettre le feu aux maisons des fenêtres desquelles on avait tiré sur la garde nationale.

J'ai pris cette note pour faire assurer la surveillance que devait faire Richer et pour empêcher le mal que voulait faire Millière.

Ces explications terminées, M. le colonel donne la parole à Me Bigot pour continuer sa plaidoirie, et le défenseur d'Assi s'exprime alors en ces termes, où à peu près, car les lecteurs du *Figaro* comprennent que je ne puis songer à leur donner que des résumés très succincts de ces interminables plaidoyers dont nous sommes menacés.

J'ai cherché à vous démontrer hier que le mouvement du 18 mars a été le résultat spontané des fautes commises par le gouvernement du 4 septembre. C'est un mouvement spontané. Le gouvernement du 4 septembre, après tant de fautes, en avait fait une dernière qui était d'abandonner Paris. Le Comité central a pris le pouvoir pour empêcher l'anarchie.

Du 19 au 26 mars, le Comité central n'a pas fait acte de gouvernement, mais s'est borné à faire des tentatives de conciliation, d'accord avec les maires, et d'accord dans une certaine mesure avec M. Thiers. M. Thiers avait promis, dans une lettre qui est dans la poche de M. Tirard, une amnistie si on voulait désarmer. Le Comité central a fait des élections, mais les maires avaient affirmé que le gouvernement de Versailles consentait à cette élection. Dans le neuvième arrondissement, M. Ferry, le maire, s'est même mis sur les rangs pour être nommé. Il s'est fait nommer pour donner immédiatement sa démission, c'est vrai, mais tout cela pouvait faire croire que le gouvernement régulier consentait aux élections.

Je regrette que nous ne soyons pas jugés par des juges qui étaient à Paris en ce moment, le conseil me comprendrait mieux.

M. le commandant Gaveau. — J'y étais.

Me Bigot. — Vous n'êtes pas juge, vous êtes accusateur, ce n'est pas la même chose. Quand le Comité central s'est installé, le ministère des finances était toujours occupé par un poste de l'armée de Versailles, et cependant le ministère des finances a payé les frais de l'élection.

Mon client accepte donc, et peut accepter, tous les actes commis par le Comité central du 19 au 26 mars.

La Commune se fait, Assi a été nommé par trente-neuf mille et quelques électeurs. Il a cru être légitimement nommé et a pris son rôle au sérieux. Son premier acte a été de demander la liberté de la presse en réclamant seulement la signature des articles. Il a fait tous ses efforts pour empêcher la guerre civile, et ses efforts mécontentèrent même ses collègues d'alors, ses co-accusés d'aujourd'hui. Il a même été incarcéré pour avoir critiqué l'omnipotence de la Commune.

Ce n'est pas lui qui a ordonné ou encouragé les arrestations. C'est Raoul Rigault, Raoul Rigault qui n'est pas un fruit de la Commune, qui est un fruit du gouvernement du 4 septembre.

Raoul Rigault en voulait particulièrement à Assi; il l'accusait d'être un agent de Picard, de Rouher, des Prussiens, que sais-je? C'est pour cela qu'il a fait arrêter Assi la veille du jour où les fédérés allaient se faire mitrailler par le Mont-Valérien. Il sort de prison le 15 avril et demande comme seule compensation d'être de la Commune le moins possible. Il refuse de faire partie de la commission de sûreté générale, mais il accepte le contrôle de la fabrication des munitions de guerre.

Parmi ces munitions, il y avait des engins à pétrole; cela ne prouve pas qu'il soit complice des incendies. Le pétrole sert aux munitions de guerre. Il y en avait dans les magasins de l'armée et dans les ateliers avant le 18 mars.

M. le commandant Gaveau. — Je proteste contre cette assertion, c'est une infamie! c'est une accusation épouvantable que vous portez contre nous et contre le gouvernement! Quel est celui d'entre nous qui aurait envoyé des obus à pétrole? Vous accusez donc nos artilleurs!

Me Bigot. — Je suppose qu'on ne s'en servait que pour débusquer une situation; incendier des bois; mais enfin voici un procès-verbal qui prouve que, le 20 mars, on a trouvé dans la poudrière de l'avenue de La Bourdonnaye, quinze baraques en planches contenant des barils de pétrole.

M. le commandant Gaveau. — Le procès-verbal ne peut pas constater que c'est le gouvernement qui avait réuni ces provisions de pétrole.

Me Bigot. — Ce n'est pas un particulier qui a une poudrière.

M. le commandant Gaveau. — C'est honteux pour la France ce que vous dites-là. (Mouvement.) Qui vous dit que ce n'est pas la garde nationale qui a réuni ce pétrole? Elle en a fait bien d'autres!

Me Bigot. — Pendant le siège, le dépôt de pétrole qui a pris feu aux Buttes Chaumont n'appartenait pas à la garde nationale.

Assi, il est vrai, s'est trouvé en rapport avec M. Girard à propos de fabrication ou de livraison de sulfate de carbone. Il n'en a été fourni qu'un très-petit échantillon, pour faire des expériences de pyrotechnie. Les professeurs de chimie sont d'avis que la sulfure de carbone est inapplicable à la fabrication des bombes incendiaires.

On lui a dit un jour que l'acide prussique servait à fabriquer des amorces; c'est pour cela qu'il a signé des bons de livraison pour la capsulerie. Tous les auteurs sont d'accord qu'on emploie, ou qu'on peut employer l'acide prussique pour faire des amorces.

Le témoin Ambroise a prétendu qu'on voulait faire des bombes asphyxiantes en plein air, et il a invoqué à cet égard le témoignage d'un nommé Hirsiger qui ne reparaît pas au procès et qu'on n'a plus revu. Quel est cet inventeur? Peut-être un inventeur illuminé, peut-être aussi un agent provocateur? Il y en avait beaucoup dans cette déplorable guerre civile, et nous en avons eu des spécimens aux débats. Cet Hirsiger a été nommé colonel le 20 mai 1871. Assi a été arrêté le lendemain. C'est cet Hirsiger qui aurait voulu fabriquer de la mitraille composée de clous trempés dans de la strychnine. Assi qui ne l'a pas nommé, qui ne le connaît pas, ne peut être responsable de ce que ce mystérieux Hirsiger a pu dire ou faire.

Assi est si peu le complice des incendiaires que, le 19 mai, il faisait prendre des mesures pour empêcher l'explosion possible de la poudrière de la porte Dauphine, et pour empêcher aussi qu'on ne fasse des travaux de nature à faire sauter la caserne de la Pépinière, par des travaux de sape qui devaient venir de l'église Saint-Augustin.

Le 20 mai, il écrit à M. Delescluze qu'il prend des mesures pour mettre les poudres à l'abri du bombardement. C'est lui qui a fait former un corps spécial de gardiens pour les poudrières, et il exigeait que ces gardiens fussent munis des meilleures recommandations. Assi n'est pas un incendiaire. (Murmures dans l'auditoire.)

Je m'étonne de ces murmures de la part du public qui semble venu ici pour voir si les accusés ont la poitrine assez large pour recevoir les douzes balles du peloton d'exécution.

Cette image, d'un goût douteux, n'a d'autre résultat que de rendre plus nourris les murmures du public, ce qui force l'honorable colonel Merlin à le menacer de faire évacuer la salle.

Le calme se fait alors et Me Bigot peut continuer :

Me Bigot. — Assi n'est pas un incendiaire. Ce n'est pas non plus un assassin. Nous avons entre les mains des pièces dont je ne donnerai pas lecture ici, des pièces relatives à l'exécution des otages. Il y a une lettre même de M. le président Bonjean.

M. le président voudra bien les lire, et il saura à quoi s'en tenir sur la conduite d'Assi et sur le rôle qu'il a joué dans tous ces événements.

Assi n'a pas signé le décret sur les otages. On apporte une feuille de papier sur lequel se trouve sa signature. Ce n'est pas un décret, c'est une simple feuille de présence.

On en veut à Assi parce qu'il est arrivé rapidement à se faire connaître. Ses collègues même lui en veulent et ils l'ont bien prouvé pendant qu'il était à la Commune. Sa conduite a toujours été bienveillante. Vous avez vu qu'il a sauvé la vie à la cantinière des gardes républicains : il a fait mettre en liberté des femmes de gendarmes, des gardiens de la paix. Il s'occupait presque exclusivement des orphelins, des orphelins des gardes nationaux tués; on a la preuve qu'il les plaçait dans des couvents.

Assi ne voulait rien dire de cela, il ne voulait pas se défendre. C'est par hasard que j'ai découvert les témoins à décharge que le conseil a entendus.

La directrice du couvent de Picpus m'a écrit de Châteaudun, pour déclarer qu'Assi a fait tout son possible pour réparer le mal fait par les gardes nationaux lors de la perquisition faite dans cet établissement religieux. Les religieuses recevaient, par son intervention, du pain blanc et du vin. Un homme qui a agi comme cela n'était pas capable d'exécuter la loi des otages.

Assi n'est pas complice des assassinats et des incendies parce qu'il était membre de la Commune, sinon tous ceux qui ont acclamé la Commune devraient être assis sur ces bancs. Il ne peut pas être complice de droit commun, puisque pour les assassinats et les incendies on n'a pas les auteurs principaux. Où sont les incendiaires? Où sont les assassins? Où est la complicité?

Les incendiaires et les assassins seront jugés à part. Quant à nous, nous sommes des hommes politiques et nous ne sommes pas autre chose. Nous sommes les instigateurs, les chefs du mouvement insurrectionnel du 18 mars, si vous voulez; c'est un crime politique, et on ne peut requérir contre nous la peine de mort, puisque la peine de mort est abolie en matière politique.

Ne semons pas la haine, ne faisons pas de réaction violente, ne faisons pas d'exécutions sanglantes. Nous sortons à peine d'une insurrection terrible, il est temps d'inaugurer une politique d'apaisement.

Quant au crime d'embauchage, il ne faut pas le confondre avec celui d'excitation à la guerre civile.

M. le commandant Gaveau. — C'est exactement la même chose.

Me Bigot. — La Cour de cassation a décidé le contraire. Assi n'est même pas coupable d'excitation à la désertion, puisqu'il engageait au contraire les soldats à ne pas prendre les armes contre leurs camarades. (Murmures.)

Assi n'est pas coupable de la démolition de l'hôtel de Thiers. Il n'a connu le décret, comme tout le monde, que par la lecture du *Journal officiel*. Il ne l'a pas signé, parce qu'il trouvait cet acte de violence inutile ; il savait bien qu'on le reconstruirait tôt ou tard. Et puis, qu'est-ce que cela peut faire à M. Thiers, qui est très-riche ?

M. le commandant Gaveau. — Ce n'est pas adroit, ce que vous dites-là.

Me Bigot. — On avait décrété la confiscation des biens des ministres. On a respecté les biens de tous les membres du cabinet, à l'exception de M. Thiers.

Des gardes nationaux ont fait, sans ordre, une perquisition chez M. Dufaure, à cause de la loi sur les loyers ; mais la Commune n'y a été pour rien. On a mis les scellés, et la concierge les a brisés pour voler l'argenterie et les objets précieux.

Si on a brisé l'hôtel de M. Thiers, c'est après son affiche faisant appel à la guerre civile.

M. le président. — Ce n'est pas de ce côté là qu'est venu l'appel à la guerre civile.

Me Bigot — La colonne Vendôme a été renversée. Peut-on faire un reproche à Assi d'être de l'avis de Barbier, de Châteaubriand et de Lamartine ?

Cet homme, en romain sur cette colonne était grotesque ; on eût dit le *mannchen-pis* de Bruxelles. Je n'aurais peut-être pas renversé la colonne parce que je suis un peu chauvin, mais je comprends très bien qu'on en ait fait descendre le bonhomme en bronze.

Quant aux arrestations arbitraires, Assi n'a arrêté qu'un seul individu, c'est Charles Lullier. Si c'est un tort, qu'on mette Charles Lullier en liberté, et qu'on n'en parle plus. Quand on venait chez lui pour dénoncer quelqu'un pour le faire arrêter, il retenait en même temps le dénoncé et le dénonciateur. S'il n'y avait pas de preuves et quand les soupçons étaient dénués de fondement, il obligeait le dénonciateur à signer une rétractation qu'on affichait pendant deux jours dans la salle d'audience de l'Hôtel de ville.

L'orateur termine en ces termes :

J'arrive, messieurs, au terme de la tâche qui m'est confiée. Je crois vous avoir démontré qu'Assi était un ouvrier honnête et laborieux. Il a cru accomplir un acte licite, et ce qu'il a fait le 18 mars il le ferait peut-être encore étant données les mêmes circonstances. Il vous demande de ne pas lui faire supporter les fautes des autres. Il n'a fait que mettre en pratique les théories de ceux qui, prétendant instruire et diriger le peuple l'ont égaré pour l'abandonner plus tard et qui semblent oublier trop facilement aujourd'hui que tout ce qui s'est passé est leur œuvre. N'oubliez pas que lorsque le mouvement du 18 mars éclata, nous sortions d'un siège terrible où nous avions vu toutes nos illusions, toutes nos espérances aboutir aux plus cruelles déceptions.

Et après ce siège en est venu un second, plus terrible, plus cruel encore. Quelles douleurs quand nous entendions les coups de fusils français chercher des poitrines françaises. Nous tremblions alors pour vous aussi bien que pour nous-mêmes, et nous tendions nos mains suppliantes vers ces hommes qui s'entretuaient sous les yeux du Prussien insolent et vainqueur. Mais si nous avons été impuissants à arrêter l'effusion du sang, nous n'avons pas démérité toute merci. Soyez cléments, messieurs ; méfiez vous des bruits du dehors, qui voudraient vous pousser aux résolutions extrêmes.

Quelle peine réclame-t-on contre nous ? la mort ? mais ce n'est pas possible. Vous ne prononcerez même pas la peine des travaux forcés à perpétuité ou à temps. Prononcerez-vous la déportation, cette peine épouvantable contre laquelle M. Jules Favre déclarait en 1850 que, si elle était demandée, il irait couvrir de son corps ceux contre lesquels elle serait requise. Eh bien ! qu'il vienne aujourd'hui, je l'en adjure, et qu'il obtienne de vous que vous ne prononciez que la peine du bannissement. Ce sera un châtiment suffisant pour ces hommes, après les malheurs de la patrie. Vous pratiquez, messieurs, la justice dans son expression la plus haute. Soyez cléments et vous serez justes.

Après ces mots, péroraison attendue et obligée, de Me Bigot, l'audience est suspendue pendant un quart-d'heure.

A la reprise de l'audience, à deux heures et demie, M. le colonel Merlin donne la parole à Me André Rousselle, défenseur d'Urbain, et voici le résumé de cette plaidoirie dont la modération, je l'avoue, m'a fort agréablement surpris.

Me André Rousselle, avocat d'Urbain. — Je ne dois pas dissimuler que j'ai éprouvé un instant d'hésitation à me charger de la défense d'Urbain. L'opinion publique était si vivement et si légitimement indignée en apprenant les assassinats de la Roquette et les incendies des monuments publics, qu'il me semblait que toute défense était impossible. Mais, lorsque je me rappelais quels étaient les sentiments, quelles étaient les idées d'Urbain, lorsqu'il dirigeait son école de la rue de Verneuil ; lorsque j'appris que l'opinion publique si légitimement indignée avait dépassé la mesure, qu'elle s'était laissé entraîner par la passion politique et l'esprit de parti ; lorsque je m'assurai que l'accusé Urbain était complètement et absolument étranger aux assassinats et aux incendies, j'ai senti mes hésitations diminuer je les ai senties bientôt disparaître. Il me sembla même alors que je me trouvais en présence d'un accusé calomnié. Mon devoir de citoyen d'abord et de défenseur ensuite était de ne pas refuser le faible concours de ma parole. Voilà pourquoi je suis à cette barre.

Je ne dois pas cependant me dissimuler les difficultés de ma tâche. L'opinion publique, si impressionnable en tout temps dans ce beau pays de France, a été, à la suite de nos désastres et de misères comme les siècles n'en ont pas encore vu de semblables, tellement affolée, que c'est à peine si on ose faire allusion à nos derniers malheurs.

Il faut avouer aussi que l'opinion publique a été travaillée par d'incroyables publications, se préoccupant plus de passionner encore les cœurs que d'éclairer les intelligences; ayant plus de soucis du scandale que de la vérité. J'ai à lutter contre tout un courant d'erreurs, de préjugés, de calomnies sans exemple. J'ai à remonter, moi pauvre nageur, tout ce courant, tout ce torrent. Je serais incapable de le faire, si je ne me sentais soutenu, je ne veux pas dire par votre bienveillance militaire, mais par votre impartialité de juges.

Du reste, la cause d'Urbain, quelque difficile qu'elle puisse paraître, est plus simple que ne l'ont dit certaines feuilles publiques. Urbain n'a jamais fait partie de l'Internationale; il a été complètement étranger au comité central. Je n'ai donc pas à revenir sur le rôle, qu'on peut apprécier différemment, de l'Internationale et du comité central. Je suis étranger aussi bien à la première Société qu'à la deuxième, qui s'est constituée lors des événements du 18 mars. Il y a plus, Urbain est resté absolument étranger et aux événements du 31 octobre, et à ceux du 22 janvier et à ceux du 18 mars.

Je n'ai pas à en faire la preuve, M. le commissaire de la République n'ayant pas affirmé le contraire.

Urbain, je puis le dire, est entré dans le mouvement dans le courant de mars dernier, après que ce mouvement était commencé; il en est sorti avant qu'il ne fût fini. Vous comprendrez que cette situation particulière abrège et simplifie singulièrement ma tâche et votre mission.

Le défenseur s'efforce de démontrer que si l'inculpé Urbain peut-être accusé de crimes politiques il est resté entièrement étranger aux incendies et aux assassinats. Il s'appuie sur les déclarations d'un certain nombre de témoins pour soutenir que si Urbain s'est retiré trop tard de la Commune, c'est qu'il avait peur d'être traité de lâche et, par suite, fusillé par ordre de Rigault. Loin d'avoir un caractère violent, Urbain était un homme de paix, de conciliation et de tolérance.

Il a voté pour la destruction de la colonne parce que suivant lui ce monument n'était pas élevé à la gloire de nos armes, mais bien à la mémoire d'un despote dont l'ambition personnelle nous a valu trois invasions et la perte de deux provinces. Comme Urbain est républicain convaincu il pensait qu'avec la démolition de ce souvenir la légende napoléonienne serait extirpée de notre pays.

En ce qui concerne la loi des otages, il a eu la malheureuse idée d'en faire la proposition; mais il faut tenir compte de ses explications à cette époque, et alors on se convaincra qu'il

n'avait qu'un but, celui d'intimider et d'arriver par ce moyen à conjurer la guerre civile. Urbain proteste avec énergie contre toute participation à la mise à exécution du décret dont il n'a été question dans aucune séance de la Commune. Ceux qui ont été assassinés n'étaient pas des otages; ceux arrêtés comme otages, ajoute Me Rousselle, n'ont pas été assassinés.

M. le commissaire du gouvernement. — Et l'archevêque de Paris, et M. Bonjean?

Me André Rousselle. — Ils n'étaient pas des otages dans le sens du décret de la Commune.

M. le commissaie du gouvernemeut. — Quel jury et quels juges ont déclaré otage et ont décidé de tuer l'archevêque de Paris? Vous voyez bien qu'il n'y avait pas de juges. On arrêtait et on exécutait, sans se préoccuper des jurys d'accusation qui n'existaient point.

Me André Rousselle : Pardon, monsieur le commissaire du gouvernement, des jurys d'accusation ont siégé. Des sergents de ville et des gendarmes ont comparu devant eux. Il y avait des audiences le vendredi et le samedi qui ont précédé l'entrée des troupes au Palais de justice. J'ai même vu acquitter plusieurs gendarmes par ces jurys.

Il y a donc eu des jugements. Eh bien ! aucun des gendarmes et des sergents de ville qui ont été déclarés otages n'a été fusillé.

Je suis autorisé à soutenir que les otages, c'est-à-dire ceux déclarés tels par les jurys, n'ont point été assassinés, et que ceux qui ont été assassinés n'avaient pas encore passé en jugement.

L'assassinat de ceux que l'on appelle à tort les otages ne doit être imputé qu'à une infime minorité de la Commune, et vous ne prouvez pas qu'Urbain en faisait partie.

Jamais cette question de l'exécution n'a, je le répète, été traitée dans les séances de la Commune. Urbain ne peut pas plus être incriminé pour les incendies, ces crimes n'ayant point été l'objet d'une délibération de la Commune.

M. le colonel Merlin donne ensuite la parole à Me Boyer, le défenseur de Billioray, et Me Boyer va prouver qu'on peut plaider, même une mauvaise cause, en même temps avec énergie et en homme du monde.

Me Boyer commence en ces termes:

J'ai l'honneur de me présenter devant vous pour Billioray. Au nom de Billioray, je ne demande qu'une chose, rien qu'une chose, c'est de le juger selon ses actes. Ma tâche consistera donc à vous faire connaître, à vous faire savoir quelle part il a prise aux événements que nous venons de traverser.

C'est un devoir dangereux que je viens remplir, et si je tiens à parler sans aucune faiblesse, je déclare aussi que j'éviterai tout ce qui pourrait passionner le débat. Et d'abord, quelle est la personne de Billioray ?

Billioray a été travesti; il arrive ici dans la situation d'un homme déjà légendaire.

Quel est-il? Billioray est né à Naples de parents français. Il a été élevé par sa mère, une artiste peintre ayant exposé quelques toiles de 1840 à 1850. Il avait commencé son éducation, mais les nécessités de la vie l'obligèrent à faire de la peinture par métier, et il a travaillé pour différents négociants qui pourraient apporter les meilleurs renseignements sur mon client.

Billioray a eu, du reste, je dois le dire, l'honneur d'un certain succès en 1866. A cette époque, il avait envoyé à l'exposition un petit tableau qui a été placé au salon d'honneur et qui figurait sur le livret avec ce titre : « Sollicitude maternelle. »

Mᵉ Boyer s'attache ensuite à démontrer, par la lecture du compte rendu des séances de la Commune, que les efforts de Billioray et ses actes ont toujours été acquis aux mesures excluant toute violence, mais l'heure ne lui permettant pas de terminer sa plaidoirie aujourd'hui, la suite en est renvoyée à demain et l'audience est levée à cinq heures et demie.

—

Audience du 25 août 1871

L'audience ouvre à midi et Mᵉ Boyer vient prendre place à la table nouvellement disposée en avant du banc des avocats et sur laquelle sont rangés les dossiers que ces messieurs peuvent avoir besoin de consulter.

Seulement, avant de donner la parole au défenseur de Billioray pour continuer sa plaidoirie, M. le colonel Merlin communique à Mᵉ Bigot une pièce de laquelle il résulte qu'il est à la connaissance d'un sieur Fleuret, qu'Assi a fait charger des obus avec du pétrole, alors qu'il exerçait les fonctions d'inspecteur des munitions de guerre, puis il s'adresse ensuite aux défenseurs des accusés en ces termes :

Dans le cours de la séance d'hier, un des défenseurs a dit qu'aujourd'hui nous étions les vainqueurs. De telles paroles ne peuvent pas être tolérées, j'en préviens messieurs les avocats. Il n'y a pas ici de vainqueurs ni de vaincus ; il y a des accusés et des juges.

Un autre avocat a dit : « Les circonstances et les revirements politiques sont changeants. » Il y a là une menace. Cela n'est pas convenable et je préviens ces messieurs qu'ils aient à s'abstenir désormais de toute parole semblable, sinon je me verrais forcé de leur retirer la parole. Dans l'entraînement du discours, on prononce parfois des paroles imprudentes, on les dit un peu vite, de sorte qu'elles pourraient paraître passer inaperçues. Qu'on y fasse attention.

Mᵉ Rousselle. — Je crois que l'observation du conseil s'adresse à ma plaidoirie. Je dois déclarer au conseil que les paroles qui viennent d'être relevées ne s'adressaient pas au conseil. J'ai dit « vainqueurs » en parlant des gens qui nous poursuivent, d'une façon générale.

M. le président. — Je vous répète qu'il n'y a pas ici de vainqueurs ; il y a la justice de tous les temps qui reste la justice impassible et impartiale.

Mᵉ Rousselle. — Nous le désirons et nous l'espérons. Pour la seconde observation de M. le président, je dois dire aussi qu'il n'y a pas eu dans ma pensée la moindre intention de menace. En présence des manifestations qui se sont produites dans le public, j'ai dit qu'un jour l'opinion publique se prononcera autrement. Or, je le déclare, et je crois que ma franchise est assez connue, il n'y a pas eu dans mon esprit, dans mon intelligence et dans mon cœur quoique ce soit qui ressemble à une menace. Je me suis borné à dire que tous ici, accusés, défenseurs, juges, nous étions justiciables de l'opinion publique, non pas l'opinion exaltée par les passions du moment, mais l'opinion calme et réfléchie de l'histoire qui nous jugera tous.

Ce premier incident vidé, Mᵉ Boyer prend enfin la parole pour continuer sa plaidoirie, et dans les meilleurs termes, il s'efforce d'expliquer, au mieux des intérêts de son client, ceux de ses actes les plus sévèrement incriminés.

Mᵉ Boyer rappelle que c'est à Billioray que la Commune a dû un décret contre l'ivrognerie et un autre contre la prostitution, et si cet accusé a fait partie du comité de salut public, c'est, dit son défenseur, parce que ce comité ne devait être qu'un comité de direction appelé à faire exécuter les décrets de la Commune et à surveiller les délégués.

Poursuivant ensuite sa tâche, Mᵉ Boyer montre Billioray comme un modéré, usant de son influence pour se rendre utile, tentant un rapprochement avec Versailles et complètement irresponsable des attentats de la dernière heure, puisqu'il s'était retiré, non pas par peur, mais parce que, selon lui, les choses allaient trop loin.

Cette plaidoirie terminée, c'est Mᵉ Carraby qui prend la parole en faveur de Jourde, et je ne surprendrai pas les lecteurs du *Figaro* en disant que le défenseur de l'ex-délégué aux finances a été parfait sous tous les rapports.

Mᵉ Carraby s'est bien gardé de faire de la politique et de se lancer dans l'historique de l'Internationale, de la Commune et du Comité central ; il a plaidé la cause de son client, mais celle-là seulement ; il a mis cette éloquence élégante et logique dont il a l'habitude, et sous le charme de sa parole, on a pu se demander un instant, mais un instant seulement, heureusement, si Jourde n'était pas un véritable grand homme incompris.

Quant à la solidarité dans laquelle l'accusation voudrait envelopper tous les membres de la Commune, a dit M. Carraby avec beaucoup d'à-propos, cela ne pourrait entrer un instant dans les idées du gouvernement, puisque MM. Beslay, Theisz et Ranc sont en liberté.

Bref, si M. Carraby n'a pas gagné la cause de son client devant les juges, il a au moins regagné la cause du barreau français devant le public qui, maintenant aura la patience d'attendre Me Lachaud.

Après Me Carraby est venu Me Denis, et ce défenseur de Trinquet a commencé d'une façon paraître en déclarant qu'il serait fort bref.

Cependant, comme, après une demi-heure de plaidoirie, Me Denis plaidait encore, M. le colonel Merlin a levé la séance, et renvoyé la suite de la défense de Trinquet à demain.

Audience du 26 août.

Ce qui se passe au commencement de chaque audience, invariablement, c'est-à-dire l'audition de nouveaux témoins et la lecture de nouvelles pièces, ne permettait guère de supposer que l'affaire des membres de la Commune et du Comité central pût se terminer avant lundi ou mardi prochain; depuis deux jours, le soin que M. le commandant Gaveau met à prendre des notes sur les plaidoiries annonce une réplique, et nous en avons alors pour toute la semaine prochaine au moins.

Le conseil entre en séance à midi un quart, devant un auditoire choisi. On y remarque M. Emile de Girardin, M. le comte Daru, M. le comte de Moltke, consul de Danemark à Paris, et cousin germain de ce général prussien dont nous ne sommes pas près d'oublier le nom, et enfin Alexandre Dumas qui est revenu prendre sa place au milieu de nous.

L'incident d'ouverture est aujourd'hui une interpellation de l'honorable président au peintre d'Ornans. Il s'agit encore de la fameuse statue d'argent que Courbet n'a pas vue aux Tuileries, par une assez bonne raison: c'est qu'elle avait été transportée au musée de la sculpture moderne. Le colonel Merlin l'apprend à ce singulier directeur des beaux-arts, qui l'ignorait complétement.

Il est ensuite passé à deux témoins cités pour déposer de certains faits inconnus jusqu'ici et qui intéressent l'affaire de Jourde.

C'est d'abord un nommé François Prévôt, frotteur au ministère des finances.

M. le président. — A quelle époque avez-vous quitté le ministère?

R. Le 21 mai à deux heures. M. Mérieux nous dit: « Nous avons des dispositions à prendre pour la défense. Sortez vite, car si à cinq heures on vous retrouve vous serez arrêtés.

D. Etiez-vous plusieurs dans le même cas?

R. Nous étions quatorze ménages que l'on a renvoyés.

D. N'avez-vous rien entendu dire sur les valeurs de M. Debrousse?

R. J'ai averti mon gouvernement, celui qui est ici, que je savais qu'un portefeuille tout déchiré et dont la serrure avait été forcée, contenait des valeurs considérables. Il était enfermé dans une des deux armoires du cabinet.

D. N'avez-vous pas entendu causer à propos de ces valeurs?

R. J'entendis M. Jourde qui disait à deux personnes: « Débarrassez-moi de tout cela à moitié prix ». L'un de ces individus était brun et l'autre blond; ils parlaient moitié anglais, moitié français.

D. Vous avez entendu parler d'autre chose?

R. J'ai vu au ministère beaucoup d'armes ornées de pierreries qui avaient été transportées des Tuileries. On voyait des pantoufles très riches que l'on disait avoir appartenu au bey de Tunis.

Jourde. — Je suis étonné qu'un frotteur, auquel je n'ai jamais parlé, soit si bien instruit de ce qui s'est passé.

J'avais reçu l'ordre de vendre ces pierreries. On me dit que deux étrangers, l'un Anglais et l'autre Américain, pourraient acquérir les pierreries de ces armes; je me mis en rapport avec eux. Ils ne m'ont pas parlé anglais, puisque je ne le comprends pas.

Je n'ai pas pu dire: Débarrassez-moi à moitié prix de ces valeurs, en parlant des valeurs de M. Debrousse. Il y avait là beaucoup de titres des chemins de fer Nord-Ouest de l'Espagne qui ne sont cotés à la Bourse que 15 ou 20 francs. J'aurais été absurde de les proposer même à 50 0/0 de perte.

D. au témoin. — Vous avez entendu parler anglais; était-ce dans le cabinet de Jourde?

R. Non, dans le couloir, et à M. Jourde, ils lui ont parlé français.

D. Où avez-vous vu ces armes et ces pierreries?

R. Sur la table de M. Jourde: mais les pierreries n'étaient plus aux armes à ce moment, elles en avaient été enlevées.

Jourde. — Voici d'autres explications: On m'avait prévenu que des armes précieuses étaient aux Tuileries. Je m'y transportai, et je trouvai ces armes dans une pièce du pavillon de Flore qui n'était pas fermée. Je fus surpris du peu de soin qu'on avait mis à leur conservation. Je les fis transporter dans le petit salon bleu du palais. — On me dit que deux étrangers pourraient les acheter. Je fis appeler deux joailliers pour faire l'estimation des pierreries.

Il fallut les enlever pour les examiner et les peser. Après cette opération, je les fis transporter à ce qu'on appelle la réserve du ministère des finances. L'estimation en porta la valeur à 300,000 ou 350,000 fr.

M. le président au témoin. — Savez-vous ce qu'elles sont devenues, ces armes et ces pierreries?

R. Il a manqué deux caisses d'armes; on a retrouvé trois petites boîtes de diamants, mais les pierreries de couleur ont disparu.

Cela ne me regarde pas. Je suis absolument étranger à toute cette affaire.

D'ailleurs, il n'y a pas de cabinet caché dans le salon, et ces messieurs ne pouvaient pas parler anglais avec moi, puisque je ne comprends pas cette langue. Je pourrais établir que le dimanche je suis parti du ministère des finances à midi et que je n'y suis pas revenu. Je ne peux être responsable de ce qui s'est passé après mon départ. Je m'étonne de voir arriver ce témoin à la dernière heure.

M. le président. — Vous n'avez pas à vous étonner. J'ai admis tous les témoins à décharge, vous devez admettre tous les témoins de l'accusation.

Jourde. — Je rends volontiers hommage à votre impartiale bienveillance. Je m'adresse au témoin. Il vient dire que je voulais vendre à 50 0/0 de perte les valeurs de M. Debrousse. Il y en avait pour 30 millions qui, au cours de la Bourse d'alors, ne représentaient guère que 4 ou 5 millions.

M. le président au témoin. — Vous avez vu enlever les bijoux ?

R. Oui, un jour que je servais à déjeuner aux citoyens Bourgoin et Rothschild, les secrétaires de M. Jourde. Les bijoux étaient dans six petits papiers sur la table. On les avait détachés.

Jourde. — On a enlevé les pierres pour les faire estimer par un bijoutier. Il y en avait, à mon estimation, pour 350,000 fr. Les bijoutiers ont hésité, marchandé. Je cherchais à traîner les choses en longueur, pour ne pas traiter. Enfin, on a consenti au chiffre de 350,000 francs, mais je n'ai pas traité, et les pierres doivent être retrouvées. On comprendra qu'après le 21 et le 22 se passait aux finances des choses irrégulières, mais je ne puis pas être responsable.

M. le président. — Jourde, vous n'étiez plus là lors de l'incendie ?

R. Pardon, j'étais présent lors du premier incendie et j'ai même dirigé les travaux, mais quand le second incendie a éclaté, je n'étais pas là, et je n'en ai même pas eu connaissance.

D. C'est étrange !

R. C'est facile à comprendre. On avait bien dit qu'on brûlerait Paris. Mais je n'y croyais pas.

D. Qui disait cela ?

R. Tout le monde. Mais je n'y croyais pas, parce que je ne pensais pas que ce fût une chose possible.

M. le président. — Heureusement. On ne fait pas sauter une ville comme cela.

Le témoin. — Il y a bien d'autres témoins qu'on pourrait entendre et qui diront la même chose que moi.

Jourde. — Cet homme dépose avec une passion que le conseil appréciera.

M. le commandant Gaveau. — N'interpellez pas le témoin.

Jourde. — Je m'adresse au conseil.

Le second témoin est un sieur Bornis, fumiste au ministère des finances. Il dépose en ces termes :

— Quand les troupes sont entrées au ministère après l'incendie, nous avons constaté que les tuyaux des pompes avaient été coupés. On avait aussi enfoncé les armoires contenant le matériel de secours contre l'incendie. Il y avait du pétrole dans le ministère, mais pour les besoins de l'éclairage, et on l'a retrouvé. Mais on a pu en apporter exprès pour mettre le feu.

D. Quand le feu a commencé, vous n'avez pas cherché à l'éteindre ?

R. Oui, mais les gardes nationaux ont empêché d'entrer. Il y en avait devant tous les escaliers et ils écartaient tous ceux qui voulaient porter secours.

Jourde. — Je constate qu'alors je n'étais plus au ministère.

Régère. — Il a été question d'un secrétaire nommé Rothschild, je le connais. C'est un homme intelligent et honnête.

M. Ducoudray demande au président de faire citer deux témoins qui déposeront sur les faits articulés à la charge de Ferré par un témoin nommé Lasnier. Il demande que ce dernier soit rappelé pour être confronté avec eux.

Ferré. — Je demande aussi que le président veuille bien entendre, à titre de renseignement, ce jour-là, deux de mes co-accusés, Verdure et Champy.

M. le président. — Nous allons reprendre les plaidoiries. Nous ferons citer régulièrement les témoins que réclame l'accusé Ferré, et nous entendrons Verdure et Champy.

Après ces interrogatoires, les plaidoiries sont reprises, et c'est à Me Georges Lachaud que M. le président donne la parole pour présenter la défense de Champy.

Le fils du célèbre avocat s'efforce alors, dans un langage élégant et choisi, de faire de son client un véritable petit saint. Avant la Commune, Champy était bon fils, bon ouvrier, bon père de famille, je crois même ; après la Commune, il n'a été qu'un bon citoyen. Il n'a exercé des fonctions publiques que par dévouement unique à la patrie ; il n'a pris part à aucun des actes odieux de la Commune, et si la signature de Champy se trouve çà et là sur quelque pièce compromettante, c'est seulement grâce à un faussaire ; l'innocent Champy n'y est absolument pour rien.

Tout cela a été fort bien dit, très habilement déduit, et Me Georges Lachaud chasse de race, de grande race ; seulement il reste à savoir ce qu'en pensent les membres du 3e conseil de guerre. Pour Champy, c'est là le seul point véritablement important.

La plaidoirie de Me Dupont de Bussac, qui vient ensuite, est d'un genre tout différent. Le défenseur de monsieur Régère n'y va pas, lui, par quatre chemins ; il

laisse à son client les fleurs de rhétorique, les gestes gracieux et les caresses de
la voix; il attaque vigoureusement en face
et riposte de même. Tout cela n'est peut-
être pas toujours bien logique, bien tourné, mais c'est souvent hardi et bizarre, et
ça ne déplaît pas. Si M⁰ Dupont de Bussac
voulait, durant les débats où il joue un
rôle, donner moins de coups de boutoir,
il ferait certainement de l'effet quand viendrait le moment de sa plaidoirie.

En tout cas, il a plaidé fort utilement
pour Régère, et après s'être attaché à faire
de son client un homme politique et rien
de plus, M⁰ Dupont de Bussac a fort habilement traité cette question si grave de
la complicité en appelant à son secours,
et dans l'intérêt de son client, tous les
arrêts et tous les commentateurs.

Puis, il a terminé en ces termes :

Je crois, qu'en examinant tous les actes
reprochés à Régère, en les examinant
strictement dans le sens de la loi, on sera
convaincu qu'aucun de ces faits ne tombe
sous l'application de la loi; à nous de
juger si le droit que j'ai plaidé devant
vous est le droit vrai. Vous devez voir si
cet homme, quels que soient ses crimes,
quelles que soient ses fautes, est coupable
dans le sens de la loi ; si ses fautes et ses
crimes tombent sous l'application de la
loi. Il faut qu'en dehors tous les législa-
teurs puissent dire : « Le conseil de
guerre a fait une saine application de la
loi. » Il faut que les accusés puissent
dire : « Le conseil a non-seulement été
bon, il a été juste. »

C'est ensuite le tour de M⁰ Marchand,
l'avocat de Lullier, qui heureusement a
renoncé à se défendre lui-même. Je dis
heureusement, d'abord parce que Lullier,
dont la tête n'est certainement pas saine,
n'aurait fait qu'aggraver sa situation, et
ensuite parce qu'il aurait plaidé pendant
toute une audience au moins.

M⁰ Marchand a mieux fait, il a d'abord
été bref et ne s'est pas perdu comme l'eût
fait son fantasque client dans d'homéri-
ques récits. Il s'est contenté de démontrer
que l'ex-officier de marine est un homme
politique, pas autre chose, et cela d'ailleurs est un peu vrai ; puis il a cherché à
prouver que, malgré toutes ses bravades,
Lullier n'avait jamais eu d'autre désir que
de rétablir l'ordre dans Paris et d'éviter
l'effusion du sang.

Ce qu'il y a de certain, c'est qu'on ne
saurait confondre Lullier avec les Ferré,
les Trinquet et les Urbain, et qu'il est de
ceux qu'on peut encore, peut-être, prendre
en pitié, si présent que soit toujours à

l'aspect le souvenir de ces événements
terribles dont Paris a été le théâtre.

Après la plaidoirie de M⁰ Marchand,
l'audience a été levée et la suite des débats renvoyée à lundi à midi.

———

Audience du 21 août 1871.

Le monde aristocratique commence à
prendre le chemin du troisième conseil
de guerre de Versailles. Madame la prin-
cesse de Metternich y est venue aujour-
d'hui, et M. le président, prévenu de la
visite de l'élégante ambassadrice, avait
fait disposer des sièges en velours pour
elle et les personnes qui l'accompagnaient.

Au début de l'audience, ouverte à midi
comme à l'ordinaire, M⁰ Marchand, avocat de Lullier, a demandé à revenir sur
sa plaidoirie de la veille, par la raison,
a-t-il dit, que les journaux avaient mal
compris peut-être ou du moins mal inter-
prété ses paroles.

Il paraît que les journaux, si tel est le
cas, n'ont pas été seuls à mal comprendre
le discours de M⁰ Marchand puisque, après
ses explications, Lullier a demandé à s'expliquer lui-même et à préciser sa défense.

Il s'est exprimé en ces termes :

L'accusé Lullier. — Je désire prendre un
instant la parole. Il importe avant tout d'établir devant vous la vérité. Je suis aujour-
d'hui ce que j'étais hier, ce que je serai tant
que je vivrai. Je m'étais mis en mesure de
balayer la Commune parce qu'elle allait contre les principes qu'elle avait affichés et qu'au
lieu d'établir toutes les libertés, elle les ren-
versait toutes.

Je l'ai attaquée le front haut, je l'ai écharpée
dans les journaux, dans les réunions publiques et même dans les cafés. Si j'avais voulu
citer des témoins, ils seraient venus vous
dire que je n'ai pas hésité à me livrer publiquement à des voies de fait sur des individus
qui prétendaient soutenir la Commune.

Ce qu'il importe de bien établir, c'est mon
caractère. Je voulais balayer la Commune et
je m'étais assuré, à cet effet, le concours de
certains de ses généraux ; mais il me fallait
un prétexte, et je croyais l'avoir trouvé quand
un agent est venu m'offrir pour mon entre-
prise l'appui du gouvernement de Versailles.
Il m'a offert de l'argent, ce qui me permettait d'agir immédiatement. J'acceptai. Les
sommes promises d'abord ont été versées, et
j'ai tenu ma promesse ; mais les circonstances indépendantes de la volonté du gouvernement ne lui ont pas permis de tenir sa promesse jusqu'au bout. Ce n'est pas ma faute.

Je constaterai seulement qu'avant de traiter avec le gouvernement de Versailles, on
m'a dit que je n'aurais rien à craindre et que
mes officiers d'état-major ne seraient pas recherchés non plus. On devait donner à cet
effet des ordres à M. le maréchal Mac-Mahon
et à la police. Cela m'a été offert spontané-

ment. J'ai accepté. J'ai fait mon possible pour réussir; si je n'ai pas réussi je ne peux pas être responsable des résultats.

Ceci dit, l'accusé se rassied après avoir jeté un long coup d'œil sur l'auditoire en homme convaincu qu'il vient de mettre l'accusation dans le plus cruel embarras.

Il restait ensuite à entendre les deux témoins cités par l'accusé Ferré pour répondre à la déposition si accablante du sieur Lasnier : ces témoins ne se présentant pas, il est passé outre.

C'est au tour d'Urbain à voir surgir inopinément de nouvelles charges.

M. le président. — Accusé Urbain, levez-vous. Quel a été au juste l'emploi de votre temps dans la journée du 22 mai?

Urbain. — Je suis parti de la mairie vers cinq heures du matin, si je ne me trompe ; je me suis rendu directement à l'Hôtel de ville.

Il y avait grande foule, des gardes nationaux, des femmes. Je n'ai pu arriver que jusqu'à la salle Saint-Jean qui était encombrée. Il y avait là quelques-uns de mes collègues et six gardes nationaux de mon arrondissement. Au bout d'une demi-heure, on vint nous dire que, par ordre du comité de Salut public, chacun devait se transporter dans son arrondissement pour organiser la résistance.

Je partis pour le septième arrondissement avec Sicard. Il y avait une barricade commencée à l'angle de la rue de Bellechasse. Sicard se chargea de cette barricade, et j'allai en faire construire une à l'angle de la rue de Grenelle-Saint-Germain et de la rue du Bac.

Il y avait là peu de monde, et les gens du quartier voulaient s'opposer à l'érection de la barricade, même avec violence. Je leur dis : « Nous ne vous forçons pas, mais nous demandons la même liberté que vous. » (Rires.) Les secours ne venant pas, je dus renoncer à construire ma barricade. Vingt minutes après, un membre du Comité de salut public vient nous apporter l'ordre de nous replier sur la place Saint-Sulpice. Je passai de là aux Tuileries...

M. le président. — Voilà où je voulais en venir. Vous avez été aux Tuileries vers cinq heures. Combien de temps y êtes-vous resté ?

R. Trois quarts d'heure environ.

M. le président. — Pendant que vous étiez là, on a exécuté dans la cour quatre malheureux, parmi lesquels un pharmacien de la rue de Richelieu.

R. C'est vous qui me l'apprenez.

D. Vous étiez au balcon pendant l'exécution et au moment où on les a fusillés. Vous avez crié : « Vive la Commune! »

R. C'est absolument faux.

D. Nous allons entendre des témoins qui affirment vous avoir vu au balcon avec Bergeret.

R. J'ignore de quoi vous voulez parler. J'ai vu une exécution ce jour-là, mais de loin. Comme je sortais de l'hôtel de Ville, on amenait un homme qu'on disait accusé d'assassinat. Il portait l'uniforme de la garde nationale, mais son uniforme était déchiré et en lambeaux.

Un enfant de douze ans marchait en avant, portant une hache couverte de sang. Je demandai des renseignements sur ce qu'avait fait cet homme; je ne pus pas d'abord en obtenir. Plus tard on me dit qu'avec cette hache cet homme avait tué deux de ses camarades et on l'amenait pour demander qu'il fût puni.

D. Mais les hommes que vous avez fait fusiller dans la cour des Tuileries, du côté du Carrousel? C'étaient, disait-on, des gendarmes et des sergents de ville. Mais, avec eux, il y avait ce malheureux pharmacien de la rue de Richelieu qui a été lâchement assassiné.

Urbain. — J'ignore absolument ce fait. Js n'ai été dans les Tuileries que du côté de la porte sud, dite porte de l'Empereur.

M. le président. — Nous allons entendre les témoins.

Ziegler déclare que le 22 mai, aux Tuileries, vers quatre ou cinq heures après-midi, quatre hommes ont été fusillés dans la cour des Tuileries près du pavillon de l'Horloge. On disait que c'étaient des gendarmes. Au moment où on les fusillait, deux hommes étaient au balcon des Tuileries. L'un d'eux a crié : « Vive la Commune! Un capitaine de la garde nationale fédérée m'a dit que c'était Urbain et Bergeret.

Le témoin est parti parce qu'on lui a dit que le château des Tuileries allait sauter.

Tolomi, employé aux Tuileries, fait la même déposition.

Il a vu au balcon un homme petit, trapu, à cheveux noirs, à barbe noire, qu'on lui a dit être Urbain.

Le témoin ne reconnaît pas l'accusé; mais on lui a assuré que le petit était Urbain et l'autre Bergeret.

M. le président. — Je ne parle pas de celui-là. Je veux parler de celui qui a été tué aux Tuileries.

Urbain. — Je n'ai pas mis le pied aux Tuileries.

M. le président. — Si, pendant votre trajet de l'Hôtel de ville au faubourg Saint-Germain.

Urbain. — Je ne suis pas entré alors aux Tuileries. J'ai été arrêté par le colonel Dardelle, qui m'a dit : « Ne suivez pas les quais, vous vous exposez. »

M. le président. — Nous allons entendre le témoin.

Le témoin est introduit et déclare se nommer Jules Leclerc, employé, rue de Buci, à Paris.

M. le président. — Que s'est-il passé aux Tuileries le 22 mai!

Le témoin. — Quatre hommes ont été amenés et rangés sous le pavillon de l'Horloge. J'ai su que deux d'entre eux étaient accusés d'avoir servi d'espions à l'armée de Versailles, le troisième était un pharmacien de la rue Richelieu.

A peine étaient-ils rangés contre le mur que deux hommes se montrèrent au balcon au-dessus d'eux. J'étais assez loin. Mais un officier fédéré qui regardait le balcon avec une lorgnette me dit que ces hommes étaient Bergeret et Urbain. Vers six heures, ces hommes ont été exécutés, et les deux hommes du balcon ont crié : Vive la Commune ! Tous les fédérés qui étaient dans la cour ont répondu par le même cri.

M. le président. — Urbain, levez-vous. (Au témoin.) Reconnaissez-vous l'accusé pour être le membre de la Commune qui se trouvait sur le balcon avec Bergeret ?

Le témoin. — Je ne puis affirmer que ce soit lui. J'étais, du reste, trop loin du balcon pour bien le voir. On m'a dit que c'était le membre de la Commune Urbain.

Une heure après, je vis le colonel Dardelle qui me dit :

— Sauvez-vous vivement, car nous allons faire sauter le château.

Je courus alors me réfugier au Louvre.

M. le président. — Il est donc acquis que quatre prisonniers ont été assassinés aux Tuileries.

On entend le témoin suivant, le nommé Jacques Tholorni, brigadier du personnel aux Tuileries.

Le 22 mai, à six heures du soir, on a fusillé quatre prisonniers sous le pavillon de l'Horloge.

Sur le balcon j'ai vu Bergeret, qui était avec un homme en bourgeois, lequel portait en sautoir une écharpe rouge à glands d'or. On m'a dit que cet homme était Urbain.

M. le président. — A quelle heure a-t-on amené ces prisonniers ?

Le témoin. — A trois heures. Le premier était un pharmacien qui avait été arrêté chez lui, rue Richelieu. Trois autres sont arrivés un quart d'heure après. Tous ont été conduits près de Bergeret, qui les condamna à mort.

Dardelle refusa de les faire exécuter sans un ordre ou une sentence émanant de la Commune ou du Comité de salut public. Les prisonniers furent alors conduits à l'Hôtel de ville d'où ils revinrent vers cinq heures. Bergeret se les fit amener immédiatement et les condamna une seconde fois. Dardelle s'occupa alors de rassembler un peloton d'exécution. Dans ce but, il descendit dans la cour et recruta des hommes parmi les fédérés qui se trouvaient dans la cour. Un certain nombre de fédérés montrèrent alors qu'ils étaient opposés à toute idée d'exécution. Dardelle en choisit quelques-uns et les conduisit vers le pavillon de l'Horloge. C'est alors que deux hommes parurent au balcon. Ils assistèrent à l'exécution, et quand tous ces hommes furent tombés, l'homme en bourgeois prononça un discours qui se terminait par ces mots : « Ainsi périssent tous les ennemis de la Commune et de la République, » et il ajouta : « Vive la Commune! »

M. le président. — Reconnaîtriez-vous cet homme?

Le témoin. — Peut-être.

M. le président. — Urbain, levez-vous! (Au témoin.) Est-ce cet accusé?

Le témoin. — Je crois que oui, mais je n'en suis pas sûr.

M. le président. — Qui vous a dit que c'était Urbain?

Le témoin. — Des officiers fédérés.

Osana, Jean-Baptiste, brigadier du personnel aux Tuileries, fait une déposition analogue. Après l'audition de ces témoins, au moment où M. le président allait donner la parole à l'avocat de Verdure, on annonce l'arrivée d'un des témoins à décharge cités par Ferré.

Ce témoin déclare se nommer Mayer (Jean-Louis), employé de commerce à Paris, ex-employé de la mairie du onzième arrondissement.

Le témoin, ainsi que le fait remarquer le défenseur de Verdure, n'est pas détenu. Quoique encourant une condamnation, il n'a pas hésité à se mettre à la disposition de la justice pour venir déposer en faveur de Verdure.

Verdure, ajoute le défenseur, se considère comme compromis par le témoignage de M. Lasnier, qui est venu déclarer que, pendant les journées de mai, il avait été témoin d'un assassinat commis à la mairie du boulevard Voltaire, en présence et avec approbation de Ferré. Verdure était maire du XI° arrondissement et proteste contre cette déposition. Aucune exécution, dit-il, n'a eu lieu dans la mairie.

M. le président (au témoin). — Qu'avez-vous à dire?

Le témoin. — Je travaillais à la mairie depuis 6 heures du matin jusqu'à 8 heures du soir sans quitter mon bureau.

M. le président. — Où mangiez-vous donc?

Le témoin. — Dans mon bureau même.

M. le président. — Jusqu'à quel jour êtes-vous resté à la mairie?

Le témoin. — Jusqu'au 23, et si une exécution avait été faite, je l'aurais su assurément.

M. Elie Ducoudray, défenseur de Verdure. — Le témoin a-t-il vu sur l'escalier des traces de sang?

Le témoin. — Jamais.

Le témoin suivant est un nommé Coutant (Jean-François), employé à Paris. Il était à la mairie pendant les journées de la guerre des rues. Il confirme la déposition du témoin précédent.

M. Lasnier est rappelé.

M. le président lui demande de répéter devant le conseil quelques parties de sa première déposition.

Le témoin. — Quand je suis arrivé à la mairie, il y avait grande foule et grand bruit. Les estafettes allaient et venaient. Sur les marches de l'escalier grouillaient une foule de femmes occupées à coudre des sacs pour construire des barricades. On me fit monter un escalier...

M. le président. — Comment était cet escalier?

Le témoin. — Il se composait d'abord d'une rampe en fer à cheval, conduisant à un premier palier, et d'un petit escalier orné de chaque côté d'une petite rampe qui conduisait à la salle des mariages.

Je vous donne ces détails sous toutes ré-

serves, attendu que, dans ce moment-là, j'é-
tais dans un état de trouble qui ne me permettait pas de penser beaucoup à autre chose
qu'à ma situation.

Me Ducoudray. — Je voudrais savoir combien de marches il faut monter pour arriver
à la salle des mariages.

Le témoin. — Sept ou huit, peut-être.

Me Ducoudray. — Je tiens beaucoup à cela.
A la mairie du onzième arrondissement, on
entre de plain-pied dans la salle des mariages. Je conclus de là que le fait de la présence du témoin à cette mairie est inexact.

M. le commandant Gaveau. — Vous ne pouvez pas suspecter le témoin. Il a prêté serment et porte à la boutonnière le ruban de la
Légion d'honneur. C'est un gage de sincérité.

Me Ducoudray. — Je ne suspecte personne.
Mais ne serait-il pas possible que ce témoin,
dans ce trouble dont lui-même convient, ait
confondu une mairie avec une autre?

Le témoin. — Non. C'était bien la mairie de
la place Voltaire.

M. le président. — Maintenez-vous ce que
vous avez dit par rapport à Ferré?

Le témoin. — Certainement, et j'ajouterai
même quelque chose à ces déclarations.
Quand je fus amené devant Ferré, et qu'il
sut mon nom, il me dit:
« Eh bien! citoyen Laspier, vous venez
sans doute continuer votre conspiration? » Je
lui répondis: « Oui, monsieur. » et il s'écria,
en me désignant aux gens qui l'entouraient:
« Vous l'entendez, il m'appelle monsieur. »

Ferré. — Je tiens à ce que le Conseil constate que c'est la première fois qu'il est question de cela. Quant aux exécutions, j'en appelle au témoignage de Champy. Il est venu
à la mairie de la place Voltaire pendant la
guerre dans Paris, il y est venu souvent,
qu'il dise s'il a entendu parler d'exécutions!

Champy. — Jamais. Plusieurs fois, je ne
trouvai même pas les délégués de la Commune à la mairie. Ils étaient à déjeuner ou à
dîner dans un cabaret des environs.

M. le président (au témoin). — Comment
vous êtes-vous échappé de la mairie?

Le témoin. — On a ouvert la porte du cachot en nous disant à tous: « Sauvez-vous,
la mairie va sauter! » Je n'en ai, vous le comprendrez, pas demandé davantage.

Me Ducoudray. — Relativement aux exécutions, j'ai un seul mot à dire. On en a fait, il
est vrai, dans le onzième arrondissement;
mais pas une n'a eu lieu dans la mairie.
Les gardes nationaux ont fait des assassinats dans un terrain vague voisin de la place
Voltaire.

La parole est ensuite donnée à Me Renaud, avocat de Rastoul, qui discute longuement les actes du gouvernement du
4 septembre, ce qui ne paraît pas avoir
un rapport bien direct avec le cas du docteur, membre de la Commune et inspecteur général des ambulances de l'insurrection. Mais on affirme que le citoyen Rastoul a désiré être défendu ainsi, et Me Renaud, lui-même, doit trouver l'argumentation concluante puisqu'il a terminé en
demandant l'acquittement de son client.

Sa plaidoirie a tenu toute l'audience qui
a été levée à cinq heures trois quarts.

—

Audience du 29 août

Le public qui s'était porté en foule aujourd'hui au conseil de guerre a eu une
grande déception. On croyait entendre
Me Lachaud, plaidant pour Courbet, et
dès avant l'heure fixée pour l'ouverture
de l'audience, l'immense salle des Gran-
des-Ecuries était envahie. On n'a pas entendu Me Lachaud. Le célèbre défenseur
de Courbet ne parlera que demain mercredi. Ce n'a pas été la seule déconvenue
pour le public; non-seulement il n'a pas
entendu Me Lachaud, mais il a dû entendre Me Manchon et Me Laviolette.

Enfin! l'audience s'est ouverte à midi et
dix minutes. Avant la reprise des plaidoiries, l'honorable colonel Merlin interpelle
l'accusé Assi.

M. le président. — Assi, que savez-vous
d'une boîte verte en carton, scellée et cache-
tée qui vous a été remise à l'Hôtel-de-Ville,
et qui contenait une somme de douze cent
mille francs? Qu'est devenu ce carton?

Assi. — Je n'en sais rien. Cette boîte a été
apportée à l'Hôtel-de-Ville le jour même où
j'ai été arrêté. Je venais à l'Hôtel-de-Ville
avec Pindy quand un huissier est venu me
prier d'aller au premier étage reconnaître
une caisse qu'on avait apportée. Je descendis
au premier étage dans une salle, dont les
fenêtres donnaient sur la rue de Rivoli.
J'étais avec Dereure et une autre personne.
On me dit: « Voici une caisse; il faut la recevoir en dépôt comme gouverneur de l'Hôtel-
de-Ville. » Or, une heure auparavant, Pindy
m'avait informé qu'il avait été nommé gouverneur à ma place.

Je dis de monter cette caisse dans mon ancien bureau. Cela a été fait. Après avoir donné
cet ordre je me suis rendu à la séance, et
vous savez qu'au sortir de cette séance j'ai été
arrêté. Après j'ai demandé ce qu'était devenue cette boîte; pour réponse, on m'a dit
qu'elle avait été remise au chef du matériel.

D. Quel était ce chef?

R. Un nommé Marrast, qui avait été nommé par le Comité central.

D. Vous ne pouvez pas nous donner d'autres explications?

R. La caisse a été remise entre les mains
de ce Marrast. C'était un carton scellé et cacheté. On disait d'abord qu'elle contenait un
million et quelques centaines de mille francs;
mais j'ai appris depuis qu'elle ne contenait
pas cette somme. C'étaient des titres, des valeurs et non pas des billets de banque.
Je ne pouvais pas donner un reçu de la
somme, j'ai signé un papier constatant la remise d'un carton. Dereure a signé ce papier
avec moi.

Jourde. — J'ai dans mon bilan une inscription qui pourra éclairer le conseil sur ce qu'est devenue cette caisse. J'ai reçu au ministère des finances une caisse contenant 1,284,407 fr. 85 c., envoyés de la municipalité avec une déclaration signée Doreure, Varlin et Pindy.

M. le président. — A quelle époque avez-vous reçu cette boîte ?

R. Vers le 2 avril.

Assi. — Or j'étais arrêté depuis le 30 mars.

M. le président. — Jourde, avez-vous connaissance d'une affiche blanche annonçant qu'on avait découvert dans les caves du ministère des finances des quantités considérables de perles et de pierres précieuses ?

R. Je ne sais pas si cette affiche a été posée, mais elle serait mensongère. J'ai assisté aux recherches faites dans les caves du ministère des finances, et on n'y a trouvé que deux cent et quelques mille francs en gros sous ou neufs et quelques mille francs en centimes.

D. La couleur blanche était adoptée par la Commune pour ses affiches?

R. Oui, le *Journal officiel* l'avait ordonné ; néanmoins, avec le chaos épouvantable qui existait en ce moment, le premier citoyen venu se servait de la couleur blanche. Il était impossible de l'empêcher.

M. le président. — La parole est à M⁰ Laviolette, avocat de l'accusé Ferat.

M⁰ Laviolette demande à céder son tour de parole à M⁰ de Sal, avocat de l'accusé Paschal Grousset.

M. le président. — La parole est à M⁰ de Sal. Seulement, je recommande au défenseur de ne pas entrer trop longuement dans les dissertations politiques. Nous en avons eu beaucoup depuis quelques jours ; on a parlé politique dans tous les sens, de sorte que nous sommes parfaitement édifiés.

M⁰ de Sal. — L'observation de l'honorable président est fort juste et je saurai m'y conformer. D'ailleurs, je serai bref ; les grandes questions du procès ont été examinées déjà, et vous en avez écouté la discussion avec une extrême bienveillance. Ceci abrégera ma tâche et je me renfermerai dans les faits qui sont particulièrement reprochés à mon client par l'accusation. La position de mon client est grave, car on lui reproche d'avoir violé les règles de la probité la plus vulgaire ; on l'accuse de complicité dans les incendies, des assassinats. M⁰ Dupont de Bussac vous a défini la complicité légale. Certes, au point de vue historique, les accusés sont responsables de tout ce qui s'est passé sous la Commune, même dans les derniers jours, mais au point de vue pénal la responsabilité ne découle que d'un fait qu'on a commis directement.

Leur responsabilité historique est immense. Si les hommes que vous voyez sur ces bancs se présentaient jamais pour jouer un rôle politique quelconque, ou les repousserait en disant : « Vous avez sur la conscience les crimes des derniers jours de la Commune. » Mais, au point de vue pénal, on ne peut être responsable que de ce qu'on a fait, voulu, commandé ou fait exécuter.

Paschal Grousset ne peut pas être responsable des incendies. La Commune ne savait pas que Paris devait être incendié. L'incendie de Paris est le fait de Parisel qui a fait des réquisitions de pétrole sans que personne sût à quoi le pétrole devait servir. On était loin de songer à une œuvre aussi monstrueuse.

La Commune n'a pas brûlé Paris. Du reste, la Commune n'existait plus quand les troupes de Versailles sont entrées dans Paris.

Le Comité de salut public avait pris sa place, et c'est lui qui a employé, pour les besoins de la guerre, ces détestables moyens de destruction dont il se faisait des moyens de résistance.

Paschal Grousset ne peut pas être davantage responsable de l'assassinat des otages. D'abord on n'a pas assassiné des otages. Il y a eu des exécutions ordonnées par des individus dans une pensée de vengeance, de rancune ou de colère. Mais la Commune n'a jamais ordonné d'exécutions. C'est déjà beaucoup pour mon client d'avoir voté la loi des otages ; mais s'il est responsable d'un fait de séquestration, il n'est pas responsable des assassinats qui ont été commis à son insu.

Je considère comme plus grave pour lui l'accusation de vol ou de complicité de vol, parce qu'on a été réquisitionner du papier pour le journal l'*Affranchi* chez M. Gratiot.

Paschal Grousset est étranger à ce fait, et il a même renoncé à publier l'*Affranchi* du jour où cette réquisition, ordonnée on ne sait par qui, a été portée à sa connaissance. Paschal Grousset ne s'occupait en aucune façon de l'administration de son journal. Il a ignoré la réquisition ; donc, il ne peut pas en être responsable.

Restent les faits relatifs au ministère des affaires étrangères. On le rend responsable de toutes les perquisitions qui ont été faites dans l'hôtel du quai d'Orsay. Il y avait là l'argenterie du ministère et l'argenterie des Tuileries.

Le 8 avril, un délégué de la Commune est venu saisir cette argenterie par ordre de Viard, membre de la Commune, qui l'a envoyée à la Monnaie.

Les comptes de Paschal Grousset sont parfaitement en règle, parfaitement apurés. Il a le reçu de l'argenterie prise par ordre de Viard, qui, lui-même, agissait par ordre de la Commune.

On a parlé encore d'une perquisition opérée chez M. Feuillet de Conches. Mais ce n'est pas Paschal Grousset qui l'a faite ; d'ailleurs la perquisition a été faite, non pas chez lui, mais dans le cabinet qu'il occupait au ministère.

L'inventaire a été fait par ordre de la sûreté générale. Les placards ont été ouverts par le serrurier du ministère, en présence de M. Olivier Pain et de M. Case, le chef du cabinet et le secrétaire de la délégation aux affaires étrangères. Du reste, les objets ont été consignés et retrouvés. Paschal Grousset n'a touché à rien.

Mais il a touché aux dossiers. C'est vrai. On les a trouvés chez lui le jour de son arrestation.

Les unes appartiennent à la préfecture de police : il les a pris parce que son nom s'y trouvait mêlé. Les autres étaient des rapports : l'un, dressé par M. de Lesseps, avait trait à la neutralisation du Chably et du Faucigny, dont on avait besoin pour le jugement de Cluseret, mis en accusation à l'Hôtel de ville. Grousset a pris ces dossiers, mais il ne voulait pas les voler; il en avait pris communication pour les lire, par curiosité, mais il en avait donné reçu et voulait les restituer. Le directeur des Archives, Antoine Vincent, a eu ce reçu et doit pouvoir le reproduire.

Le ministère public fait un grief à Grousset d'avoir caché ces dossiers sur le ciel de lit de mademoiselle Accard, mais il avait mis dans cette cachette tous ses papiers, comme il y avait mis aussi son écharpe de membre de la Commune. Pourquoi les cachait-il? C'est pour le même motif qu'il se cachait lui-même. Tout le monde, même ses ennemis politiques, vous dira que Paschal Grousset est incapable d'une action malhonnête.

Paschal Grousset est journaliste et journaliste corse; il écrit avec ardeur. Il est ardent patriote et, le 7 septembre, il s'engageait dans le 18e bataillon de chasseurs à pied, qu'il a quitté ensuite pour entrer dans la commission des barricades, avec l'approbation de M. le général Leflô. Le 19 janvier, il était à Buzenval comme volontaire.

D. Comment se fait-il que vous fussiez avec la garde nationale, accusé Grousset?

R. Je me suis engagé le 7 septembre dans le 18e bataillon de chasseurs de Vincennes, et, comme tel, j'ai été dirigé sur le fort de Vincennes. Seulement, ce n'était là qu'un dépôt composé de recrues; il y avait à Vincennes 1,100 hommes et 4 officiers qui ne prenaient part à aucune opération militaire. Ce n'était pas ce que je voulais. Je fis part de ma situation et de mes désirs à M. le général Le Flô qui, au bout de quinze jours, m'a détaché à la commission des barricades, en me disant que lorsqu'on ferait des sorties, j'en serais prévenu.

D. Jusqu'à quelle date vous étiez-vous engagé?

R. Pour la durée de la guerre. Le 12 ou 13 mars, j'ai été licencié avec feuille de route pour retourner dans ma famille.

D. Vous êtes régulièrement licencié?

R. Très régulièrement.

Me de Sal. — La conduite de Paschal Grousset au ministère des affaires étrangères a été irréprochable. On l'a accusé d'avoir eu des relations avec les Prussiens. Il s'est trouvé deux fois en rapport avec les autorités pour empêcher que Paris ne fût attaqué par les Prussiens. Les rapports se sont bornés là.

Tous les membres du corps diplomatique pourraient attester que Paschal Grousset a agi avec la plus grande convenance, faisant respecter les biens et les personnes des étrangers.

C'est lui qui a été sauver sous les obus les caisses contenant les œuvres de Rossini, demeurées dans sa maison à Passy.

Personne ne s'est adressé à lui en vain pour obtenir des sauf-conduits ou des ordres de libération pour des prisonniers

D'autre part, il n'a signé aucun ordre d'arrestation.

Il n'a jamais attaqué ni la religion, ni la famille, ni la propriété. Ce jeune homme, que je viens défendre devant vous, a toujours été bon; il a été égaré peut-être un moment par son ambition, mais il a été bon, il a été honnête, et, si vous ne croyez pas devoir l'acquitter, du moins vous serez modérés dans l'application de la peine. Pour terminer, je ne crois pas pouvoir mieux faire que de reproduire les paroles que prononçait l'autre jour M. Thiers :

« Au lendemain de cette victoire, disait-il, la modération me semble devoir être la vraie politique d'un gouvernement sensé, raisonnable et courageux. »

Soyez modérés, messieurs, et vous ne cesserez pas d'être justes.

La parole est donnée ensuite à Me Manchon, ce qui détermine une retraite presque générale des sténographes qui craignent, non sans raison, en reproduisant la plaidoirie de l'avocat rouennais, de s'exposer de nouveau au reproche de vénalité.

Quelques-uns, plus intrépides, restent à leur poste et assistent, au cours de la plaidoirie, à l'incident que voici :

Me Manchon. — L'accusation vient nous dire que Verdure a préparé le mouvement qui a abouti à la catastrophe du 18 mars. Je la mets au défi de prouver son dire; j'ai remarqué, du reste, qu'elle appuie ses affirmations sur des théories qui frisent l'absurde...

M. le commandant Gaveau. — Ici, je vous arrête. Vous n'avez pas le droit de dire cela. C'est une insolence!

Me Manchon. — Ce n'est pas une insolence. Je...

M. le commandant Gaveau. — S'il y a ici quelqu'un d'absurde, c'est vous.

Me Dupont de Bussac. — C'est une indignité!

Me Manchon. — M. le commissaire du gouvernement se méprend ou bien je ne m'explique pas bien clairement; je le tiens pour un homme d'honneur.

M. le commandant Gaveau. — Il n'y a pas moyen de se méprendre au sens de vos paroles; vous n'avez pas le droit de dire que je suis absurde; vous ne me diriez pas cela dehors.

M. le président. — Du moment où l'incident devient personnel, je crois de mon devoir d'intervenir. J'engage MM. les avocats à apporter plus de modération dans leurs paroles: j'ai déjà remarqué de leur part plusieurs expressions blessantes pour M. le commissaire du gouvernement.

Me Gatineau. — Je remercie M. le président de ces paroles conciliantes, mais qu'il me permette de dire que nous ne pouvons tolérer qu'on taxe d'insolence les paroles de l'un de nous.

Me Rousselle. — Notre devoir est de protester. Il est arrivé trop souvent à mes collègues ou à moi d'être interrompus par le ministère public. Nous devons nous faire respecter.

M. le président. — Je vous ferai respecter, mais respectez les autres.

Me Rousselle. — Ce n'est pas parce qu'on représente un pouvoir militaire qu'on doit être violent.

M. le commissaire du gouvernement. — C'est vous-même qui êtes violent.

Après cet incident auquel les précédentes sorties de Me Manchon nous permettaient de nous attendre, cet avocat reprend sa plaidoirie qui dure jusqu'à trois heures et demie environ.

On entend, après cela, Me Laviolette, avocat de Verdure, et Me Thiroux, avocat de Descamps.

A cinq heures trois quarts, l'audience est suspendue et renvoyée à demain midi.

Audience du 30 août.

On ne saurait plus en douter maintenant, il y aura des répliques. Cela se devine, de reste, au soin que M. le commandant Gaveau et les défenseurs mettent à prendre des notes, et si on ajoute à cette première cause d'une interminable prolongation des débats les témoins nouvaux, espèces de répliques vivantes, que l'accusation et la défense font entendre chaque jour, il est facile d'en conclure que le verdict du 3e conseil de guerre ne sera pas rendu avant samedi, au plus tôt.

Aujourd'hui, les témoins appelés étaient cités par Ferré ou par le défenseur officieux de Verdure, son ami par conséquent, M. Ducoudray, et leur audition a semblé agacer singulièrement Courbet qui, dès l'ouverture de l'audience, ne quitte plus des yeux Me Lachaud et laisse voir par ses mouvements inquiets et nerveux combien il lui tarde que son illustre défenseur prenne la parole pour plaider sa cause.

L'auditoire fort nombreux n'est pas moins impatient d'entendre le célèbre avocat, mais il lui faudra d'abord subir l'interrogatoire des témoins, puis la plaidoirie de Me Gatineau pour Victor Clément.

De ces témoins cités par Ferré, le premier est une dame Carré, lingère. Il paraît qu'elle était à la mairie du onzième arrondissement le 24 mai, c'est-à-dire le jour où, selon M. Lasnier, Ferré a fait assassiner deux gardes municipaux. C'est sur ce fait que M. le colonel Merlin l'interroge.

M. le président. — Le 24 mai, vous faisiez des sacs de terre à la mairie du onzième arrondissement.

Le témoin. — Non, M. le président, je comptais des bons de pain.

M. le président. — Dans quel endroit de la mairie ?

R Dans la salle des mariages, au premier étage.

M. le président. — Près de cette salle il y a un large palier, sur lequel s'arrête l'escalier garni d'une balustrade.

R. Oui, monsieur.

M. le président. — Alors de cette balustrade on peut voir ce qui se passe au rez-de-chaussée.

R. Certainement.

M. le président. — Eh bien ? le 24 ou le 25 mai avez-vous entendu du bruit dans cet escalier.

R. Aucun.

M. le président. — N'en avez-vous pas entendu dans le terrain vague qui s'étend auprès de la mairie.

R. Non, je n'ai rien entendu là non plus.

Me Ducoudray qui, à ce qu'il paraît, est aussi le défenseur officieux de Ferré et toujours conséquemment son ami, comme celui de Verdure, adresse à son tour une question au témoin.

— Avez-vous entendu, lui demande-t-il, des détonations successives, cinq détonations par exemple dans la mairie.

Singulière question à faire à un témoin qui vient d'affirmer qu'il n'avait rien entendu, à moins que M. Ducoudray ne compte cinq détonations pour rien. Aussi madame Carré s'empresse-t-elle de répondre.

— Pas du tout, un seul coup de feu a été tiré, mais on ne disait pas que c'était dans la mairie.

M. le président. — Vous n'étiez pas toujours à la mairie. Vous sortiez de temps en temps ?

R. Oui, monsieur, vers onze heures et demie, pour aller déjeuner.

Après ce témoin, qui ne me semble pas avoir beaucoup éclairé la dramatique scène du 24 ou 25 mai, on fait venir un sieur Martin ; mais le Martin qui se présente n'a jamais été à la mairie du onzième arrondissement. C'est un autre, il y a erreur.

Par exemple, ce Martin là est à l'Orangerie, sous l'accusation d'avoir empoisonné des soldats. Le conseil l'y renvoie et ordonne que l'autre Martin soit cité.

Cela fait, la parole est donnée à Me Gatineau pour défendre Victor Clément, et Me Gatineau commence tout naturellement par faire de la politique, redire ce qui, tant de fois, a déjà été dit, mais il arrive heureusement, enfin, à plaider pour son client, et je dois avouer qu'il le fait avec modération et même parfois avec éloquence.

Il rappelle que Clément n'est resté en fonctions que par dévouement, et qu'il y avait alors du courage à agir ainsi. Le défenseur énumère ensuite les votes de son client à la Commune, parle de ses efforts pour défendre son arrondissement et les prêtres de son quartier et il espère que le conseil n'acceptera pas à son égard la théorie de l'accusation qui voudrait le rendre responsable des actes de la Commune, par ce seul fait qu'il en a été membre.

Puis Me Gatineau termine en disant :

Vous l'acquitterez pour sa famille, pour son fils qui serait orphelin ; non, je me trompe, car les prêtres qu'il a sauvés le prendraient sous leur protection ; vous acquitterez Clément pour le rendre à son existence honnête.

Après ces mots, Me Lachaud prend à son tour la parole pour plaider en faveur de Courbet, et le silence le plus profond se fait dans l'auditoire, qui, depuis plusieurs jours, attend impatiemment ce moment d'entendre le célèbre avocat.

Me Lachaud fait d'abord l'apologie de Courbet, et le traite en maître bizarre peut être, mais d'un talent incontestable. Il rappelle au conseil que son client avait été investi, par le gouvernement du 4 septembre, de ces fonctions qu'on lui reproche d'avoir rempli plus tard, et il parle aussi de cette lettre patriotique de Courbet aux Allemands pour les conjurer de ne pas se battre contre la France.

Me Lachaud ne laisse pas passer l'occasion de dire éloquemment son avis sur le coup d'Etat du 4 septembre, qu'il appelle une injustice et un malheur, et revenant ensuite à Courbet, il le montre n'entrant à la Commune que pour y faire de l'art et non de la politique.

Courbet, dit l'illustre défenseur, était si peu l'homme de la Commune que le *Père Duchêne* a demandé qu'il fut traduit devant une cour martiale, et il a le droit d'être innocenté comme Beslay et Theisz, puisque comme eux il s'est rendu utile.

L'opinion publique, continue le défenseur, en veut moins à Courbet d'avoir fait partie de la Commune que d'avoir aidé au renversement de la colonne, et c'est de cet acte seulement que je veux le défendre.

Me Lachaud explique alors quel était le véritable projet de Courbet à l'égard de ce monument auquel un autre gouvernement avait déjà touché en en faisant disparaître la statue de l'empereur, et cela permet au célèbre avocat de faire une brave et énergique profession de foi, qui est tout à la fois un acte d'indépendance et de fidélité à ses souvenirs.

Il termine enfin en disant que l'ennemi n'est pas abattu, que nous devons tous chercher l'union, et que si le peuple ne se laisse plus prendre aux paroles trompeuses qui l'ont séduit, avec l'aide de Dieu, la société ne périra pas.

Ces mots, les derniers de cette remarquable plaidoirie, sont accueillis de l'auditoire avec un murmure flatteur, et lorsque le calme est rétabli, M. le colonel Merlin donne la parole à Me Lechevalier, défenseur d'Ulysse Parent, le dernier des accusés et, comme on sait, le moins compromis.

Me Lechevalier s'acquitte fort bien de sa tâche, il fait ressortie le rôle effacé qu'a joué son client ainsi que les services qu'il a rendus ; il rappelle les témoignages favorables qui ont été entendus à son sujet, et il finit en demandant au conseil que son verdict permette à Ulysse Parent de sortir des débats avec toute l'estime dont il est digne.

Après cette plaidoirie, on entend le vrai Martin, assigné à la demande de Ferré.

Ce Martin est un homme d'affaires, demeurant rue des Juifs. Il n'a pas entendu de coups de fusils dans les journées des 24 et 25 mai, il ne croit pas qu'il y ait eu d'exécutions dans la mairie ; la seule dont il ait entendu parler est celle de M. de Beaumont qui a eu lieu dans le terrain voisin.

Ces explications données, l'audience est levée et renvoyée à demain pour les répliques.

———

Audience du 31 août 1871.

L'audience est ouverte à midi vingt minutes, devant un public qui devient d'autant plus nombreux chaque jour que le moment du verdict approche davantage, et que chacun espère assister à ce dénouement du drame de la Commune et du comité central.

La séance devait aujourd'hui commencer par la réplique de M. le commandant Gaveau, mais le conseil entend d'abord un témoin appelé par Jourde. C'est M. Auguste Charlier, associé de M. Fichet.

M. le président (à Jourde). — Quelle question voulez-vous adresser au témoin ?

Jourde. — Je voudrais que M. Charlier dise au conseil si je n'ai pas fait mettre des portes aux caisses du ministère.

Le témoin. — C'est vrai. Les caisses ont été fermées le dimanche.

M. le président. — Y avait-il des valeurs?

R. Oui, monsieur le président.

M. le président (à Jourde). — L'incendie n'a pas atteint ces caisses ?

Jourde. — Je n'en sais rien.

M. le président, au témoin. — Combien de temps a duré votre travail?

R. Environ deux heures.

M. le président, au témoin. — Vous aviez déjà ouvert des caisses à la fin d'avril?

R. Oui.

Jourde. — On m'accuse de bris de scellés, or ces caisses dont il est question furent ouvertes par ordre de Varlin. Elles contenaient ce qu'on appelait le portefeuille. Il y avait des obligations de chemins de fer, du Crédit foncier, et les 15 millions des bons du Trésor.

M. le président. — Où tout cela était-il disposé?

R. Dans l'aile du côté de la rue Castiglione. Le travail des ouvriers a été fait devant moi seul; moi seul ai su où étaient cachées toutes ces valeurs.

M. le président. — Le conseil appréciera vos explications. La parole est à M. le commissaire du gouvernement.

M. le commandant Gaveau s'exprime en ces termes :

Monsieur le président,
Messieurs les juges,

Je n'avais pas l'intention de répliquer. Je croyais que le guet-apens tendu contre la patrie épuisée par une lutte inégale suffisait pour établir le complot dans l'attentat du 18 mars. Je croyais que des désastres immenses, les violations les plus criminelles des droits des citoyens, la destruction sacrilège des monuments, les ruines accumulées autour de la capitale, l'assassinat des otages, les incendies qui, sans l'intervention opportune des troupes, eussent réduit Paris en cendres; je croyais que ces horreurs commises sous le règne de la Commune impliquaient, pour toute la France, la responsabilité des membres de ce gouvernement insurrectionnel.

Je ne m'attendais pas à entendre protester ici contre le cri légitime de l'opinion publique demandant justice.

Je ne professe pas ce précepte : *Vox populi, vox Dei*, mais je dis que ce cri est celui des honnêtes gens.

Je n'ai rien à ajouter en substance à mon réquisitoire. Plus de vingt jours de débats consciencieux ont dû amener la conviction dans vos esprits ; la France impatiente attend votre verdict.

Je regrette donc de me voir dans l'obligation de combattre la défense, de protester contre certains de ses arguments, car il importe que la vérité surgisse pleine et entière de ces débats.

On a dit d'abord que ma situation ici n'était pas légitime, que ces hommes ayant été mes adversaires, mon devoir était de rester neutre au jour de la justice.

Ces hommes, mes adversaires ! Mais est-on l'adversaire de criminels violant ouvertement toutes les lois ? Et, d'ailleurs, où donc auraient-ils été nos adversaires, ces gens qui ont armé une foule de citoyens paisibles, mais qui, presque tous, n'ont pas eu le courage de prendre un fusil.

On a fait ensuite le parallèle de mon mandat avec celui de la défense.

Je reconnais et j'aime à dire que la mission du défenseur est des plus respectables et des plus légitimes.

Mais je revendique aussi la grandeur du rôle de l'accusation dans ce procès, où il s'agit de défendre la société contre l'anarchie, le pays contre des attentats de nature à menacer son homogénéité et peut-être son indépendance.

Tantôt, et selon les besoins de la cause, on a fait des accusés des hommes politiques; tantôt on prétend qu'ils n'ont pas ce caractère. Pour moi, ce sont des hommes de désordre, des révolutionnaires.

Je me hâte d'abandonner ce terrain des personnalités pour rentrer dans mon rôle, et je m'occuperai d'abord des arguments de droit invoqués contre l'accusation.

Traiter l'accusation au point de vue du droit, est un problème difficile quand on manque de l'expérience professionnelle, mais on peut le résoudre avec du travail, du bon sens et un jugement droit.

C'est ce que j'avais tenté de faire dans l'exposé que je vous ai présenté des caractères constitutifs des chefs d'accusation. J'avais établi que chacun d'eux comprend les éléments déterminés par la loi pour constituer le crime ou le délit; aussi j'avais prouvé, dans les attentats, l'existence du complot et de l'exécution.

On a dit que l'accusation avait omis d'indiquer l'origine et le rôle du comité central; on trouve tout cela dans l'exposé général des faits. Il en résulte que les comités de bataillons de la garde nationale ont procédé d'usurpation en usurpation dès le 4 septembre jusqu'à la création du comité central.

La défense a nié l'existence du complot de la part du Comité central, elle s'est même lancée dans cette voie d'erreurs jusqu'à l'imputer au gouvernement régulier, par ce fait qu'il avait supprimé, le 13 mars, des journaux prêchant la révolte, et parce que, dit-elle, il avait commis fautes sur fautes.

J'ai établi les longs agissements du Comité central et ses discours comminatoires au 15 mars.

Dès ce jour, il avait levé l'étendard de la révolte et mis le gouvernement régulier en mesure d'user des moyens de rigueur.

Les pièces constatant des attentats contre la chose publique, je les ai puisées à la source officielle, et cependant l'un des défenseurs n'a pas craint de les qualifier de racontars de journaux. On m'a nié le droit de me servir d'autres documents que ceux contenus dans les dossiers.

A ce sujet, je rappellerai à la défense les arrêtés du 18 janvier 1855.

On a parlé de conciliation quand chacun sait que les conciliateurs ont été reçus à coups de fusil sur la place Vendôme.

On prétend que les maires étaient d'accord avec le comité insurrectionnel; cette histoire est trop proche de nous pour qu'il soit permis de la dénaturer ainsi.

Nous avons entendu un défenseur déclarer que, si le gouvernement régulier était légal, il n'était pas légitime, et faire des rapprochements entre cette insurrection du 18 mars et les événements de 1815.

J'admets cette comparaison si l'on se reporte aux actes des Trestaillons et autres misérables de ce genre.

On a osé dire que M. Thiers avait excité à la guerre civile. Est-ce de la discussion?

J'ai entendu élever cette prétention exorbitante que quand on a commis des crimes contre la chose publique appelés aussi politiques et des crimes de droit commun, les premiers protègent les seconds et les font participer aux modifications apportées par la Constitution de 1848 et par la loi de 1853 dans l'application de la peine, c'est-à-dire à l'abolition de la peine de mort.

Je pourrais m'emparer pour renverser cette prétention de la définition même des crimes politiques donnée par la défense.

Le crime est politique, a-t-on dit, *toutefois que le but est politique.* J'hésite vraiment à en tirer cette conséquence naturelle et logique.

D'après le défenseur d'Urbain, tous les désastres de l'insurrection seraient la suite d'un malentendu, d'une réaction sans bornes *qui vient*, dit-il, *de donner sa mesure.*

Je n'insisterai pas davantage sur les crimes contre la chose publique imputés à tous les accusés.

Je passe aux crimes du droit commun commis par les membres de la Commune.

Je confirme d'abord cette déclaration que la Commune était un gouvernement réunissant dans son sein le pouvoir législatif et le pouvoir exécutif, et par suite qu'elle est, en droit, responsable des effets de ses décrets et de ses actes.

Les assassinats des otages et les incendies seraient des actes poursuivis dans un but politique.

Vous savez du reste, Messieurs, que la Commune n'avait pas en vue une œuvre politique, mais bien la révolution sociale. La République existait, les élections avaient été libres et le pouvoir exécutif avait été confié par le vœu unanime de la Chambre à un homme d'Etat illustre. J'ai exposé d'ailleurs la grande criminalité de l'insurrection au moment où elle se produisait.

J'entre maintenant dans l'examen des crimes de complicité qui m'ont fait taxer d'ignorance par d'honorables défenseurs.

Ce qui n'est pas logique, messieurs, c'est de prétendre qu'un homme ne peut avoir à répondre à la fois devant la justice de crimes politiques et de crimes de droits commun; c'est de prétendre qu'en invoquant contre les accusés les articles 87, 91 et 92, j'en fais des hommes politiques; ce qui n'est pas logique, c'est de prétendre que l'Internationale est l'école de l'armée.

Plaise à Dieu que la France ne serve jamais d'épreuve au programme de cette école.

Devant une pareille éventualité, je ne puis mieux faire que de reproduire ces paroles prononcées par le président dans une des dernières audiences : *Alors nous ne serons pas de ce monde.* C'est manquer de logique que de venir comparer la Commune à la Convention, l'accusé Jourde à l'illustre Carnot. Et ce manque de logique étonne de la part de personnes dont la carrière se passe à l'étude du droit.

Je reviens à mon sujet.

La Commune est un gouvernement ; comme gouvernement elle a rendu des décrets qui ont force de loi et qui impliquent pour les citoyens l'obligation de les exécuter.

Je suis donc fondé à maintenir les trois principes que j'ai établi pour bases, et dont je n'ai pas un mot à enlever malgré les critiques dont ils ont été l'objet.

Les chefs d'accusation de complicité se rapportent à l'assassinat, à l'incendie, à la destruction des édifices publics et des constructions servant à l'habitation, enfin aux constatations illégales.

J'ai donc à vous prouver qu'un ou plusieurs des éléments énoncés dans l'article 60 se trouvent dans chacun des chefs d'accusation.

Il suffit d'ailleurs d'un seul de ces éléments pour établir le crime. Le fait de complicité d'assassinat résulte des décrets du 6 avril et du 17 mai, des menaces proférées à plusieurs reprises contre les otages.

Ces faits constituent l'abus d'autorité indiqué dans l'article 60 ; car ils sont la violation la plus grande de la liberté d'autrui.

Une nouvelle preuve morale de complicité nous est donnée par l'ordre de transférer les otages de Mazas à la Roquette. On a été jusqu'à discuter dans cette enceinte la dénomination d'otages donnée par toute la France aux illustres victimes massacrées dans la journée du 24 mai.

Il résulte cependant de la teneur même du décret du 6 avril, que monseigneur Darboy et d'autres personnages arrêtés dans la journée du 4 doivent être, dès le 6, considérés comme otages. En effet, d'après ce décret, les personnes arrêtées devaient, dans les quarante-huit heures, être traduites devant un jury, qui les mettait en liberté ou qui les déclarait otages du peuple.

Pourquoi d'ailleurs, si monseigneur Darboy n'était pas otage, aurait-on proposé au gouvernement de l'échanger contre Blanqui?

Je passe à la complicité dans les incendies.

Les éléments de cette complicité sont :

1° La provocation par machinations et par artifices coupables.

2° D'assistance par les moyens procurés.

Les faits constituant le premier élément sont :

Les réquisitions de pétrole opérées par la Commune, les menaces d'incendie contenues dans les manifestations de ses agents, la présence de ses délégués sur les lieux du crime.

Je vous ai lu une grande quantité de pièces qui preuvent que les réquisitions ont été générales.

C'est à tort que la défense n'a cité que l'ordre du docteur Parisel.

Les faits constituant le deuxième élément consistent en la délivrance aux incendiaires des moyens d'actions qu'il leur eût été impossible de se procurer autrement.

Ces incendies éclatant à la fois sur plusieurs points de la capitale, indiquent un mot d'ordre qui n'a pu être donné que par le gouvernement.

La complicité dans la destruction des édifices publics et des maisons particulières réside dans la provocation par abus d'autorité constatée par les décrets relatifs à la colonne Vendôme, à l'église Bréa, à la Chapelle expiatoire, à l'hôtel de M. Thiers.

Vous savez d'ailleurs, messieurs, que ces actes de vandalisme ont été exécutés en grande pompe.

La complicité dans les arrestations illégales et séquestration consiste dans la provocation par abus d'autorité manifestée par abus d'autorité manifestée par l'arrestation des otages et dans l'exemple trop bien suivi par les agents de la Commune.

J'appuierais cette démonstration d'arrêts de la cour de cassation qui répondront aux citations faites par l'un des honorables défenseurs.

On a invoqué devant vous des arrêts étrangers à la cause; on vous a dit qu'il n'y avait pas de complicité dans le fait d'un homme qui n'empêche pas son voisin de commettre un crime, dans le fait d'un mandant ayant provoqué à l'assassinat lorsque l'auteur du crime a frappé une personne autre que celle que le mandant avait désignée.

Quel rapport y a-t-il entre ces faits et la cause ?

Je serai plus exact, et les arrêts que j'invoque se rapportent directement au procès.

J'ai maintenant à répondre à la prétention des accusés de repousser toute responsabilité connexe.

La défense avance, avec raison, que la solidarité n'existe pas en matière criminelle. Aussi, non-seulement je ne l'ai jamais invoquée dans le procès au point de vue matériel, mais j'en prononce, je crois, le nom pour la première fois.

Je n'ai invoqué contre les membres de la Commune que la complicité dont les éléments sont définis par l'article 60, et je crois avoir démontré que les faits incriminés renferment ces caractères.

Il faudrait recommencer mon réquisitoire pour répondre à tous les arguments de la défense.

Pour ne pas prolonger ces débats outre mesure, je m'occuperai que des points principaux soulevés, laissant à votre jugement le soin de résoudre les autres.

Le défenseur d'Assi, à propos du crime d'embauchage imputé à son client, comme membre de la Commune, prétend que le crime n'existe pas, parce qu'il n'y a eu que provocation.

J'ai établi que la provocation seule constitue le crime, mais il y a eu, de plus, exécution. De nombreuses condamnations déjà prononcées par les conseils de guerre, prouvent que les manifestes de la Commune ont produit leur effet parmi les soldats. J'ai protesté, en temps opportun, contre l'accusation du défenseur relative à l'emploi du pétrole par le gouvernement régulier dans la fabrication des munitions de guerre.

Je me suis étendu suffisamment déjà sur la participation d'Urbain dans les actes de la Commune; je me bornerai à rappeler qu'il a été l'auteur de la proposition du 17 mai, qui a amené le décret d'exécution des otages.

La grâce lui est venue, dit-on, le 23 mai, et cependant, le 24, il recevait à l'Hôtel de ville sa part des dépouilles des finances.

Des soupçons pèsent sur lui au sujet des exécutions faites le 22 mai aux Tuileries.

Le manque de preuves certaines m'interdit de m'étendre sur ce sujet; il est possible que l'opinion publique ait été trompée dans ses présomptions par la réputation qu'avaient faite à l'accusé ses propositions sanguinaires du 17 mai.

En vous initiant au premier succès de son client dans l'éloquence, le défenseur nous a donné une singulière idée de la façon dont on entendait la liberté, dans les réunions publiques. Urbain entend, dit-il, un orateur assez audacieux pour défendre les idées monarchiques; il riposte et le voilà connu.

J'ai à remercier l'éminent défenseur de Jourde de sa bienveillance à mon égard, mais bien que tout au charme de sa parole éloquente, j'ai cependant entendu dans sa plaidoirie des arguments que je ne puis laisser sans réplique. Le défenseur a dit que je n'étais pas bien fixé sur le caractère de la Commune, que tantôt je la considérais comme un gouvernement et tantôt non.

Je n'ai jamais varié dans mes déclarations à cet égard.

On invoque en faveur de Jourde, la situation faite à Beslay. M. Beslay était délégué à la Banque, où il a rendu de grands services; tandis que Jourde, délégué aux finances, puisait dans la caisse de la Banque, pour alimenter l'insurrection. Il n'a montré quelque ménagement que parce que cette caisse pouvait prolonger l'existence de la Commune. C'est, en effet, ainsi qu'on l'a dit, M. de Plœuc qui a plaidé aussi pour Jourde?

Bien au contraire, messieurs, les dépositions de M. de Plœuc sont de lourdes charges pour l'accusé, et elles sont confirmées par celles de MM. Marie et Mignat.

Jourde a donné sa démission le 2 mai, mais seulement sa démission de délégué et non celle de membre de la Commune. Il est d'ailleurs resté en fonctions; nous le voyons assister aux séances des 6, 8, 12 et 17 mai, et je fais remarquer que c'est de cette dernière séance qu'est sorti le décret d'exécution des otages.

Le vol à l'aide de bris et scellés est constant, et vous devez vous rappeler, messieurs, que les 4 millions 700 mille francs déposés dans la caisse appartenaient à la France et non à Paris, et qu'ils ont contribué à prolonger la guerre civile.

Je répète qu'en trois jours, du 19 au 22 mai, Jourde a soustrait à la Banque 2 millions 600 francs, somme qui n'a pu servir aux besoins de la garde nationale alors qu'elle battait en retraite sur toute la ligne et qu'il était impossible de changer les billets de banque reçus en payement.

Cet argent, je l'ai dit, a servi à donner à la

grande majorité des chefs de l'insurrection les moyens de se soustraire à la justice.

En résumé, Jourde a soustrait frauduleusement seize millions 600 francs à la Banque, et quatre millions 730 mille francs dans la caisse du ministère des finances, ce qui forme un total de plus de 21 millions détournés de leur destination naturelle pour donner des armes à l'insurrection.

Après ce que j'ai exposé précédemment sur la question de droit, je n'ai rien à répondre à la défense de Régère, je n'ai rien à modifier à la part qui lui est faite dans mon réquisitoire.

Il en est de même pour Champy. Vous jugerez comme moi que ses protestations de la dernière heure contre deux signatures dont il avait précédemment accepté la responsabilité sont des prétextes illusoires.

L'enquête eut apporté un nouveau retard dans le procès, sans rien changer à vos convictions arrêtées.

On a opposé un dernier argument. Les membres de la Commune ayant trouvé, le 26 mars, le gouvernement régulier renversé n'ont pas commis les attentats contre la chose publique.

Je dois relever cette erreur. La Commune a repris en sous-œuvre tous ces attentats par là publication des manifestes dont je vous ai fait lecture et qui les constituent. Je dirai plus, les membres de la Commune ont accepté une succession bien lourde en recevant le pouvoir des mains du Comité central. L'histoire flétrira ce gouvernement de quelques jours sous lequel ont eu lieu deux assassinats qui sont la honte de l'humanité.

Clément Thomas, dont toute la vie avait été vouée aux idées républicaines, est impitoyablement massacré, et une autre noble victime tombe auprès de lui.

Arrêté à neuf heures du matin, le général Lecomte n'a été fusillé qu'à cinq heures.

Son agonie a duré huit heures, et pendant ce temps le Comité central siégeait en permanence.

On a fait ensuite à l'organe de l'accusation le reproche de n'avoir pas exercé son action sur tous les membres de la Commune : ce reproche n'est pas fondé, ma mission a des limites que je ne puis enfreindre, et je déclare qu'en toutes circonstances j'ai fait retomber la même responsabilité sur les membres de la Commune qui m'ont été déférés.

Nous avons entendu la défense, examiné à différents points de vue le programme et les vues de l'Internationale.

L'exposé des faits de l'accusation nous a dépeint cette société sous les plus sombres couleurs, et je vous demande, avant de terminer, à vous donner la preuve que cette société est la plus grande calamité du temps.

Le gouvernement ému à juste raison du péril dont elle menace la France en particulier, est décidé à prendre des mesures actives pour la combattre ; et je vais vous citer un extrait de l'exposé des motifs de la loi, proposée à cet égard à l'Assemblée nationale.

Au moment de nos plus grands désastres, voici qu'elles étaient les préoccupations et les espérances de l'un des chefs de cette société.

C'est une lettre d'Eugène Dupont, secrétaire général de correspondance à Londres, au secrétaire général de correspondance à Lyon :

6 septembre 1870.

« La politique impériale amène au pouvoir les Favre et les Gambetta. Rien n'est changé. La bourgeoisie, affolée par son triomphe, s'est portée vers ce gouvernement qu'elle conservera pendant quelque temps. Il faut laisser la vermine bourgeoise se faire illusion sur la durée de sa victoire, profiter des libertés qui vont être accordées pour organiser le concert, l'accord de tous les travailleurs afin qu'ils soient prêts pour le moment où l'impitoyable guerre commencera. »

L'original existe dans les dossiers de l'un des accusés traduits en ce moment devant le conseil de guerre de Lyon.

Pas un mot de pitié pour la France envahie et foulée aux pieds, — mais l'annonce, le moment venu, d'une guerre impitoyable.

A peine l'insurrection du 18 mars vaincue, les manifestations de l'Internationale se reproduisent plus menaçantes, ainsi qu'il ressort de l'adresse du conseil général de l'association insérée dans le *Journal des Débats* du 21 juin.

A ce manifeste parti de Londres, on répondait d'Italie par un autre manifeste. Enfin, Karl Marx, l'un des grands chefs de la Société internationale, annonce, dans une lettre écrite à la suite de l'insurrection du 18 mars, ce que l'avenir réserve à la France et à l'Europe.

Vous voyez quels dangers vous menacent ; c'est notre nationalité et notre famille, c'est la religion que l'on veut renverser, et il se trouve en France des misérables qui prennent part à cette conspiration contre la patrie.

Les hommes que vous avez à juger ont pactisé avec les révolutionnaires de l'étranger. Il faut mettre un terme à ces insurrections qui se succèdent dans notre malheureux pays et qui secondent les projets de l'Internationale ; il faut que la justice déploie toutes ses rigueurs contre les hommes de désordre.

Faisant appel à votre équité, d'honorables défenseurs vous ont demandé de déclarer non coupables quelques accusés.

Messieurs, j'ai été le premier à vous convier à l'indulgence pour certains ; mais je ne saurais m'associer aux vœux des défenseurs. Le fait seul d'avoir prêté son concours au gouvernement insurrectionnel est un crime ; comment voulez-vous innocenter ceux qui ont fait partie de ce gouvernement ?

Songez, d'ailleurs, à la situation déplorable de la France à cette époque néfaste, et vous conviendrez avec moi que cette situation rend le crime plus odieux. Pour moi, qui arrivais alors à Versailles, je n'oublierai jamais l'horreur qu'inspiraient ces hommes impitoyables qui avaient levé l'étendard de la révolte au moment où la patrie sortait à peine de l'agonie. Il y eut contre eux un cri général d'indignation et de vengeance. On voyait le péril si imminent, que tout homme de cœur, sans distinction de condition, des généraux mêmes s'offraient à prendre le fusil pour marcher contre l'insurrection.

Songez, messieurs, que ces terribles angoisses étaient fondées. Les désastres ont même dépassé les prévisions. Paris a été mis à feu et à sang.

C'est la responsabilité de ces désastres qui pèse sur les chefs de la Commune et les rend impardonnables. Et quoi qu'on ait dit, chacun a été libre d'accepter ou de refuser le mandat; vous savez que dès le 27 mars un nombre assez considérable d'élus ont donné leur démission.

Si vous déclarez innocent le chef qui de son libre arbitre a choisi entre la France et l'insurrection, quel serait votre verdict contre les grand nombre de fédérés que ce chef a armés et envoyés au combat?

Je l'ai dit, quelque soit le laps de temps pendant lequel le mandat a été exercé, l'usurpation seule de la succession du comité central constitue déjà un crime. Et si l'un des accusés a quitté le pouvoir après huit jours d'exercice, il s'est commis, pendant cette période, des attentats criminels contre le gouvernement. Je vous ai cité les manifestes de la Commune de la fin de mars et du commencement d'avril; vous savez que l'expédition de Flourens, Duval et Bergeret contre Versailles, a eu lieu le 2 de ce dernier mois. Vous avez le mandat et le devoir de faire justice, exercez-le donc consciencieusement, mesurez la peine à la culpabilité, et laissez le droit de grâce à qui il appartient.

Je persiste dans mes conclusions.

Après cette remarquable réplique, Ferré refusant de nouveau de se défendre, la parole est donnée à Me Dupont de Bussac, chargé par ses collègues de plaider la question de droit, et Me Dupont se tire de sa mission avec force citations de tous les auteurs connus.

Il n'est interrompu qu'une seule fois par l'honorable colonel Merlin, qui lui dit :

— Mais, vous considérez alors comme crimes connexes tous ceux qui peuvent être commis à la suite d'une insurrection, pendant un mois, deux mois, trois mois.

Ce à quoi Me Dupont s'empresse de répondre en tombant en plein dans le piège habilement tendu :

— Non pas, si le crime est commis par vengeance, passion, intérêt personnel, je ne dis pas qu'il soit alors un crime connexe. Je ne lui trouve ce caractère que lorsqu'il est le résultat de la lutte, du désespoir, du combat enfin.

— C'est parfait, riposte le président, c'est absolument mon avis.

Et Me Dupont de Bussac, quelque peu embarrassé, n'en poursuit pas moins sa plaidoirie jusqu'à la suspension de l'audience.

A la reprise, Me Bigot prend la parole et, après avoir dit mille choses aimables à M. le commissaire du gouvernement, comme pour se faire pardonner d'avance les violences prochaines où il pourra être

entraîné, il se met à réhabiliter l'Internationale et son client pendant une grande heure.

Assi complète cette seconde défense en affirmant qu'il n'a jamais expédié des projectiles de guerre ; il n'était, dit-il, chargé que d'en surveiller la fabrication, et Me André Rousselle, l'avocat d'Urbain prend ensuite la parole.

On comprend que ce dont Me Rousselle cherche avant tout à laver son client, c'est de sa demande d'exécution du décret sur les otages. Mais le défenseur d'Urbain trouve si peu de nouveaux arguments que M. le colonel Merlin lui fait observer qu'il ne fait que redire ce qui a déjà été dit, et cela abrège peut-être un peu la plaidoirie de Me Rousselle ; plaidoirie qui ne s'est pas passée sans une ou deux sorties sans raison contre la presse et même contre l'auditoire.

Le public a été même si mécontent un instant qu'il l'a témoigné par ses murmures et qu'il a dû être rappelé à l'ordre par l'honorable président du conseil.

Me André Rousselle a dû être bien enchanté! il avait obtenu un petit scandale de plus, et il avait fait sans le vouloir une fort belle réclame à l'*Autographe*, en s'indignant de ce que ce journal ait eu l'original du testament d'Urbain, alors que lui, son défenseur, n'en avait vu que la copie.

Après cet avocat peu agréable à entendre, Me Boyer a prononcé quelques mots utiles et bien dits en faveur de son client Billioray; puis Me Carraby a refait une véritable plaidoirie éloquente et chaleureuse pour défendre Jourde.

Il a rappelé les services rendus par l'exdélégué aux finances, il l'a mis sur le même rang que Beslay, Theisz et M. Ranc et, avec des accents réellement émus, Me Carraby a appelé sur son client toute l'indulgence du conseil.

C'est sur ce plaidoyer véritablement remarquable que l'audience a été levée et renvoyée à demain pour la fin des répliques et les explications dernières que désirent donner les accusés.

Ainsi que je l'ai annoncé, le verdict, très probablement, ne pourra donc être rendu avant samedi, à moins d'une séance de nuit pour demain, Le conseil aura à répondre à près de 250 questions.

Audience du 1er septembre.

Nous touchons au dénoûment de ces longs et fatigants débats. L'audience d'aujourd'hui est la vingt-troisième: on terminera demain, mais, pour en finir, l'honorable président du conseil a dû fixer à six heures du matin l'ouverture de la séance.

On a épuisé aujourd'hui les répliques, non seulement des avocats, mais encore des accusés qui ont tenu à parler, à tour de rôle, pour compléter ou rectifier les plaidoiries de leurs défenseurs.

C'est M. Lachaud fils qui a commencé la série, en demandant des renseignements sur l'expertise qu'on avait dû faire d'un certain ordre signé Champy qui enjoignait de tirer sur la gare de Lyon avec des obus à pétrole. Cette réclamation donne lieu à l'échange d'explications que voici :

M. Gaveau, commissaire du gouvernement. — Je n'ai pas fait expertiser cette pièce, parce que cette expertise était inutile et aurait encore pris du temps. Le conseil se souviendra que Champy reconnut d'abord sa signature quand la pièce lui fut présentée.

L'accusé Champy. — Je proteste contre cet ordre que l'on m'attribue. Je ne puis m'expliquer cela que de deux manières : ou j'aurais signé une feuille en blanc, dont on aura fait usage pour cela, ou bien quelque officier aura imité ma signature.

Champy donne ensuite des explications tendant à établir qu'il n'a eu qu'un rôle effacé pendant la Commune et qu'il a été absorbé par ses fonctions de membre de la commission des subsistances.

Venait ensuite le tour de Régère qui, en l'absence de son avocat, a présenté lui-même et très longuement, sa défense. Il s'est défendu surtout du reproche que lui avait fait le ministère public de conspirer depuis vingt ans et d'avoir fait partie de l'Internationale. Il a ensuite insisté particulièrement sur certaines dépositions de témoins relatives à des complaisances qu'il aurait eues pour des membres du clergé pendant la terreur communarde.

Il a terminé en ces termes :

Je n'ai qu'un mot à ajouter. J'ai cinquante-six ans. Ma vie a été longue, j'autorise tout le monde à venir apporter ici tous les renseignements qu'on pourra donner contre moi. Les crimes qui ont marqué les derniers jours de la Commune ne sont pas les miens. Je les abhorre, je déteste les auteurs de ces meurtres et de ces incendies dont je repousse la responsabilité de toute la force de mon indignation. Je ne suis donc ni auteur, ni complice de ces faits. Je ne suis pas l'auteur de la situation qui nous est faite. Je voulais faire le bien et empêcher le mal ; je ne peux pas être responsable si je n'ai pas réussi autant que je l'aurais désiré.

Tout cela a été dit d'un ton ému, avec une intention de larmes dans la voix, intention que démentait malheureusement l'éternel sourire satisfait sous lequel Régère

cherche à cacher ses impressions et ses angoisses. Rien de singulier comme cette voix qui se lamente entre deux lèvres souriantes.

Après quelques observations de Me Marchand, Lullier a tenu à faire sa petite plaidoirie. Pompeux, solennel, théâtral, il a longuement parlé de ses études, de ses travaux, de son caractère; du projet qu'il avait de « balayer » la Commune et de la promesse que lui auraient faite des agents de Versailles de l'exonérer de toutes poursuites. A plusieurs reprises, M. le président a dû interrompre sa harangue pour le rappeler aux préoccupations de sa défense et de sa situation qu'il semblait oublier absolument au milieu de ses figures de rhétorique.

Mais le général Lullier, évidemment, tenait plus à prononcer un discours qu'à justifier sa conduite, car tout ce qu'il a trouvé à dire pour sa défense se borne à ceci :

Depuis deux ans je suis poursuivi par la fatalité. Elle pourra m'écraser, mais elle ne fera pas baisser mon front, non plus que mon regard qui bien souvent, pendant la tempête, s'est croisé avec la foudre. Je vous livre ma tête. Disposez de mon sort, j'irai au devant de la mort avec le sourire du soldat.

Comme justification, on pourrait souhaiter à un accusé quelque chose de plus concluant. Nous aimons mieux, par exemple, les quelques paroles qu'a prononcées Paschal Grousset, pour répondre à un passage de l'accusation qui l'avait particulièrement touché.

Voici son discours :

Messieurs, mes explications seront très brèves, et je ne vous aurais pas demandé la parole si je n'avais pas à vous parler d'un fait qui a été dans ce long procès mon unique préoccupation.

Je veux parler des dossiers trouvés chez moi, cachés sur un ciel de lit. Je ne veux pas que dans votre jugement vous puissiez me trouver coupable d'un vol, puisqu'il faut appeler les choses par leur nom.

Quand je suis arrivé au ministère des affaires étrangères, j'ai trouvé dans les archives le plus grand désordre. Des dossiers traînaient de tous côtés. J'ai immédiatement nommé un inspecteur des archives, chargé de mettre dans ces affaires le plus d'ordre possible.

Je n'ai jamais eu l'intention de conserver les dossiers trouvés chez moi et que je n'avais emportés du ministère que pour les étudier, ce qui m'était arrivé déjà plusieurs fois.

Il faut que le conseil sache que toutes ces pièces sont numérotées et cataloguées de telle façon qu'une soustraction n'est pas possible.

Quant à la réquisition du papier destiné à l'impression de l'Affranchi, j'affirme de nouveau n'en avoir jamais eu connaissance.

Vous avez entendu M. Gratiot lui-même vous dire que la lettre qu'il m'a écrite à ce sujet ne m'a pas été remise, son employé ne m'ayant pas trouvé.

Voici, messieurs, ce que je tenais à vous dire Je suis heureux de l'avoir dit à des soldats, c'est-à-dire à des gens experts en matière d'honneur. Car ils comprendront, j'en suis sûr, que pour diriger une accusation grave contre l'honneur d'un homme, il faut, si je puis m'exprimer ainsi, plus que des preuves, plus que des certitudes.

Après quelques mots de Me Renaud en faveur du docteur Rastoul, M. Elie Ducoudray a tenu à faire un long, fort long discours pour son ami Verdure. Nous serions bien étonnés s'il avait modifié d'une nuance les convictions du conseil, mais nous pouvons assurer qu'il a parfaitement réussi par son ton cassant et ses insinuations déplaisantes, à agacer les nerfs de M. le commissaire du gouvernement. Peut-être, du reste, est-ce le seul résultat qu'ambitionnait ce volontaire de la défense.

L'audience est suspendue vers deux heures et quart pendant dix minutes. A la reprise, Me Laviolette revient en quelques mots sur sa plaidoirie en faveur de Ferrat. Decamps et Clément déclarent s'en rapporter à la sagesse du conseil. Vient le tour de Courbet. Me Lachaud est revenu en ces termes sur l'éloquente plaidoirie qu'il a présentée il y a deux jours :

Messieurs les juges,

Une nouvelle plaidoirie serait inutile. Aussi ne veux-je que constater un fait résultant des répliques de M. le commissaire du gouvernement.

Vous remarquerez, messieurs, que l'honorable organe du ministère public n'a même pas prononcé le nom de Courbet dans le document qu'il nous a lu hier.

Mais cela ne m'autorise pas à croire que l'accusation est abandonnée; les conclusions restent les mêmes, et rien n'est venu détruire les paroles d'indulgence prononcées par M. le commissaire du gouvernement.

Je crois pouvoir assurer que messieurs les juges, et même l'organe du ministère public sont bien persuadés de cette idée, que Courbet n'est entré dans la Commune que pour accomplir la mission de protecteur des arts, dont l'avaient investi les peintres dont il était le président.

A propos de la colonne, je vous ai lu un grand nombre de pièces et de journaux. Je vous ai montré que Courbet n'était pas responsable de ce grand crime de lèse-gloire nationale.

J'ai prié le ministère public de contrôler tous les points de ma plaidoirie : silence. Tout ce que j'ai dit resterait donc admis et non controuvé.

Je suis plein de confiance. Courbet sera acquitté.

Vous ne pouvez pas hésiter. Dans quelques instants ces longs débats seront terminés, dans quelques instants vous vous retirerez dans votre salle de délibération et vous interrogerez votre conscience.

Rappelez-vous que la vraie justice n'est pas impitoyable, et que la justice humaine dérive de la justice divine, c'est-à-dire qu'elle est taillée dans l'indulgence.

M. le président. — Accusé Courbet, avez-vous quelque chose à ajouter pour votre défense ?

Courbet. — Monsieur le président je m'en rapporte entièrement à la loyauté du conseil.

Me Lechevalier, invité à compléter la défense d'Ulysse Parent, à qui l'accusation ne reproche que d'avoir fait partie de la Commune, s'est borné à lire la note suivante, publiée dans le *Journal officiel* du 22 avril par M. Thiers :

Que les égarés reviennent à nous, sauf les assassins des généraux Lecomte et Clément Thomas, amnistie leur sera accordée.

Il n'est donc pas possible, a ajouté Me Lechevalier, messieurs, que vous frappiez un homme excusé d'avance par le gouvernement, et, j'en ai la certitude, vous l'acquitterez.

Les plaidoiries sont terminées; l'audience est levée à trois heures et quart, et renvoyée, comme nous le disons plus haut, à demain, six heures du matin.

———

Audience du 2 septembre.

L'audience, comme nous l'avons dit hier, a commencé dès 6 heures du matin. Chose singulière, il y avait du monde dans la salle. Sans doute les habitants de Versailles ont-ils voulu profiter de l'occasion et jouir, à l'aise, de ce spectacle aussi matinal qu'exceptionnel.

M. le président demande une dernière fois aux accusés s'ils n'ont plus rien à ajouter à leur défense. Les accusés paraissent fatigués, ils sont pâles, à l'exception de Régère dont le teint couperosé paraît échapper aux émotions morales. La nuit, évidemment, a été mauvaise. Le verdict, en effet, est proche. Le conseil ne va pas tarder à entrer dans sa chambre de délibérations, et ne rentrera qu'avec le jugement prononcé.

Tous les accusés, successivement consultés, déclarent n'avoir plus rien à dire.

Me Bigot, au nom de ses confrères Mes Manchon et Ducoudray, dépose pour l'accusé Verdure des conclusions qui, au fond, ne sont qu'un résumé de défense.

Ces conclusions portent que Verdure ne saurait être accusé d'attentat contre le gouvernement ni surtout de complot, puisqu'il n'est venu à Paris qu'après l'insurrection consommée; il ne saurait non plus être accusé d'assassinat ni de complicité d'assassinat ou d'incendies, puisqu'il avait cessé d'être membre de la Commune dès le 20 avril.

En conséquence, d'après ces conclusions, Verdure doit être renvoyé de toute poursuite.

La séance allait être levée, quand Jourde a demandé à faire une dernière observation. Il s'est exprimé en ces termes :

Je n'ai que très peu de choses à dire. Il y a dans le dossier une pièce qui n'est pas de ma main, je veux parler d'un projet de fédération par arrondissement. Au cours de l'instruction, n'ayant pas reconnu cette pièce, M. le capitaine rapporteur me répondit que l'instruction avait été faite d'une façon difficile, que beaucoup de pièces avaient été saisies chez moi et ailleurs. Néanmoins, a-t-il ajouté, nous reconnaissons que cette pièce n'est pas de votre écriture; elle paraît étrangère à celles qui ont été saisies chez vous.

Je croyais donc que cette pièce n'avait pas été maintenue au dossier à ma charge; mais on m'a dit qu'il en était autrement. Je me borne à signaler le fait au conseil, en espérant qu'il en tiendra compte. Maintenant je ferai une autre remarque au conseil qui en tirera les conclusions qu'il jugera utiles en ma faveur. Je rappellerai que M. Theisz, directeur des postes, était le subordonné du ministère des finances. C'est un fait qui a existé de tout temps; mais si j'ai laissé à M. Theisz une grande indépendance à la direction des postes, c'est que j'étais sûr qu'il en ferait l'usage que vous savez.

Il est important pour moi de rappeler que des hommes modérés qui ont rendu des services signalés aux postes et à la Banque, étaient les subordonnés du ministère des finances.

Je remercie le Conseil d'avoir bien voulu me donner la parole.

Ces observations mettent fin aux débats. Les membres du conseil rassemblent leurs notes, et, d'une voix brève, M. le président déclare « les débats terminés ».

Le conseil se retire pour délibérer. Les accusés sont emmenés, mais les gardes de service restent à leur poste. La séance n'est pas suspendue. Le conseil délibère sans désemparer.

On dit que les questions auxquelles le conseil aura à répondre sont au nombre d'environ 250. Elles se décomposent pour chaque accusé dans les termes que voici :

L'accusé est-il coupable :

1° D'attentat contre le gouvernement;
2° Excitation à la guerre civile ;
3° Levée de troupes, mais sans ordre ni autorisation de l'autorité légitime;
4° Usurpation de titres et fonctions;
5° Complicité d'assassinats ;

6° Complicité d'incendie d'édifices publics et lieux habités;
7° Complicité dans la destruction des propriétés particulières;
8° Complicité dans la destruction de monuments publics;
9° D'arrestations arbitraires et séquestration de personnes ;
10° Fabrication d'armes prohibées par la loi;
11° Embauchage ;
12° Soustraction de deniers publics;
13° Avoir pris sans droit ni motif légitime commandement d'une troupe armée;
14° Soustractions d'actes et de titres dont il était dépositaire;
15° Vol de papiers à l'aide de violences et en alléguant un faux ordre de l'autorité ;
16° Bris de scellés et vol de papiers publics.

La délibération du conseil a duré jusqu'à sept heures.

Il rentre alors en séance et M. le président donne lecture d'un long jugement qui spécifie chacun des assassinats, chacun des faits d'incendie à la charge de chaque accusé.

Les réponses aux questions posées sont toutes, à l'unanimité, affirmatives contre **Ferré.**

Assi est reconnu coupable, à l'unanimité, sur toutes les questions, sauf celles relatives aux otages et et aux arrestations arbitraires.

Urbain est déclaré à l'unanimité coupable sur toutes les questions, sauf sur une où il est déclaré coupable par six voix contre une.

Il y a des circonstances atténuantes en faveur d'Urbain.

Billioray est reconnu coupable sur toutes les questions, sauf sur celles relatives aux arrestations.

Jourde, reconnu coupable sur toutes les autres questions, est déclaré non coupable du massacre des otages, et des incendies, non plus que du bris des scellés. Des circonstances atténuantes sont reconnues en sa faveur.

Trinquet est déclaré coupable sur toutes les questions. Il y a des circonstances atténuantes en sa faveur.

Champy, reconnu coupable à l'unanimité, sur ces questions, est déclaré, à la minorité de 3 contre 4, non coupable des assassinats et aussi des incendies, non plus que des arrestations.

Régère, déclaré coupable à l'unanimité sur toutes les questions, sauf sur celles relatives aux assassinats.

Lullier est déclaré coupable à l'unanimité sur toutes les questions.

Rastoul, déclaré coupable, sauf des assassinats et des incendies. Des circonstances atténuantes sont reconnues en sa faveur.

Grousset, reconnu coupable sur les questions principales, ne l'est pas sur les chefs de destruction de monuments, d'enlèvement de titres et de vol de papier.

Verdure n'est pas déclaré coupable des chefs d'assassinat, d'incendie, d'arrestation arbitraire.

Descamps est déclaré non coupable sur toutes les questions.

Clément est déclaré non coupable, sauf sur la question d'usurpation de fonctions. Des circonstances atténuantes sont admises en faveur de Clément.

Courbet n'est déclaré coupable que sur la destruction de la colonne.

Parent est déclaré non coupable sur toutes les questions.

En conséquence, le Conseil

Condamne **Ferré**, à l'unanimité, à la peine de mort.

Assi à la peine de la déportation dans une enceinte fortifiée.

Urbain aux travaux forcés à perpétuité.

Billioray à la peine de la déportation dans une enceinte fortifiée.

Jourde à la déportation simple.

Rastoul, à la déportation simple.

Trinquet, aux travaux forcés à perpétuité.

Champy, à la déportation dans une enceinte fortifiée.

Lullier, à la peine de mort.

Régère à la déportation dans une enceinte fortifiée.

Grousset à la déportation dans une enceinte fortifiée.

Verdure à la déportation dans une enceinte fortifiée.

Ferrat à la même peine de la déportation dans une enceinte fortifiée.

Clément à la peine de trois mois d'emprisonnement.

Courbet à la peine de six mois de prison.

Acquitte **Descamps** et **Parent**, qui seront mis en liberté.

L'audience est levée à neuf heures du soir.

Paris. — Imp. de Dubuisson et Cⁱᵉ, rue Coq-Héron, 5.